Strukturen der Besteuerung

Betriebswirtschaftliches Arbeitsbuch Steuerrecht

Grundzüge des Steuersystems in Strukturübersichten, Beispielen und Aufgaben

Von

Dr. Theodor Siegel

Professor für Betriebswirtschaftslehre
an der Humboldt-Universität zu Berlin

und

Dr. Peter Bareis

Professor für Betriebswirtschaftslehre
an der Universität Hohenheim

4., völlig überarbeitete Auflage

R. Oldenbourg Verlag München Wien

Bibliografische Information Der Deutschen Bibliothek

Die Deutsche Bibliothek verzeichnet diese Publikation in der Deutschen Nationalbibliografie; detaillierte bibliografische Daten sind im Internet über <http://dnb.ddb.de> abrufbar.

Rosenheimer Straße 145, D-81671 München
Telefon: (089) 45051-0
www.oldenbourg-verlag.de

Gedruckt auf säure- und chlorfreiem Papier
Druck: Grafik + Druck, München
Bindung: R. Oldenbourg Graphische Betriebe Binderei GmbH

ISBN 3-486-27546-1

Inhaltsverzeichnis

Zur Konzeption des Buches

Wohl kaum eine Materie ist unübersichtlicher als das Steuerrecht – das vorliegende Arbeitsbuch will es überschaubarer machen. Dazu basiert es auf „optischen" Darstellungen, die sich zum Aufzeigen von *Grundstrukturen* und *Zusammenhängen* besonders eignen. Hiermit soll der Benutzer des Buches die grundlegenden Regelungen des Steuerrechts bei seinem Einstieg erkennen, bei seiner Weiterarbeit vertiefen und bei späterem Rückgriff als Ausgangspunkt verwenden.

Dabei will das Buch auch zum Nachdenken über einzel- und gesamtwirtschaftliche Fragen anregen, die mit der Besteuerung verbunden sind, freilich ohne diese Probleme ausführlich diskutieren zu können. Da hier nur die *Grundlinien* des Steuerrechts dargestellt werden können, ergibt sich auch, dass die verwendeten Übersichten usw. keinen Anspruch auf Vollständigkeit und Exaktheit in Bezug auf Besonderheiten erheben können.

Dieses Buch richtet sich an denjenigen, der

1. sich einen Einblick in das geltende Steuerrecht verschaffen will,
2. sich das Steuerrecht erarbeiten will,
3. steuerrechtliche Kenntnisse reaktivieren will, sei es anlässlich einer Hochschul- oder Berufsprüfung oder in der betrieblichen oder privaten Anwendung.

Insbesondere für den zweiten und dritten Benutzerkreis versteht sich dieses Buch als Arbeitsbuch: Es will von den Darstellungen zu der stets angegebenen Literatur führen. Die hierzu genannten bewährten Lehrbücher haben dies gewiss nicht nötig, doch soll das Verständnis des komplizierten Steuerrechts durch die Wahl von Übersichten, Diagrammen usw. als Ausgangspunkt erleichtert werden. Oft bleibt im vorliegenden Buch noch etwas Raum zum Eintragen von Erklärungen und Ergänzungen. Fragen, die im Allgemeinen aus der angegebenen Literatur oder den in Betracht kommenden Gesetzesstellen heraus zu beantworten sind, wollen die dortige Vertiefung fördern. Schließlich enthält das Arbeitsbuch eine Reihe von Aufgaben, deren Bearbeitung anhand von Musterlösungen geprüft werden kann.

Zur Betonung der praktischen Relevanz des Stoffes sei dringend empfohlen, zu den behandelten Steuerarten stets die Gesetzestexte und möglichst auch die Richtlinien heranzuziehen. Hierzu kann zwischen wohlfeilen broschierten oder Taschenbuch-Ausgaben, die sich aber kaum als Dauerinvestition eignen, und Textsammlungen in Loseblattform gewählt werden, die durch den Bezug der Ergänzungslieferungen auf dem neuesten Stand gehalten werden können.

Die vorliegende 4. Auflage dieses Arbeitsbuches stellt eine teilweise grundlegend überarbeitete Fassung der Vorauflage von 1999 dar. Die von *Theodor Siegel* in den ersten beiden Auflagen geprägte Struktur des Buches hat sich bewährt und konnte beibehalten werden. Die Aktualisierungen und Ergänzungen sind überwiegend auf *Peter Bareis* zurückzuführen.

In einer Zeit, in der trotz der grundlegenden – u. E. verfehlten – Umstellung des Körperschaftsteuersystems und weiterer von der Politik mit großen Worten gepriesener Steuerreformen immer weitere Steueränderungsgesetze einander folgen, ist das Timing für ein solches Buch nach wie vor schwierig. Doch gemeinsam erscheint uns ein Warten auf weitgehende Klärung zu langwierig; stattdessen legen wir die derzeitige steuerrechtliche Situation und erkennbare mögliche Änderungen zugrunde. Bei gravierenden Änderungen werden wir uns bemühen, diese über das Internet den Lesern zugänglich zu machen; entsprechende Informationen entnehmen Sie bitte der Homepage http://www.uni-hohenheim.de/~www510g.

Dankbar führen wir neue Mithelfer auf. Die Helfer bei den ersten drei Auflagen sind dort jeweils genannt. An den Arbeiten für diese 4. Auflage waren direkt und indirekt viele Mitarbeiter und Studenten, vor allem in Hohenheim beteiligt, die kritisch und konstruktiv an der Verbesserung der Manuskripte für Lehrveranstaltungen auf der Basis der 3. Auflage und der im Internet veröffentlichten „Beihefte" mitgearbeitet haben. Stellvertretend für sie alle bedanken wir uns bei den derzeitigen Assistenten, die besonders intensiv an dieser Endfassung mitgewirkt haben. Es sind dies Frau *Dr. Monika Neininger* und Frau *Dipl. oec. Verena Schönwetter* sowie die Herren *Dipl. oec. Bernd Greiner, StB Dipl. oec. Ralf Heinstein, Dipl. oec. Jann Jetter* und *StB Dipl. oec. Andreas Kaiser*. Stellvertretend für viele Hilfskräfte gilt unser besonderer Dank *cand. oec. Alexandra Sick*.

In der Hoffnung, dass wir Schwächen des Buches in Folgeauflagen vermeiden können, freuen wir uns auf konstruktive Kritik von seinen Nutzern.

Berlin und Hohenheim — *Theodor Siegel* — *Peter Bareis*

<u>Adressen der Autoren:</u>

Professor Dr. Theodor Siegel	Professor Dr. Peter Bareis
Humboldt-Universität zu Berlin	Universität Hohenheim
Spandauer Straße 1	(510 G)
D–10178 Berlin	D–70593 Stuttgart
e-mail: wpruefung@wiwi.hu-berlin.de	e-mail: www510g@uni-hohenheim.de

Hinweise auf Materialien und Literatur

Für die Beschäftigung mit dem Steuerrecht ist es unerlässlich, die relevanten Gesetzestexte zur Hand zu haben. Eine eigene Textsammlung sollte zumindest den Inhalt haben von:

Wichtige Steuergesetze: Mit Durchführungsverordnungen; 51. Aufl.; Herne: Verlag Neue Wirtschafts-Briefe 2003.

oder einer vergleichbaren broschierten oder Taschenbuch-Ausgabe eines anderen Verlages. Solche Textausgaben werden üblicherweise etwa jährlich neu aufgelegt. Zu überlegen ist jedoch die Anschaffung einer Textsammlung in Loseblattform, die durch den Bezug der Ergänzungslieferungen auf dem neuesten Stand gehalten werden kann, wie z. B.:

Steuergesetze I: Einkommen- und Lohnsteuer, Körperschaftsteuer, Bewertung, Erbschaftsteuer, Realsteuern, Umsatzsteuer, sonstige Verkehrsteuern, Förderungsgesetze, Abgabenordnung, Finanzverwaltungsvorschriften; Textsammlung mit Verweisungen und Sachverzeichnis; München: Verlag C. H. Beck.

Sehr zu empfehlen ist auch das Arbeiten mit Steuerrichtlinien, die vielfach praxisrelevante Erläuterungen enthalten. Eine umfassende Loseblattsammlung ist z. B.:

Steuerrichtlinien: Textsammlung der Verwaltungsvorschriften des Bundes zum Steuerrecht mit Verweisungen und Sachverzeichnissen; München: Verlag C. H. Beck.

Selbstverständlich kommen auch hier Angebote anderer Verlage in Betracht. In Frage kommt auch – insbesondere wenn die jeweilige neueste Ausgabe kurz nach Erscheinen herangezogen werden soll – der Bezug einzelner Richtlinien als Sondernummern des Bundessteuerblatts, Teil I, über den Stollfuß Verlag, Bonn. Zu nennen ist hier auch:

Amtliches Einkommensteuer-Handbuch 2002; Hrsg. Bundesministerium der Finanzen,

das vermutlich jährlich erscheint und von verschiedenen Verlagen vertrieben wird.

Da das vorliegende Buch zur Erarbeitung und Vertiefung der in den Darstellungen skizzierten Regelungen und Zusammenhänge anregen will, ist hierfür geeignete Literatur zu nennen. Es kommt jeweils eine größere Anzahl von Büchern in Frage; daher ist eine – notwendigerweise subjektive – Auswahl erforderlich. Dass hier im wesentlichen Werke betriebswirtschaftlicher Autoren genannt sind, ist kein Zufall, aber auch kein Qualitätsurteil. Natürlich kommen ebenso gut andere steuerjuristisch oder finanzwissenschaftlich orientierte Bücher in Betracht.

Bei schwierigen Detailfragen Hilfestellung zu geben, kann nicht Aufgabe dieses Buches sein; auch die genannten Lehrbücher werden dies vielfach nicht können. Hierfür ist auf Kommentare zurückzugreifen, von denen eine Auswahl auf Seite 41 genannt ist.

Literaturverzeichnis

Bareis (1976) = *Peter Bareis:* Betriebswirtschaftlicher Belastungsvergleich zwischen geltendem Körperschaftsteuerrecht und künftigem Anrechnungssystem. In: Betriebs-Berater, 31. Jg. (1976), S. 893 – 899.

Bareis (1987) = *Peter Bareis:* Die notwendige Reform der Körperschaftsteuer: Systembereinigungen und Vereinfachungen. In: Steuerberaterkongreß-Report 1987, S. 33 – 88.

Bareis (1991) = *Peter Bareis:* Transparenz bei der Einkommensteuer: Zur systemgerechten Behandlung sogenannter „notwendiger Privatausgaben". In: Steuer und Wirtschaft, 68. Jg. (1991), S. 38 – 51.

Bareis (1995) = *Peter Bareis*: Markteinkommensbesteuerung und Existenzminima – Roma locuta, causa finita? In: Unternehmenstheorie und Besteuerung: Festschrift zum 60. Geburtstag von Dieter Schneider; Hrsg. Rainer Elschen, Theodor Siegel und Franz W. Wagner; Wiesbaden; S. 39 – 75.

Bareis (1996a) = *Peter Bareis:* Probleme verfassungsrechtlicher Vorgaben und ihrer Umsetzung am Beispiel der Vermögen- und Erbschaftsteuer. In: Der Betrieb, 49. Jg. (1996), S. 1153 – 1158.

Bareis (1996b) = *Peter Bareis:* Diskussion um einen „Stufentarif" bei der Einkommensteuer. In: Deutsches Steuerrecht, 34. Jg. (1996), S. 1466 – 1472.

Bareis (1997) = *Peter Bareis:* Die Anforderungen an den Einkommensteuertarif in der Diskussion. In: Wirtschaftswissenschaftliches Studium, 26. Jg. (1997), S. 7 – 14.

Bareis (2000a) = *Peter Bareis:* Steuerreform 2000 – Ein Jahrtausendwerk? In: Wirtschaftswissenschaftliches Studium, 29. Jg. (2000), S. 602 – 609.

Bareis (2000b) = *Peter Bareis:* Das Halbeinkünfteverfahren im Systemvergleich. In: Sonderdruck Steuer und Wirtschaft, 77. Jg. (2000), S. 133 – 143.

Bareis (2001) = *Peter Bareis:* Die Familien- und Ehegattenbesteuerung aus deutscher Sicht – rechtliche und ökonomische Aspekte, In: IFF Forum für Steuerrecht, 2001/4 , S. 270 – 282.

Bareis (2003) = *Peter Bareis:* Probleme mit der Hälfte. In: Betriebs-Berater (2003), im Druck.

Bareis / Elser (1997) = *Peter Bareis* und *Thomas Elser:* Analyse des neuen Erbschaftsteuerrechts. In: Deutsches Steuerrecht, 35. Jg. (1997), S. 557 – 562.

Bareis / Elser (2000) = *Peter Bareis* und *Thomas Elser:* Anforderungen an Lenkungssteuern und Beurteilung der „ökologischen Steuerreform" aus ökonomischer Sicht. In: Deutsches Verwaltungsblatt, 115. Jg. (2000), S. 1176 – 1185.

Bareis / Geiger / Höflacher (1988) = *Peter Bareis, Andreas Geiger* und *Stefan Höflacher:* Überlegungen zur Körperschaftsteuerreform 1990. In: GmbH-Rundschau, 79. Jg. (1988), S. 312 – 318.

Bareis / Schmid / Selg (1996) = *Peter Bareis, Andrea Schmid* und *Carmen Selg*: Alternative Lohnsteuerklassen für Ehepaare. Gutachten im Auftrag des Hessischen Ministeriums für Frauen, Arbeit und Sozialordnung; Stuttgart-Hohenheim, 9.12.1996.

BDI / VCI (2001): Reform der Gewerbesteuer. In: Verfassungskonforme Reform der Gewerbesteuer, Frankfurt am Main und Berlin.

Birk / Desens (2003) = *Dieter Birk* und *Marc Desens:* Beschränkung der Realisierung des Körperschaftsteuerguthabens als verfassungswidriger Zwangskredit. In: Der Betrieb (2003), S. 1644 – 1648.

Blankart (2001) = *Charles Beat Blankart:* Öffentliche Finanzen in der Demokratie: Eine Einführung in die Finanzwissenschaft; 4. Aufl.; München.

Bloehs (2001) = *Jochen Bloehs:* Die Abgrenzung privater Vermögensverwaltung von gewerblichen Grundstücks- und Wertpapiergeschäfte, Berlin.

BMF (1995) = *Bundesministerium der Finanzen* (Hrsg.): Thesen der Einkommensteuerkommission zur Steuerfreistellung des Existenzminimums ab 1996 und zur Reform der Einkommensteuer, Schriftenreihe des BMF, Heft 55; Bonn 1995.

BMF (1997) = *Bundesministerium der Finanzen* (Hrsg.): Petersberger Steuervorschläge, Schriftenreihe des BMF, Heft 61, Bonn 1997.

BMF (1999a) = *Bundesministerium der Finanzen* (Hrsg.): Brühler Empfehlungen zur Reform der Unternehmensbesteuerung. Bericht der Kommission zur Reform der Unternehmensbesteuerung, eingesetzt vom Bundesminister der Finanzen, Schriftenreihe des BMF, Heft 66, Bonn 1999.

BMF (1999b) = *Bundesministerium der Finanzen* (Hrsg.): Steuerreform 2000. Steuern senken – Wachstum stärken – Arbeitslosigkeit bekämpfen, Dokumentation, Berlin 21.12.1999.

BMF (1999c) = *Bundesministerium der Finanzen* (Hrsg.): Steuerreform 2000. Steuern senken – Wachstum stärken – Arbeitslosigkeit bekämpfen, Pressemitteilung und Dokumentation der Ausführungen des Bundesfinanzministers Hans Eichel, Berlin 21.12.1999.

BMF (1999d) = *Bundesministerium der Finanzen* (Hrsg.): Mehr Beschäftigung durch Investitionen: Die Unternehmenssteuerreform der Bundesregierung, Pressemitteilung, Berlin 21.12.1999.

BMF (2003) = *Bundesministerium der Finanzen* (Hrsg.): Abschlussbericht der Sachverständigenkommission zur Neuordnung der steuerrechtlichen Behandlung von Altersvorsorgeaufwendungen und Altersbezügen, Berlin 11.03.2003.

Bock / Diefenbacher / Reuter (1992) = *Wolfgang Bock, Hans Diefenbacher* und *Hans R. Reuter:* Pazifistische Steuerverweigerung und allgemeine Steuerpflicht; Heidelberg.

Bolk / Müller / Nieskens (2002) = *Wolfgang Bolk, Arnold Müller* und *Hans Nieskens:* Fallsammlung Umsatzsteuer; 9. Aufl., Herne.

Breithecker (2002) = *Volker Breithecker:* Einführung in die internationale betriebswirtschaftliche Steuerlehre; 2. Aufl.; Bielefeld.

Brönner / Bareis (1999) = *Herbert Brönner* und *Peter Bareis* (Hrsg.): Die Besteuerung der Gesellschaften; 17. Aufl.; Stuttgart.

Brönner / Bareis (1999) = *Peter Bareis* und *Herbert Brönner:* Die Bilanz nach Handels- und Steuerrecht; 9. Aufl.; Stuttgart.

Brümmerhoff (2001) = *Dieter Brümmerhoff:* Finanzwissenschaft; 8. Aufl.; München und

Wien.

Djanani / Brähler / Hartmann (1999) = Christiana Djanani, Gernot Brähler und *Thomas Hartmann*: Steuerentlastungsgesetz: Entscheidungsregeln für die Wahl zwischen § 32c und § 34 EStG. In: Der Betrieb, 52 Jg. (1999), S. 701 – 707.

Dötsch / Pung (2001) = *Ewald Dötsch* und *Alexandra Pung:* Ausgewählte Fragen zu der letztmaligen Anwendung des Anrechnungsverfahrens sowie zu der erstmaligen Anwendung des Halbeinkünfteverfahrens. In: GmbH-Rundschau, 92. Jg. (2001), S. 641 – 649.

Dötsch / Pung (2002) = *Ewald Dötsch* und *Alexandra Pung:* Erstmalige Anwendung des Halbeinkünfteverfahrens und letztmalige Anwendung des Anrechnungsverfahrens auf Auflösungsgewinne/-verluste i. S. von § 17 Abs. 4 EStG. In: Der Betrieb, 55. Jg. (2002), S. 173 – 177.

Drenseck (2003a) = *Walter Drenseck:* Kommentierung § 12 EStG. In: Einkommensteuergesetz; 22. Aufl.; München; Hrsg. Ludwig Schmidt; München.

Drenseck (2003b) = *Walter Drenseck:* Kommentierung § 19 EStG. In: Einkommensteuergesetz; 22. Aufl.; München; Hrsg. Ludwig Schmidt; München.

Dziadkowski / Walden (1996) = *Dieter Dziadkowski* und *Peter Walden:* Umsatzsteuer; 4. Aufl.; München und Wien.

Elschen (1991) = *Rainer Elschen:* Entscheidungsneutralität, Allokationseffizienz und Besteuerung nach der Leistungsfähigkeit: Gibt es ein gemeinsames Fundament der Steuerwissenschaften? In: Steuer und Wirtschaft, 68. Jg. (1991), S. 99 – 115.

Elschen (1994) = *Rainer Elschen:* Institutionale oder personale Besteuerung von Unternehmungsgewinnen? 2. Aufl.; Hamburg.

Elser (2000) = *Thomas Elser:* Steuergestaltung und Grenzpreisbildung beim Kapitalgesellschaftskauf, Wiesbaden 2000.

Elser (2002) = *Thomas Elser:* Asset deal versus share deal – Steuerlicher Vorteilhaftigkeitsvergleich und Preiswirkungen. In: Deutsches Steuerrecht, 40. Jg. (2002), S. 1827 – 1832.

Elser / Neininger (1999) = *Thomas Elser* und *Monika Neininger:* Die Abgrenzbarkeit privat veranlasster Schuldzinsen aus ökonomischer Sicht. In: Der Betrieb, 52. Jg. (1999), S. 172 – 177.

Elser / Neininger (2000) = *Thomas Elser* und *Monika Neininger:* Die Notwendigkeit einer Betrachtung des Eigenkapitalkontos bei der Abgrenzung privater Schuldzinsen. In: Deutsches Steuerrecht, Heft 20 (2001), S.994 – 1000.

Förster (2003) = *Guido Förster:* Die Änderungen durch das StVergAbG bei der Einkommensteuer und der Körperschaftsteuer. In: Der Betrieb, 56. Jg. (2003), S. 899 – 905.

Haberstock / Breithecker (2002) = *Lothar Haberstock* und *Volker Breithecker:* Einführung in die Betriebswirtschaftliche Steuerlehre; 12. Aufl.; Bielefeld.

Hahn / Kortschak (2003) = *Volker Hahn* und *Hans-Peter Kortschak:* Lehrbuch der Umsatzsteuer; 9. Aufl.; Herne.

Hauser (1998) = *Hansgeorg Hauser:* Zwischen höherer Mathematik und Verteilungspolitik. In: Deutsche Steuer-Zeitung, 86. Jg. (1998), S. 202 – 209.

Heinicke (2003) = *Wolfgang Heinicke:* Kommentierung § 4 EStG. In: Einkommensteuergesetz; Hrsg. Ludwig Schmidt; 22. Aufl.; München.

Henning / Hundsdoerfer / Schult (1999) = *Michael Henning, Jochen Hundsdoerfer* und *Eberhard Schult:* Die Progressionsglättung für außerordentliche Einkünfte nach § 34 Abs. 1 EStG-Entwurf: Steuersätze bis zu 265 %. In: Deutsches Steuerrecht, 37. Jg. (1999), S. 131 – 136.

Henselmann (1996) = *Klaus Henselmann:* Die Verfahren zur Minderung einer internationalen Doppelbesteuerung. In: Steuer und Studium, 17. Jg. (1996), S. 464 – 480.

Herzig / Lochmann (2000) = *Norbert Herzig* und *Uwe Lochmann:* Steuersenkungsgesetz: Die Steuerermäßigung für gewerbliche Einkünfte für gewerbliche Einkünfte bei der Einkommensteuer in der endgültigen Regelung. In: Der Betrieb, 53. Jg. (2000), S. 1728 – 1735.

Homburg (1996) = *Stefan Homburg:* Steuerrecht für Ökonomen; München.

Homburg (2000)= *Stefan Homburg*: Allgemeine Steuerlehre, 2. Aufl., München.

Homburg (2001) = *Stefan Homburg:* Die Unternehmensteuerreform 2001 aus Sicht der Wissenschaft. In: Die Steuerberatung, 44 Jg. (2001), S. 8 – 16.

Homburg / Theisen (2000) = *Stefan Homburg* und *Manuel René Theisen:* Steuersenkungsgesetz: Das gefangene Eigenkapital. In: Der Betrieb, 53. Jg. (2000); S. 1930 – 1931.

Hundsdoerfer (2002) = *Jochen Hundsdoerfer:* Die einkommensteuerliche Abgrenzung von Einkommenserzielung und Konsum, Wiesbaden.

Jacobs (2002) = *Otto H. Jacobs*: Internationale Unternehmensbesteuerung; 5. Aufl.; München.

Kirchhof (1983) = *Paul Kirchhof:* Steuerumgehung und Auslegungsmethoden. In: Steuer und Wirtschaft, 60. Jg. (1983), S. 173 – 183.

Kirchhof et al. (2001) = *Paul Kirchhof et al.:* Karlsruher Entwurf zur Reform des Einkommensteuergesetzes, Heidelberg.

Kluge (2000) = *Volker Kluge*: Das deutsche Internationale Steuerrecht; 4. Aufl.; München.

Kollruss (2000) = *Thomas Krollruss:* Anrechnung der Gewerbesteuer auf die Einkommensteuer bei Personenunternehmen gem. § 35 EStG 2001. In: Die Steuerberatung, 43. Jg. (2000), S. 559 – 570.

König / Kunkel / Stegmaier (1992) = *Rolf Jürgen König, Patricia Kunkel* und *Wolfgang Stegmaier:* Auswirkungen der Einführung des Staffeltarifs bei der Gewerbeertragsteuer. In: Deutsches Steuerrecht, 30. Jg. (1992), S. 922 – 927.

Lammsfuß / Mielke (2002) = *Franz Lammsfuß* und *Klaus Mielke*: Fallsammlungen Internationales Steuerrecht; 6. Aufl.; Herne und Berlin.

Maier-Frischmuth (2003) = *Markus Maier-Frischmuth:* Internationale Unternehmenstätigkeit und deutsche Hinzurechnungsbesteuerung, Köln.

Neu (2000) = *Norbert Neu:* Unternehmenssteuerreform 2001: Die pauschalierte Gewerbesteueranrechnung nach § 35 EStG. In: Deutsches Steuerrecht, 38. Jg. (2000), S. 1933 – 1939.

Raber (1999) = *H. G. Raber:* Zur Umsetzung der Körperschaftsteuerreform – Europarechtliche und verfassungsrechtliche Aspekte. In: Der Betrieb, 52. Jg. (1999), S. 2596 –

2600.

Reiß (1996) = *Wolfram Reiß*: Gesellschaftsrechtlich unzulässige Gewinnausschüttungen und ihre Rückabwicklung. In: Steuer und Wirtschaft, 73. Jg. (1996), S. 337 – 355.

Rödder / Schuhmacher (2000) = *Thomas Rödder* und *Andreas Schuhmacher*: Unternehmenssteuerreform 2001: Wesentliche Änderungen des Steuersenkungsgesetzes gegenüber dem Regierungsentwurf und Regeln zu seiner erstmaligen Anwendung. In: Deutsches Steuerrecht, 38. Jg. (2000), S. 1453 – 1460.

Rose (...) = *Gerd Rose:* Betrieb und Steuer: Grundlagen zur Betriebswirtschaftlichen Steuerlehre: ...; Wiesbaden

(2001): Erstes Buch: Die Ertragsteuern; 16. Aufl.

(2002): Zweites Buch: Umsatzsteuer: mit Grunderwerbsteuer und kleineren Verkehrssteuern; 15. Aufl.

(1997): Drittes Buch: Die Substanzsteuern; 10. Aufl.

(1995): Viertes Buch: Grundzüge des Besteuerungsverfahrens; 3. Aufl.

(2000): Fünftes Buch: Grundzüge des internationalen Steuerrechts; 5. Aufl.

Rose (1977) = *Gerd Rose:* Die Betriebswirtschaftliche Steuerlehre als Steuerberatungswissenschaft. In: Steuerberaterkongreß-Report 1977, S. 191 – 211.

Rose (1992) = *Gerd Rose:* Betriebswirtschaftliche Steuerlehre: Eine Einführung für Fortgeschrittene; 3. Aufl.; Wiesbaden.

Rose M. (2002) = *Manfred Rose* (Hrsg.).: Reform der Einkommensbesteuerung in Deutschland. Konzept, Auswirkungen und Rechtsgrundlagen der Einfachsteuer des Heidelberger Steuerkreises; Heidelberg.

Scheffler (2003) = *Wolfram Scheffler:* Beteiligungsveräußerungen durch Kapitalgesellschaften: Die Steuerbefreiung nach § 8b Abs. 2 KStG ist gerechtfertigt. In: Der Betrieb, 56. Jg. (2003), S. 680 – 685.

Schmidt (2003) = *Ludwig Schmidt:* Einkommensteuergesetz Kommentar; 22. Aufl.; München.

Schneeloch (2003) = *Dieter Schneeloch:* Besteuerung und betriebliche Steuerpolitik; Band 1: Besteuerung; 4. Aufl.; München.

Schneider (1978) = *Dieter Schneider:* Steuerbilanzen: Rechnungslegung als Messung steuerlicher Leistungsfähigkeit; Wiesbaden.

Schneider (1992) = *Dieter Schneider:* Investition, Finanzierung und Besteuerung; 7. Aufl., Wiesbaden.

Schneider (1994) = *Dieter Schneider:* Grundzüge der Unternehmensbesteuerung; 6. Aufl.; Wiesbaden.

Schneider (2002) = *Dieter Schneider:* Steuerlast und Steuerwirkung. Einführung in die steuerliche Betriebswirtschaftslehre; München und Wien.

Schult (1983) = *Eberhard Schult:* Die Steuern des Betriebs: Betriebswirtschaftliche Steuerlehre in 3 Bänden; Band 1: Steuerarten; 2. Aufl.; Freiburg im Breisgau.

Schult (2002) = *Eberhard Schult:* Betriebswirtschaftliche Steuerlehre; 4. Aufl.; München und Wien.

Selg (1998) = *Carmen Selg:* Steuerplanung bei internationaler Unternehmenstätigkeit – Entscheidungen über Rechtsform, Finanzierungs- und Konzernstruktur aus ökonomischer Sicht; Düsseldorf.

Siegel (1982) = *Theodor Siegel:* Steuerwirkungen und Steuerpolitik in der Unternehmung; Würzburg und Wien.

Siegel (1998) = *Theodor Siegel:* Der Irrtum des Großen Senats zu den Mehrkontenmodellen. In: Deutsches Steuerrecht, 36. Jg. (1998), S. 621 – 624.

Siegel (1999a) = *Theodor Siegel:* Steuern. In: Handbuch der Wirtschaftsethik; Hrsg. Wilhelm Korff et al.; Band 3: Ethik wirtschaftlichen Handelns; Gütersloh 1999, S. 354 – 398.

Siegel (1999b) = *Theodor Siegel:* Tarifzusammenhänge und Steuerreform. In: Finanz-Rundschau, 81. Jg. (1999), S. 429 – 432.

Siegel (2000) = *Theodor Siegel:* Konsum- oder einkommensorientierte Besteuerung? Aspekte quantitativer und qualitativer Argumentation. In: Schmalenbachs Zeitschrift für betriebswirtschaftliche Forschung, 52. Jg. (2000), S. 724 – 741.

Siegel (2001) = *Theodor Siegel*: Plädoyer für eine systemkonforme Reform der Gewerbesteueranrechnung nach § 35 EStG. In: Betriebs-Berater, 56. Jg. (2001), S. 701 – 703.

Siegel / Schneider (1994) = *Theodor Siegel* und *Dieter Schneider:* Existenzminimum und Familienlastenausgleich: Ein Problem der Reform des Einkommensteuerrechts. In: Deutsches Steuerrecht, 32. Jg. (1994), S. 597 – 604.

Siegel / Seel / Bareis (2000) = *Theodor Siegel, Barbara Seel* und *Peter Bareis:* Zur Regelung des Erziehungsbedarfs nach den Vorgaben des Bundesverfassungsgerichtes. In: Betriebs-Berater, 55. Jg. (2000), S. 1860 – 1863.

Siegel et al. (2000) = *Theodor Siegel et al.:* Verteidigt das Anrechnungsverfahren gegen unbedachte Reformen! In: Betriebs-Berater, 55. Jg. (2000), S. 1269 – 1270.

Theisen (2003) = *Manuel René Theisen:* Gastkommentar: Über den Wolken ...... In: Der Betrieb, 56. Jg. (2003), Heft 29, S. I.

Tipke (1985) = *Klaus Tipke:* Über teleologische Auslegung, Lückenfeststellung und Lückenausfüllung. In: Der Bundesfinanzhof und seine Rechtsprechung: Grundfragen – Grundlagen; Festschrift für Hugo von Wallis zum 75. Geburtstag am 12. April 1985; Hrsg. Franz Klein und Klaus Vogel; Bonn; S. 133 – 150.

Tipke (1987) = *Klaus Tipke:* Steuerrecht: Ein systematischer Grundriß; 11. Auflage; Köln.

Tipke / Lang (1996) = *Klaus Tipke* und *Joachim Lang*: Steuerrecht; 15. Aufl.; Köln.

Tipke / Lang (2002) = *Klaus Tipke* und *Joachim Lang:* Steuerrecht; 17. Aufl., Köln.

Völkel / Karg (2002) = *Dieter Völkel* und *Helmut Karg:* Umsatzsteuer; 12. Aufl.; Stuttgart.

Wagner (1992) = *Franz W. Wagner:* Neutralität und Gleichmäßigkeit als ökonomische und rechtliche Kriterien steuerlicher Normkritik. In: Steuer und Wirtschaft, 69. Jg. (1992), S. 2 – 13.

Wagner / Dirrigl (1980) = *Franz W. Wagner* und *Hans Dirrigl:* Die Steuerplanung der Unternehmung; Stuttgart u. a.

Wagner / Hör (1996) = *Franz W. Wagner* und *Michael Hör:* Das Verhältnis der gegenwärtigen effektiven Steuerbelastung zur Steuerbelastungsobergrenze des Bundesverfassungsgerichts. In: Der Betrieb, 49. Jg. (1996), S. 585 – 589.

Wamsler (1998) = *Christa Wamsler:* Körperschaftsteuerliche Integration statt Anrechnung?; Lohmar / Köln.

Wiemhoff (2003) = *Karl-Heinz Wiemhoff:* Steuer-Seminar Umsatzsteuer: 92 praktische Fälle; 13. Aufl., Achim.

Wöhe (1988) = *Günter Wöhe:* Betriebswirtschaftliche Steuerlehre; Band I, 1. Halbband: Die Steuern des Unternehmens – Das Besteuerungsverfahren; 6. Aufl.; München.

Wöhe / Bieg (1995) = *Günter Wöhe* und *Hartmut Bieg:* Grundzüge der Betriebswirtschaftlichen Steuerlehre; 4. Aufl.; München.

Wotschofsky (1998) = *Stefan Wotschofsky:* Der Progressionsvorbehalt; Hamburg.

Zeuner (2003) = *Helga Zeuner:* Kommentierung § 14 UStG. In: Umsatzsteuergesetz; Hrsg. Johann Bunjes und Reinhold Geist; 7. Aufl.; München.

Zimmermann / Henke (2001) = *Horst Zimmermann* und *Klaus-Dirk Henke:* Finanzwissenschaft. Eine Einführung in die Lehre von der öffentlichen Finanzwissenschaft; 8. Aufl.; München.

Wichtige Internetadressen

Adressensuche betreffend Steuerberater, Wirtschaftsprüfer etc., weitere Links: *http://www.steuerberater-in.de*
Bund der Steuerzahler: *http://www.steuerzahler.de/*
Bundesgesetzblatt (Suchhilfe): *http://www.jura.uni-sb.de/BGBl/*
Bundesfinanzhof: *http://www.bundesfinanzhof.de*
Bundesfinanzministerium: *http://www.bundesfinanzministerium.de*
Bundesrat: *http://www.bundesrat.de*
Bundesregierung: *http://www.bundesregierung.de*
Bundestag *http://www.bundestag.de*
Bundesverfassungsgericht: *http://www.bundesverfassungsgericht.de*
DATEV: *http://www.datev.de*
Karlsruher Entwurf zur Reform des Einkommensteuergesetzes *http://www.uni-heidelberg.de/institute/fak2/kirchhof/Projekte+Forschung.html*
Online-Nachschlagewerk für Steuerzahler: *http://www.steuerthek.de*
Verschiedene Gesetzestexte zum Download: *http://www.jura.uni-tuebingen.de* *http://www.staat-modern.de/modernshow/gesetze/uebersicht/index.html*

Abkürzungsverzeichnis

Zu weiteren Abkürzungen vergleiche Duden.

Abs.	Absatz
AEAO	Anwendungserlass zur Abgabenordnung
AfA	Absetzung für Abnutzung
AfS	Absetzung für Substanzverringerung
AG	Aktiengesellschaft
Anfechtkl.	Anfechtungsklage
AnrechM	Anrechnungsmethode
AO	Abgabenordnung
AStG	Außensteuergesetz
AuslInvG	Auslandsinvestitionsgesetz
BA	Betriebsausgabe
BDI	Bundesverband der Deutschen Industrie e. V.
BE	Betriebseinnahme
BewG	Bewertungsgesetz
BewRGr	Richtlinien für die Bewertung des Grundvermögens
BFH	Bundesfinanzhof
BFHE	Sammlung der Entscheidungen des Bundesfinanzhofs
BFH/NV	Sammlung amtlich nicht veröffentlichter Entscheidungen des Bundesfinanzhofs
BGAM	Bemessungsgrundlagen-Abzugsmethode
BIP	Bruttoinlandsprodukt
B-Land	Bestimmungsland
BMF	Bundesministerium der Finanzen
BMG	Bemessungsgrundlage
BpO	Betriebsprüfungsordnung
B-Prinzip	Bestimmungslandprinzip
BStBl	Bundessteuerblatt
BV	Betriebsvermögen

BVerfG	Bundesverfassungsgericht
BVerfGE	Amtliche Sammlung von Entscheidungen des Bundesverfassungsgerichts
c. p.	ceteris paribus
D	Deutschland
DB	Doppelbesteuerung bzw. Durchführungsbestimmung
DBA	Doppelbesteuerungsabkommen
DDR	Deutsche Demokratische Republik
DV	Durchführungsverordnung
EaAB	Einkünfte aus Abgeordnetenbezügen
EaGB	Einkünfte aus Gewerbebetrieb
EaKV	Einkünfte aus Kapitalvermögen
EaLuF	Einkünfte aus Land- und Forstwirtschaft
EansA	Einkünfte aus nichtselbständiger Arbeit
EapVg	Einkünfte aus privaten Veräußerungsgeschäften
EasA	Einkünfte aus selbständiger Arbeit
EasL	Einkünfte aus sonstigen Leistungen
EaUL	Einkünfte aus Unterhaltsleistungen
EaVV	Einkünfte aus Vermietung und Verpachtung
EawB	Einkünfte aus wiederkehrenden Bezügen
EFG	Entscheidungen der Finanzgerichte
EinfErl	Einführungserlaß
EK	Eigenkapital
ErbSt	Erbschaftsteuer
ErbStG	Erbschaftsteuergesetz
ErbStR	Erbschaftsteuer-Richtlinien
Erl	Erlaß
ESt	Einkommensteuer
EStDV	Einkommensteuer-Durchführungsverordnung
EStG	Einkommensteuergesetz
EStR	Einkommensteuer-Richtlinien

EU	Europäische Union (wird hier synonym mit EG verwendet)
EuGH	Europäischer Gerichtshof
EUSt	Einfuhrumsatzsteuer
EWR	Europäischer Wirtschaftsraum
EX	Existenzminimum
EZ	Erhebungszeitraum
EZB	Europäische Zentralbank
FA	Finanzamt
FB	Freibetrag
Feststellkl.	Feststellungsklage
FG	Finanzgericht
FGO	Finanzgerichtsordnung
FK	Fremdkapital
FM	Freistellungsmethode
FördG	Fördergebietsgesetz
FVG	Gesetz über die Finanzverwaltung
GA	Gewinnausschüttung
GBdE	Gesamtbetrag der Einkünfte
GbR	Gesellschaft bürgerlichen Rechts
GE	Geldeinheit
gem.	gemäß
GesSt	Gesellschaftsteuer
GewErtrSt	Gewerbeertragsteuer
GewKapSt	Gewerbekapitalsteuer
GewSt	Gewerbesteuer
GewStDV	Gewerbesteuer-Durchführungsverordnung
GewStG	Gewerbesteuergesetz
GewStR	Gewerbesteuer-Richtlinien
grds.	grundsätzlich
GrESt	Grunderwerbsteuer

GrEStG	Grunderwerbsteuergesetz
GrS	Großer Senat
GrSt	Grundsteuer
GrStG	Grundsteuergesetz
GV	getrennte Veranlagung
H	Hinweis
HEV	Halbeinkünfteverfahren
HFB	Haushaltsfreibetrag
HFR	Höchstrichterliche Finanzrechtsprechung
h. L.	herrschende Lehre
h. M.	herrschende Meinung
HS	Halbsatz
Id.-Nr.	Umsatzsteuer-Identifikationsnummer
i. d. R.	in der Regel
i. e. S.	im engeren Sinne
i. H. v.	In Höhe von
InvZulG	Investitionszulagengesetz
i. S.	im Sinne
i. S. d.	im Sinne des/der
i. V. m.	in Verbindung mit
i. w. S.	im weiteren Sinne
J.	Jahr
JStG	Jahressteuergesetz
JÜ	Jahresüberschuss
KapGes	Kapitalgesellschaft
KapSt	Kapitalertragsteuer
KFB	Kinderfreibetrag
KiG	Kindergeld
KiSt	Kirchensteuer
KJ	Kalenderjahr

KPV	Körperschaften, Personenvereinigungen und Vermögensmassen
KraftSt	Kraftfahrzeugsteuer
KraftStG	Kraftfahrzeugsteuergesetz
KSt	Körperschaftsteuer
KStDV	Körperschaftsteuer-Durchführungsverordnung
KStG	Körperschaftsteuergesetz
KStR	Körperschaftsteuer-Richtlinien
lfw.	land- und forstwirtschaftlich
LohnSSt	Lohnsummensteuer
LSt	Lohnsteuer
LStDV	Lohnsteuer-Durchführungsverordnung
LStJA	Lohnsteuer-Jahresausgleich
LStK	Lohnsteuerkartei
LStR	Lohnsteuer-Richtlinien
LuF	Land- und Forstwirtschaft
M	Mehrverdiener
Mill.	Milliarden
MinöSt	Mineralölsteuer
MU	Mitunternehmer(-schaft)
NAA	nichtabziehbare Aufwendung
NJW	Neue Juristische Wochenschrift
NK	Nennkapital
NV	Nicht-Veranlagung
NWB	Neue Wirtschaftsbriefe
OECD-MA	OECD-Musterabkommen
OFD	Oberfinanzdirektion
PersGes	Personengesellschaft
PV	Progressionsvorbehalt
R	Richtlinie
RennwLottSt	Rennwett- und Lotteriesteuer

s. a.	siehe auch
SFE	steuerfreier Ertrag
soE	sonstige Einkünfte
SolZ	Solidaritätszuschlag
SolZG	Solidaritätszuschlaggesetz
St	Steuer
StB	Steuerberater
StEntlG	Steuerentlastungsgesetz
StKl.	Steuerklasse
Stpfl.	Steuerpflichtiger
stpfl.	Steuerpflichtig
StSenkG	Steuersenkungsgesetz
StVergAbG	Steuervergünstigungsabbaugesetz
TabSt	Tabaksteuer
TabStG	Tabaksteuergesetz
u.	und
u. d. N.	unter der Nebenbedingung
U-Land	Ursprungsland
UmwStG	Umwandlungsteuergesetz
UN	Unternehmer
U-Prinzip	Ursprungslandprinzip
USt	Umsatzsteuer
UStDV	Umsatzsteuer-Durchführungsverordnung
UStG	Umsatzsteuergesetz
UStR	Umsatzsteuer-Richtlinien
V.	Versicherung
VCI	Verband der Chemischen Industrie e. V.
Verpfl.kl.	Verpflichtungsklage
VersSt	Versicherungssteuer
VG	Veräußerungsgewinn

vGA	verdeckte Gewinnausschüttung
VO	Verordnung
VorSt	Vorsteuer
VSt	Vermögensteuer
VVaG	Versicherungsverein auf Gegenseitigkeit
VZ	Veranlagungszeitraum
W	Wenigverdiener
WK	Werbungskosten
ZinsAbG	Zinsabgeltungssteuergesetz
ZV	Zusammenveranlagung
zvE	zu versteuerndes Einkommen
ZweitwohnSt	Zweitwohnungsteuer

Symbole

$>$	größer als
$\geq$	größer oder gleich, mindestens
$<$	kleiner als
$\leq$	kleiner oder gleich, höchstens
$\neq$	ungleich
$\sum$	Summe
α	Gewerbesteueranrechnungsfaktor
A	Variable (an entsprechender Stelle definiert)
a	Ausschüttungs-Steuersatz
AAU	abziehbare Aufwendungen
AEB	Altersentlastungsbetrag
ANPB	Arbeitnehmer-Pauschbetrag
AS	Ausschüttung
AU	Aufwendungen
B	Steuerbemessungsgrundlage (Besteuerungseinheit)
BA	Betriebsausgabe
BE	Betriebseinnahme
d	Differenzsteuersatz
e	Einbehaltungs-Steuersatz
E	Markteinkommen
EI	Einlage
EN	Entnahme
ER	Erträge
EVA	externer Verlustausgleich
EX	Existenzminimum
ε	Elastizität
f	Funktionszusammenhang
f	Umrechnungsfaktor von Euro in DM

FB	Freibetrag
FGr	Freigrenze
FläWW	Flächen-Wirtschaftswert
G	Gewinn
G_t^{stpfl}	steuerpflichtige Einkünfte mit Zeitindex
GANZZAHL (…)	Abrundung des in der Klammer stehenden Ausdrucks auf eine ganze Zahl (= Streichung der Stellen nach dem Komma bei positiven Zahlen)
GBdE	Gesamtbetrag der Einkünfte
GE°	Gewerbeertrag nach Abzug der Gewerbesteuer („juristischer" Gewerbeertrag)
GE	Gewerbeertrag vor Abzug der Gewerbesteuer
GFB	Grundfreibetrag
$h_\varnothing$	durchschnittlicher Gewerbesteuerhebesatz
h	Gewerbesteuerhebesatz
H	Haushaltsbedarf
JBL	Jahresbruttolohn
JÜ	Jahresüberschuss
$JÜ^v$	Jahresüberschuss vor Steuern
k	Preissteigerungsfaktor
M^{ge}	Summe der Hinzurechnungen und Kürzungen
Min […]	es gilt der kleinste der in der Klammer auftretenden Werte
Max […]	es gilt der größte der in der Klammer auftretenden Werte
NA	Nachfrage
NB	Nettobetrag
N	Gesamtbetrag der negativen Einkünfte
N_i	negative Einkünfte
naa	Teilsteuersatz für nicht abziehbare Aufwendungen
NAA	nicht abziehbare Aufwendung
p	Preis
P	Gesamtbetrag der positiven Einkünfte

P_i	positive Einkünfte
q	Beteiligungsquote
RL	Rücklagenbildung
RB	Rechnungsbetrag („brutto")
R	Reinertrag vor allen Steuern
s	Steuersatz
s^e bzw. S^e	kombinierter Einkommen- und Kirchensteuersatz bzw. -betrag
s^{ek} bzw. S^{ek}	Einkommensteuersatz bzw. Einkommensteuerbetrag
$S^{ek,o}$	Einkommensteuerbetrag ohne Kirchensteuer
$S^{ek,m}$	Einkommensteuerbetrag mit Kirchensteuer
S^{ek}_{Anr}	Einkommensteuer nach Gewerbesteueranrechnung
s^{er} bzw. S^{er}	kombinierter Ertragsteuersatz bzw. kombinierter Ertragsteuerbetrag
$s^{er,sol}$ bzw. $S^{er,sol}$	kombinierter Ertragsteuersatz (zuzüglich SolZ) bzw. kombinierter Ertragsteuerbetrag (zuzüglich SolZ)
s^{ge} bzw. S^{ge}	effektiver Gewerbesteuersatz bzw. effektiver Gewerbesteuerbetrag
s^{ge^*}	nomineller Gewerbesteuersatz
S^{ge}_{Anr}	Gewerbesteueranrechnung
s_b	Steuersatz auf den Bruttobetrag
s_n	Steuersatz auf den Nettobetrag
s^{kd}	körperschaftsteuerlicher Definitivsatz
s^{ki} bzw. S^{ki}	Kirchensteuersatz bzw. Kirchensteuerbetrag
$s^{ki,c}$	Kirchensteuersatz mit Proportionalitätsfaktor
$s^{ki,p}$	Kirchensteuersatz mit Progressionsfaktor
$s^{ki,K}$	Kirchensteuersatz mit Kappung
s^{sol} bzw. S^{sol}	Solidaritätszuschlagssatz bzw. Solidaritätszuschlag
SAPB	Sonderausgaben-Pauschbetrag
SFE	steuerfreier Ertrag
Sp_i	Variable (an entsprechender Stelle definiert)
SPE	steuerpflichtiger Ertrag
T	Steuerbetrag bzw. Einkommensteuertarif

T'	erste Ableitung der Steuerbetragsfunktion (Grenzsteuersatz)
T'_{max}	Spitzensteuersatz
T_A	ausländische Steuer
T_{AT}	Aufholtarif
T^{EV}	Steuerbetrag bei Einzelveranlagung
T^{HEV}	Steuerbetrag beim Halbeinkünfteverfahren
T^{HSV}	Steuerbetrag beim Halbsatzverfahren
T^{Splitt}	Steuerbetrag bei Zusammenveranlagung
T_G	Tarif gemäß Grundtabelle
t	Durchschnittsteuersatz bzw. Zeitindex
t'	1. Ableitung der Durchschnittsteuersatzfunktion
$t_{Eingang}$	Eingangssteuersatz
t_V	Zeitpunkt der Veräußerung
t_E	Zeitpunkt des Erwerbs
t_{max}	maximaler Durchschnittssteuersatz
U_t	Umsatz mit Zeitindex
ULG	Summe des Umsatzes und der Löhne und Gehälter
v	Prozentsatz für die Vorsorgepauschale
V_i	Variable (vor Ort definiert)
V	Gewerbeverlust aus Vorjahr
VAB	Verlustabzug
vEI_t	verdeckte Einlage mit Zeitindex
vGA_t	verdeckte Gewinnausschüttung mit Zeitindex
VmBet	Vermögensbeteiligung
VRT	Verlustrücktrag
VVT	Verlustvortrag
Vz	Vorauszahlungen
W	Wertschöpfung
x	Menge
Y	Einkommen (vor Abzug von Steuern)

Y_M	Einkommen des Mehrverdieners
Y_W	Einkommen des Wenigerverdieners
Y_n	„normale“ Einkünfte
Y_b	begünstigte Einkünfte
$Y^{''}$	Einkommen nach Kirchensteuer
z	Gewerbesteuermesszahl

Fundstellen der Aufgaben und Lösungen

1 Fragestellungen zu Steuerrecht und Ökonomie

1.1 Zum Inhalt des Buches

Bevor einzelne Steuerarten erörtert werden, erscheint es zweckmäßig, einige Fundamente, auf denen das Steuerrecht insgesamt steht, und Informationen, die in Bezug auf alle Steuerarten nützlich sein können, zu erarbeiten. Damit der Blick auch auf den größeren Rahmen gelenkt wird, sollen zuvor kurz Aspekte zur Standortbestimmung für das Steuerrecht angeschnitten werden.

Bei der Behandlung der Steuerarten nimmt die ESt den breitesten Raum ein. Dies ist mit ihren umfangreichen Regelungen, ihrer Grundlagenstellung für KSt und GewErtrSt und ihrem aufkommensmäßigen Gewicht zu erklären. Weitere Schwerpunkte bilden KSt und USt, ferner wird die Gewerbesteuer ausführlich behandelt. Weitere Steuerarten werden dagegen nur kurz eingebracht. Abgerundet wird die Darlegung der Grundlinien des Steuerrechts mit einer Einführung in wichtige Abschnitte des Steuerverfahrensrechts und des Steuerstrafrechts.

Die sachlichen Zusammenhänge des behandelten Stoffes lassen sich wie folgt skizzieren:

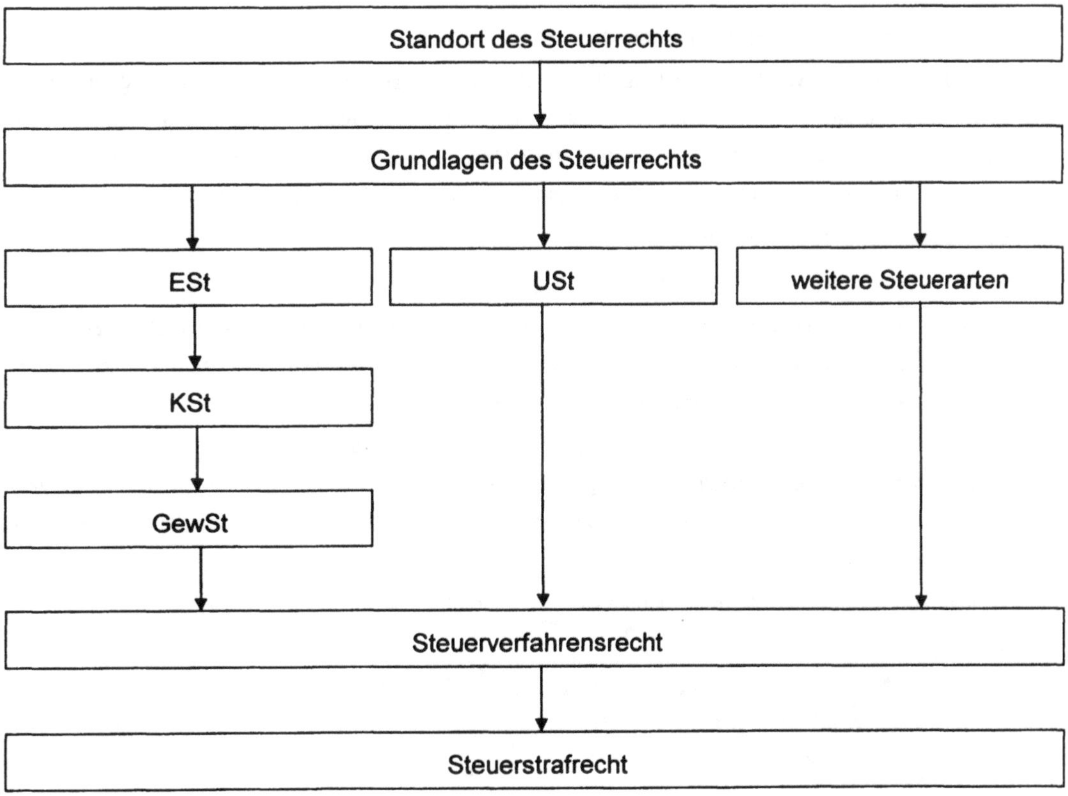

1.2 Einführung in Fragen der Betriebswirtschaftlichen Steuerlehre

1.2.1 Einstieg: Die Steuerlast eines jungen ledigen Angestellten

Mit dem nebenstehenden realistischen Beispiel sollen Sie gleich in die Komplexität des Steuerrechts eingeführt werden. Dabei möge sich auch eine Vorstellung von der Größenordnung der persönlichen Steuerlast ergeben.

Hier soll die Steuerlast eines jungen ledigen Angestellten zusammengestellt werden. Das Beispiel knüpft eng an bei *Schneider* (1994), S. 1 – 2. Gehört eine solche Aufgabe nicht an das Ende dieses Arbeitsbuches statt an den Anfang? Eigentlich ja. Aber: Sie sollen – bevor Ihre Aufmerksamkeit durch viele Details beansprucht wird – einen Eindruck vom gesamten Steuersystem erhalten.

Dazu können Sie versuchen, die Steuerlast, differenziert nach den genannten möglichen Anknüpfungspunkten, grob abzuschätzen und mit der Lösung auf der folgenden Seite zu vergleichen. Oder Sie machen sich einfach mutig an die Aufgabe heran. Damit wäre zugleich erreicht, dass Sie von Anfang an mit Gesetzestexten umzugehen lernen. Für diesen Fall erhalten Sie folgende Hinweise:

- Mit dem Bruttogehalt ist ESt-Pflicht verbunden (vgl. § 1 i. V. m. § 2 EStG).
- Über die Beziehung zwischen Lohnsteuer (LSt) und Einkommensteuer (ESt) unterrichtet Sie § 38a Abs. 2 EStG und § 48c Abs. 1 Nr. 1 EStG. Auf die ESt-Schuld wird die gezahlte LSt angerechnet, bzw. zuviel gezahlte LSt wird erstattet. Zur Berechnung der ESt sind hier zu beachten: § 2, § 9a Satz 1 Nr. 1, § 10 Abs. 1 Nr. 4, § 10 Abs. 3, § 19, § 32a i. V. m. § 52 Abs. 41 EStG (Anlage: ESt-Grundtabelle).
- Die KiSt betrage 8 % der LSt bzw. ESt.
- Nachzuschlagen ist § 9 Abs. 1 KraftStG.
- Zur USt sei darauf hingewiesen, dass die Ausgabenposition Wohnung etc. steuerfreie Umsätze betrifft. Kaffee bis Zeitungen unterliegen dem ermäßigten USt-Satz. Die übrigen Positionen einschließlich „Sonstige Ausgaben" seien mit dem allgemeinen Steuersatz belastet.
- Sie aufzufordern, Bemessungsgrundlagen und Steuersätze für die weiterhin in Frage kommenden Verbrauchsteuern in den einzelnen Steuergesetzen aufzuspüren, würde auf jeden Fall zu weit führen. Schätzen Sie ab, welche Verbrauchsteuern berührt sein mögen und wie hoch die Steuerbeträge sein könnten.
- Weitere als die genannten Anknüpfungspunkte für Steuerbeträge sollen nicht vorliegen.

Fragen:

- Wozu lässt sich die errechnete Gesamtsteuerlast in Beziehung setzen?
- Kommen Ihnen Bedenken gegen die Aussagefähigkeit der errechneten absoluten bzw. relativen Steuerlast?

Einnahmen und Ausgaben in €		**Ansatz**		**Steuerart**	**Betrag**
Bruttogehalt 2003	30.000				
monatliches Gehalt 2.300 (brutto)					
Weihnachtsgeld 2.400					
Lohnsteuer					
11 ·					
1 ·					
SolZ 0,055 ·					
Kirchensteuer 0,08 ·					
Sozialversicherung					
Renten-V. (19,5 % · 0,5)	– 2.925				
Arbeitslosen-V. (6,5 % · 0,5)	– 975				
Kranken-V.[1] (14,9 % · 0,5)	– 2.235				
Pflege-V. (1,7 % · 0,5)	– 255				
Kraftfahrzeugsteuer (PKW 1600 ccm, schadstoffarm Stufe C)	– 173				
Wohnung, TV, klassische Konzerte	– 5.000				
Kfz-Versicherung	– 370				
5 kg Kaffee	– 35				
diverse Lebensmittel	– 3.000				
Bücher und Zeitungen	– 200				
2000 l Benzin (bleifrei)	– 2.100				
7300 Zigaretten	– 1.153				
360 Fl. Bier (0,5 l)	– 180				
20 Fl. Sekt (0,75 l)	– 70				
Sonstige Ausgaben	– 5.000				
Ersparnis (vorläufig)					
Nachzahlung/Erstattung					
Einkommensteuer					
SolZ					
Kirchensteuer					
Ersparnis (endgültig)					

Den Ergebnissen ist die Rechtslage im Juni 2003 zugrunde gelegt.

[1] Beispielhaft wurde der Beitragssatz AOK Baden-Württemberg 2003 unterstellt.

Einnahmen/Ausgaben in €		Ansatz		Steuerart	Betrag
Bruttogehalt 2003	30.000	Arbeitslohn	30.000		
monatliches Gehalt 2.300		Werbungskosten	– 1.500		
Weihnachtsgeld 2.400		KiSt (gezahlt)	– 430		
		Vorsorgeaufwendungen*	– 2.001		
		zu verst. Einkommen	26.069		
Lohnsteuer[1]					
11 · 384,--					
1 · 384,-- + 777,--	– 5.385	lt. ESt-Grundtabelle		ESt (Tarif 2003)	5.103
SolZ 0,055 · 5.385	– 296			SolZ (5,5 %)	280
Kirchensteuer[2] 0,08 · 5.385	– 430			KiSt (8 %)	408
Sozialversicherung					
RentenV (19,5 % · 0,5)	– 2.925				
ArbeitslosenV (6,5 % · 0,5)	– 975				
KrankenV (14,2 % · 0,5)	– 2.235				
PflegeV (1,7 % · 0,5)	– 255				
Kraftfahrzeugsteuer (PKW 1600 ccm, schadstoffarm Stufe C)	– 173	16 · 10,84 €		KraftSt	173
Wohnung, TV, klassische Konzerte	– 5.000	USt-frei			
Kfz-Versicherung	– 370	370 € · 16/116		VersSt (16 %)	51
5 kg Kaffee	– 35	2,19 €/kg		KaffeeSt	11
diverse Lebensmittel	– 3.000	3.235 € · 7/107 USt		USt	211
Bücher und Zeitungen	– 200	(erm. Satz)			
2000 l Benzin (bleifrei)	– 2.100	0,6545 €/l MinöSt[3]		MinöSt	1.309
7300 Zigaretten	– 1.153	0,093 €/St[4]		TabSt	679
360 Fl. Bier (0,5 l)	– 180	0,0944 €/l		BierSt	17
20 Fl. Sekt (0,75 l)	– 70	1,02 €/Flasche		SchaumweinSt	20
Sonstige Ausgaben	– 5.000	8.503 € · 16/116		USt	1.173
		→		diverse Verbrauchsteuern und Zölle	50
Ersparnis (vorläufig)	218				
Nachzahlung/Erstattung					
Einkommensteuer	+ 282				
SolZ	+ 16				
Kirchensteuer	+ 22				
Ersparnis (endgültig)	**538**				
				Σ	**9.485**

* Vorwegabzug § 10 Abs. 3 Nr. 2 EStG = 0
\+ Min (2.865 + 975 + 2.130 + 255; 1.334) = 1.334
\+ Min [0,5 · (6.225 – 1.334) ; 667] = 667
(gleich hoch: Vorsorgepauschale) 2.001

„Steuerlastquote" = 9.485 / 30.000 = 0,3162; also ca. **32 %**
„Abgabenquote" = 15.875 / 30.000 = 0,5292; also ca. **53 %**

1 Zur Berechnung siehe H 119 LStR Beispiel C.
2 Kirchensteuersatz 8 % (Baden-Württemberg).
3 Mineralölsteuer ab 1.1.2003 nach dem Gesetz zum Einstieg in die ökologische Steuerreform vom 24.3.1999: 0,6545 €/l.
4 Abhängig vom Verkaufspreis, Steuer von 0,093 €/Zigarette beruht auf einer Durchschnittsberechnung.

Steuerlast

Persönliche Steuerzahlungen + **Marktbestimmte Steuerlast**

Persönliche Steuerzahlungen:

Vom Betroffenen abzuführen im Beispiel:
ESt (LSt), KiSt, KraftSt,
ferner ggf. abzuführende USt

Marktbestimmte Steuerlast:

+ Erlittene Überwälzung

./.Gelungene Überwälzung eigener persönlicher Steuerzahlungen

→ Problem der Messbarkeit

→ Problem der Zurechnung

Zeitpunktbezogen

Beispiel:
Ein Kfz-Händler verlangt 11.500 € einschließlich USt, während ein Privatmann (keine USt) für ein als gleich erachtetes Kfz 10.000 € fordert. Der Kfz-Händler verkauft schließlich für 10.000 € einschließlich USt, da er keine bessere spätere Alternative erwartet.

Wurde die USt (16 im Hundert von 10.000 € = 1.379 € überwälzt? Für die Beantwortung dieser Frage sollen zwei Fälle unterschieden werden:

a) Die übrigen Kosten des Kfz-Händlers betragen 7.000 €:
Es scheint klar zu sein, dass diese und die USt überwälzt wurden. Was eine solche Feststellung im Zweifel nützt, zeigt aber:

b) Die übrigen Kosten des Kfz-Händlers betragen 9.500 €. Wurden diese Kosten überwälzt, die USt nur teilweise? Oder alle Kostenarten nur anteilig?

Zur Überwälzung lässt sich in beiden Fällen nichts konkret sagen.

Im Übergang

Beispiel:

bisheriger Preis 100 € + 16 % USt = 116 €

Erhöhung der USt auf 17 %:

⇒ möglicher neuer Preis p =

$p > 117$	$p = 117$	$116 < p < 117$	$p = 116$	$p < 116$
überkompensierte Überwälzung	exakte Überwälzung	teilweise Überwälzung	keine Überwälzung	erlittene Überwälzung?

Es ist empirisch feststellbar, dass sich der Preis häufig nicht exakt im Ausmaß der Steueränderung verändert. In diesen Fällen sind weitere Preiseinflussgrößen relevant.
Selbst bei einer Preisänderung im exakten Ausmaß der Steueränderung kann nicht zweifelsfrei eine vollständige Überwälzung angenommen werden, weil gleichzeitig mehrere Einflussgrößen – per Saldo im Ausmaß der Steueränderung – wirksam geworden sein können. Bei nicht vollständig elastischer Nachfragefunktion kann somit nicht von einer vollständigen Überwälzung ausgegangen werden.

> Lesen Sie zu den Problemen von Steuerlast und Überwälzung *Schneider* (2002), S. 40! Was hat die Frage der Überwälzung mit Betriebswirtschaftlicher Steuerlehre zu tun?

Interpretieren Sie das nachstehende Schaubild:

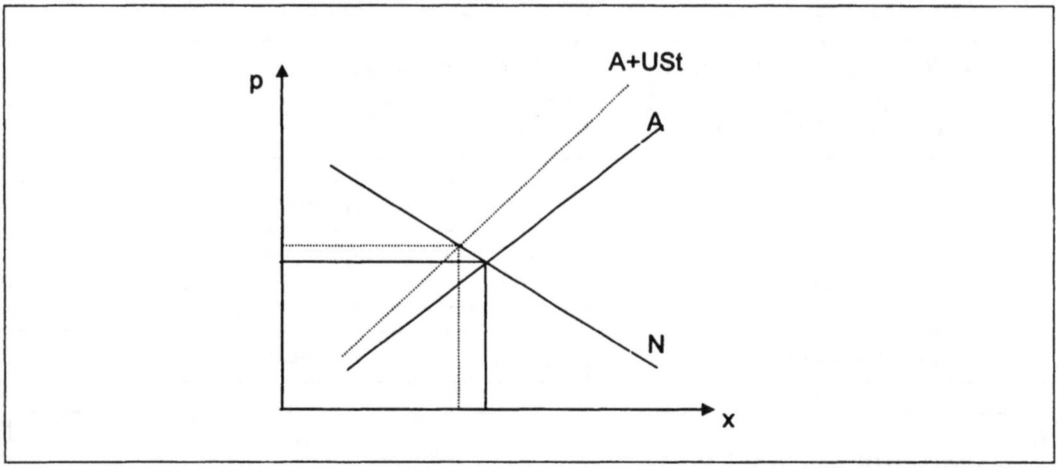

1.2.2 Aufgaben der Betriebswirtschaftlichen Steuerlehre und ihre Stellung innerhalb der Betriebswirtschaftslehre

Die Betriebswirtschaftliche Steuerlehre befasst sich mit verschiedenen Aspekten der Besteuerung. Daher lassen sich mehrere Aufgabenstellungen unterscheiden. Hierüber besteht unter den Fachvertretern weitgehend Einigkeit. Die folgende Übersicht stellt diese Aufgaben zusammen.

Die **Steuernormendarstellung** ist als Basisaufgabe (Propädeutik), die nicht von allen Autoren in eine Aufzählung der Aufgaben explizit aufgenommen wird, anzusehen und bildet das Hauptanliegen des vorliegenden Buches.

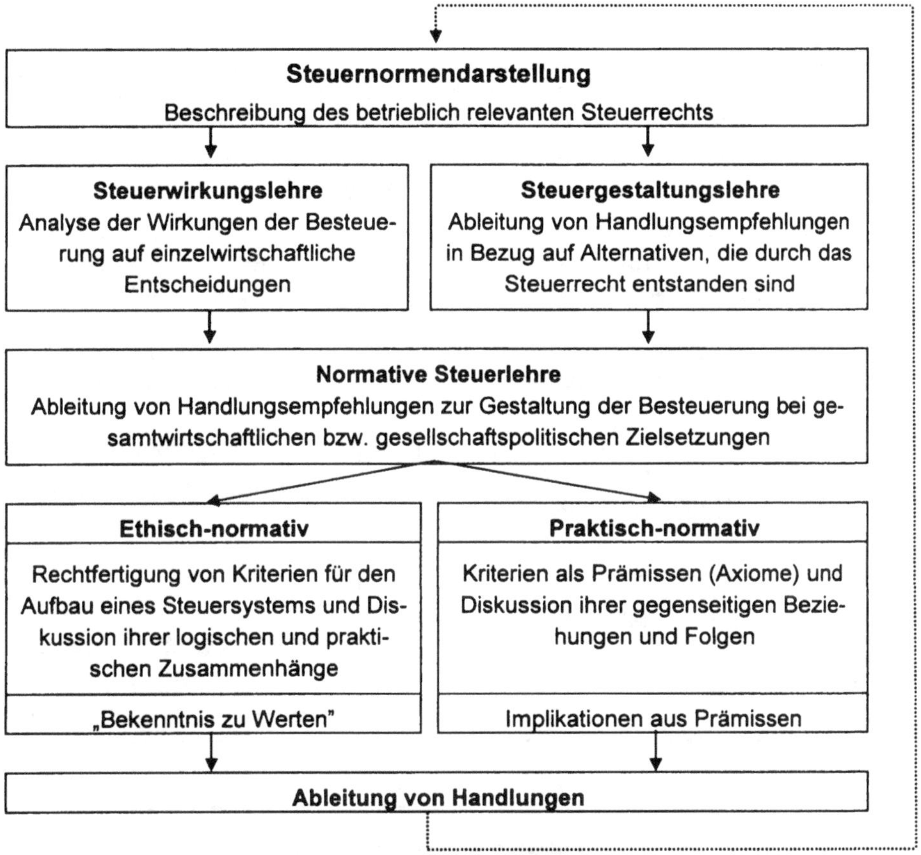

Im Folgenden werden Steuerwirkungs- und Steuergestaltungslehre als Grundaufgabe der Betriebswirtschaftlichen Steuerlehre in den Rahmen der Betriebswirtschaftslehre gestellt.

Bearbeitungshinweis:
Vergleichen Sie die Literatur im Hinblick auf unterschiedliche Nuancierungen, mit denen diese Aufgaben erörtert werden:

Schneider (2002), S. 1 – 30.
Wöhe (1988), S. 19 – 22.
Rose (1992), S. 15 – 24.
Schneeloch (2003), S. 1 – 2.
Siegel (1982), S. 14 – 17.

Zwei Autoren nennen je eine zusätzliche Aufgabenkategorie. Worum handelt es sich?
(U. E. lassen sich die zusätzlich genannten Aufgaben der Steuerwirkungslehre zurechnen.)
Tiefergehende Erörterungen zur Frage der Einordnung der Betriebswirtschaftlichen Steuerlehre finden Sie bei *Wöhe* (1988), S. 30 – 46.

Grundaufgabe der BWL-Steuerlehre

Ermöglichung optimaler einzelwirtschaftlicher Entscheidungen unter Berücksichtigung der Besteuerung und gegebenenfalls des Sozial- bzw. Transferrechts

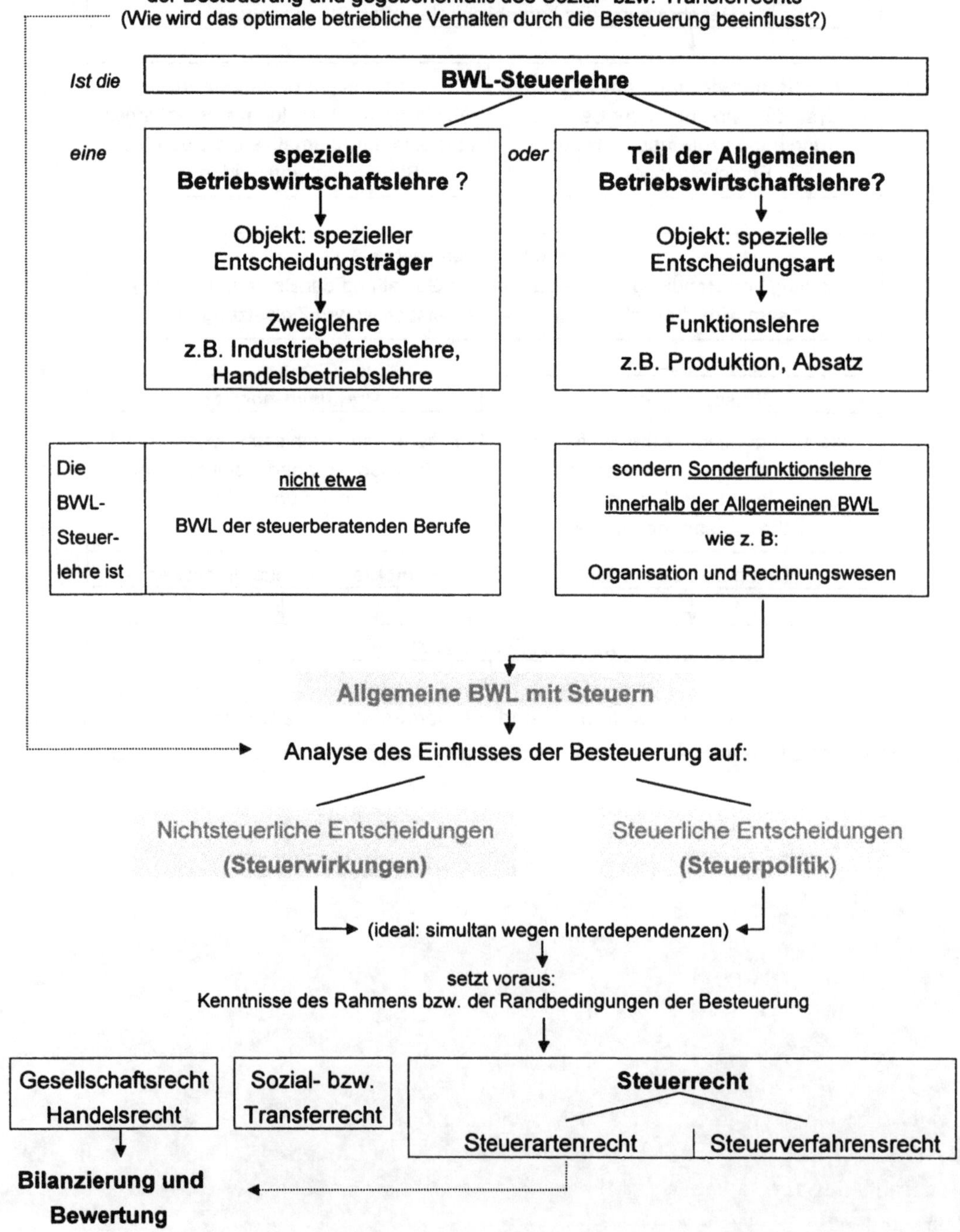

1.3 Steuerrecht – Finanzwissenschaftliche Steuerlehre – Betriebswirtschaftliche Steuerlehre

1.3.1 Beziehungen und Abgrenzungen

Die Steuergesetze sind Gegenstand aller drei genannten wissenschaftlichen Teildisziplinen. In jeder werden die Steuergesetze aus einem anderen Blickwinkel gesehen (vgl. " ——▸").

In den Kreisdarstellungen auf Seite 10 werden jeweils Aufgabenfelder der Teildisziplinen genannt. Es wird versucht, Wechselbeziehungen zwischen den Teildisziplinen aufzuzeigen. Wegen dieser Zusammenhänge sollte man eine Kooperation zwischen den drei Wissenschaftszweigen erwarten.

Aufgabe:
Beurteilen Sie – angesichts der auf Seite 10 nachgewiesenen überwiegenden Auffassung, dass eine normative Steuerlehre zu den Aufgabenstellungen der Betriebswirtschaftlichen Steuerlehre gehört – ob folgende Äußerung bei *Tipke* in einer älteren Auflage zutreffend ist [*Tipke* (1987), S. 4]: „Als Steuerminimierungslehre gedeiht die betriebswirtschaftliche Steuerlehre am besten bei wortgetreuer Gesetzesanwendung. Auslegung nach dem Gesetzeszweck, Lückenausfüllung, Umgehungsbekämpfung und Anwendung ethischer Prinzipien wirken störend."
Bearbeitungshinweis:
Lesen Sie zu den Beziehungen zwischen den genannten Teildisziplinen eine Einschätzung aus juristischer Sicht bei *Tipke / Lang* (2002), S. 11 – 16.

Ein aufschlussreicher Beitrag über die Beziehungen zwischen Steuerrechtswissenschaft und Betriebswirtschaftlicher Steuerlehre (aus der Sicht eines Vertreters der letzteren) ist folgende Veröffentlichung: *Rose* (1977). Zur Frage eines gemeinsamen Fundaments dieser Wissenschaften lohnt die Lektüre von *Elschen* (1991) und *Wagner* (1992).

Die in den drei Kästchen im Segment „betriebliche Steuerwirkungen" genannten Aufgabenstellungen können als dort subsumierbar angesehen werden. Vgl. hierzu Seite 10 und die dort angegebene Literatur. Beispielsweise wollen die mit dem Segment „Steuerverfahren" (Steuerrechtslehre) verbundenen Pfeile folgende Zusammenhänge andeuten:

- Die Steuerrechtslehre hat u. a. die Aufgabe, die Steuerverfahrensnormen zu beschreiben und zu systematisieren sowie auf ihre Grundrechtskonformität zu prüfen.
- Die finanzwissenschaftliche Steuerlehre betrachtet alternative Besteuerungsverfahren (-techniken) aus dem Blickwinkel von Einfachheit, Durchsetzbarkeit, „Wohlfeilheit" u. ä.
- Die Betriebswirtschaftliche Steuerlehre analysiert die betrieblich relevanten Teile des Steuerverfahrensrechts im Hinblick auf Notwendigkeiten und Spielräume unternehmerischen Verhaltens.

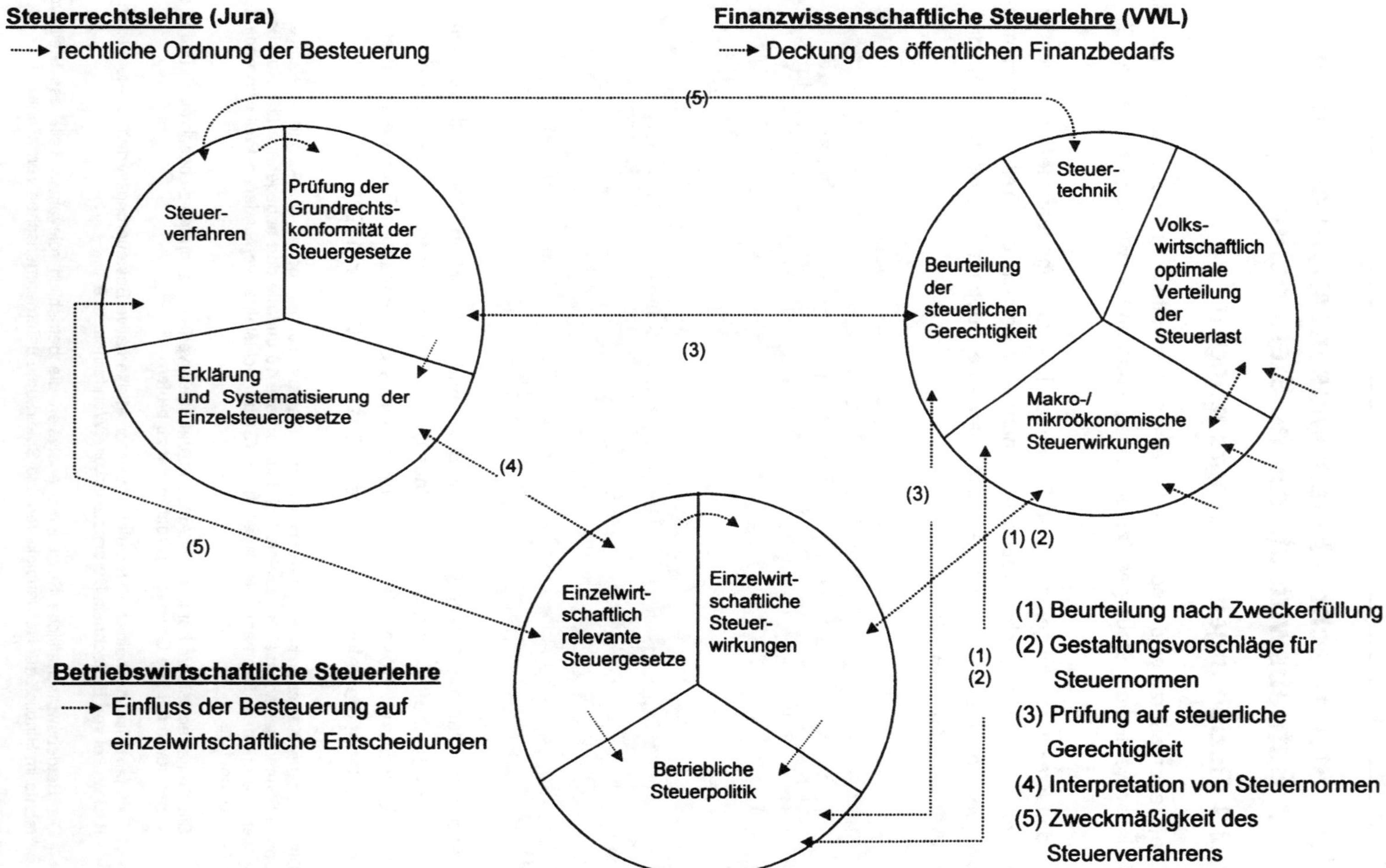

Steuerrechtslehre (Jura)
rechtliche Ordnung der Besteuerung
Finanzwissenschaftliche Steuerlehre (VWL)
Deckung des öffentlichen Finanzbedarfs
(5)
Steuer-
verfahren
Prüfung der
Grundrechts-
konformität der
Steuergesetze
Erklärung
und Systematisierung der
Einzelsteuergesetze
(3)
Steuer-
technik
Volks-
wirtschaftlich
optimale
Verteilung
der
Steuerlast
Beurteilung
der
steuerlichen
Gerechtigkeit
Makro-/
mikroökonomische
Steuerwirkungen
(4)
(3)
(1) (2)
(5)
Einzelwirt-
schaftlich
relevante
Steuergesetze
Einzelwirt-
schaftliche
Steuer-
wirkungen
Betriebliche
Steuerpolitik
(1)
(2)
Betriebswirtschaftliche Steuerlehre
Einfluss der Besteuerung auf
einzelwirtschaftliche Entscheidungen
(1) Beurteilung nach Zweckerfüllung
(2) Gestaltungsvorschläge für Steuernormen
(3) Prüfung auf steuerliche Gerechtigkeit
(4) Interpretation von Steuernormen
(5) Zweckmäßigkeit des Steuerverfahrens

1.3.2 Abgrenzung öffentlicher Güter

Die Frage, weshalb Steuern zur Staatsfinanzierung benötigt werden, statt die Staatsleistungen über Gebühren oder Beiträge zu finanzieren, wird finanzwissenschaftlich üblicherweise damit erklärt, dass nur auf diese Weise bestimmte Güter bereitgestellt werden können, welche die allgemeine Wohlfahrt erhöhen. Es kann „Marktversagen" vorliegen, wobei angesichts der Erfahrungen mit Zentralverwaltungswirtschaften „Staatversagen" die offensichtlichere Gefahr ist. Die folgende Übersicht ist eine Zusammenfassung einer Darstellung bei *Blankart* (2001), S. 66 (vgl. dort zur Theorie des Marktversagens S. 56 – 70).

Rivalität / Ausschlussprinzip	ja	nein
ja	a) Private Güter	b) Mautgüter
nein	c) Allmendegüter	d) Reine öffentliche Güter

a) **Private Güter:** Brot, Wohnen

b) **Mautgüter:** Kabelfernsehen, Autobahnen

c) **Allmendegüter:** Hochseefischgründe, Innenstadtstraßen

d) **Reine öffentliche Güter:** Außenpolitik, öffentliche Kunstdenkmäler; innere, äußere und Rechtssicherheit

zu b): Mautgüter und das Problem des natürlichen Monopols:

- Ausschlussprinzip ist anwendbar, aber es herrscht
- keine Rivalität (in gewissen Grenzen) Beispiele und Hinweise: Kabelfernsehen als Mautgut: Sehr niedrige Grenzkosten für einen Zusatzanschluss und ständig sinkende Durchschnittskosten: ein Anbieter kann kostengünstiger liefern als mehrere („natürliches Monopol").

zu c): Gemischte öffentliche Güter („Allmendegüter");
Beispiele: Hochseefischerei und Übernutzung

- Ausschlussprinzip ist nur unvollkommen erfüllt
- es herrscht Rivalität („Lücke des Rechtsstaats": es müssten Verfügungsrechte definiert sein: Zertifikate z.B. bei externen Effekten).

zu d): Üblicherweise werden folgende Kennzeichen für reine öffentliche Güter [(pure) public goods] genannt:

- Keine Anwendbarkeit des Ausschlussprinzips wie bei privaten Gütern (deren Konsum durch den einzelnen das Gut verbraucht)
- Nichtrivalität überwiegt: Konsum des Gutes durch A beeinflusst den Konsum des Gutes durch B nicht.

1.4 Steuerarten und Unternehmensgeschehen

1.4.1 Steuern und betriebliche Entscheidungen

Die folgende Übersicht will in einem groben Überblick auf Steuereinflüsse in Bezug auf unternehmerische Entscheidungen hinweisen: Unternehmer werden bei nicht originär steuerlichen Entscheidungen Steuerwirkungen berücksichtigen und sind infolge bestimmter steuerlicher Regelungen zu originär steuerlichen Entscheidungen der Steuerpolitik veranlasst.

Literatur: *Wagner / Dirrigl* (1980); *Siegel* (1982).

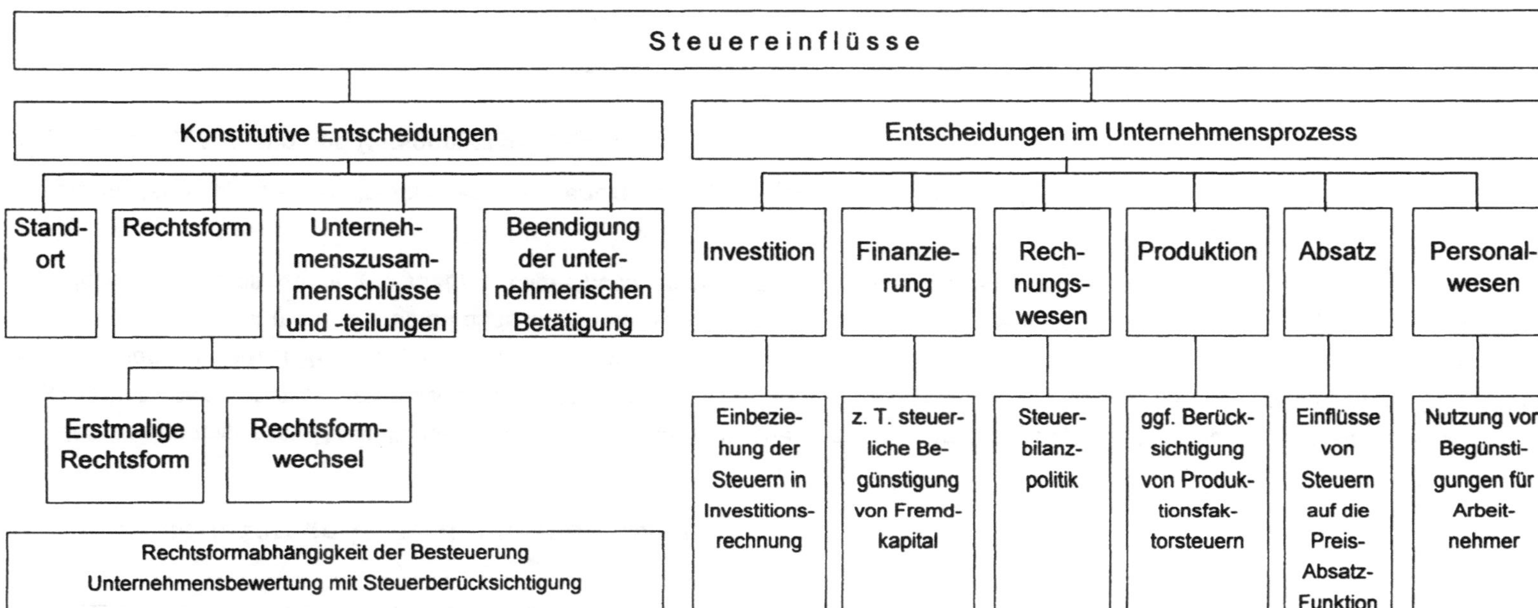

1.4.2 Steuerarten im Unternehmensprozess

Mit den beiden folgenden Darstellungen soll gezeigt werden, welche wichtigen betriebsbezogenen Steuerarten an welche betrieblichen Sachverhalte anknüpfen. (Im Interesse einer ersten Einführung sollen Vollständigkeit und Exaktheit nicht angestrebt werden.) Die nur bei Angehörigen bestimmter Religionsgemeinschaften anfallende <Kirchensteuer> ist eingeklammert. Eine mögliche Produktionsfaktorsteuer ist die seit 1980 nicht mehr existente Lohnsummensteuer. Sie ist ebenso wie die mittlerweile abgeschaffte Vermögensteuer (ab 1997) und die Gewerbekapitalsteuer (ab 1998) durchgestrichen; diese stellten Substanzsteuern oder Sollertragsteuern dar.

Da die Besteuerung nicht rechtsformunabhängig erfolgt, ist folgende Differenzierung erforderlich:

a) Einzelunternehmung und Personengesellschaft

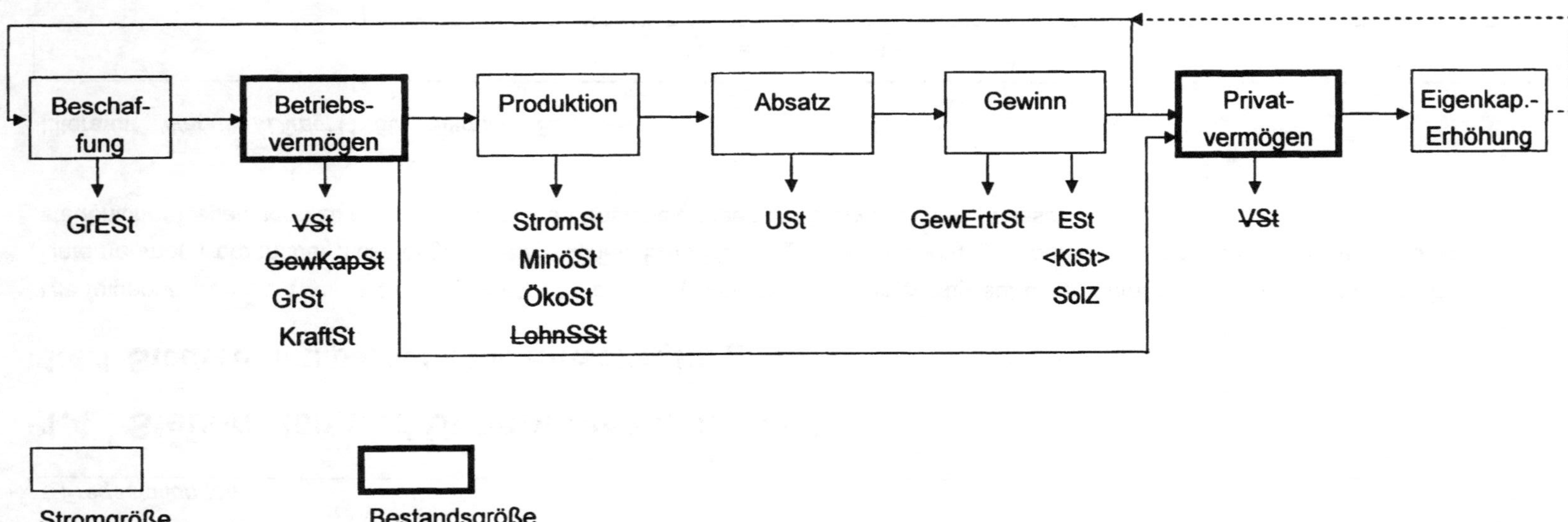

b) Kapitalgesellschaft

Durch die Unternehmensteuerreform gibt es ab 2001 eine körperschaftsteuerliche Definitivbelastung auf der Ebene der Kapitalgesellschaft. Die tarifliche Körperschaftsteuer (KSt) fällt grundsätzlich an, unabhängig davon, ob Gewinne einbehalten oder ausgeschüttet werden. Nur bei Ausschüttung wird die Einkommensbesteuerung auf der Ebene des Anteilseigners nach einem besonderen Verfahren (sog. Halbeinkünfteverfahren, ausführlich hierzu unter Kapitel 4) ausgelöst. Die abgeschafften Steuern sind durchgestrichen.

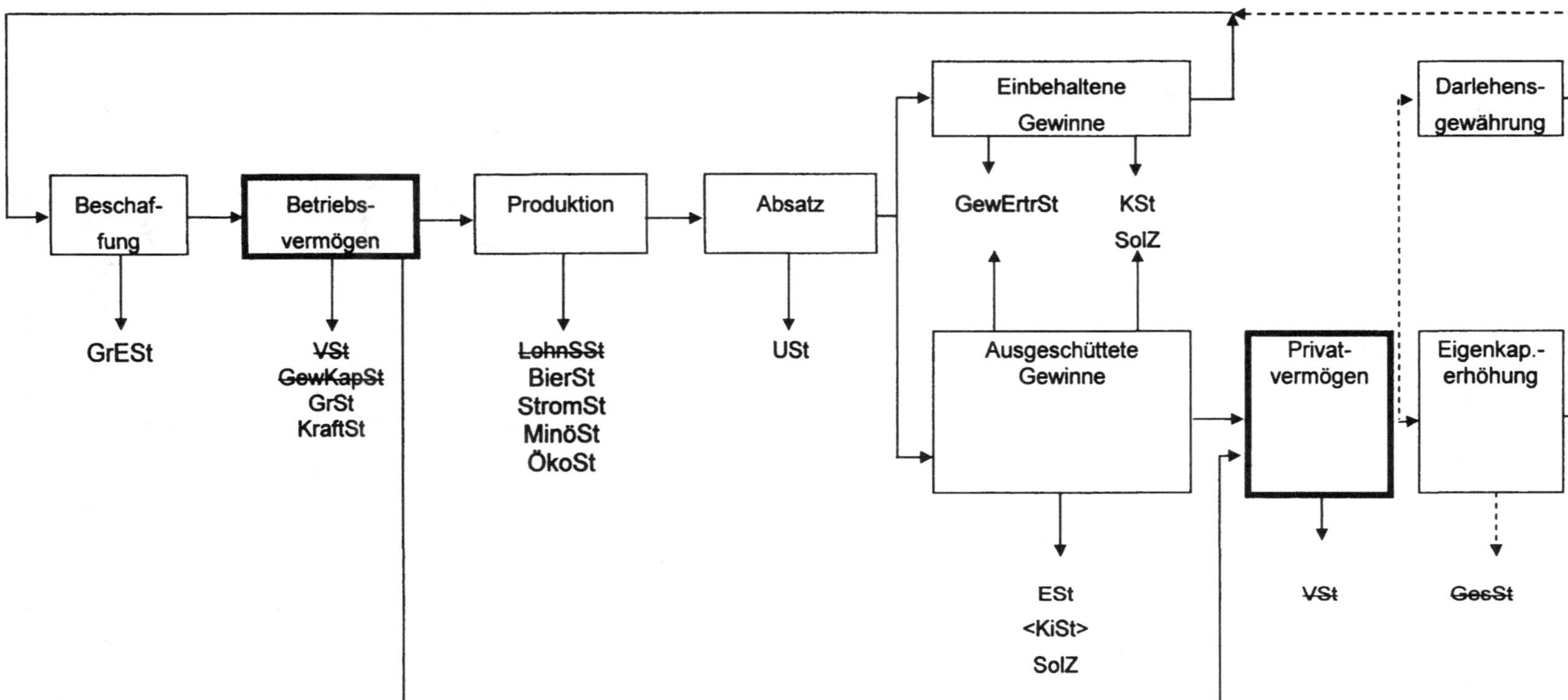

1.4.3 Beziehungen zwischen den Steuerarten

Bevor auf die einzelnen Steuerarten eingegangen wird, sei der Zusammenhang zwischen ihnen aufgezeigt; Erklärungen hierzu können an dieser Stelle noch nicht erfolgen.

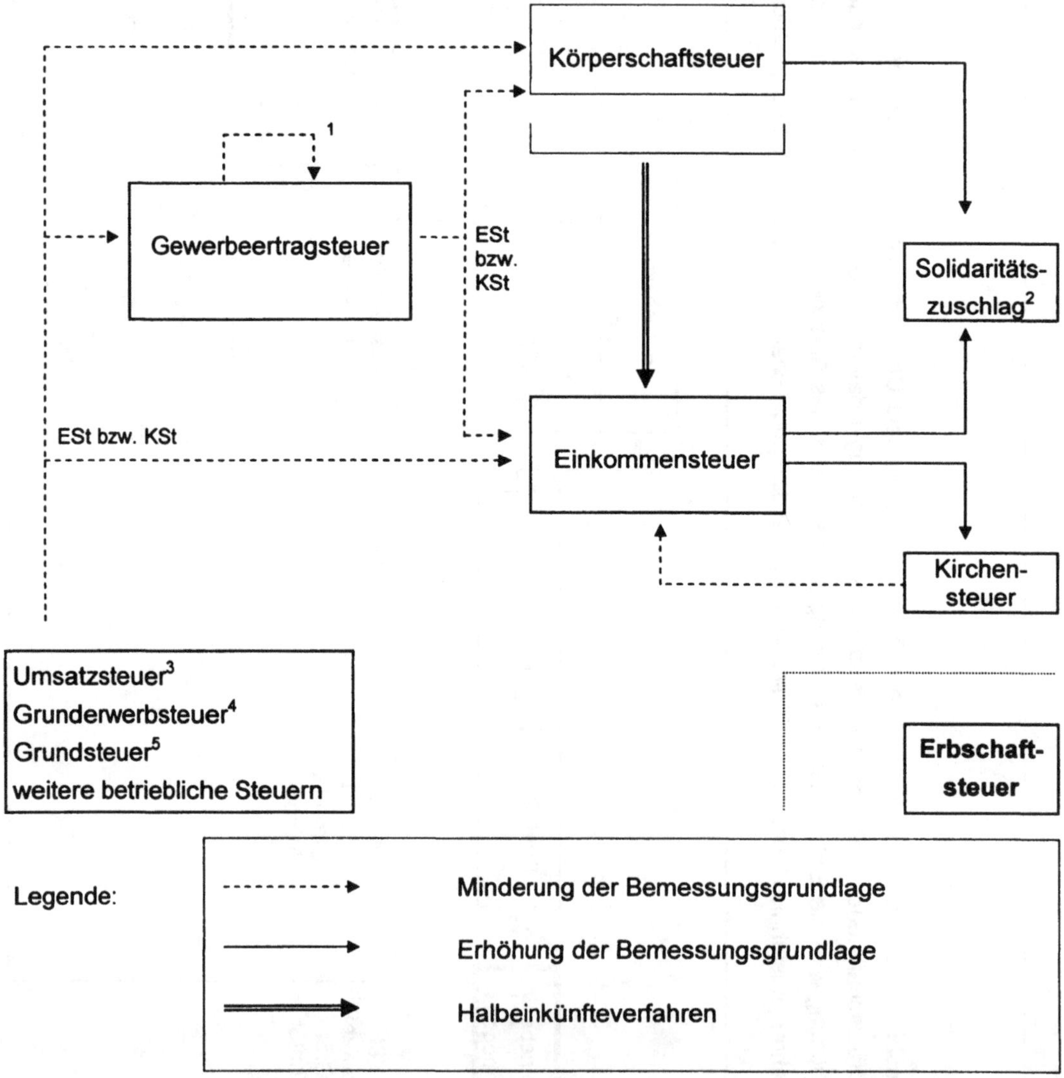

1 Mit formaler Berücksichtigung der Abzugsfähigkeit bei der eigenen Bemessungsgrundlage und Gewerbesteueranrechnung nach § 35 EStG.

2 Rückwirkungen auf KSt (und daher ggf. auf ESt), weil nicht abziehbare Aufwendung.

3 Auf Leistungen des Unternehmens; Vorsteuer: i. d. R. abzugsfähig, jedoch Einschränkung nach § 12 Nr. 3 EStG bzw. § 10 Nr. 2 KStG zu beachten.

4 Bedingt: über Abschreibungen bzw. Abgang.

5 Im Übrigen: Kürzung innerhalb der Gewerbesteuer-Bemessungsgrundlage.

2 Grundlagen des Steuerrechts

2.1 System und Prinzipien des Steuerrechts

2.1.1 Steuerzwecke und Steuerbegriff

Als ökonomische Begründung der Steuererhebung (im Sinne des Finanzzwecks) könnte man theoretisch den häufig auftretenden Fall ansehen, dass für eine bestimmte Aufgabe die Kollektivkosten niedriger als die Summe der Individualkosten sind.

Beispiel: In einem hochwasserbedrohten Tal sind mehrere Anwesen schutzbedürftig. Ein gemeinsamer Wall dürfte weniger Kosten als drei Einzelwälle zusammen verursachen.

Es zeigt sich jedoch sogleich das Problem der Steuerlastverteilung: Die einzelnen Bürger werden in vielen Fällen tatsächlich (oder auch nur vorgeblich) von Gemeinschaftsmaßnahmen unterschiedlich stark begünstigt.

So könnten im Beispiel einzelne Anwesen wegen ihrer Lage nicht so stark wie andere gefährdet sein, oder bei anderen könnte wegen einfacher Ausstattung nur ein unterdurchschnittliches Verlustrisiko bestehen.

In einem modernen Staat kommt hinzu, dass der Einzelne vielfach an bestimmten Gemeinschaftsleistungen tatsächlich oder nur scheinbar gar nicht interessiert ist. Beispiel: Pazifisten haben darum gestritten, keine „Militärsteuer" zahlen zu müssen [vgl. hierzu *Bock / Diefenbacher / Reuter* (1992)]. (Zu Prinzipien der Steuerlastverteilung vgl. weiter S. 25). Das aus dem Finanzzweck resultierende Steuerlast-Verteilungsproblem wird infolge von Sozialzwecknormen der Besteuerung noch schwieriger.

Aufgabe:

- Stellen Sie Beispiele für „Sozialzwecksteuern" zusammen!
- Welches Problem tritt hinsichtlich der Transparenz von Entlastungen auf, wenn eine Entlastung, die einen Sozialzweck erfüllen soll, in ein Steuergesetz integriert wird?
- Zeigen Sie am Beispiel des – früheren – Weihnachtsfreibetrages für Arbeitnehmer die Schwierigkeit, sozialpolitische und wirtschaftspolitische Funktion der Besteuerung zu trennen! (Begünstigung der Arbeitnehmer oder Konjunkturbelebung?)
- *Tipke / Lang* (2002), S. 66 – 68, nennen neben Fiskalzwecknormen und Sozialzwecknormen eine weitere Normgruppe. Welche? (Die dort genannten Normen liegen u. E. auf einer anderen Ebene: der Ebene der Zielrealisierung, nicht der Ebene der Zielbestimmung.)
- Nennen Sie Beispiele für Naturalleistungen, die Steuercharakter haben!

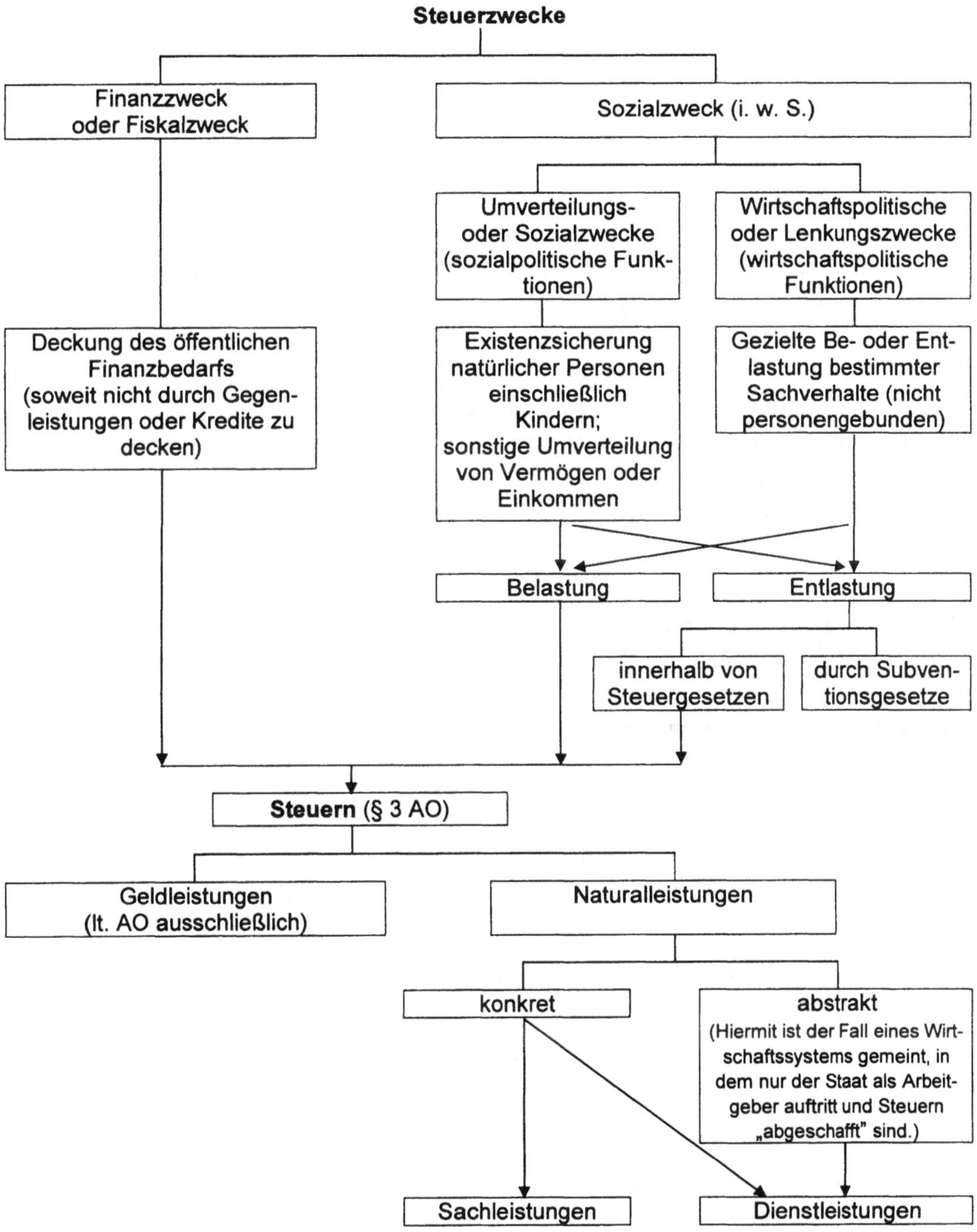
Steuerzwecke
Finanzzweck oder Fiskalzweck
Sozialzweck (i. w. S.)
Umverteilungs- oder Sozialzwecke (sozialpolitische Funktionen)
Wirtschaftspolitische oder Lenkungszwecke (wirtschaftspolitische Funktionen)
Deckung des öffentlichen Finanzbedarfs (soweit nicht durch Gegenleistungen oder Kredite zu decken)
Existenzsicherung natürlicher Personen einschließlich Kindern; sonstige Umverteilung von Vermögen oder Einkommen
Gezielte Be- oder Entlastung bestimmter Sachverhalte (nicht personengebunden)
Belastung
Entlastung
innerhalb von Steuergesetzen
durch Subventionsgesetze
Steuern (§ 3 AO)
Geldleistungen (lt. AO ausschließlich)
Naturalleistungen
konkret
abstrakt (Hiermit ist der Fall eines Wirtschaftssystems gemeint, in dem nur der Staat als Arbeitgeber auftritt und Steuern „abgeschafft" sind.)
Sachleistungen
Dienstleistungen

Aufgabe:

- Welche Position ist hier nicht bei den Abgaben aufgeführt, die aber bei *Tipke / Lang* (2002), S. 48, gesondert angeordnet wird? Woraus ergibt sich der Unterschied?

Aus einzelwirtschaftlicher Sicht ist der **Steuerdefinition** der Abgabenordnung zu entnehmen, dass der zwangsweisen Zahlung keine konkrete Gegenleistung des Staates entspricht, so dass Steuern als negative Zielvariable in betriebswirtschaftliche Entscheidungsrechnungen eingehen. Verfolgt der Staat mit Steuern Nebenzwecke, so empfehlen sich meist Planungsrechnungen unter Einbeziehung der Steuern, um festzustellen, ob damit tatsächlich finanzielle Vorteile für die Einzelwirtschaft verbunden sind. Juristisch ist die Definition in § 3 AO jedoch von Interesse, weil von ihr Kompetenzregelungen abhängen (vgl. Art. 105 – 108 bzw. Art. 74 Nr. 11 GG). Jedoch stellt sich ordnungspolitisch die Frage, ob die Freiheit für die „politischen Unternehmer", die u. a. durch diese weite Steuerdefinition eröffnet wird, zu Fehlallokationen führt, weil hieraus eine zu hohe Staatstätigkeit resultiert. Lesen Sie zum Thema der staatlichen Budgetentscheidungen: *Blankart* (2001), S. 109 – 134.

Reine Sozialzwecksteuern sind keine Steuern im Sinne von § 3 AO. Allerdings wird man auch z.B. bei wirtschaftslenkenden Steuern einräumen müssen, dass die Einnahmenerzielung des Staates ein „nicht unwillkommenes Abfallprodukt der Lenkungsmaßnahme" sein dürfte, so dass die Steuerdefinition des § 3 AO erfüllt sein kann.

Zölle =	Steuern, die beim Warenverkehr über die Grenze (praktisch nur bei Einfuhr) erhoben werden [jedoch nicht EUSt; vgl. S. 225]
Abschöpfungen =	Abgaben, die bei der Einfuhr von Waren (innerhalb der EU) erhoben werden; sie dienen der Wirtschaftslenkung: Preisausgleich zwischen niedrigerem Auslandspreis und unter Konkurrenzschutz stehendem höheren Inlandspreis.

Zölle lassen sich als Steuern im Sinne von § 3 Abs. 1 AO verstehen;

Abschöpfungen werden wohl erst durch Satz 2 als Steuern definiert.

Einnahmemöglichkeiten des Staates

Die Übersicht soll insbesondere der Abgrenzung der Steuer von Gebühren und Beiträgen dienen. Die früher vom Staat zum Teil exorbitant genutzte Einnahmemöglichkeit der Inflation durch uferlose Ausdehnung der Geldmenge ist – jedenfalls in der EU – nicht genutzt (EZB).

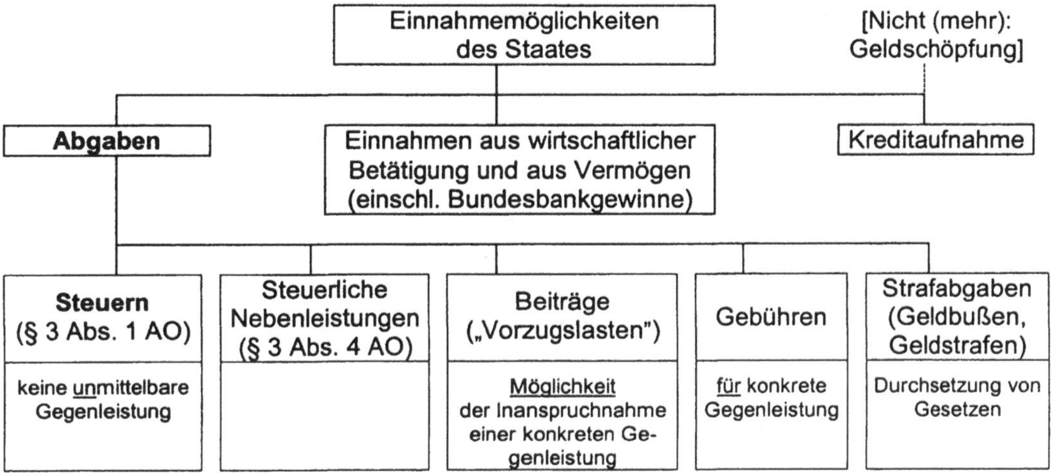

Steuern - Legaldefinition nach § 3 Abs. 1 AO

Steuermerkmale	**Bemerkungen**
1) Geldleistungen	Abgrenzung zu Naturalleistungen: – Sachleistungen (Zehnter) – Dienstleistungen (Wehrpflicht)
2) ohne Gegenleistung	Abgrenzung zur Gebühr: konkrete Gegenleistung (Reisepass) Abgrenzung zum Beitrag: („Vorzugslast"): Möglichkeit der Inanspruchnahme der Gegenleistung (Straßenanlieger) Abgrenzung zur steuerlichen Nebenleistung: § 3 Abs. 4 AO Abgrenzung zur Strafe: Sühne für Fehlverhalten
3) öffentlich-rechtliches Gemeinwesen	Bund, Land, Gemeinde, auch: Kirche, sofern Körperschaft des öffentlichen Rechts
4) Erzielung von Einnahmen, ggf. auch Nebenzweck	allgemeiner Fiskalzweck, auch: Lenkungs- u. a. politische Zwecke
5) Allgemeinheit	Gleichheit vor dem Gesetz ⇒ horizontale Gerechtigkeit
6) Tatbestandserfüllung	„Subsumtion" des Lebenssachverhalts unter die abstrakte Gesetzesformulierung (vgl. §§ 38, 40 – 42 AO)
7) Leistungspflicht	Steuerschuldverhältnis wird begründet (vgl. §§ 37 – 50 AO)
8) Gesetzesgrundlage	Steuern können nicht durch Rechtsverordnung o. ä. begründet werden

2.1.2 Probleme der Steuergerechtigkeit

2.1.2.1 Belastungsgerechtigkeit

Hier werden zunächst grundsätzlich in Frage kommende Anknüpfungspunkte der Steuerlastverteilung zusammengestellt. Entsprechende Prinzipien werden insbesondere in der Finanzwissenschaft diskutiert.

Bearbeitungshinweis:

- Lesen Sie zumindest eine Einführung in die finanzwissenschaftliche Sicht der Steuerlastverteilung, etwa: *Zimmermann / Henke* (2001), S. 228 – 236, *Brümmerhoff* (2001), S. 385 – 396.
- Erarbeiten Sie ferner die Problematik der Steuergerechtigkeit aus der Sicht des Steuerjuristen, z. B. bei: *Tipke / Lang* (2002), S. 69 – 123, bzw. des Betriebswirts, z. B. bei *Schneider* (1994), S. 43 – 48; vgl. auch *Siegel* (1999a), S. 357 – 364.

Finanzwissenschaftliche Theorien haben nicht zu einer Operationalisierung des für unser Steuersystem grundlegenden Leistungsfähigkeitsprinzips geführt. Der Gleichheitsgrundsatz gebietet es u. E., das Markteinkommen als Bemessungsgrundlage (der ESt) heranzuziehen und es proportional zu besteuern. Wenn jedoch ein progressiver ESt-Tarif vorliegt, ist das kein Widerspruch: Das Leistungsfähigkeitsprinzip wird durch das Sozialstaatsprinzip ergänzt, welches über den Sozialzweck der Besteuerung – hier: Umverteilung (vgl. Seite 19) – den Tarif verändert. [Letzteres so auch *Tipke / Lang* (2002), S. 113.]

Aufgabe:

Was ist unter dem Sozialstaatsprinzip zu verstehen, und wie wird es begründet?

Die h. M. will nicht mit dem Markteinkommen eine „objektive" Leistungsfähigkeit, sondern mit einem um tatsächlich oder angeblich unausweichliche Privatausgaben geminderten „disponiblen" Einkommen eine „subjektive" Leistungsfähigkeit der Besteuerung zugrunde legen. Die Analyse der Aufgaben der Besteuerung bestätigt jedoch die Auffassung, dass das subjektive Nettoprinzip zu Wertungswidersprüchen führt und deshalb abzulehnen ist:

- Das Fiskalziel führt aufgrund des Gleichmäßigkeitspostulats zur proportionalen Besteuerung des Markteinkommens.
- Das Umverteilungsziel führt über den progressiven Tarif zu bestimmten Abweichungen von dem Ergebnis, das dem Fiskalziel entspricht.
- Das Subventionsziel verlangt aufgrund des Gleichmäßigkeitspostulates eine proportionale oder eine degressive Entlastung subventionswürdiger Ausgaben. Ein Abzug von der Bemessungsgrundlage führt aber zwangsläufig zu einer progressiven Entlastung.

Da Umverteilungsziel und Subventionsziel voneinander unabhängig sind, darf ihre gleichzeitige Berücksichtigung nicht im Ergebnis zu einer Veränderung der Summe (bzw. des Saldos) der Einzelwirkungen führen.

Bearbeitungshinweis:

- Studieren Sie zur Diskussion um die zutreffende Bemessungsgrundlage etwa die gegensätzlichen Positionen von *Schneider* (1994), S. 142 – 155, und *Tipke / Lang* (2002), S. 230 – 234, jeweils mit weiteren Hinweisen. Beachten Sie ferner *Bareis* (1991) und *Siegel / Schneider* (1994)!
- Inwieweit ist bezüglich der Einkommensbesteuerung bei Inflation mit einer Argumentation zu rechnen, die die Maxime des Enteignungsverbots heranzieht?
- Diskutieren Sie Beispiele zur Maxime der Manipulationsfreiheit (gemeint: „Freiheit von", nicht: „Freiheit zu")!
- Bei welchen Steuerarten liegt keine örtliche Gleichheit vor? Lässt sich bei diesen Ihres Erachtens eine Ausnahme rechtfertigen?
- Entscheidungsneutralität und Gleichheitsgrundsatz erfordern nach *Dieter Schneider* eine progressive Steuer auf das Markteinkommen; lesen Sie dazu seine ausführliche Analyse bei *Schneider* (1992), S. 665 – 669.

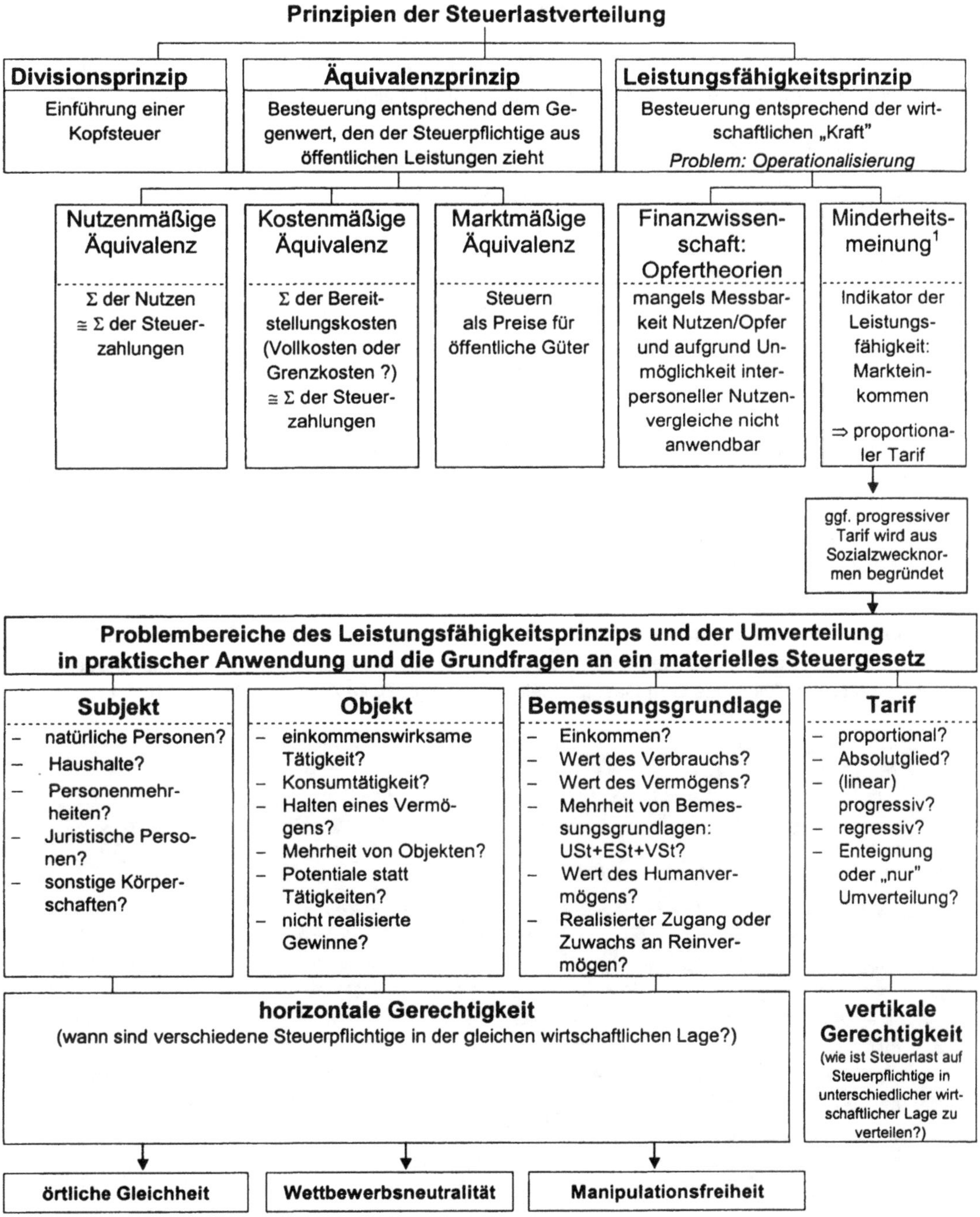

[1] Vgl. z. B. *Schneider* (1994), *Siegel/Schneider* (1994) und *Bareis* (1991).
Allerdings wird von anderen Betriebswirten und Finanzwissenschaftlern das Leistungsfähigkeitsprinzip nach tradiertem Verständnis völlig abgelehnt und aus Effizienzgründen eine entscheidungsneutrale Besteuerung und damit eine konsumbasierte statt einer einkommensbasierten Steuer gefordert; vgl. z. B. *Wagner* (1992), *Rose, M.* (2002); abwägend hierzu *Siegel* (1999a).

2.1.2.2 Verfahrensgerechtigkeit

Neben der Belastungsgerechtigkeit ist die Verfahrensgerechtigkeit zu diskutieren. Auch hier geht es nicht nur um formale Fragen, sondern um Prinzipien und Maximen mit materiellen Auswirkungen.

Fragen:

- Welche Maxime kann der Forderung nach exakter Beschreibung des steuerauslösenden Tatbestandes entgegenstehen?
- Nennen Sie Beispiele für eine unzulässige echte Rückwirkung!
- Stellen Sie Beispielsfälle fest, in denen die Rechtsprechung eine unechte Rückwirkung angenommen hat! Machen Sie sich die Bedeutung dieser Möglichkeit für die betriebliche Steuerplanung klar!
- Welcher Berufsstand würde bei Erfüllung der Maxime der Einfachheit weitgehend überflüssig?

Fraglich ist, ob im Steuerrecht ein Verbot steuerverschärfender Analogiebildung gilt. Bis vor wenigen Jahren konnte man noch davon ausgehen: „Das Lückenrisiko trägt der Gesetzgeber." Für eine Weitergeltung spricht eine Äußerung des Bundesverfassungsgerichts: „Es trifft gewiss zu, dass die rechtsprechende Gewalt durch Analogie keine Steuertatbestände schaffen oder verschärfen kann, denn das Steuerrecht lebt aus dem Diktum des Gesetzgebers" (BVerfG, Beschluss vom 30.01.1985 – 1 BvR 279/83, NJW 1985, S. 1891).

Dennoch könnte beim Bundesfinanzhof und in der Literatur eine Wende eingetreten sein. *Tipke / Lang* halten eine steuerverschärfende Analogiebildung für zulässig, wenn sich das lückenausfüllende Prinzip durch Induktion aus dem Gesetz ableiten lässt; vgl. *Tipke / Lang* (2002), S. 110 – 112.

Bearbeitungshinweise:

Gönnen Sie sich als Lektüre zu dieser Problematik folgenden lehrreichen, mit z. T. amüsanten Beispielen angereicherten Beitrag: *Tipke* (1985)!

Die gegenwärtige Bundesregierung hat „zur Umsetzung des steuerpolitischen Leitbilds ‚Modernisierung und Vereinfachung'" am 16.07.2003 einen „Referentenentwurf" eines Steueränderungsgesetzes 2003 vorgelegt. Mit der Begründung, dies diene dem Bürokratieabbau und sei für „Behörden übergreifende Zwecke" notwendig, soll nach § 139 AO ein 3. Unterabschnitt mit den §§ 139a bis 139c unter der Überschrift „Allgemeines Ordnungsmerkmal" eingeführt werden. § 139b AO-Entwurf sieht – ab Geburt – eine „Identifikationsnummer für natürliche Personen" vor. Auf deren Basis soll das Bundesamt für Finanzen neunzehn Hauptmerkmale mit weiteren Untermerkmalen jeder natürlichen Person speichern, so u.a. Namen, Doktorgrad, Ordens- oder Künstlername, gegenwärtige und frühere Anschriften, Ehegatte oder Lebenspartner mit Identifikationsnummer, Vor- und Familienname, Tag der Geburt, Sterbetag, rechtliche Zugehörigkeit zu einer Religionsgemeinschaft, ferner Kinder bis zum vollendeten 29. Lebensjahr mit denselben Merkmalen und zusätzlich ggf. Namen und Anschrift der Stiefeltern und – zuletzt - als neunzehntes Merkmal Sterbetag und –ort der „identifizierten" natürlichen Person.

Können Sie sich erklären, weshalb dies bei manchen Menschen spontan die Erinnerung an den Roman „1984" von *George Orwell* geweckt hat? Lesen Sie dazu auch das „Volkszählungsurteil" des BVerfG zum Grundrecht auf informationelle Selbstbestimmung (BVerfGE 65, 1).

Aspekte der Verfahrensgerechtigkeit
Prinzip der Tatbestands-erfüllung
Besteuerung nur zulässig, soweit der gesetzlich bestimmte Tatbestand erfüllt ist:
Steuerschuld = obligatio ex lege
Legalitätsprinzip
Steuerbehörden sind nicht nur berechtigt, sondern auch zur Steuererhebung verpflichtet
Unzulässigkeit von Steuervereinbarungen
(die es faktisch doch gibt)
Prinzip der Rechtssicherheit
Prinzip der Tatbestands-bestimmtheit
Möglichst exakte Beschreibung des steuerauslösenden Tatbestandes
Rückwirkungsverbot
„Echte" Rückwirkung
Auf abgeschlossene Sachverhalte oder Rechtsbeziehungen
unzulässig
„Unechte" Rückwirkung
Auf noch nicht abgeschlossene Sachverhalte sowie auf Rechtsbeziehungen für die Zukunft
lt. Rechtsprechung zulässig
Analogieverbot?
Verbot steuerbegründender und steuerververschärfender Analogiebildung?
fraglich
Maxime der Einfachheit
Forderung nach Steuergeheimnis
Keine unbefugte Offenbarung oder Auswertung von Kenntnissen über steuerliche und sonstige Verhältnisse
§ 30 AO; § 355 StGB;
nicht: GG
Sonderfall:
Bankgeheimnis
§ 30a AO

2.1.3 Effizienz und Neutralität

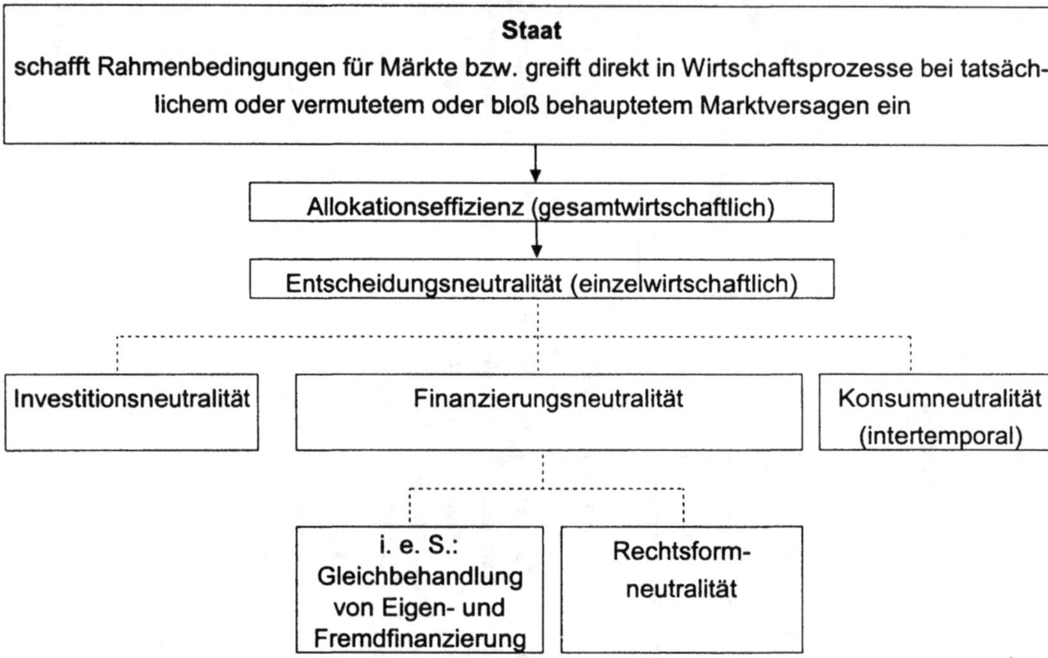

Könnten Steuern neutral ausgestaltet werden, müsste bei betrieblichen Planungen die Besteuerung nicht berücksichtigt werden: Die Entscheidungen in einer (gedachten) Welt ohne Steuern (bzw. mit neutralen Steuern) würden nicht anders gefällt als in einer Welt mit Steuern. Da dies in der Realität nicht der Fall ist [und auch theoretisch gar nicht möglich ist: vgl. hierzu Siegel (2000)], entsteht das betriebswirtschaftliche Problem der Steuerplanung. Die denkbaren Fälle lassen sich in Anlehnung an *Elschen* (1994) wie folgt systematisieren:

Betrachtungsweise		Neutralität der Besteuerung		Nichtneutralität der Besteuerung	
		Systematisch	Unsystematisch	Mit Lenkungsabsicht	Ohne Lenkungsabsicht
Einzelwirtschaftlich	Ohne Planung	„Richtige" Entscheidung		„Falsche" Entscheidung	
	Mit Planung	Unnötige Kosten		Sinnvolle Kosten	
Gesamtwirtschaftlich		Effizienz	Planung verschwendet Ressourcen	Sinnvolle Kosten	Planung verschwendet Ressourcen

2.1.4 Gliederung der Steuerarten

Steuerarten einzuteilen mag für praktische betriebliche Zwecke nicht besonders ergiebig sein, es lenkt allerdings den Blick auf mögliche konkrete Anknüpfungspunkte der Besteuerung. In der Darstellung auf Seite 30 wird eine in der steuerjuristischen Literatur gebräuchliche Gliederung der Einteilung im Finanzbericht der Bundesregierung gegenübergestellt. Dabei werden auch die Begriffe Realsteuern (§ 3 Abs. 2 AO) = Objektsteuern und Personalsteuern = Steuersubjektsteuern umrissen. (Die einander zuzuordnenden Steuerarten/-gruppen stehen jeweils untereinander.)

Nicht enthalten ist das Begriffspaar **direkte Steuern / indirekte Steuern**. Als direkte Steuern werden häufig diejenigen verstanden, bei denen unterstellt (!) wird, dass sie nicht überwälzt werden. Von anderen wird dieser Begriff dagegen mit den Besitzsteuern gleichgesetzt.

Im Folgenden wird eine betriebswirtschaftlich orientierte Gliederung der Steuerarten vorgelegt. Beachten Sie in diesem Zusammenhang auch die Seiten 14 und 15.

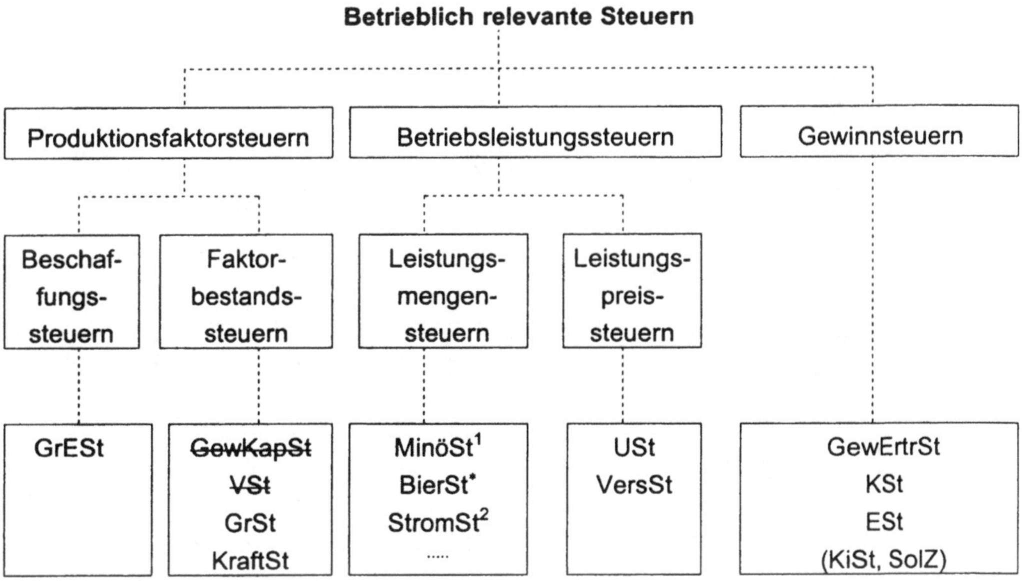

Literatur: Wöhe / Bieg (1995), S. 1 – 11.

[1] Beachten Sie, dass hier die beim Produzenten anfallende Steuer gemeint ist!

[2] Eingeführt durch sog. „ökologische Steuerreform" seit 1.4.1999 als weitere Betriebsleistungssteuer (BGBl I 1998, S. 3843). Sie wird zusätzlich zur USt erhoben. Dazu *Bareis / Elser* (2000).

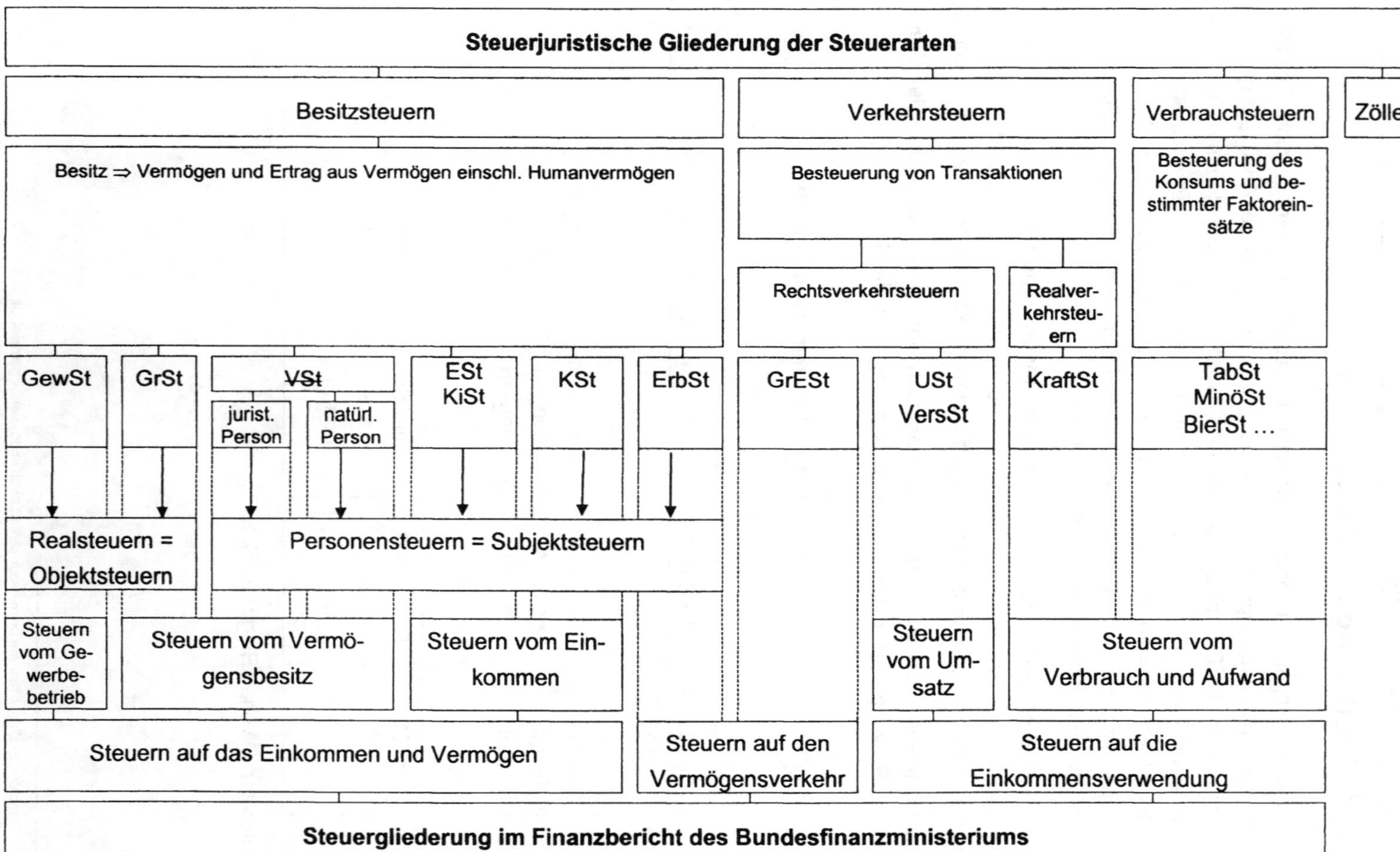
Steuerjuristische Gliederung der Steuerarten
Besitzsteuern
Verkehrsteuern
Verbrauchsteuern
Zölle
Besitz ⇒ Vermögen und Ertrag aus Vermögen einschl. Humanvermögen
Besteuerung von Transaktionen
Besteuerung des Konsums und bestimmter Faktoreinsätze
Rechtsverkehrsteuern
Realverkehrsteuern
GewSt
GrSt
VSt
jurist. Person
natürl. Person
ESt KiSt
KSt
ErbSt
GrESt
USt VersSt
KraftSt
TabSt MinöSt BierSt …
Realsteuern = Objektsteuern
Personensteuern = Subjektsteuern
Steuern vom Gewerbebetrieb
Steuern vom Vermögensbesitz
Steuern vom Einkommen
Steuern vom Umsatz
Steuern vom Verbrauch und Aufwand
Steuern auf das Einkommen und Vermögen
Steuern auf den Vermögensverkehr
Steuern auf die Einkommensverwendung
Steuergliederung im Finanzbericht des Bundesfinanzministeriums

2.1.5 Steuerhoheit und Steueraufkommen

Die Gesetzgebungshoheit kennzeichnet die Adressaten etwaiger Kritik am Steuersystem, die Tabelle zur Ertragshoheit will die Träger möglicher Widerstände deutlich machen. Ferner wird ein Blick auf den Aufbau der Steuerverwaltung geworfen.

Zur Steuerhoheit wird auf Besonderheiten der KiSt nicht eingegangen.

Literatur: *Tipke / Lang* (2002), S. 40 – 41, 50 – 60.

Steuerhoheit

Steuergesetzgebungshoheit — Steuerertragshoheit — Steuerverwaltungshoheit

Steuerarten	**Steuergesetzgebungshoheit**		
	Bund	Länder	Gemeinden
Zölle (und Finanzmonopole)	Ausschließlich		
Alle übrigen Steuern außer RealSt und örtliche VerbrauchSt	Konkurrierend Faktisch: Bund		
RealSt	Konkurrierend		Begrenzte Hebesatzfestsetzung
Örtliche VerbrauchSt		Ausschließlich	Steuersatzfestsetzung

Eine Trennung dieser Zuständigkeiten birgt erheblichen Konfliktstoff; Kompetenz und Verantwortung müssen zusammenpassen.

<table>
<tr><th colspan="3">Steuerverwaltungshoheit</th></tr>
<tr><td>Bundesfinanzbehörden</td><td>Landesfinanzbehörden</td><td>Kommunale Steuerbehörden</td></tr>
<tr><td>Bundesfinanzministerium
Bundesamt für Finanzen
Oberfinanzdirektionen ←→
Hauptzollämter</td><td>Landesfinanzministerien

Oberfinanzdirektionen
Finanzämter</td><td rowspan="2">Gemeinde- und Stadtsteuerämter</td></tr>
<tr><td rowspan="2">Zölle
nichtörtliche VerbrauchSt
EUSt</td><td>a) Im Auftrage des Bundes:
ESt, KSt, USt ...
b) Für eigene Belange:
~~VSt~~, ErbSt, KraftSt, GrESt ...</td></tr>
<tr><td colspan="2">Für GewSt, GrSt und die örtlichen Verbrauchsteuern sind grundsätzlich Landesfinanzbehörden zuständig, doch ist die Verwaltung an kommunale Steuerbehörden abgegeben (Art. 108 Abs. 4 S. 2 GG).</td></tr>
</table>

<table>
<tr><th colspan="6">Steuerertragshoheit[1]</th></tr>
<tr><td colspan="2"></td><td>EU</td><td>Bund</td><td>Länder</td><td>Gemeinden</td></tr>
<tr><td colspan="2">Steuern
mit alleiniger Ertragshoheit</td><td></td><td>SolZ
VersSt

MinöSt
TabSt
KaffeeSt</td><td>~~VSt~~
ErbSt
GrErwSt
KraftSt
RennwLottSt
Spielbankabgabe
BierSt</td><td>GrSt
ZweitWohnSt

GetränkeSt
HundeSt
VergnügungSt</td></tr>
<tr><td>Gemein-
schafts-
steuern</td><td>Veranlagte ESt
LSt[2]
ZinsabschlagSt[1]
KapSt[1]

KSt</td><td></td><td>42,50 %
42,50 %
44,00 %
50,00 %

50,00 %</td><td>42,50 %
42,50 %
44,00 %
50,00 %

50,00 %</td><td>15,00 %
15,00 %
12,00 %</td></tr>
<tr><td>Steuern
mit Umlagen</td><td>USt[3]

GewSt[4]</td><td>13,50 %</td><td>38,50 %

(4,90 %)</td><td>45,92 %

(15,52 %)</td><td>2,08 %

(79,58 %)</td></tr>
</table>

1 Werte grundsätzlich für 2000, Quelle: BMF, Finanzbericht 2001, S. 77 ff., z. T. eigene Berechnungen. Die Zahlen sind nur schwer ermittelbar und differieren z. T. von Jahr zu Jahr.

2 Erhebungsformen der ESt.

3 Angaben laut Finanzbericht 2001 S. 78f.

4 Ca.-Angaben (effektive Anteile 2000 in Klammern).

Der Anteil von Bund, Länder, Gemeinden und EU am Steueraufkommen[1]

	Anteil am Gesamtsteueraufkommen in v. H.											
	1993	1994	1995	1996	1997	1998	1999	2000	2001	2002	2003	2004
Steuer-einnahmen des Bundes	47,5	48,2	45,0	42,3	41,5	41,0	42,5	42,5	43,1	43,2	43,4	43,4
Steuer-einnahmen der Länder	34,8	34,2	38,5	41,0	41,2	41,3	40,6	40,6	40,0	39,8	39,7	39,8
Steuer-einnahmen der Gemeinden	12,8	12,4	11,7	11,7	12,1	12,6	12,4	12,2	12,2	12,3	12,3	12,3
EU-Eigenmittel[2]	4,9	5,2	4,9	4,9	5,2	5,1	4,5	4,7	4,7	4,7	4,6	4,5

Anteile am Gesamtsteueraufkommen

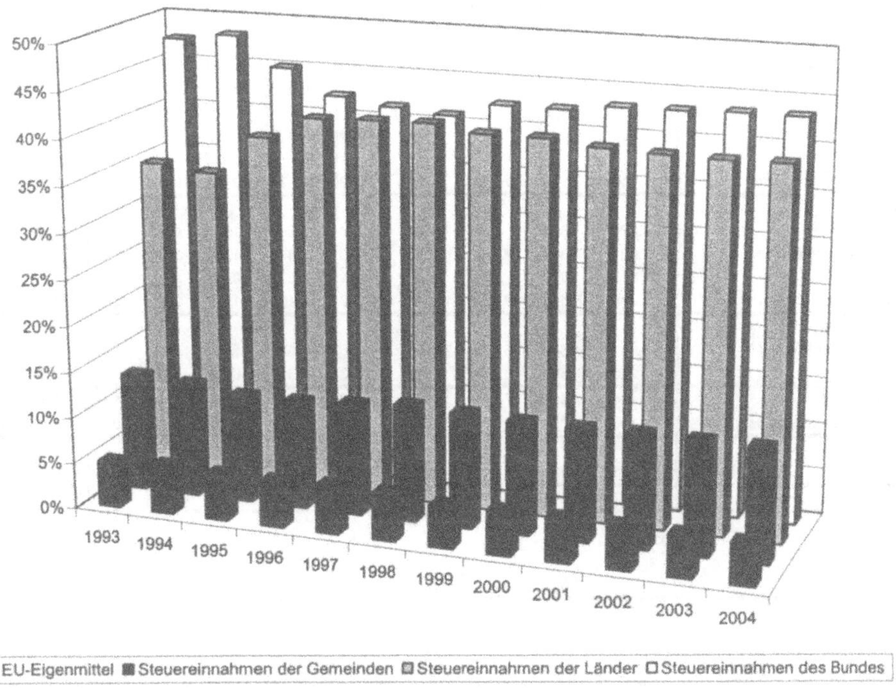

Nach dem Urteil des BVerfG vom 11.11.1999 zum Finanzausgleich ist bis Ende 2004 mit Wirkung ab 2005 das Finanzausgleichsgesetz auf der Grundlage eines vorab zu erlassenden, die unbestimmten Begriffe der Finanzverfassung konkretisierenden und ergänzenden Maßstabsgesetzes neu zu regeln. Siehe hierzu auch BMF Monatsbericht 2/2002, S. 99 – 102.

[1] Quelle: BMF, Finanzbericht 2001, S. 78 (Angaben ab 2001 geschätzt).
[2] MwSt- und BSP-Eigenmittel.

Steueraufkommen 1996 – 2001[1]

	(kassenmäßige Steuereinnahmen in Mill. €)						(in v. Hundert)					
Steuerarten	1996	1997	1998	1999	2000	2001	1996	1997	1998	1999	2000	2001
Gemeinschaftliche Steuern												
1. Lohnsteuer	128.476	127.144	132.054	133.809	135.733	163.880	31,41	31,19	31,01	30,54	29,27	34,20
2. veranlagte Einkommensteuer	5.939	2.947	5.684	10.887	12.225	9.521	1,45	0,72	1,33	2,48	2,64	1,99
3. nicht veranl. Steuern vom Ertrag	6.823	7.513	11.631	11.308	13.515	24.565	1,67	1,84	2,73	2,58	2,91	5,13
4. Zinsabschlag	6.192	5.828	6.080	6.080	7.334	8.961	1,51	1,43	1,43	1,39	1,58	1,87
5. Körperschaftsteuer	15.062	17.009	18.509	18.509	23.575	1.309	3,68	4,17	4,35	4,22	5,08	0,27
6. Umsatzsteuer (MwSt)	102.453	102.225	104.142	104.142	107.140	104.463	25,05	25,08	24,45	23,77	23,11	21,80
7. Einfuhrumsatzsteuer	18.829	20.946	23.790	23.790	33.732	34.472	4,60	5,14	5,59	5,43	7,27	7,19
Bundessteuern												
8. Solidaritätszuschlag	13.340	13.238	10.511	11.271	11.841	11.069	3,26	3,25	2,47	2,57	2,55	2,31
9. Tabaksteuer	10.583	10.816	11.070	11.655	11.443	12.072	2,59	2,65	2,60	2,66	2,47	2,52
10. Kaffeesteuer	1.143	1.147	1.075	1.106	1.087	1.039	0,28	0,28	0,25	0,25	0,23	0,22
11. Zuckersteuer												
12. Schaumweinsteuer	544	560	560	580	478	457	0,13	0,14	0,13	0,13	0,10	0,10
13. Branntweinsteuer	2.600	2.384	2.263	2.233	2.151	2.143	0,64	0,58	0,53	0,51	0,46	0,45
14. Mineralölsteuer	34.896	33.749	34.091	36.444	37.826	40.690	8,53	8,28	8,00	8,32	8,16	8,49
15. Kapitalverkehrsteuern												
16. Versicherungsteuer	7.336	7.224	7.133	7.116	7.243	7.427	1,79	1,77	1,67	1,62	1,56	1,55
17. Wechselsteuer												
18. Sonstige Bundessteuern	48	42	26	15	40	23	0,01	0,01	0,01	0,00	0,01	0,00
Ländersteuern												
19. Vermögensteuer	4.620	898	543	537	433	291	1,13	0,22	0,13	0,12	0,09	0,06
20. Kraftfahrzeugsteuer	7.027	7.372	7.757	7.039	7.015	8.376	1,72	1,81	1,82	1,61	1,51	1,75
21. Biersteuer	879	869	850	846	844	829	0,21	0,21	0,20	0,19	0,18	0,17
22. Sonstige Ländersteuern	7.180	8.594	9.922	11.142	10.152	10.133	1,76	2,11	2,33	2,54	2,19	2,11
Gemeindesteuern												
23. Gewerbesteuer E und K	23.447	24.849	25.825	27.060	27.025	24.534	5,73	6,10	6,06	6,17	5,83	5,12
24. Grundsteuer A	320	329	327	328	333	336	0,08	0,08	0,08	0,07	0,07	0,07
25. Grundsteuer B	7.194	7.598	7.971	8.308	8.518	8.740	1,76	1,86	1,87	1,90	1,84	1,82
26. Sonstige Gemeindesteuern	746	772	783	824	624	628	0,18	0,19	0,18	0,19	0,13	0,13
Zölle												
27. Zölle	3.371	3.527	3.316	3.186	3.394	3.191	0,82	0,87	0,78	0,73	0,73	0,67
Gesamtsteueraufkommen	409.047	407.579	425.913	438.214	463.700	479.149	100,00	100,00	100,00	100,00	100,00	100,00

Hinweis:
Beachten Sie die Entwicklung bei der KSt sowie der USt einschließlich Einfuhrumsatzsteuer. Diskutieren Sie die politisch häufig gebrauchte (missbrauchte?) Behauptung eines „Marsches in den Lohnsteuerstaat".

[1] Quelle: BMF: Finanzbericht 2001, S. 261, und www.bundesfinanzministerium.de.

Kassenmäßige Steuereinnahmen 2001				
Bemessungsgrundlagengliederung nach der Abhängigkeit von Ertrag, Vermögen und Verbrauch	in Mio. €		in v. H.	
Einkommens- und ertragsabhängige Steuern	**243.839**		**50,89**	
1. Lohnsteuer		163.880		34,20
2. Veranlagte Einkommensteuer		9.521		1,99
3. Kapitalertragsteuer		24.565		5,13
4. Zinsabschlag		8.961		1,87
5. Körperschaftsteuer		1.309		0,27
6. Solidaritätszuschlag		11.069		2,31
7. Gewerbesteuer		24.534		5,12
Vermögensabhängige Steuern	**17.743**		**3,70**	
8. Vermögensteuer		291		0,06
9. Kraftfahrzeugsteuer		8.376		1,75
10. Grundsteuer A		336		0,07
11. Grundsteuer B		8.740		1,82
Verbrauchsteuern	**210.117**		**43,85**	
12. Umsatzsteuer		104.463		21,80
13. Einfuhrumsatzsteuer		34.472		7,19
14. Zölle		3.191		0,67
15. Tabaksteuer		12.072		2,52
15. Kaffeesteuer		1.039		0,22
17. Zuckersteuer		0		0,00
18. Schaumweinsteuer		457		0,10
19. Branntweinabgaben		2.143		0,45
20. Mineralölsteuer		40.690		8,49
21. Biersteuer		829		0,17
22. Sonstige Länder und Gemeindesteuern		10.761		2,25
Sonstige Steuern	**7.450**		**1,55**	
23. Kapitalverkehrsteuern		0		0,00
24. Versicherungsteuer		7.427		1,55
25. Sonstige Bundessteuern		23		0,00
Steuern insgesamt	**479.149**	**479.149**	**100,00**	**100,00**

Quelle: BMF: Finanzbericht 2001, S. 261 und www.bundesfinanzministerium.de

Die obige Gliederung soll einen Eindruck davon vermitteln, welche Gewichte die einkommens- bzw. verbrauchsabhängigen Steuern haben. Betrachtet man die oben als vermögensabhängig bezeichneten Steuern im Kern – mit dem BVerfG – als „Sollertragsteuern“, so ergibt sich ein Verhältnis von etwa 55 zu 45 zwischen einkommens- und ertragsabhängigen gegenüber den verbrauchsabhängigen Steuern. Es ist zu beachten, dass diese Einteilung nicht trennscharf ist. Die Versicherungsteuer wird zwar als Verbrauchsteuer angesehen, dies ist aber u. E. fragwürdig; eine akzeptable Rechtfertigung für ihre Existenz ist nicht erkennbar.

Steueraufkommen und Bruttoinlandsprodukt

Die folgenden Grafiken Nr. 3 bis 5 auf den Seiten 38 und 39 sollen einen Eindruck von der Entwicklung des (kassenmäßigen) Gesamtsteueraufkommens und des Bruttoinlandsproduktes seit 1950 vermitteln. Das gesamte Steueraufkommen hat sich tendenziell wie das BIP entwickelt. Eine genauere Analyse müsste auch die Gebietsveränderungen seit damals berücksichtigen; so kamen das Saarland und Berlin (West) hinzu, und ab 1990 enthalten die Zahlen auch die neuen Bundesländer. Die Daten (auch der Grafiken Nr. 1 und 2) entstammen verschiedenen Gutachten des Sachverständigenrates, den BMF-Mitteilungen sowie dem Finanzbericht 2001 des BMF.

Grafik 1

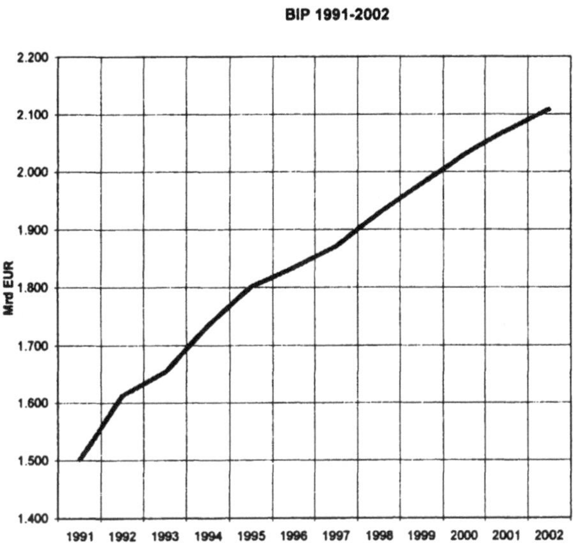

Die Grafiken Nr. 1 und 2 enthalten nur die Zahlen für Deutschland seit 1991 sowie die Steuerschätzung vom Mai 2003. Die vielfach in der öffentlichen Diskussion vor allem von Politikern beklagten „exorbitanten Steuerausfälle" beruhen auf einem (bewusst?) irreführenden Sprachgebrauch: Sie bezeichnen die Differenz zwischen früheren (optimistischen) Schätzungen und den tatsächlichen Steuereingängen. Selbst die Minderungen 1996 und 1997 sind nur technischer Natur: 1996 wurde der gesamte Kinderleistungsausgleich als Mindereinnahme erfasst; nach Bereinigung ergibt sich eine Steigerung um 1,5 bis 2 %. Die Minderung 1997 beruht auf dem Wegfall der Vermögensteuer, deren Kompensation durch höhere GrESt und ErbSt sich noch nicht ausgewirkt hat. Die Steuerreform 2000 hat deutliche Spuren hinterlassen, wobei das BMF die Ausschüttungspolitik bei den Kapitalgesellschaften zur Rückholung der Anrechnungs-KSt offensichtlich falsch eingeschätzt hat.

Grafik 2

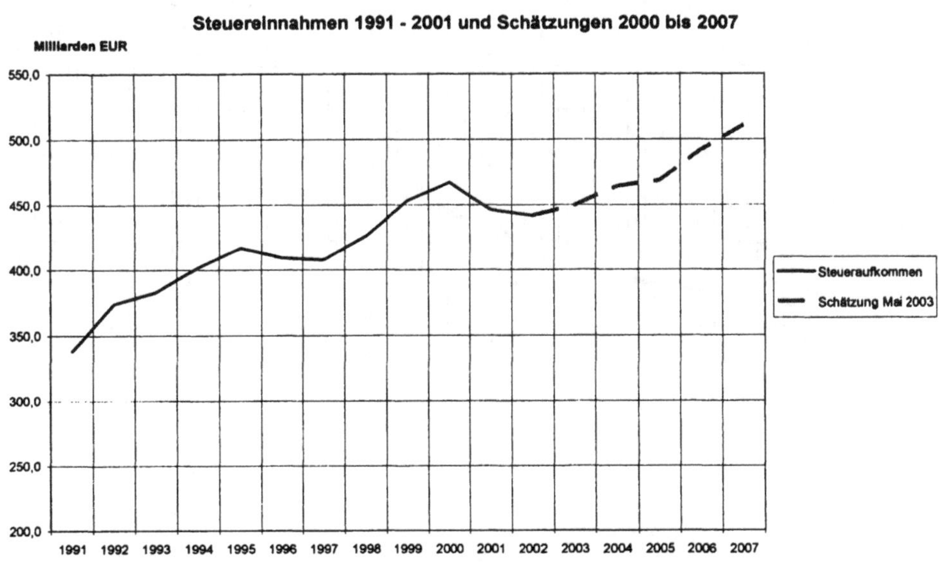

1991	1992	1993	1994	1995	1996	1997	1998	1999	2000	2001	2002	2003	2004	2005	2006	2007	
338,4	374,1	383,0	402,0	416,8	409,3	407,8	453,1	467,3	446,2	441,7							Steueraufkommen
										455,6	474,9	491,9	513,6	527,1			Schätzung Mai 2001
									467,2	448,8	462,5	492,0	516,3	527,1			Schätzung Nov. 2001
											454,8	474,5	498,6	508,4	535,8		Schätzung Mai 2002
											439,4	458,5					Schätzung Nov. 2002
												449,8	464,3	468,7	492,1	510,8	Schätzung Mai 2003

Grafik 3

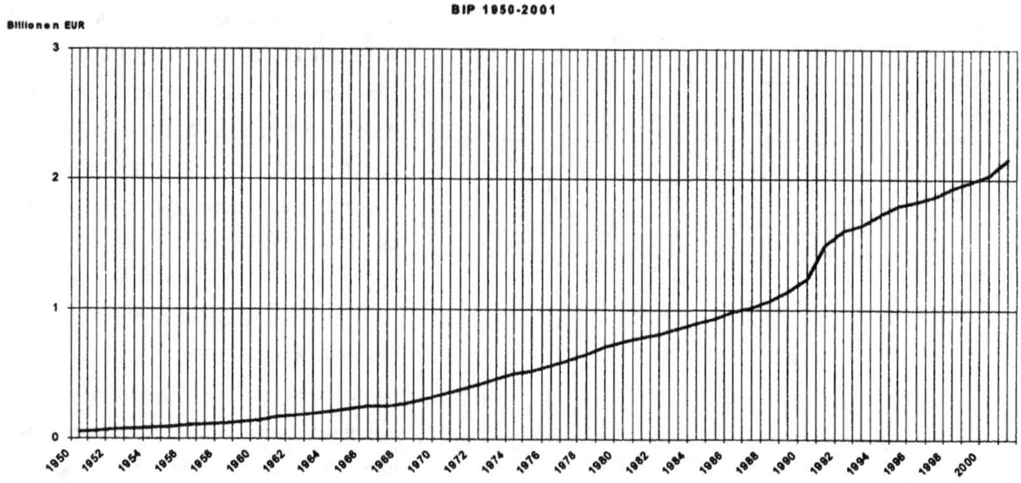

Grafik 4

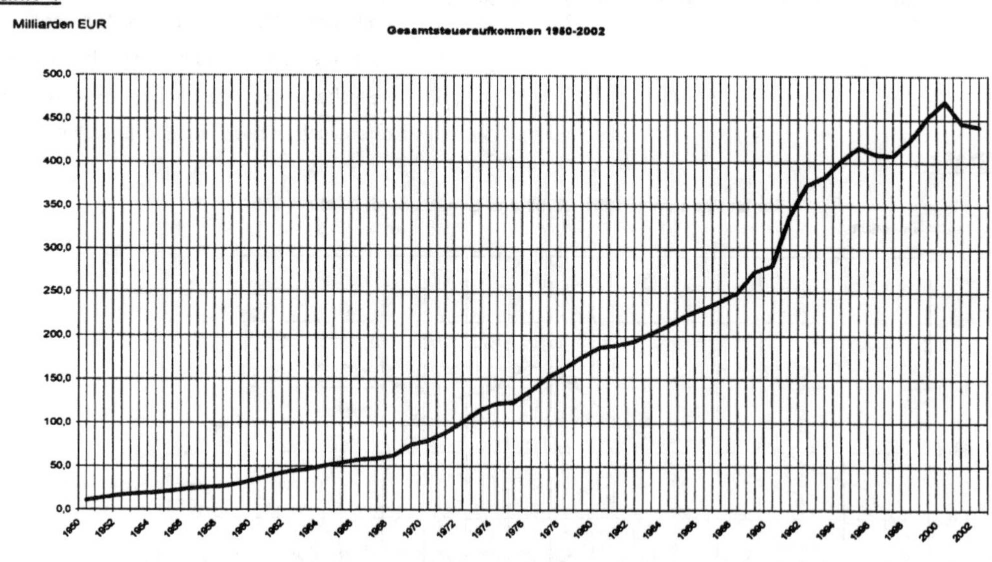

Grafik 5

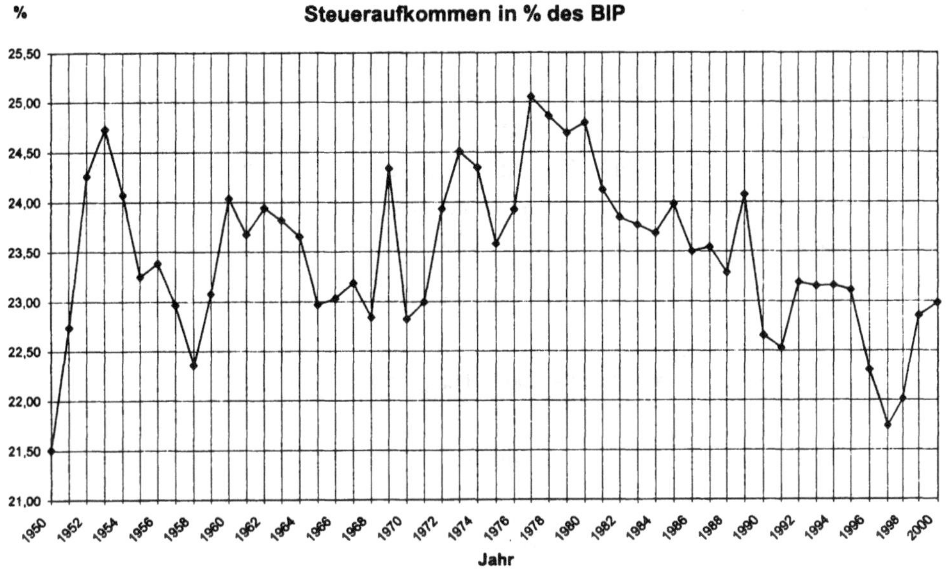
%
Steueraufkommen in % des BIP
25,50
25,00
24,50
24,00
23,50
23,00
22,50
22,00
21,50
21,00
1950
1952
1954
1956
1958
1960
1962
1964
1966
1968
1970
1972
1974
1976
1978
1980
1982
1984
1986
1988
1990
1992
1994
1996
1998
2000
Jahr

2.1.6 Rechtsquellen

Hier werden die steuerrelevanten Rechtsquellen zusammengestellt. Einen Überblick über die Kategorien der steuerlichen Rechtsquellen finden Sie unten.

Daraus enthält die folgende Seite einen im Hinblick auf einzelne Steuergesetze konkretisierenden Auszug, der insbesondere bezüglich der Verwaltungsvorschriften keine Vollständigkeit beanspruchen kann. Ebenfalls aufgeführt ist hier eine Reihe von Standardkommentaren zu den einzelnen Steuergesetzen. Diese sind als Anknüpfungspunkt zu verstehen, so dass mit der Nennung bzw. Nichtnennung einzelner Werke keine Wertung verbunden ist.

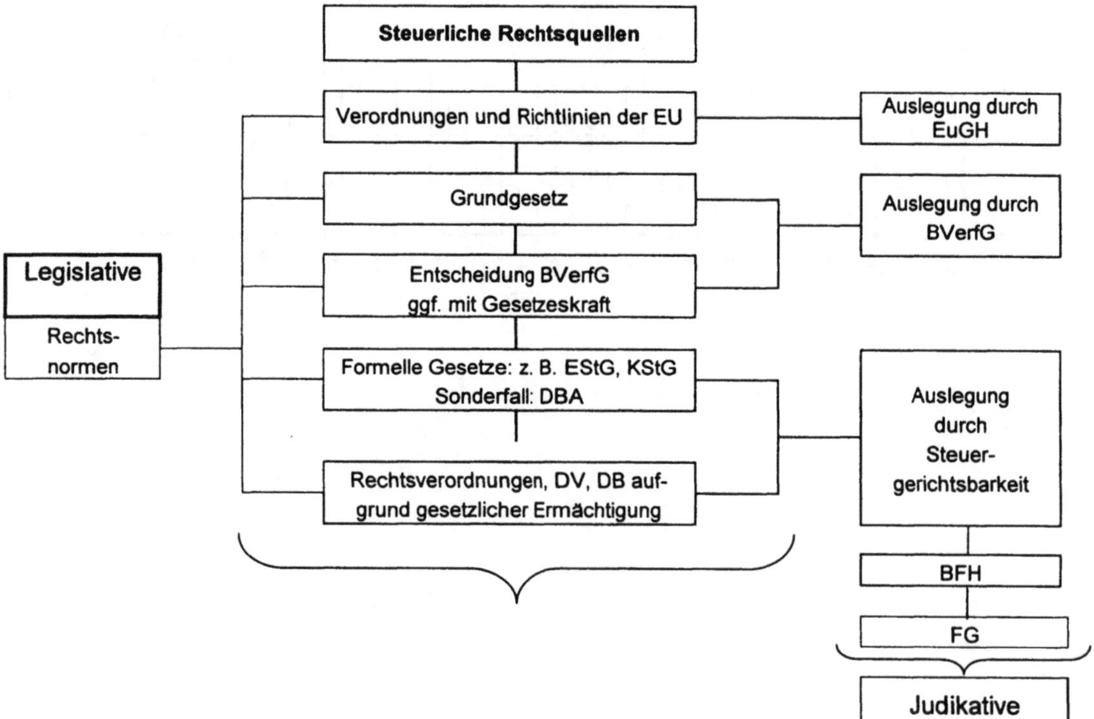

	(Formelle) Gesetze	**Durchführungsverordnungen**	**Richtlinien Erlasse Verw.Vorschr.**	**Kommentare**
Grundlagengesetze[1]	AO FGO		AEAO BpO	*Hübschmann / Hepp / Spitaler* *Tipke / Kruse* *Klein / Orlopp*
				Tipke / Kruse
	FVG			
	BewG		BewRGr	*Rössler / Troll / Laupner* *Gürsching / Stenger*
Einzelsteuergesetze	EStG	EStDV LStDV	EStR LStR	*Schmidt* *Blümich / Falk* *Kirchhof / Söhn*
				Herrmann / Heuer / Raupach
	KStG	KStDV	KStR	*Arthur Andersen* *Streck* *Dötsch / Eversberg / Jost / Witt* *Frotscher*
	UStG	UStDV	UStR	*Offerhaus / Söhn / Lange* *Bunjes / Geist* *Rau / Dürrwächter* *Sölch / Ringleb*
	GewStG	GewStDV	GewStR	*Lenski / Steinberg* *Glanegger / Gürhoff*
	ErbStG	ErbStDV	Erl zum ErbStG	*Meincke* *Kapp / Ebeling*
	GrStG		GrStR	*Halaczinsky*
	GrEStG		EinfErl zum GrEStG	*Boruttau* *Pahlke / Franz*
Besondere Steuergesetze	UmwStG		Schreiben betr. UmwStG	*Widmann / Mayer* *Haritz / Beukert* *Schmitt / Hörtnagl / Kratz*
	AStG			*Flick / Wassermeyer / Baumhoff*
Bilaterale Abkommen	DBA			*Vogel / Lehner* *Debatin / Wassermeyer*

[1] Verfahrens- und Bewertungsregeln, die für alle oder mehrere andere Steuergesetze gelten.

Aufgaben und Fragen:

- Muss sich der Steuerpflichtige z. B. Regelungen der EStR entgegenhalten lassen?
- Unterscheiden Sie zwischen der systematisch-theoretischen und der faktischen Bedeutung von Steuerrichtlinien!
- Haben die Urteile des BFH eine Bindungswirkung?
- Welche Bedeutung hat der Abdruck eines BFH-Urteils im BStBl Teil II?
- Welche Beziehung besitzen Doppelbesteuerungsabkommen zu den Steuerrechtsnormen?
- Verschaffen Sie sich einen Eindruck von folgenden Periodika:

BStBl	= Bundessteuerblatt
BFHE	= Sammlung der Entscheidungen des Bundesfinanzhofs
HFR	= Höchstrichterliche Finanzrechtsprechung
BFH/NV	= Sammlung amtlich nicht veröffentlichter Entscheidungen des Bundesfinanzhofs
EFG	= Entscheidungen der Finanzgerichte

- Was drückt das BFH-Aktenzeichen VIII R 286/85 aus?
- Was besagt das BFH-Aktenzeichen GrS?

2.1.7 Gesetzesauslegung

2.1.7.1 Juristische Methoden

Steuergesetze lassen bekanntlich nicht immer klar erkennen, wie ein bestimmter Sachverhalt steuerlich behandelt werden soll: Gesetzesauslegung ist häufig erforderlich. Dabei wird weitgehend auf die Erkenntnisse der juristischen Methodenlehre zurückgegriffen. Eine teleologische Auslegung ist möglichst einer philologischen vorzuziehen – soweit dies der Wortlaut ermöglicht.

Aufgaben:

- Verdeutlichen Sie am Begriff des Arbeitslohns, dass der Wortlaut nicht ohne weiteres klärt, was von ihm alles umfasst wird.
- Was bedeuten die juristischen Ableitungen nach dem
  - argumentum ad absurdum
  - argumentum a maiore ad minus

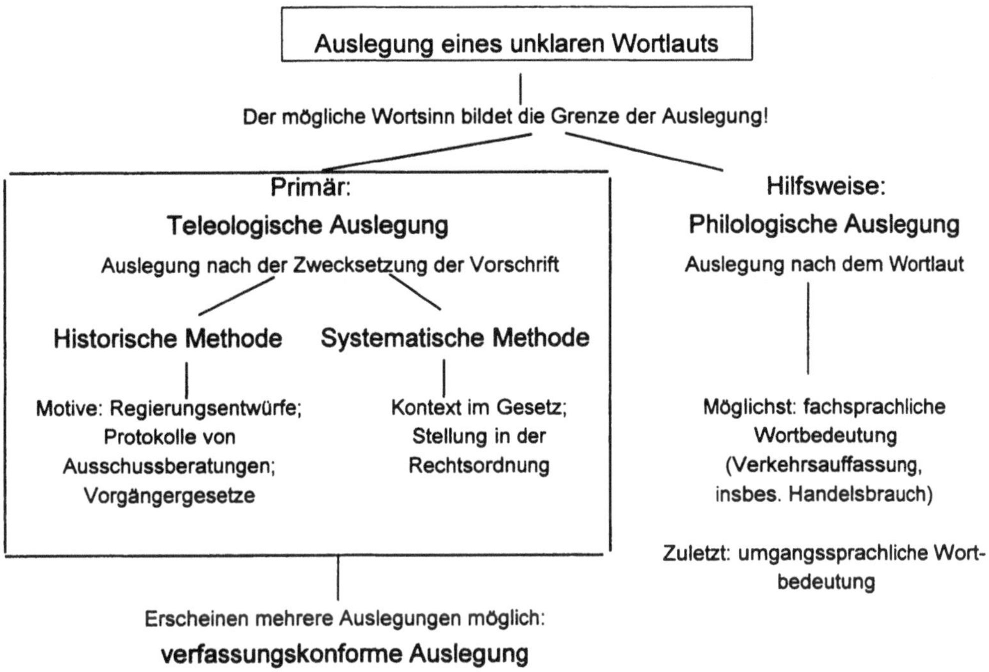

Bei der Gesetzesauslegung muss eine **unklare** Regelung von einer **fehlenden** Regelung unterschieden werden:

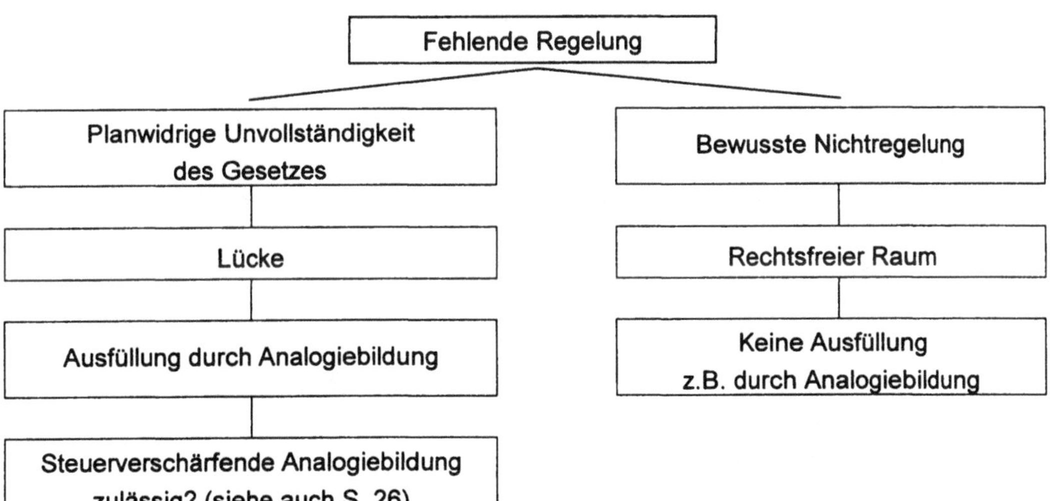

Frage:
Wäre es zulässig, wenn die Stadt Essen zur Linderung ihrer Finanznot aus dem Hundesteuergesetz die Berechtigung einer Katzensteuer mit der Argument ableitet: Katzen sind Hunde i. S. des Gesetzes?

Literatur zur Gesetzesauslegung: *Tipke / Lang* (2002), S. 132 – 143, 144 – 146.

2.1.7.2 Wirtschaftliche Betrachtungsweise

Die wirtschaftliche Betrachtungsweise ist der teleologischen Auslegung zugeordnet. Auf der folgenden Seite sind verschiedene Anwendungsfälle zusammengestellt. Machen Sie sich insbesondere mit der Problematik von § 42 AO vertraut!

Aufgaben:

- Erläutern Sie das folgende Zitat: „Die wirtschaftliche Betrachtungsweise wirkt der steuersparenden Zivilgestaltung entgegen." [*Tipke / Lang* (2002), S. 146 – 147]
- Nennen Sie Beispiele, in denen die Finanzverwaltung mittels § 42 AO steuerliche Gestaltungen vereiteln wollte.
- Welche Unternehmens(-misch-)rechtsform hat dennoch ihre steuerliche Anerkennung gefunden?
- Wie würden Sie als Richter urteilen: Ein Vater schenkt seinem Kind einen namhaften Geldbetrag und erhält den gleichen Betrag als verzinsliches Darlehen zurück. Er möchte die Darlehensschuld als Betriebsschuld absetzen, womit sich seine Gewinnsteuern mindern würden. (Vgl. BFH, Urteil X R 121/88 vom 12. Februar 1992, BStBl 1992 II S. 468, sowie BFH, Urteil IV R 109/74 vom 1.6.1978, BStBl 1978 II S. 618).

Aufgaben:

- Welchen Einfluss hat es auf die Bedeutung von § 42 AO, wenn sich im Steuerrecht die Zulässigkeit einer steuerverschärfenden Analogiebildung durchsetzt?
- Wäre eine Steuerersparnis zu erhoffen, wenn Sie zum 2.1.2002 Ihre Stelle antreten und den Vertrag so gestalten, dass Ihnen bereits im Dezember 2001 ein Gehalt gezahlt wird? (ESt ist progressive Jahres-Steuer.) Was ist davon rechtlich zu halten?
- Auf welche Gestaltungsidee könnte ein Mann M kommen, der seiner Frau F und seinen beiden Kindern K1 und K2 je 220.000 € schenken will? Ermitteln Sie hierzu im ErbStG die in Frage kommenden Freibeträge und Steuersätze für Erbschaften bzw. Schenkungen. Welche Anwendungsfälle wirtschaftlicher Betrachtungsweise kommen gegen eine entsprechende „Kettenschenkung" in Betracht? Vgl. hierzu §§ 14 – 16 ErbStG.

Bearbeitungshinweis:

Zu diesem Beispiel: *Kirchhof* (1983), S. 178 (mit u. E. zutreffendem Lösungsweg). Vgl. die Lösung auf S. 68.

Literatur: *Tipke / Lang* (2002), S. 146 – 154; *Schneeloch* (2003), S. 458 – 463.

---

		gewollte Gestaltung		„Kettenschenkung"	
	Freibetrag	Schenkung	ErbSt	Schenkung	ErbSt
M → F					
M → K1					
M → K2					
F → K1					
F → K2					

Interessante Urteile zur wirtschaftlichen Betrachtungsweise bzw. zur Tatbestandsverwirklichung:

- „Ungetreuer Bankier": BFH-Urteil vom 3.7.1991 X R 163 – 164/87, BStBl II 1991, S. 802 – 806.
- „Pfennigurteil": LStK § 32 K1.[1]

[1] Die Lohnsteuerkartei der Oberfinanzdirektion eines Bundeslandes enthält – geordnet nach den Paragraphen des EStG – Schreiben des Finanzministeriums des entsprechenden Bundeslandes und Verfügungen der Oberfinanzdirektionen. Die gesamte Kartei ist zur Veröffentlichung freigegeben und in Bibliotheken vorhanden.

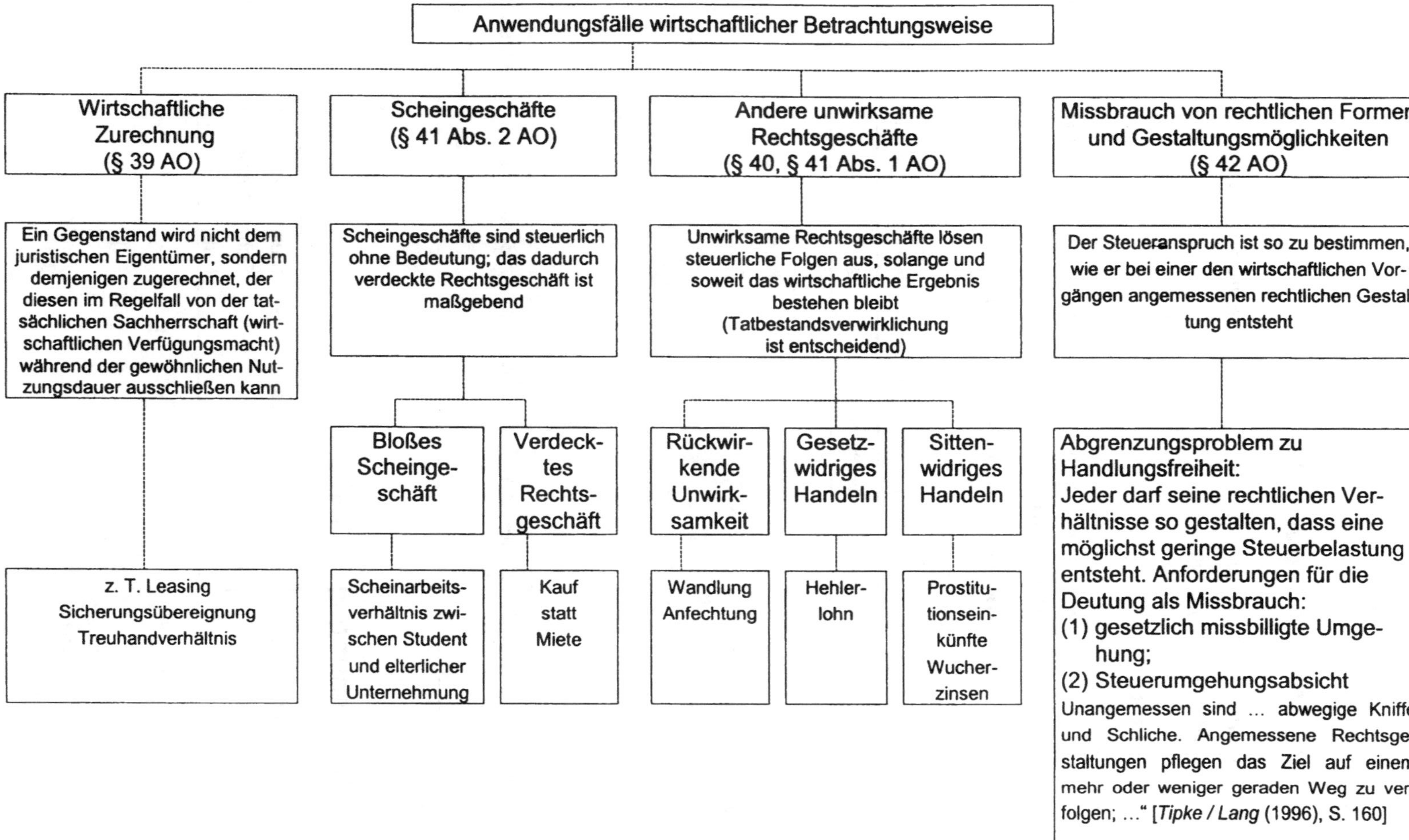
Anwendungsfälle wirtschaftlicher Betrachtungsweise
Wirtschaftliche Zurechnung (§ 39 AO)
Ein Gegenstand wird nicht dem juristischen Eigentümer, sondern demjenigen zugerechnet, der diesen im Regelfall von der tatsächlichen Sachherrschaft (wirtschaftlichen Verfügungsmacht) während der gewöhnlichen Nutzungsdauer ausschließen kann
z. T. Leasing
Sicherungsübereignung
Treuhandverhältnis
Scheingeschäfte (§ 41 Abs. 2 AO)
Scheingeschäfte sind steuerlich ohne Bedeutung; das dadurch verdeckte Rechtsgeschäft ist maßgebend
Bloßes Scheingeschäft
Scheinarbeitsverhältnis zwischen Student und elterlicher Unternehmung
Verdecktes Rechtsgeschäft
Kauf statt Miete
Andere unwirksame Rechtsgeschäfte (§ 40, § 41 Abs. 1 AO)
Unwirksame Rechtsgeschäfte lösen steuerliche Folgen aus, solange und soweit das wirtschaftliche Ergebnis bestehen bleibt (Tatbestandsverwirklichung ist entscheidend)
Rückwirkende Unwirksamkeit
Wandlung
Anfechtung
Gesetzwidriges Handeln
Hehlerlohn
Sittenwidriges Handeln
Prostitutionseinkünfte
Wucherzinsen
Missbrauch von rechtlichen Formen und Gestaltungsmöglichkeiten (§ 42 AO)
Der Steueranspruch ist so zu bestimmen, wie er bei einer den wirtschaftlichen Vorgängen angemessenen rechtlichen Gestaltung entsteht
Abgrenzungsproblem zu Handlungsfreiheit:
Jeder darf seine rechtlichen Verhältnisse so gestalten, dass eine möglichst geringe Steuerbelastung entsteht. Anforderungen für die Deutung als Missbrauch:
(1) gesetzlich missbilligte Umgehung;
(2) Steuerumgehungsabsicht
Unangemessen sind ... abwegige Kniffe und Schliche. Angemessene Rechtsgestaltungen pflegen das Ziel auf einem mehr oder weniger geraden Weg zu verfolgen; ...“ [Tipke / Lang (1996), S. 160]

2.2 Basisbegriffe der Besteuerung

Literatur: *Wöhe* (1988), S. 59 – 63; *Zimmermann / Henke* (2001), S. 123 – 126; *Brümmerhoff* (2001), S. 369.

2.2.1 Subjekt

Steuerpflichtiger	wer vermögensrechtlichen und nicht-vermögensrechtlichen Pflichten in Steuersachen nachzukommen hat
Steuerschuldner	zu wessen Lasten Steuerzahlungen erfolgen
Steuerzahler	wer Steuern abzuführen hat
Steuerdestinatar	wer nach Vorstellung des Gesetzgebers die Steuerlast tragen soll
Steuerträger	wer die Steuerlast tatsächlich (wirtschaftlich) trägt

Fragen:

- Nennen Sie Beispiele für nicht-vermögensrechtliche Pflichten!
- Wer ist wer bei der Lohnsteuer?
- Kann man feststellen, inwieweit der Steuerdestinatar auch Steuerträger ist?

2.2.2 Objekt

Steuergegenstand (Steuerobjekt)	zu besteuernder Sachverhalt	z.B. KraftSt: Halten eines PKW ESt: steuerbare Tätigkeit

2.2.3 Bemessungsgrundlage

Bemessungsgrundlage	Quantifizierung des Steuerobjektes	meist €; aber z. B. auch: Schadstoffausstoß (CO_2-Steuer); Hubraum

Fragen:

- Welche weiteren Steuerbemessungsgrundlagen sind Ihnen bekannt?
- Kennen Sie Einflussgrößen auf Steuerbemessungsgrundlagen, die bei mehr als einer Steuerart zum Zuge kommen?

2.2.4 Steuertarif

Steuertarif	Funktionale Zuordnung von Besteuerungseinheit und Steuerbetrag	z. B.: Stufentarif nach § 9 Abs. 1 Nr. 2 KraftStG
Steuerbetrag	Höhe der Steuerschuld	... €

Tarifbegriffe

Aufgaben:

- Tragen Sie in die Schaubilder auf Seite 51 jeweils einen beliebigen Verlauf für einen entsprechenden Tarif ein!
- Zeichnen Sie jeweils darunter den zugehörigen Verlauf des Durchschnittssteuersatzes und des Grenzsteuersatzes ein! Vergleichen Sie Ihre Lösung mit dem Vorschlag auf S. 75.

Symbole:

B	Steuerbemessungsgrundlage (Besteuerungseinheit)
T	Steuerbetrag
t	Durchschnittssteuersatz
T'	Grenzsteuersatz (Spitzensteuersatz)
FB	Freibetrag
FGr	Freigrenze

Fragen:

- Warum wurde früher der progressive Tarif in Stufen eingeteilt?
- Ist für ökonomische Fragestellungen die Kenntnis von t oder von T' wichtiger?

Beachten Sie gedanklich den Differenzsteuersatz = $\frac{T(B_1) - T(B_0)}{B_1 - B_0}$!

Bearbeitungshinweis: Vgl. hierzu etwa *Siegel* (1982), S. 62 – 63; *Bareis* (1997).

Frage:

- Welche Regelungen bezüglich Freibetrag oder Freigrenze stellen Sie fest in: § 16 Abs. 4, § 17 Abs. 3 EStG, § 24 KStG, § 13a Abs. 1 ErbStG?

Wirkung von Freibeträgen und Freigrenzen

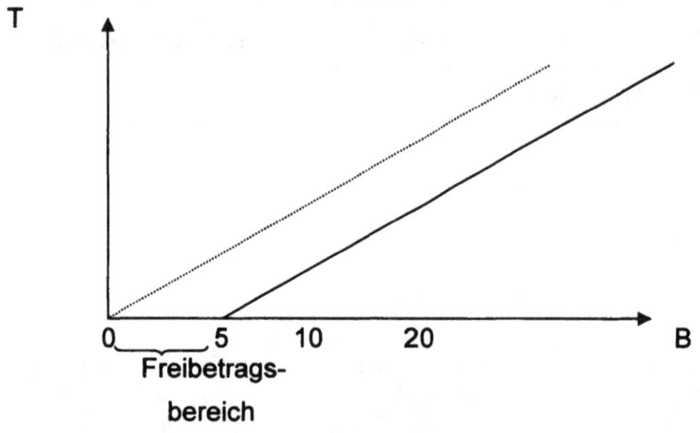

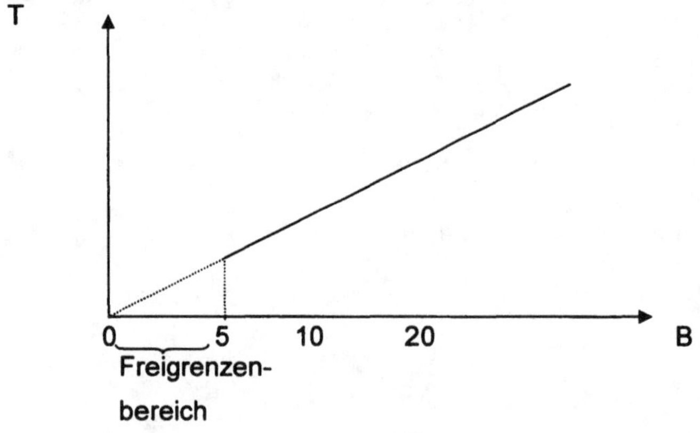

Neben Freibeträgen und Freigrenzen tritt ein weiterer Fall auf, den man als "**begrenzten Freibetrag mit Übergang**" bezeichnen kann.

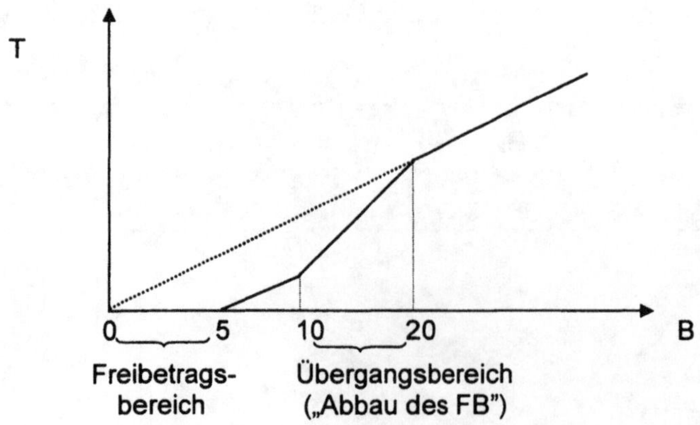

Vgl. mit Lösung auf Seite 75:

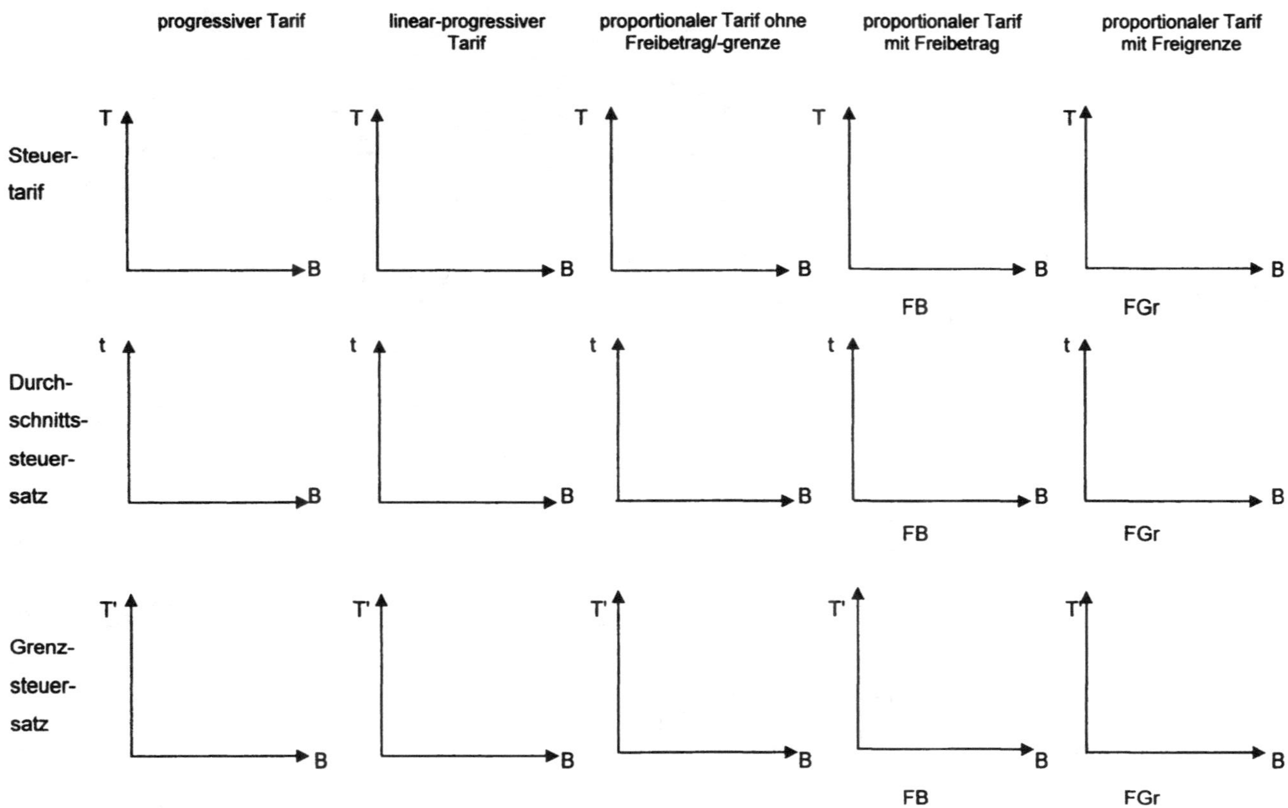

3 Die Einkommensteuer

3.1 Einkommensteuer und Betrieb

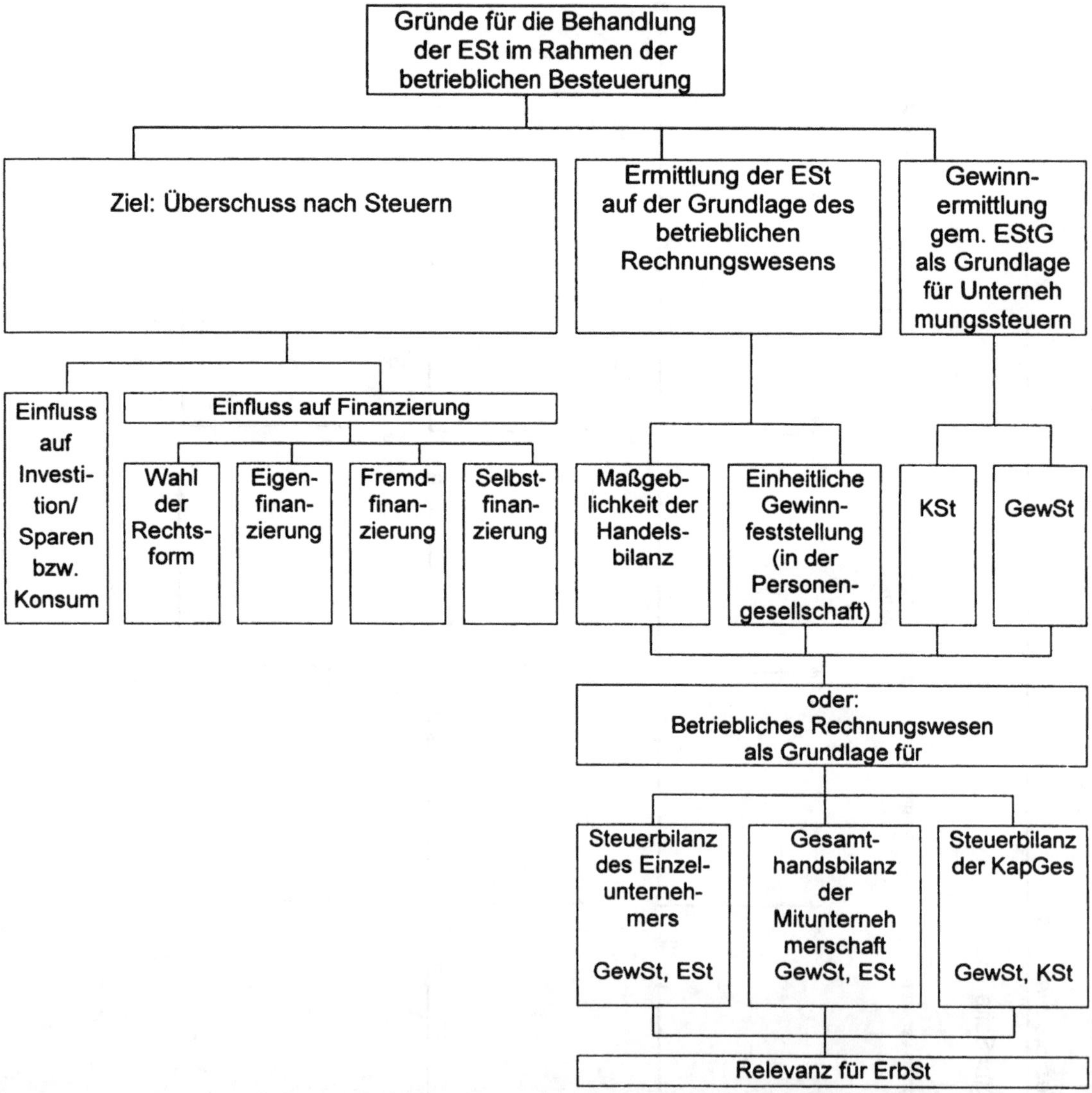

Frage:
Welche Gründe, die sich auf Teile des ESt-Rechts beziehen, nennt *Wöhe* zusätzlich?

Literatur: *Wöhe* (1988), S. 90 – 92.

3.2 Grundlagen der Steuerpflicht

3.2.1 Persönliche Steuerpflicht (Steuersubjekte)

§ 1 EStG

Zunächst werden unterschiedliche Fälle der persönlichen Steuerpflicht bei der deutschen ESt zusammengestellt. Später wird grundsätzlich unbeschränkte Steuerpflicht unterstellt.

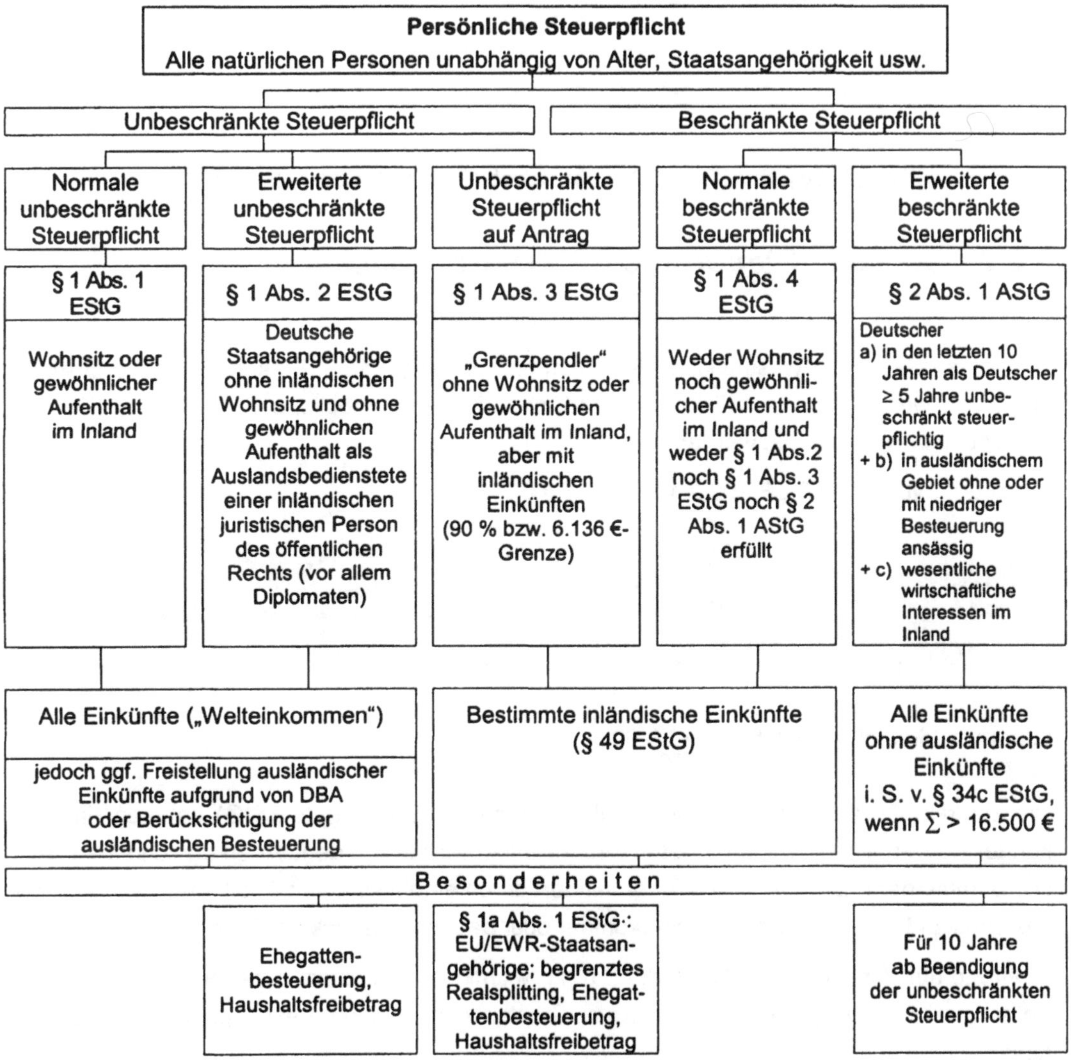

Wohnsitz:	Innehaben einer Wohnung unter Umständen, die darauf schließen lassen, dass sie beibehalten und benutzt wird (§ 8 AO)
Gewöhnlicher Aufenthalt:	Aufenthalt unter Umständen, die erkennen lassen, dass nicht nur vorübergehendes Verweilen vorliegt (§ 9 AO); 183-Tage-Regel; Sechsmonatsgrenze

Die erweiterte unbeschränkte ESt-Pflicht soll die Anwendung der bei beschränkter Steuerpflicht geltenden einschränkenden Sondervorschriften des § 50 EStG vermeiden.

Fragen:

- Unterliegen inländische Sparbuchzinsen der beschränkten Steuerpflicht bei einem in die Heimat zurückgekehrten ausländischen Arbeitnehmer?
- Welche Zielrichtungen hat das AStG?
- Wie werden niedrige Besteuerung im Ausland bzw. wirtschaftliche Interessen im Inland abgegrenzt?
- Sind Personengesellschaften als solche bei der ESt steuerpflichtig?

Literatur: *Wöhe* (1988), S. 100 – 102; *Schneeloch* (2003), S. 53 – 62.

3.2.2 Sachliche Steuerpflicht (Steuerobjekte)

§ 2 Abs.1 bis 5 EStG

Hier sollen Sie in die wesentlichen Komponenten des geltenden Einkommensteuersystems eingeführt werden. Zuvor soll Ihr Blick jedoch auf andere mögliche Systeme der Einkommensbesteuerung gelenkt werden.

Literatur: *Wöhe* (1988), S.102 – 110.

Frage:

Welche Einkommensteile werden nur von der Quellentheorie, nicht aber von der (Rein-) Vermögenszugangstheorie erfasst?

Literatur: *Schneider* (1978), S. 46 – 60.

Die zentrale Stellung im geltenden Einkommensteuersystem (§ 2 EStG) nehmen die Einkünfte aus den sieben Einkunftsarten ein. Ihr Inhalt wird im Folgenden zu umschreiben sein. Die Summe der Einkünfte wird u. a. gemindert durch eine Reihe von Positionen, die persönliche Umstände des Steuerpflichtigen konkret oder pauschal berücksichtigen.

Während auf der folgenden Seite die i. d. R. wichtigeren Positionen genannt sind, sind auf Seite 56 alle in Frage kommenden Komponenten der Steuerbemessungsgrundlage aufgeführt.

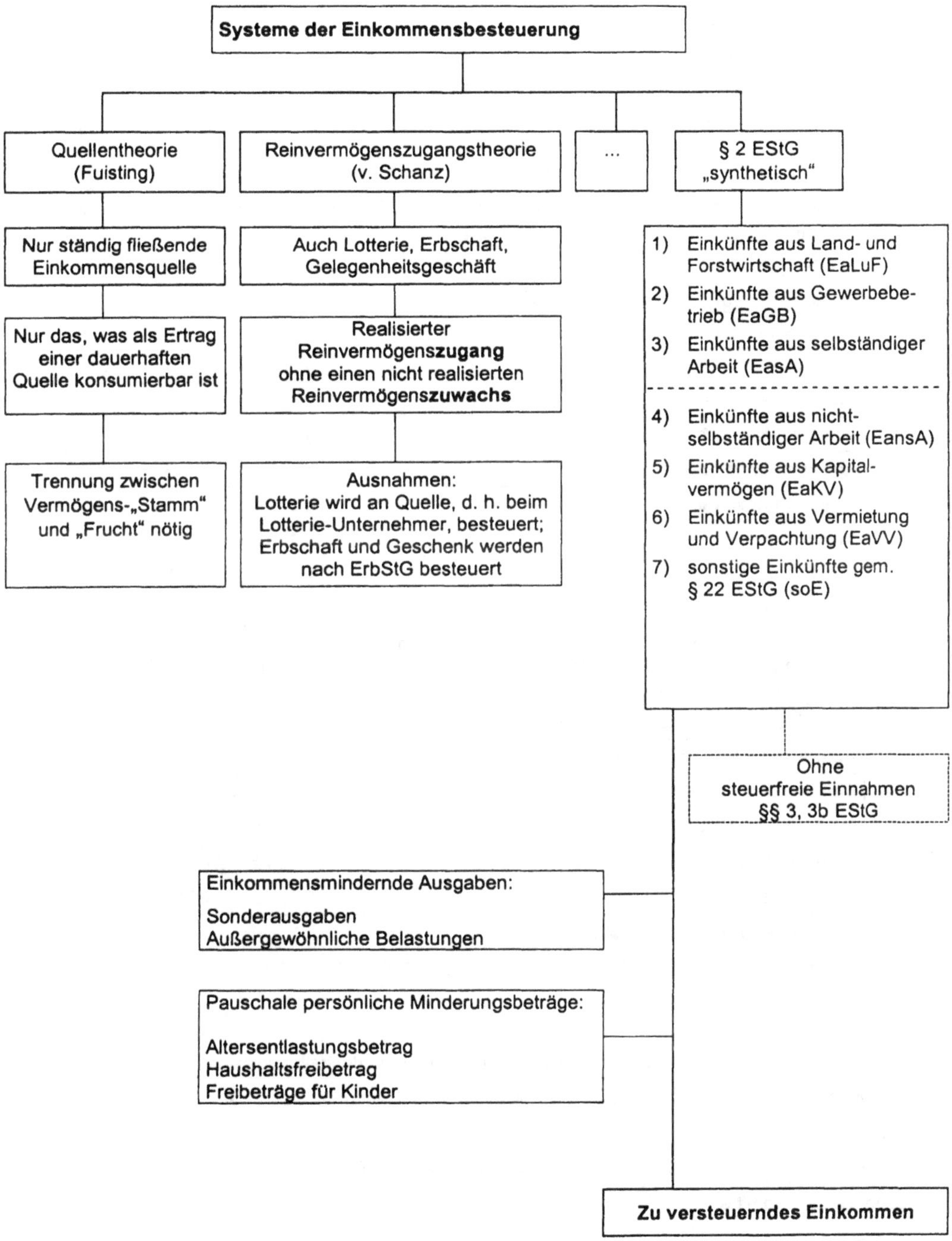
Systeme der Einkommensbesteuerung
Quellentheorie (Fuisting)
Reinvermögenszugangstheorie (v. Schanz)
...
§ 2 EStG „synthetisch"
Nur ständig fließende Einkommensquelle
Nur das, was als Ertrag einer dauerhaften Quelle konsumierbar ist
Trennung zwischen Vermögens-„Stamm" und „Frucht" nötig
Auch Lotterie, Erbschaft, Gelegenheitsgeschäft
Realisierter Reinvermögens**zugang** ohne einen nicht realisierten Reinvermögens**zuwachs**
Ausnahmen: Lotterie wird an Quelle, d. h. beim Lotterie-Unternehmer, besteuert; Erbschaft und Geschenk werden nach ErbStG besteuert
1) Einkünfte aus Land- und Forstwirtschaft (EaLuF)
2) Einkünfte aus Gewerbebetrieb (EaGB)
3) Einkünfte aus selbständiger Arbeit (EasA)
4) Einkünfte aus nichtselbständiger Arbeit (EansA)
5) Einkünfte aus Kapitalvermögen (EaKV)
6) Einkünfte aus Vermietung und Verpachtung (EaVV)
7) sonstige Einkünfte gem. § 22 EStG (soE)
Ohne steuerfreie Einnahmen §§ 3, 3b EStG
Einkommensmindernde Ausgaben:
Sonderausgaben
Außergewöhnliche Belastungen
Pauschale persönliche Minderungsbeträge:
Altersentlastungsbetrag
Haushaltsfreibetrag
Freibeträge für Kinder
Zu versteuerndes Einkommen

Ermittlung des zu versteuernden Einkommens als Bemessungsgrundlage (R 3 EStR)

<table>
<tr><td rowspan="8"></td><td>Positive Einkünfte aus</td><td></td><td rowspan="4">Gewinneinkünfte
§ 2 Abs. 2 EStG Nr. 1 – 3</td><td rowspan="5">Haupt-
einkünfte
Nr. 1 – 4</td></tr>
<tr><td>1) Land- und Forstwirtschaft</td><td>§§ 13 – 14a EStG</td></tr>
<tr><td>2) Gewerbebetrieb</td><td>§§ 15 – 17 EStG</td></tr>
<tr><td>3) Selbständiger Arbeit</td><td>§ 18 EStG</td></tr>
<tr><td>4) Nichtselbständige Arbeit</td><td>§§ 19, 19a EStG</td><td rowspan="4">Überschusseinkünfte
§ 2 Abs. 2 EStG Nr. 4 – 7</td></tr>
<tr><td>5) Kapitalvermögen</td><td>§ 20 EStG</td><td rowspan="3">Neben-
einkünfte
Nr. 5 – 7</td></tr>
<tr><td>6) Vermietung und Verpachtung</td><td>§§ 21 EStG</td></tr>
<tr><td>7) Sonstige Einkünfte</td><td>§§ 22, 23 EStG</td></tr>
</table>

1	=	**Summe der Einkünfte aus den Einkunftsarten**	**§ 2 Abs. 1 EStG**
2	+	Hinzurechnungsbetrag	§ 2 Abs. 1 Satz 3, Abs. 2 AuslInvG
3	–	Ausgleichsfähige negative Einkünfte	§ 2 Abs. 3 Sätze 3 – 8 EStG
4	=	**Summe der Einkünfte**	
5	–	Altersentlastungsbetrag	§ 24a EStG
6	–	Abzug für Land- und Forstwirte	§ 13 Abs. 3 EStG
7	=	**Gesamtbetrag der Einkünfte**	§ 2 Abs. 3 EStG
8	–	Verlustabzug	§ 10d EStG
9	–	Sonderausgaben	§§ 10, 10b, 10c EStG
10	–	Außergewöhnliche Belastungen	§§ 33 bis 33c EStG
11	–	Steuerbegünstigung der zu Wohnzwecken genutzten Wohnungen, Gebäude und Baudenkmale sowie der schutzwürdigen Kulturgüter	§§ 10e bis 10i, § 52 Abs. 21 Sätze 4 – 7 EStG und § 7 FördG
12	–	Verlustabzug nach alter Rechtslage	
13	+	zuzurechnendes Einkommen	§ 15 Abs. 1 AStG
14	=	**Einkommen**	§ 2 Abs. 4 EStG
15	–	Freibetrag für Kinder	§ 31, § 32 Abs. 6 EStG
16	–	Haushaltsfreibetrag	§ 32 Abs. 7 EStG
17	–	Härteausgleich	§ 46 Abs. 3 EStG, § 70 EStDV
18	=	**Zu versteuerndes Einkommen**	**§ 2 Abs. 5 EStG**

Einige der Sonderpositionen werden später nicht mehr angesprochen; deshalb folgen hier einige Stichworte:

11 Die Wohnbauförderung ist grundlegend auf direkte Zulagen umgestellt; die zitierten Bestimmungen verlieren an Bedeutung.

17 Bei Arbeitnehmern führen einkommensteuerpflichtige andere Einkünfte bis zu 410 € nicht zur Veranlagung, bleiben somit steuerfrei. Bis zu einem Betrag von 820 € gilt nach § 70 EStDV eine Milderungsregelung.

Ermittlung der festzusetzenden Einkommensteuer (R 4 EStR)

1		**Steuerbetrag** a) **laut Grundtabelle (bei Zusammenveranlagung: Splittingtabelle)** oder b) nach dem bei Anwendung des Progressionsvorbehalts oder der Steuersatzbegrenzung sich ergebenden Steuersatz	§ 32a Abs. 1, 5, § 50 Abs. 3 EStG § 32b EStG
2	+	Steuer auf Grund Berechnung	§§ 34, 34b EStG
3	=	**Tarifliche Einkommensteuer**	§ 32a Abs. 1, 5 EStG
4	–	pauschalierte Gewerbesteueranrechnung	§ 35 EStG
5	–	ausländische Steuern	§ 34c Abs. 1 und 6 EStG, § 12 AStG
6	–	Steuerermäßigung bei Land- und Forstwirten	§ 34e EStG
7	–	Steuerermäßigung	§ 7a FördG
8	–	[auslaufende Regelung]	
9	–	Steuerermäßigung bei Mitgliedsbeiträgen und Spenden an politische Parteien und unabhängige Wählervereinigungen	§ 34g EStG
10	–	Steuerermäßigung	§ 34f Abs. 3 EStG
11	+	Steuern	§ 34c Abs. 5 EStG
12	+	Nachsteuer	§ 10 Abs. 5 EStG i. V. m. §§ 30, 31 EStDV
13	+	[Sondervorschrift für Land- und Forstwirtschaft]	
14	+	Kindergeld oder vergleichbare Leistungen, soweit in den Fällen des § 31 EStG das Einkommen um einen Kinderfreibetrag gemindert wurde	
15	=	**Festzusetzende Einkommensteuer**	§ 2 Abs. 6 EStG

Anmerkungen:

9 Begünstigung um die Hälfte der Parteispenden und -mitgliedbeiträge, maximal 767 € (Zusammenveranlagung 1.534 €); darüber hinausgehend: Sonderausgaben.

12 Nachversteuerung bei Nichteinhaltung der Bindungsfrist begünstigter Versicherungs- oder Bausparbeiträge.

14 Das Kindergeld für das erste und zweite Kind beträgt 154 € im Jahre 2003.

Aufgabe:

- Halten Sie von vornherein folgende Begriffe bei der Bemessungsgrundlage auseinander:
  - Einkünfte
  - Summe der Einkünfte aus den Einkunftsarten
  - Summe der Einkünfte
  - Gesamtbetrag der Einkünfte
  - Einkommen
  - zu versteuerndes Einkommen
- Halten Sie von vornherein folgende Begriffe auseinander:
  - tarifliche Einkommensteuer
  - festzusetzende Einkommensteuer

Fragen:

- Welche hier interessierenden Alternativen sehen Sie, wenn ein Unternehmer einen Gewerbebetrieb im Herbst eröffnen will? Auf welche Weise könnte die Entscheidung unter diesen Alternativen getroffen werden?
- Warum hat die Festlegung des Bemessungszeitraums bei der ESt erhebliche Bedeutung?

Bearbeitungshinweis:

Lesen Sie zur Zeitkomponente der Besteuerung § 4a, § 2 Abs. 7, § 25 EStG.

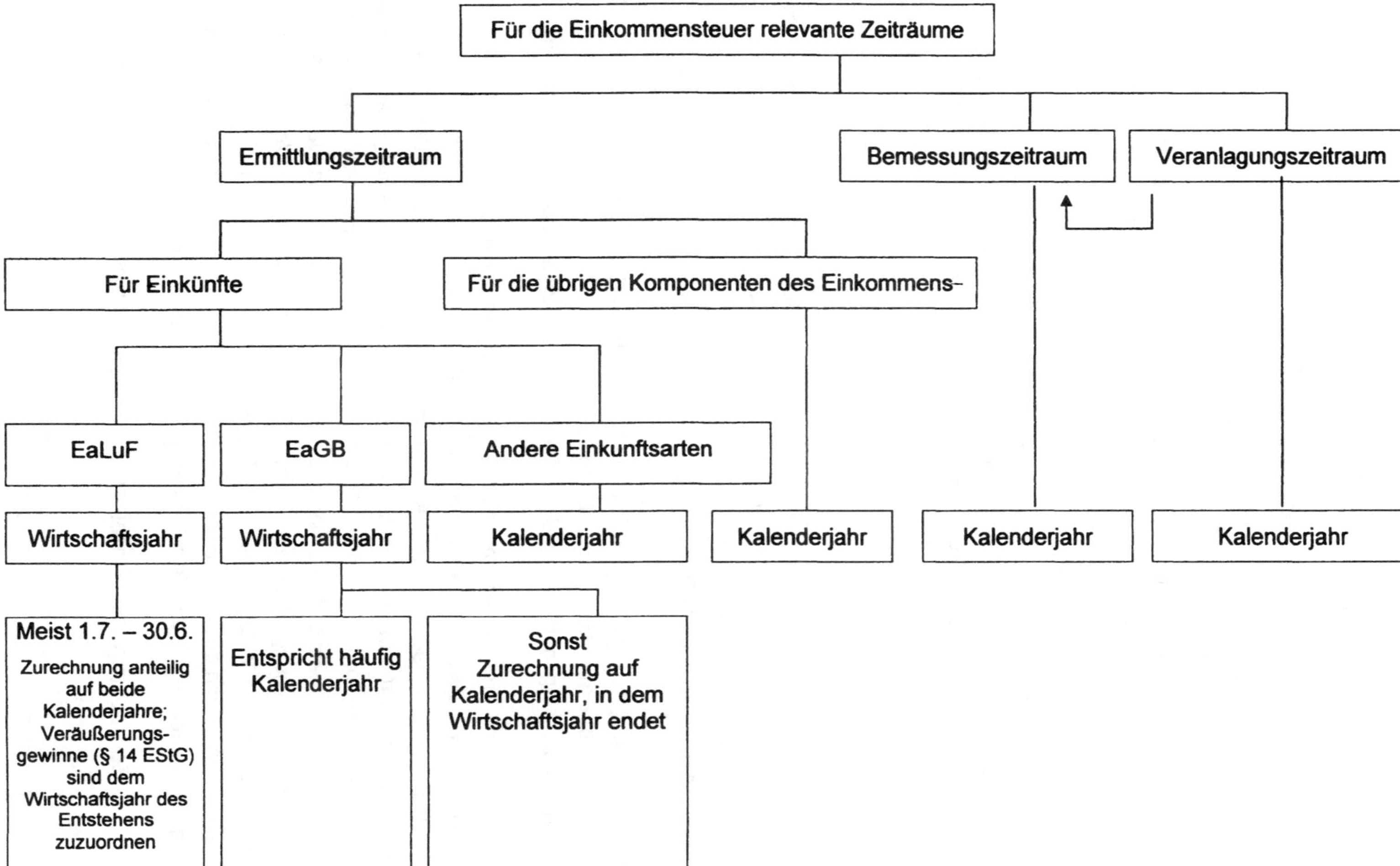
Für die Einkommensteuer relevante Zeiträume
Ermittlungszeitraum
Bemessungszeitraum
Veranlagungszeitraum
Für Einkünfte
Für die übrigen Komponenten des Einkommens-
EaLuF
EaGB
Andere Einkunftsarten
Wirtschaftsjahr
Wirtschaftsjahr
Kalenderjahr
Kalenderjahr
Kalenderjahr
Kalenderjahr
Meist 1.7. – 30.6.
Zurechnung anteilig auf beide Kalenderjahre; Veräußerungsgewinne (§ 14 EStG) sind dem Wirtschaftsjahr des Entstehens zuzuordnen
Entspricht häufig Kalenderjahr
Sonst Zurechnung auf Kalenderjahr, in dem Wirtschaftsjahr endet

3.3 Der Steuergegenstand

3.3.1 Die einkunftsrelevanten Tätigkeiten

Das EStG unterscheidet eine Vielzahl von „Einkunftsarten", für die jeweils Besonderheiten gelten. Für diese Unterteilungen gibt es keine systematische, wohl aber eine politökonomische Begründung. Durch diese Unterscheidungen gelingt es den „politischen Unternehmern", auf versteckte Weise Sondervorteile für bestimmte Gruppen von Steuerpflichtigen bereitzustellen, wobei sie erwarten, dafür mit Wählerstimmen, Spenden oder auf andere Art unterstützt zu werden. Es sind somit Machtkalküle und nicht, wie vielfach gutgläubig behauptet wird, die „Kompliziertheit der modernen Lebensverhältnisse", die zu einer zunehmenden Kompliziertheit des Steuerrechts führen. Die von der Mehrheit des Bundesrates abgelehnte „große" Steuerreform, welche die „Petersberger Steuervorschläge" 1997 umsetzen sollte, liefert dafür ein klassisches Beispiel. Auch die „Jahrhundertreform" 2000 hat nichts einfacher gemacht.

Anschauungsmaterial:

- Thesen der Einkommensteuerkommission zur Steuerfreistellung des Existenzminimums ab 1996 und zur Reform der Einkommensteuer; hrsg. v. BMF, Schriftenreihe des BMF, Heft 55; Bonn 1995;
- Petersberger Steuervorschläge, hrsg. v. BMF, Schriftenreihe des BMF, Heft 61, Bonn 1997;
- Brühler Empfehlungen zur Reform der Unternehmensbesteuerung, hrsg. v. BMF, Schriftenreihe des BMF, Heft 66, Bonn 1999.

Auf diesen „Empfehlungen" beruht der Paradigmenwechsel bei der Körperschaftsteuer.

Um die schwierigen Trennungen begrifflich besser erfassen zu können, als dies im Gesetz vorgesehen ist, soll zwischen „Steuergegenstand" (Steuerobjekt) und „Bemessungsgrundlage" eindeutig unterschieden werden. Abstrakt ist der Steuergegenstand des EStG ein „erwerbswirtschaftliches Verhalten", das dann und nur dann der ESt unterliegt, wenn es unter eine der aufgezählten Verhaltensarten fällt. Unter „Verhalten" ist dabei nicht nur eine (aktive) Tätigkeit, sondern auch ein bloßes Dulden, u. U. auch ein Unterlassen, zu verstehen. Jedoch steht bei der Beschreibung derartigen Verhaltens das Tun eindeutig im Vordergrund, weshalb im Folgenden zur Vereinfachung die Abgrenzungen vornehmlich als Tätigkeitsformen beschrieben sind. Wenn der Sachverhalt klar ist, wird weiter von Einkünften im Sinne sowohl der Tätigkeit wie der (anteiligen) Bemessungsgrundlage gesprochen.

3.3.1.1 Bedeutung der Einteilung und Abgrenzung von Einkunftsarten

Frage:
Welche Aspekte nennen *Tipke / Lang* (2002) zusätzlich?

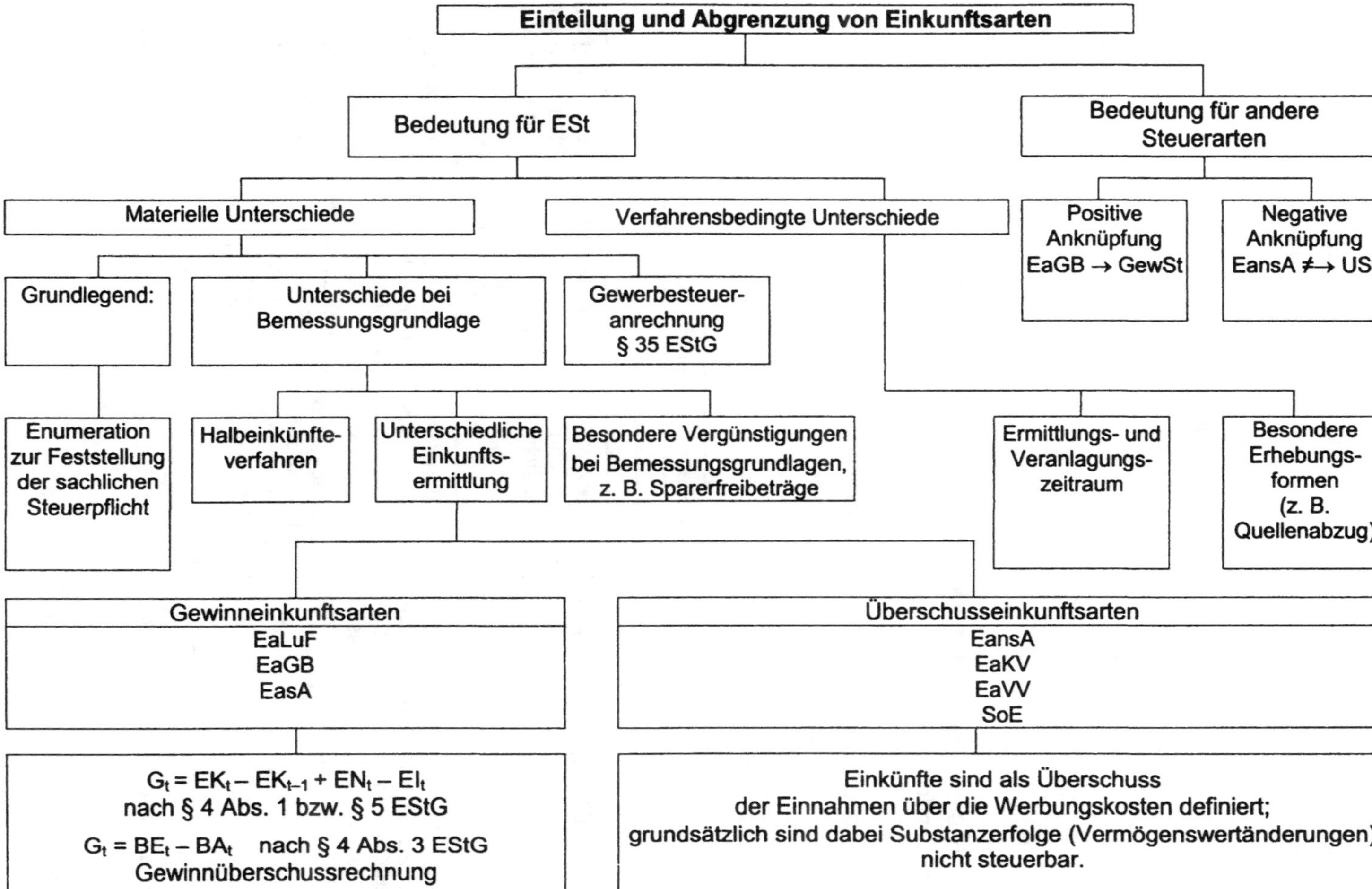

Literatur: *Schneider* (2002), S. 45 – 50; *Tipke / Lang* (2002), S. 354 – 355.

3.3.1.2 Die sieben Einkunftsarten

Die einkunftsrelevanten Tätigkeiten – differenziert nach den sieben Einkunftsarten – werden in den nächsten Unterabschnitten grundsätzlich nach folgendem Schema skizziert:

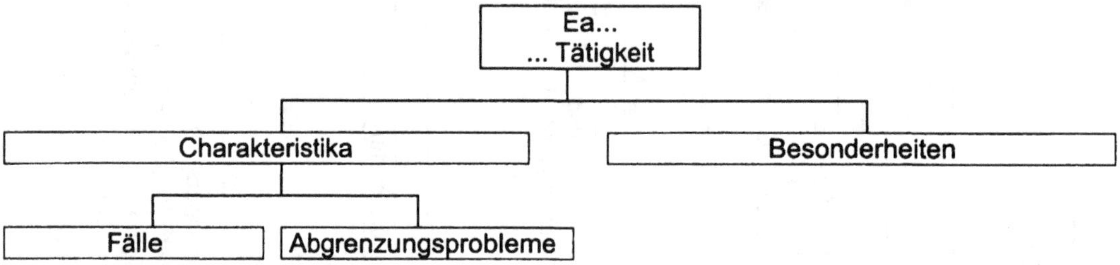

Bei den Abgrenzungsproblemen werden die wichtigsten Schwierigkeiten im Verhältnis zu den zuvor behandelten Tätigkeiten aufgeführt.

Für die drei Gewinneinkunftsarten (Tätigkeiten 1 – 3) gilt gemeinsam (obwohl nur in § 15 Abs. 2 Satz 1 EStG zu den EaGB angeführt):

a) Voraussetzungen

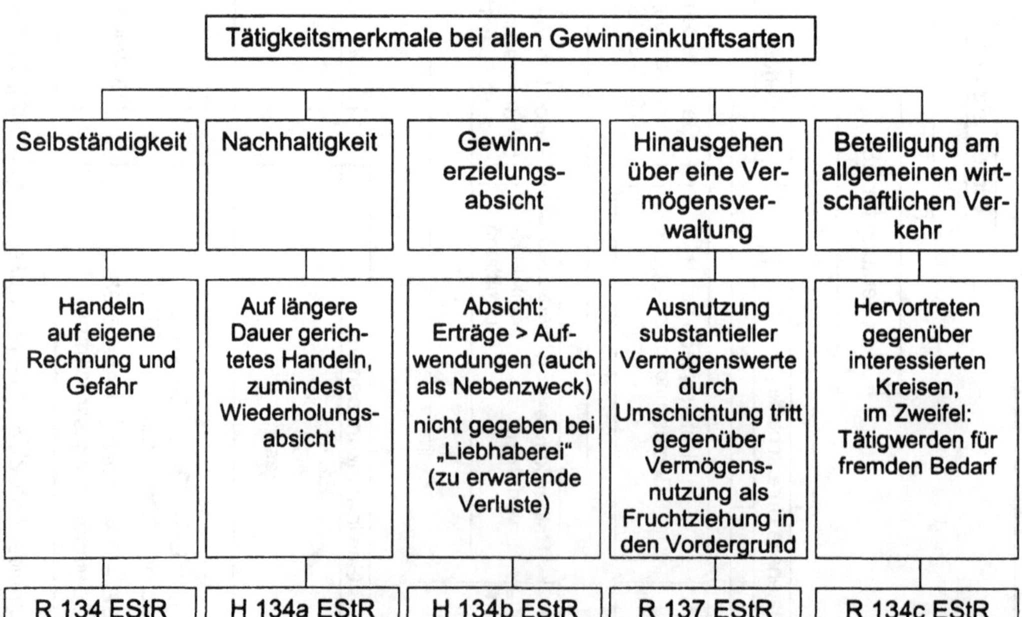

Literatur: *Schneeloch* (2003), S. 64 – 65.

b) Gewinne aus der Veräußerung von (Teil-) Betrieben sowie Aufgabegewinne

	Steuerpflicht	Freibetrag	Tarifbegünstigung
EaLuF	§ 14 EStG	§ 16 Abs. 4 EStG[1]	
EaGB	§ 16 EStG	§ 16 Abs. 4 EStG[1]	§ 34 EStG[2]
EasA	§ 18 Abs. 3 EStG	§ 16 Abs. 4 EStG[1]	§ 34 EStG[2]

Zusätzlich ist die Steuerpflicht nach § 17 Abs. 1 Satz 1 EStG für die Veräußerung von Anteilen an Kapitalgesellschaften bei einer Beteiligung ≥ 1 % zu beachten.

c) Bedingte Berücksichtigung von Verlusten bei beschränkter Haftung

§ 15a EStG begrenzt die Berücksichtigung von Verlusten bei beschränkter Haftung, soweit ein negatives Kapitalkonto entsteht oder sich erhöht – analoge Anwendungen gem. § 13 Abs. 7, § 18 Abs. 4 EStG sowie § 21 Abs. 1 Satz 2 EStG.

3.3.1.2.1 Land- und forstwirtschaftliche Tätigkeit

§§ 13, 13a, 14, 14a EStG

EaLuF
(1) land- und forstwirtschaftliche Tätigkeit

Charakteristika

„Land- und Forstwirtschaft ist die planmäßige Nutzung der natürlichen Kräfte des Bodens zur Erzeugung von Pflanzen und Tieren sowie die Verwertung der dadurch selbstgewonnenen Erzeugnisse."

(R 135 Abs. 1 Satz 1 EStR)

Fälle

Landwirtschaft, Forstwirtschaft, Weinbau, Gartenbau, ..., Imkerei, Schäferei, Binnenfischerei, ...

Besonderheiten

1. Besondere Gewinnermittlungsart für bestimmte LuF-Betriebe[3]:
   § 13a EStG:
   Durchschnittssätze mit Subventionswirkung[4].
2. Freibetrag 670 € (ZV: 1.340 €) nach § 13 Abs. 3 EStG[5].
3. Ermäßigte Steuersätze nach § 34b EStG für außerordentliche Einkünfte aus Forstwirtschaft.

Auf diese Einkunftsart wird nicht näher eingegangen.

Literatur: *Tipke / Lang* (2002), S. 355 – 358.

[1] Seit JStG 1996 personenbezogen.
[2] Soweit nicht § 3 Nr. 40 EStG die Veräußerungsgewinne z. T. steuerbefreit.
[3] Anwendung auf ca. 2/3 der LuF-Betriebe
[4] Nach der Gesetzesbegründung (zur Neufassung 1980) sollen etwa 50 – 70 % der tatsächlichen Gewinne erfasst werden (!).
[5] Wenn die Summe der Einkünfte 30.700 € nicht übersteigt.

3.3.1.2.2 Gewerbliche Tätigkeit

§§ 15, 15a, 16, 17 EStG

Fragen:

- Unterliegt eine OHG der Einkommensteuerpflicht?
- Wie unterscheidet sich eine atypische stille Gesellschaft von einer typischen?
- Eine kleine Bauunternehmung beteiligt anlässlich ihres Firmenjubiläums alle ihre 50 Arbeitnehmer als Kommanditisten mit je 500 € am Kapital. In welche Einkunftsart fallen nun die Löhne der Bauarbeiter? (Vgl. § 15 Abs. 1 Satz 1 Nr. 2 EStG: Tätigkeitsvergütungen im Dienst der Gesellschaft).
- Was ist in § 15 Abs. 3 Satz 1 Nr. 2 EStG mit einer gewerblich geprägten Personengesellschaft gemeint (Rechtsformkonstruktion?), und warum lässt der Gesetzgeber ihre Tätigkeit als Gewerbebetrieb gelten?

Hinweise:

- Beachten Sie, dass der Gesetzgeber bezüglich der Gewinnerzielungsabsicht unter Gewinn nicht betriebswirtschaftlich einen Gewinn nach Steuern, sondern bemessungsgrundlagenbezogen einen Gewinn vor Steuern versteht (§ 15 Abs. 2 Satz 2 EStG). Klären Sie den Hintergrund dieser Regelung!
- Wenn nicht EaGB, sondern eine Vermögensverwaltung vorliegt, ist dann zu erwarten, dass es sich um steuerfreie Einkünfte handelt?
- Vergleichen Sie die §§ 16 und 17 EStG. Inwiefern und warum stellt § 17 EStG eine Durchbrechung des Grundsatzes dar, dass nur betriebliche Veräußerungsgewinne besteuert werden?

Literatur: *Rose* (2001), S. 31 – 34; *Tipke / Lang* (2002), S. 358 – 361.

EaGB
(2) gewerbliche Tätigkeit

Charakteristika

„Eine selbständige nachhaltige Betätigung, die mit der Absicht, Gewinn zu erzielen, unternommen wird und sich als Beteiligung am allgemeinen wirtschaftlichen Verkehr darstellt, ist Gewerbebetrieb, wenn die Betätigung weder als Ausübung von Land- und Forstwirtschaft noch als Ausübung eines freien Berufs noch als eine andere selbständige Arbeit anzusehen ist.“ (§ 15 Abs. 2 Satz 1 EStG)

Besonderheiten

- I. d. R. faktische Anknüpfung der Gewerbeertragsteuer. Außerdem beeinflusst die GewSt auch die ESt als Betriebsausgabe und über die pauschale Anrechnung (§ 35 EStG).
- Verluste aus gewerblicher Tierzucht und Tierhaltung sind nur quellenbezogen abziehbar (§ 15 Abs. 4 EStG)
- HEV bei Anteilsveräußerungen sowohl gem. § 17 EStG (§ 3 Nr. 40 Buchst. c EStG und § 3c Abs. 2 EStG) wie bei Anteilen im Betriebsvermögen (§ 3 Nr. 40 Buchst. a bzw. b EStG § 3c Abs. 2 EStG)

Fälle

1. Einzelunternehmer
2. Mitunternehmer (Gesellschafter einer GbR, OHG, Komplementär oder Kommanditist einer KG, atypischer stiller Gesellschafter, sofern die Mitunternehmer-Merkmale erfüllt sind)
3. KGaA-Komplementär
4. Gewerbliche Personengesellschaft mit gemischter Tätigkeit
5. Gewerblich geprägte Personengesellschaft
6. Veräußerung eines Betriebes und wesentlicher Beteiligungen an KapG

Abgrenzungsprobleme
gegenüber EaLuF

1. Zukauf führt zu EaGB, wenn nachhaltig über den betriebsnotwendigen Umfang hinaus zugekauft wird
2. LuF-Nebenbetrieb führt zu EaLuF, wenn überwiegend: Be- oder Verarbeitung eigener Erzeugnisse oder Substanzgewinnung für eigenen Bedarf
3. Tierzucht bzw. Tierhaltung führen zu EaGB, wenn bestimmte Zahl der Vieheinheiten nachhaltig überschritten wird

R 135, 124a EStR

3.3.1.2.3 Selbständige Tätigkeit

§ 18 EStG

Fragen:

- Worin liegt die besondere Relevanz der Frage, ob Einkünfte den EaGB oder den EasA zuzuordnen sind?
- Sind die Einnahmen eines Studenten aus Nachhilfeunterricht als EasA steuerbar, a) wenn sie gelegentlich, b) wenn sie in gewisser Regelmäßigkeit anfallen?
- Worin liegt die Abgrenzungsproblematik bei der Beschäftigung „fachlich vorgebildeter Arbeitskräfte" z. B. bei einem Architekturbüro?
- Hat der Inhaber einer Fahrschule, der selbst nicht Fahrlehrer ist, EasA?
- Erscheint Ihnen das von der Rechtsprechung herangezogene Kriterium des gehobenen beruflichen Niveaus verträglich mit dem Prinzip der Gleichmäßigkeit der Besteuerung?

Bearbeitungshinweis:
Sehr informativ ist H 136 EStR; dort stoßen Sie u. a. auf Kükensortierer, Hersteller künstlicher Menschenaugen sowie Hellseher, die ebenfalls die Zuordnung ihrer Einkünfte durch die Rechtsprechung nicht zutreffend vorhergesehen haben.

Literatur: *Tipke / Lang* (2002), S. 361 – 363; *Rose* (2001), S. 34 – 36.

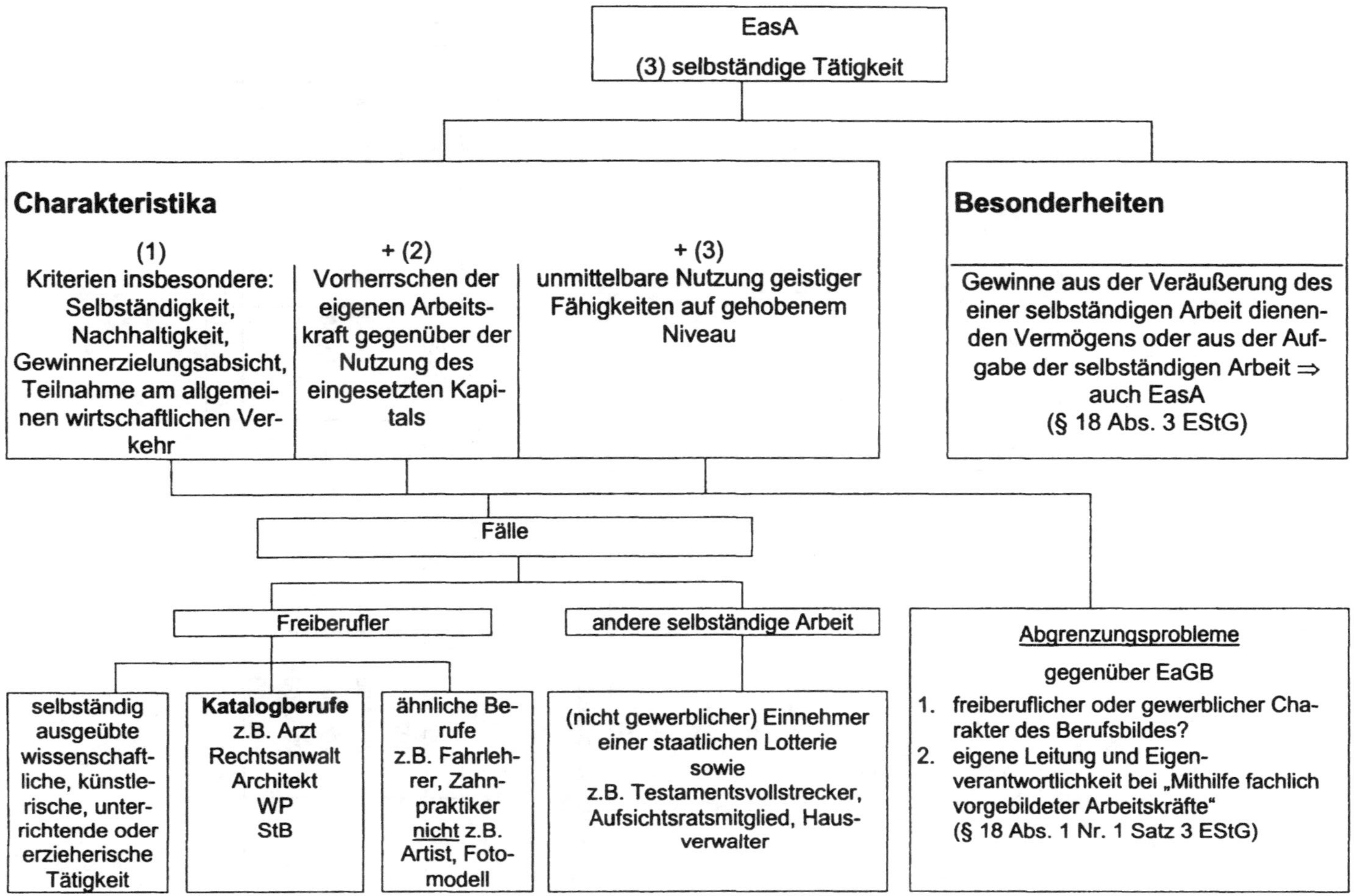
EasA
(3) selbständige Tätigkeit
Charakteristika
(1)
Kriterien insbesondere: Selbständigkeit, Nachhaltigkeit, Gewinnerzielungsabsicht, Teilnahme am allgemeinen wirtschaftlichen Verkehr
+ (2)
Vorherrschen der eigenen Arbeitskraft gegenüber der Nutzung des eingesetzten Kapitals
+ (3)
unmittelbare Nutzung geistiger Fähigkeiten auf gehobenem Niveau
Besonderheiten
Gewinne aus der Veräußerung des einer selbständigen Arbeit dienenden Vermögens oder aus der Aufgabe der selbständigen Arbeit ⇒ auch EasA (§ 18 Abs. 3 EStG)
Fälle
Freiberufler
selbständig ausgeübte wissenschaftliche, künstlerische, unterrichtende oder erzieherische Tätigkeit
Katalogberufe
z.B. Arzt
Rechtsanwalt
Architekt
WP
StB
ähnliche Berufe
z.B. Fahrlehrer, Zahnpraktiker
nicht z.B. Artist, Fotomodell
andere selbständige Arbeit
(nicht gewerblicher) Einnehmer einer staatlichen Lotterie
sowie
z.B. Testamentsvollstrecker, Aufsichtsratsmitglied, Hausverwalter
Abgrenzungsprobleme
gegenüber EaGB
1. freiberuflicher oder gewerblicher Charakter des Berufsbildes?
2. eigene Leitung und Eigenverantwortlichkeit bei „Mithilfe fachlich vorgebildeter Arbeitskräfte“ (§ 18 Abs. 1 Nr. 1 Satz 3 EStG)

3.3.1.2.4 Nichtselbständige Tätigkeit

§§ 19, 19a EStG, §§ 1 – 2, 4, 8 LStDV

Fragen:

- Ist mit „Arbeitslohn aus früherem eigenen Dienstverhältnis" z. B. eine Rente aus der gesetzlichen Sozialversicherung gemeint?
- Nennen Sie ein Beispiel für Arbeitslohn aus dem früheren Dienstverhältnis eines Rechtsvorgängers.
- Was ist Arbeitslohn mit Rücksicht auf ein künftiges Dienstverhältnis?
- In welchen Erscheinungsformen kann Arbeitslohn außer als Barlohn auftreten?
- Sind Trinkgelder, die ein Kellner von den Gästen erhält, Arbeitslohn? (Vgl. § 3 Nr. 51 EStG!)
- Handelt es sich beim Arbeitgeberanteil zur Sozialversicherung grundsätzlich um Arbeitslohn? (Vgl. § 2 Abs. 1 Satz 1, Abs. 2 Nr. 3 LStDV 1990.)
- Was sind Versorgungsbezüge? Sind sie mit „Arbeitslohn aus früherem eigenen Dienstverhältnis" identisch?

Lösung zu Aufgabe Seite 46:

		gewollte Gestaltung		„Kettenschenkung"	
	Freibetrag	Schenkung	ErbSt	Schenkung	ErbSt
M ⇒ F	307.000	220.000	0	250.000	0
M ⇒ K1	205.000	220.000	1.050	205.000	0
M ⇒ K2	205.000	220.000	1.050	205.000	0
F ⇒ K1	205.000	0	0	15.000	0
F ⇒ K2	205.000	0	0	15.000	0
			2.100		0

EansA
(4) nichtselbständige Tätigkeit

Charakteristika

Tätigkeit unter der Leitung eines Arbeitgebers oder unter Eingliederung in den „geschäftlichen Organismus" eines Arbeitgebers mit der Verpflichtung, dessen Weisungen zu folgen.
(§ 1 Abs. 2 Satz 2 LStDV 1990)

Fälle

1. Arbeitnehmer mit Arbeitslohn bzw. Werbungskosten aus gegenwärtigem eigenem Dienstverhältnis (§ 19 Abs. 1 EStG)
2. Nicht-Arbeitnehmer (§ 24 Nr. 2 EStG) mit Arbeitslohn bzw. Werbungskosten
   - aus früherem eigenem Dienstverhältnis
   - aus früherem Dienstverhältnis eines Rechtsvorgängers mit „Arbeitslohn"

Abgrenzungsprobleme gegenüber EaGB:

1. „Abgeleitete Freizügigkeit"
   ⇒ EansA bei faktischer Selbständigkeit, die „abgeleitete Freizügigkeit" darstellt: z. B. Vorstandsvorsitzender einer AG
2. Reisevertreter:
   ⇒ EaGB bei Handelsvertretern (§ 84 HGB),
   ⇒ EansA bei „Reisenden"

gegenüber EasA:

3. „Unselbständige Freiberufler"
   ⇒ EansA z. B. bei Krankenhausarzt

Besonderheiten

1. Steuerfreiheit bestimmter Zahlungen, z. B.
   - Arbeitgeberanteil zur Sozialversicherung (§ 3 Nr. 62 EStG)
   - Sonntags- und Nachtzuschläge (§ 3b EStG)
   - Freibetrag bei Heiratshilfen oder Geburtsbeihilfen 358 € (§ 3 Nr. 15 EStG)
   - Unterstützung in Notfällen; i. d. R. Freibetrag 600 € (Abschn. 11 Abs. 2 LStR)
   - Freibetrag bei unentgeltlicher oder verbilligter Überlassung von Vermögensbeteiligungen: Min [0,5·VmBet; 154 €] (§ 19a EStG)
2. Arbeitnehmer-Pauschbetrag 1.044 € (§ 9a Satz 1 Nr. 1 EStG)
3. Versorgungs-Freibetrag 40 v. H. der Versorgungsbezüge, max. 3.072 € (§ 19 Abs. 2 EStG)
4. Freibetrag bei Abfindungen 8.181 € bzw. 10.226 € bzw. 12.271 € (§ 3 Nr. 9 EStG)
5. z. T. Begünstigungen bei Nebenleistungen des Arbeitgebers (vgl. Seite 70)
6. Erhebungsform: LSt (§ 38 EStG)
7. Vorweggenommene und nachträgliche Werbungskosten sind möglich (vgl. R 33 Abs. 3 LStR)

Die als Besonderheiten (Nr. 5 der vorherigen Seite) gekennzeichneten Begünstigungen bei Nebenleistungen des Arbeitgebers lassen sich wie folgt näher skizzieren:

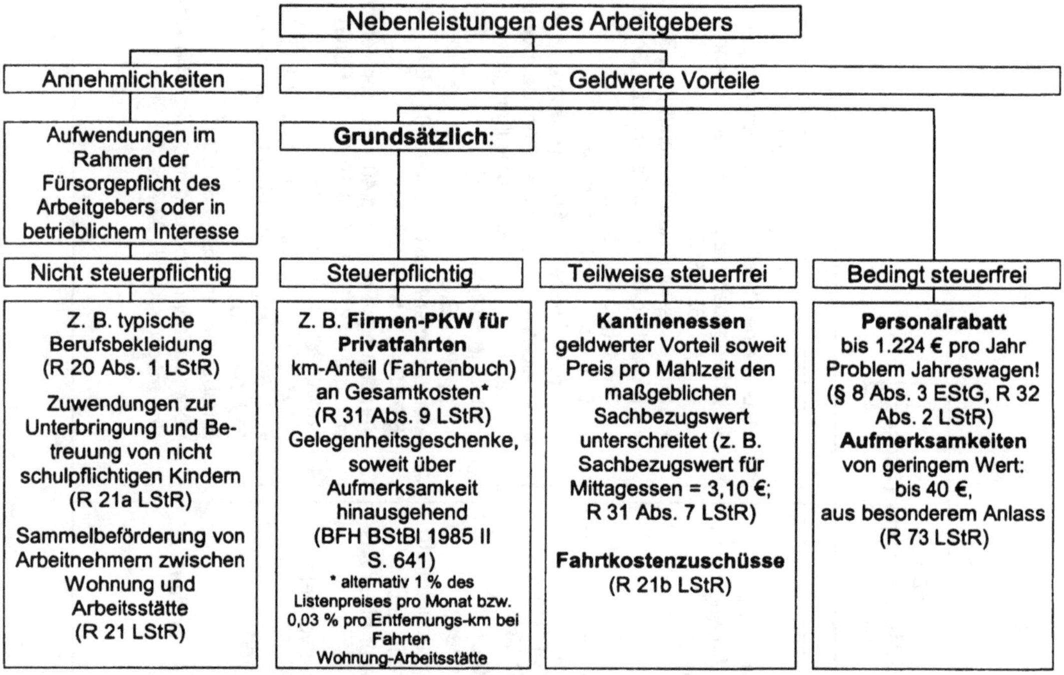

Literatur: *Tipke / Lang* (2002), S. 386 – 389; *Rose* (2001); S. 36 – 38; vgl. auch *Siegel* (1982), S. 112 – 116.

3.3.1.2.5 Kapitalbereitstellende Tätigkeit

§ 20 EStG

Die erste der beiden folgenden Übersichten beschreibt die schon lange bekannten „Früchte aus der Anlage von Geldvermögen“, während die zweite die sog. „Finanzinnovationen“ aufführt, deren steuerliche Erfassung einige Probleme bereitet.

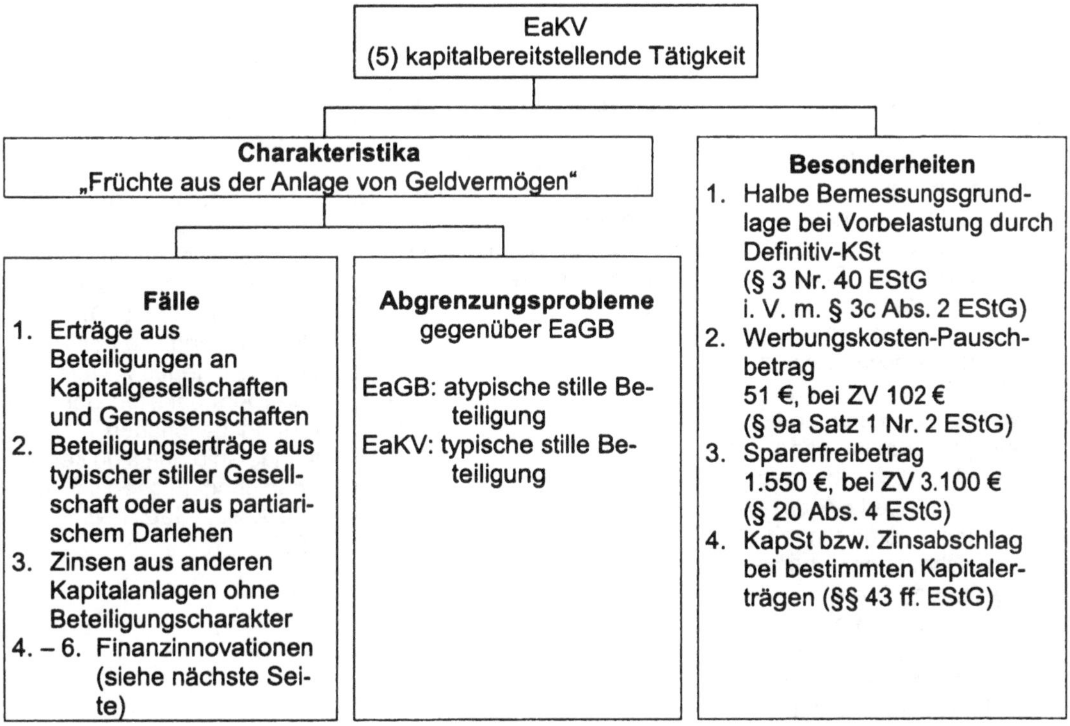

EaKV
(5) kapitalbereitstellende Tätigkeit
§ 20 Abs. 2 Satz 1 Nr. 4
(Finanzinnovationen)

Charakteristika

Einnahmen aus der Veräußerung oder Abtretung von Kursdifferenzpapieren

Fälle

Einnahmen aus

4. abgezinsten oder aufgezinsten Kapitalforderungen (z. B. Zero-Bonds, Bundesschatzbrief Typ B)
5. dem Handel am Sekundärmarkt u. a. mit Schuldverschreibungen ohne Zinsschein bzw. von Zinsscheinen und Zinsforderungen ohne Schuldverschreibungen (z. B. Stripped Bonds)
6. Kapitalforderungen mit Zinsschein oder Zinsforderungen, wenn
   a) Stückzinsen nicht gesondert in Rechnung gestellt werden bzw. die Höhe der Erträge von einem unsichern Ereignis abhängt (z. B. kapitalgesicherte Indexanleihen, Floater)
   b) Kapitalerträge in unterschiedlicher Höhe oder für unterschiedlich lange Zeiträume gezahlt werden (z. B. Kombi- und Gleitzinsanleihen)

Abgrenzungsprobleme

- EaGB, wenn die Tatbestände des gewerblichen Handelns erfüllt sind
- soE: wenn Veräußerung innerhalb eines Jahres erfolgt

Besonderheiten

5. Emissionsrendite keine Voraussetzung für Besteuerung (Liegt keine Emissionsrendite vor bzw. weist der Steuerpflichtige sie nicht nach, gilt als BMG die Marktrendite, (§ 20 Abs. 2 Satz 2, 1. HS EStG)
6. Keine Erfassung von Wechselkursgewinnen und -verlusten bei Berechnung der Marktrendite (§ 20 Abs. 2 Satz 2, 2. HS EStG)
7. Gleichbehandlung des Erst-, Zweit- und jedes weiteren Erwerbers bei allen Übertragungsgeschäften
8. Wandelanleihen sind keine Finanzinnovationen i. S. d. § 20 Abs. 2 Satz 1 Nr. 4 EStG

Fragen:

- Was ist bei einer Dividendenzahlung als EaKV zu versteuern: die Dividende oder der Gutschriftsbetrag (= Dividende ./. Kapitalertragsteuer)?
- Warum sind Erträge aus der Beteiligung an Personengesellschaften (Mitunternehmerschaften) nicht oben unter den Fällen genannt?
- Fallen Erträge aus der Beteiligung an einer GmbH, die von einer OHG gehalten werden, unter EaKV? (Vgl. § 20 Abs. 3 EStG).
- Klären Sie die Abgrenzung zwischen atypischer stiller Gesellschaft, typischer stiller Gesellschaft und partiarischem Darlehen!
- Gibt es bei Zero-Bonds steuerpflichtige Zinsen? Klären Sie diese Frage mit Hilfe der BMF-Schreiben vom 24.1.1985 (BStBl I S. 77), vom 1.3.1991 (BStBl I S. 422) und vom 24.11.1986 (BStBl I S. 539).
- Ist die Ansicht zutreffend, dass Sparbuchzinsen erst dann der ESt unterliegen, wenn sie mehr als die Inflationsrate ausmachen?
- Mindert ein Verlust, der bei Veräußerung einer Aktie oder einer Schuldverschreibung in Kauf genommen werden muss, die EaKV?
- Was enthält der zum Gesetz gewordene sog. Bankenerlass (§ 30a AO)?

Hinweis:

Verfolgen Sie die Diskussion um die Amnestie zur Rückführung von Fluchtkapital mit dem schönen Namen „Brücke zur Steuerehrlichkeit“. Am 17.03.2003 ist dazu der Referentenentwurf eines Gesetzes zur Neuregelung der Zinsbesteuerung und zur Förderung der Steuerehrlichkeit (Zinsabgeltungssteuergesetz – ZinsAbG) vorgelegt worden.

Literatur: *Tipke / Lang* (2002), S. 389 – 393; *Rose* (2001), S. 38 – 40.

3.3.1.2.6 Vermietende und verpachtende Tätigkeit

§ 21 EStG

EaVV
(6) vermietende und verpachtende Tätigkeit

Charakteristika
entgeltliche Überlassung bestimmter Sachen und Rechte

Fälle

1. Überlassung von unbeweglichem Vermögen und grundstücksgleichen Rechten
2. Überlassung von Sachinbegriffen
3. zeitlich begrenzte Überlassung von Rechten
4. Veräußerung von Miet- und Pachtzinsforderungen

Abgrenzungsprobleme gegenüber EaGB

1. Art der Bewirtschaftung z. B. Hotel ⇒ EaGB
2. Bloße Vermögensverwaltung oder Gewerbebetrieb?
   - Erwerb und Veräußerung von Grundstücken oder Eigentumswohnungen
   - Vermietung von Ferienwohnungen

R 137, H 137 EStR

Besonderheiten
Mietvorauszahlungen und verlorene Mieterzuschüsse: grundsätzlich Zuflussprinzip, jedoch Wahlrecht auf Verteilung (R 163 EStR)

Fragen:

- Die Überlassung welcher Gegenstände wird nicht bei den EaVV erfasst?
- Was sind Sachinbegriffe, und welche können hier besonders relevant sein?
- Stellen Sie im Gesetz fest, was mit „grundstücksgleichen Rechten" gemeint ist!
- Welche Rechte kommen im 3. Fall in Frage? Beachten Sie, dass EaVV – wie auch EaKV und die „sonstigen Einkünfte" – subsidiär sind (§ 21 Abs. 3 EStG) („Nebeneinkunftsarten").
- Worin liegt die Problematik der steuerlichen Anerkennung von sog. Mietkaufmodellen und ähnlichen „Steuersparmodellen"? (Stichwort: Überschusserzielungsabsicht; vgl. zur Gewinnerzielungsabsicht Seite 62 und 64).
- Führen Sie sich die möglichen Interessenlagen bei der Abgrenzung zwischen Vermögensverwaltung und Gewerbebetrieb vor Augen: Bei EaVV keine Gewerbesteuerpflicht und keine Besteuerung von Veräußerungsgewinnen; Teilwertabschreibung jedoch nur bei Gewinneinkunftsarten.

Literatur: *Rose* (2001), S. 40 – 42; *Tipke / Lang* (2002), S. 393 – 395.

Lösung zu Aufgabe Seite 51 (mögliche Lösung):

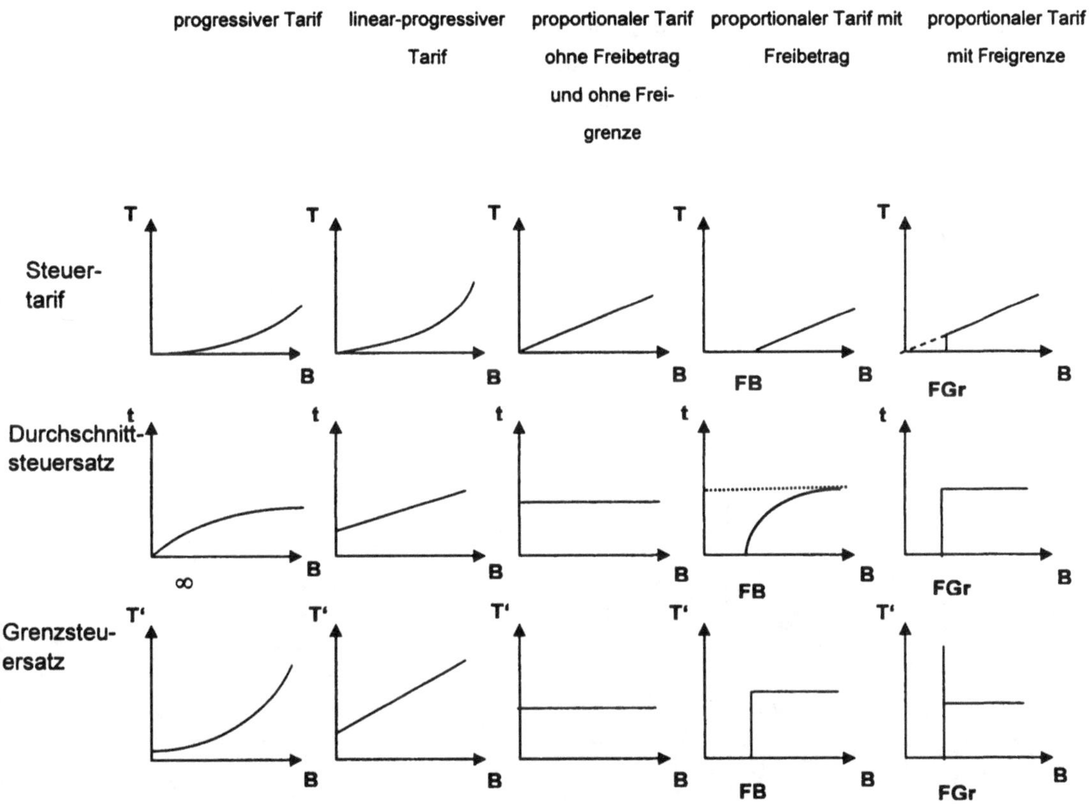

3.3.1.2.7 Sonstige bestimmte Tätigkeiten gemäß § 22 EStG

§§ 22, 23 EStG

Die „sonstigen" einkunftsrelevanten Tätigkeiten sollen nicht alles übrige erfassen, weshalb von „sonstigen bestimmten Tätigkeiten" gesprochen werden sollte; dennoch könnte sich die Unter-Einkunftsart „Einkünfte aus bestimmten Leistungen" als abstrakte Umschreibung anbieten.

Fragen:

- Sind Schmiergelder (falls sie nicht bei den EaGB, EasA oder EansA zu erfassen sind) steuerpflichtig?
- Geht es das Finanzamt etwas an, wenn ein Student sein Auto gegen Entgelt einem Kommilitonen überlässt?
- Aufschlussreich ist das „Flaschensammelurteil" des BFH vom 6.6.1973. Lesen Sie es im Bundessteuerblatt 1973 II S. 727!
- Wie erging es den Mitgliedern einer Bürgerinitiative, die eine Vergütung für die Rücknahme ihres Widerspruchs gegen eine Kraftwerksgenehmigung erhalten hatten? (BFH-Urteil von 12.11.1985, BStBl 1986 II S. 890)
- Beachten Sie weitere Beispiele in H 168a Abs. 1 EStR!
- Freiwillig gezahlte wiederkehrende Bezüge sind grundsätzlich nicht als EawB zu versteuern (§ 22 Nr. 1 Satz 2 EStG). Mit der Existenz welcher Steuerart kann dies erklärt werden?
- Wie ist die Auffassung zu erklären, dass bei Renten aus der gesetzlichen Sozialversicherung keine ESt anfalle?
- Betrachten Sie die Tabelle in § 22 Nr. 1 EStG! Wie begründet sich die Steuerpflicht des Ertragsanteils bei Leibrenten?
- Unterscheiden Sie Zeitrenten und Kaufpreisraten!
- Können Studienbeihilfen als EawB steuerpflichtig sein? Beachten Sie die in R 166 Satz 2 EStR angesprochene Regelung für ausländische Studenten!

Hinweis:

Lesen Sie zur notwendigen Neuordnung der Rentenbesteuerung das Urteil des BVerfG 2 BvL 17/99 vom 06.03.2002 (BStBl 2002 II, S. 618) sowie den Abschlußbericht der Sachverständigenkommission zur Neuordnung der steuerrechtlichen Behandlung von Altersvorsorgeaufwendungen und Altersbezügen vom 11.03.2003 (Download unter www.bundesfinanzministerium.de/Anlage17689/Abschlussbericht-der-Sachverstaendigenkommission-Acrobat3.0u.-4.0.pdf).

Literatur: *Tipke / Lang* (2002), S. 396 – 413; *Rose* (2001), S. 42 – 43 sowie dort S. 101 – 129 als gute Einführung in den schwierigen Bereich der Rentenbesteuerung.

SoE
(7) Sonstige bestimmte einkunftsrelevante Tätigkeiten[1]

EawB Einkünfte aus wiederkehrenden Bezügen § 22 Nr. 1 EStG	EaUL Einkünfte aus Unterhaltsleistungen § 22 Nr. 1a EStG	EapVg Einkünfte aus privaten Veräußerungsgeschäften § 22 Nr. 2 EStG	EasL Einkünfte aus sonstigen Leistungen § 22 Nr. 3 EStG	EaAB Einkünfte aus Abgeordnetenbezügen § 22 Nr. 4 EStG
Charakteristika				
Bezüge, die aufgrund einheitlichen Beschlusses oder Rechtsgrundes mit gewisser Regelmäßigkeit wiederkehren (R 165 Abs.1 EStR)	Unterhaltsleistungen vom geschiedenen oder getrennt lebenden Ehegatten bis 13.805 €, wenn sie dieser als Sonderausgaben (§ 10 Abs. 1 Nr. 1 EStG) abzieht	Veräußerungen innerhalb der Spekulationsfrist oder vor Erwerb	Nicht anders erfasste Leistungen: jedes Tun oder Dulden oder Unterlassen um des Entgeltes willen (H 168a EStR)	Bezüge von Bundestags-, Landtags- und Europaabgeordneten aufgrund der Abgeordnetengesetze
Fälle				
Bezüge aufgrund dauernder Lasten (Verpflichtungsdauer $\geq$ 10 Jahre) – Renten – – Leibrenten (nur Ertragsanteil steuerpflichtig – – Zeitrenten – Sonstige dauernde Lasten – Sonstige wiederkehrende Bezüge		- Grundstücke und grundstücksgleiche Rechte (Spekulationsfrist **10 Jahre**) - Andere Wirtschaftsgüter (Spekulationsfrist **1 Jahr**) - Veräußerungs- vor Erwerbszeitpunkt ($t_V < t_E$) - Termingeschäfte (Zeitraum zwischen Erwerb und Beendigung des Rechtes auf den Ausgleich oder ähnliche Vorteile beträgt nicht mehr als **ein Jahr**		

Fortsetzung nächste Seite

[1] Hier nicht dargestellt: Leistungen aus Altersvorsorgeverträgen i. S. d. § 22 Nr. 5 EStG. Zu Abgrenzungsfragen und der steuerlichen Behandlung im Einzelnen s. *BMF* (2003) S. 77-101.

Besonderheiten			
EawB und EaUL	**EapVg**	**EasL**	**EaAB**
Werbungskosten-Pauschbetrag insges. 102 € (§ 9a Satz 1 Nr. 3 EStG)	1. Freigrenze 512 € für Σ EapVG (bei ZV je Person; vgl. H 169 EStR) 2. Verluste können nur quellenbezogen (auf diese Einkunftsquelle bzw. Untereinkunftsart) ein Jahr zurück oder unbegrenzt vorgetragen werden.	1. Freigrenze 256 € für Σ EasL (bei ZV je Person) 2. Keine Berücksichtigung negativer EasL	1. Sog. „Aufwands-entschädigungen" (u. a. Sitzungsgelder) sind steuerfrei 2. Kosten eines erfolglosen Wahlkampfs sind keine Werbungskosten 3. Leistungen außerhalb der o. a. Gesetze sind normal steuerpflichtig

Hinweis:
Das Gesetz formuliert bei EapVg den Fall, dass der Veräußerungs- vor dem Erwerbszeitpunkt liegt, als eigenständigen Tatbestand. Das führt u. E. zu systematischen Schwierigkeiten. Offenbar ist gemeint, dass in allen drei übrigen Fällen (Nrn. 1, 2 und 4) ein privates Veräußerungsgeschäft auch dann vorliegt, wenn gilt: $t_V < t_E$. Ist diese Interpretation richtig, dann wäre es sinnvoll, die Zeitbestimmung im Gesetz so zu formulieren, dass die Differenz zwischen den Zeitpunkten der Veräußerung und des Erwerbs nicht mehr als zehn Jahre bzw. nicht mehr als ein Jahr beträgt ($t_V - t_E \leq 1$ bzw. 10). Dadurch sind dann negative Differenzen mit umfasst.

Veräußerungsgewinne

sind im deutschen Steuerrecht nur in folgenden Fällen steuerpflichtig:

- Veräußerung von Betriebsvermögen (Gewinneinkunftsarten!) einschließlich ganzer Betriebe und Anteilen an Mitunternehmergemeinschaften. Beachte: Freibetrag nach § 16 Abs. 4 EStG und halber durchschnittlicher Steuersatz nach § 34 EStG für Betriebsveräußerungen; er kann aber personenbezogen nur einmal im Leben geltend gemacht werden.
- Veräußerung im Privatvermögen gehaltener Beteiligungen an Kapitalgesellschaften mit einer Beteiligungsquote von mind. 1%. Wegen der Minderung des Schwellenwerts auf 1 % in § 17 Abs. 1 EStG wird nicht mehr von „wesentlicher" Beteiligung gesprochen. Beachte § 3 Nr. 40 c) EStG und § 3c Abs. 2 EStG ⇒ Halbeinkünfteverfahren.
- Veräußerungen im Rahmen von privaten Veräußerungsgeschäften. Beachte: Bei Wertpapieren § 3 Nr. 40 j) EStG und § 3c Abs. 2 EStG ⇒ Halbeinkünfteverfahren.
- Veräußerungen von Kursdifferenzpapieren § 20 Abs. 2 Nr. 4 EStG.

Fragen:

- Ist diese Lückenhaftigkeit mit dem Prinzip der Gleichmäßigkeit der Besteuerung vereinbar?
- Eine Fülle von Differenzierungen führt nach *Tipke / Lang* (2002), S. 260 zu sog. „Dummensteuern". Nennen Sie Beispiele für die Fülle der Differenzierungen im EStG.
- Verfolgen Sie den von *Tipke* geführten Musterprozess zur Besteuerung von Aktiengewinnen und -verlusten, Beitrittsaufforderung des BMF BStBl II 02, 296 und Vorlage an BVerfG BStBl II 03, 74.

3.3.1.3 Die Ermittlung der Ergebnisse aus den einkunftsrelevanten Tätigkeiten

3.3.1.3.1 Einkunftsermittlungsmethoden

Ordentliche Einkunftsermittlung

Der Betrag, der bei den einzelnen Tätigkeiten besteuert wird, ergibt sich nicht nach einer einheitlichen Berechnungsvorschrift. Auf der folgenden Seite sind die in Frage kommenden Ermittlungsarten zusammengestellt.

Fragen:

- Was versteht man unter Durchbrechung, was unter Umkehrung des Maßgeblichkeitsprinzips?
- Welche Regelungen in § 6 EStG werden durch das Maßgeblichkeitsprinzip außer Kraft gesetzt?

Literatur: *Rose* (2001), S. 51 – 59; *Wöhe* (1988), S. 139 – 158; *Tipke / Lang* (2002), S. 259 – 268.

Eine Gesamtübersicht über die Einkunftsermittlung vermittelt das Schaubild auf der folgernden Seite

Die dort vermerkten **Gewinnermittlungsmethoden** sind nach § 140 ff. AO den **Gewinn-Einkunftsarten** wie folgt zuzuordnen:

	§ 4 Abs. 3 EStG: Gewinnüberschussrechnung	**§ 4 Abs. 1 EStG: originäre Steuerbilanz**	**§ 5 EStG:**	**§ 13a EStG**
	Kein gewillkürtes Betriebsvermögen	Gewillkürtes Betriebsvermögen		
	Kein Maßgeblichkeitsprinzip		Maßgeblichkeitsprinzip	
Land- und Forstwirte	Freiwillig Betriebseinnahmen und -ausgaben aufzeichnend	Wenn eines der folgenden Merkmale erfüllt ist (§ 141 AO)[1]: U > 260.000 € FläWW > 20.500 € EaLuF > 25.000 € freiwillig buchführend		Sonst
Gewerbetreibende	Sonst		Bei handelsrechtlicher (abgeleiteter) Buchführungspflicht (§ 140 AO): Originäre Buchführungspflicht: U > 260.000 € EaGB > 25.000 € Freiwillig buchführend	
Selbständige	In der Regel	Freiwillig buchführend		

⇒ Die gefärbten Felder kommen nicht in Betracht.

[1] Jeweils eines der genannten Kriterien ist hinreichend:
U Umsatz nach § 141 Abs. 1 Satz 1 Nr. 1 AO
FläWW Flächen-Wirtschaftswert (§ 141 Abs. 1 Satz 1 Nr. 3 AO).

Ordentliche Einkunftsermittlung
Gewinnermittlung (Einkunftsarten 1 – 3)
Überschussermittlung (Einkunftsarten 4 – 7)
Betriebsvermögensvergleich
Durchschnittsatz-rechnung
Gewinnüberschussrechnung
Überschussrechnung
§ 4 Abs. 1 EStG
§ 5 Abs. 1 EStG
§ 13a EStG
§ 4 Abs. 3 EStG
§ 2 Abs. 2 Nr. 2 EStG
Gewinn lt. Steuerbilanz
Überschuss der Betriebseinnahmen über die Betriebsausgaben
Überschuss der Einnahmen über die Werbungskosten §§ 8 bis 9a EStG
grundsätzlich sind Substanzerfolge einzubeziehen
grundsätzlich ohne Substanzerfolge
Originäre Steuerbilanz
Grundsatz der Maßgeblichkeit der Handels-bilanz für die Steuerbilanz
Zufluss-Abfluss-Prinzip (§ 11 EStG)
Ausnahmen:
1. Bei abnutzbaren Anlagegütern nur zeitanteiliger Abzug: AfA, AfS
2. Bei nicht abnutzbaren Anlagegütern Abzug erst bei Veräußerung (daher Bestandsverzeichnis nötig)
3. Bei regelmäßiger Zahlung kurz vor oder nach dem Jahreswechsel (≤ 10 Tage) erfolgt Zuordnung zum Bezugsjahr
4. Keine Erfassung durchlaufender Posten (USt ist kein durchlaufender Posten!)
5. Keine Erfassung von Darlehenseinnahmen und -ausgaben, wohl aber von Zinszahlungen
Außerordentliche Einkunftsermittlung:
Schätzung unter Beachtung der jeweils zutreffenden ordentlichen Ermittlungsmethode (§ 162 AO)

Frage:
Hat es Bedeutung für die Entscheidung über die Gewinnermittlungsmethode, wenn ein Rechtsanwalt häufig Honorar-Vorauszahlungen entgegennimmt?

Schätzung (Außerordentliche Einkunftsermittlung)
Die Schätzung ist keine eigenständige Ermittlungsmethode. Bei ihr soll der mutmaßliche Gewinn (entsprechend der zuständigen Gewinnermittlungsmethode) festgestellt werden (bzw. der mutmaßliche Überschuss). Dies ist grundsätzlich der wahrscheinlichste Gewinn, aber bei groben Verstößen gegen Aufzeichnungspflichten ist lt. BFH die Besteuerung „nach dem für den Stpfl. ungünstigsten, aber noch möglichen Sachverhalt" vorzunehmen. Dennoch ist die Anwendung von Richtsätzen bei kleinen Unternehmungen nicht selten. Die Gewinnermittlungsrichtsätze sind im Buchhandel erhältlich. (Neueste Fassung [2000]: BStBl 2001 I, S. 310)

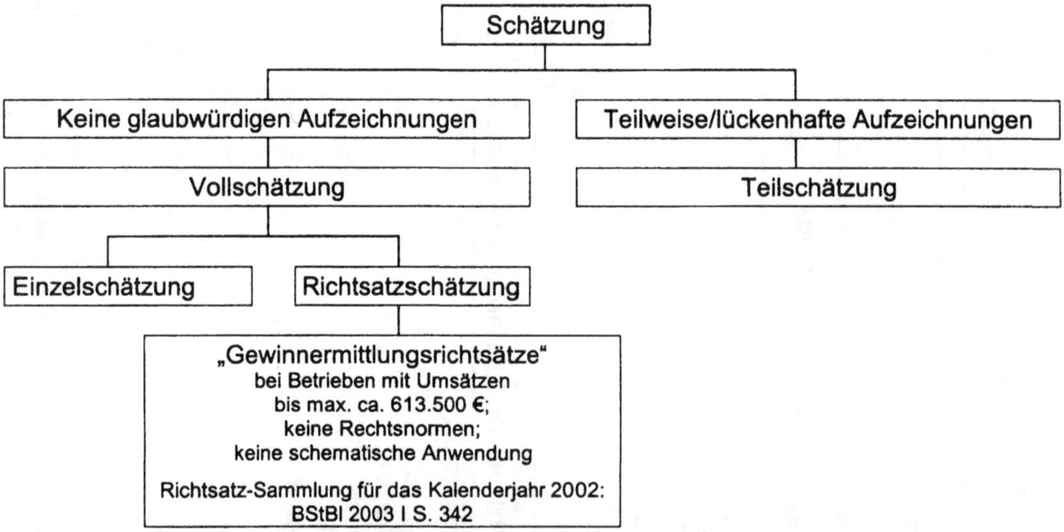

Fragen:
Bei einigen Steuerbegünstigungen (z. B. nach § 6b EStG) ist als eine der Voraussetzungen Gewinnermittlung nach einem Betriebsvermögensvergleich genannt (vgl. § 6b Abs. 4 Satz 1 Nr. 1 EStG). Welche Bedeutung hat es, wenn a) eine Vollschätzung, b) eine Teilschätzung vorgenommen werden muss?

Lösung zu Aufgabe Seite 105:

Abzugsfähige Vorsorgeaufwendungen	Min [(250;184)] =	184
	+ Min [(3.500 + (250 – 184)); Max [(3.068 – 0,16 * 25.000); 0]]=	0
	+ Min [Max [3.566 – 0; 0]; 1.334] =	1.334
	+ Min [Max [(3.566 – 1.334); 0] *0,5; 667] =	667
		2.185
Vorsorgepauschale § 10c EStG	Min (5.000; 3.068 – 4.000) ≥	0
	+ Min (5.000; 1.334) =	1.334
	+ Min (1.832; 667) =	667
	=	2.001

(2.185 werden als Vorsorgeaufwendungen berücksichtigt)

Lösung zu Aufgabe Seite 110:

	Fall a)	Fall b)	Fall c)
Jahres-Bruttolohn	10.393	19.483	20.788
Arbeitnehmer-Pauschbetrag	1.044	1.044	2.088
Sonderausgaben-Pauschbetrag	36	72	72
Vorsorgepauschale	2.078	3.896	4.157
zu versteuerndes Einkommen	7.235	14.471	14.471

3.3.1.3.2 Einkunftsmindernde Ausgaben

Bei der Einkunftsermittlung wird die positive Komponente (Betriebseinnahmen = Erträge bzw. Einnahmen) durch Betriebsausgaben bzw. durch Werbungskosten gemindert. Die begriffliche Zuordnung ist folgende:

Gewinneinkunftsarten:	Einkünfte = Betriebseinnahmen abzüglich Betriebsausgaben
Überschusseinkunftsarten:	Einkünfte = Einnahmen abzüglich Werbungskosten

Beim Betriebsvermögensvergleich gilt die Gewinndefinition des § 4 Abs. 1 EStG. Die folgende Gleichung verdeutlicht den Zusammenhang zwischen dieser Definition und der kaufmännischen Buchführung, da „Betriebsvermögen" mit „Eigenkapital" gleichgesetzt werden kann:

$$G_t = EK_t - EK_{t-1} + EN_t - EI_t = ER_t - AU_t$$

Allerdings sind zur Ermittlung der steuerpflichtigen Einkünfte (G_t^{stpfl}) die nichtabziehbaren Betriebsausgaben (NAA_t) zum Gewinn zu addieren und die steuerfreien Erträge (SFE_t) von ihm abzuziehen (mit $\Delta EK_t = EK_t - EK_{t-1}$), so dass letztlich die steuerpflichtigen Erträge (SPE_t) und die abziehbaren Aufwendungen (AAU_t) die steuerlich relevante Größe bilden:

$$G_t^{stpfl} = \Delta EK_t + EN_t - EI_t + NAA_t - SFE_t = ER_t - SFE_t - (AU_t - NAA_t) = SPE_t - AAU_t$$

Literatur: *Brönner / Bareis* (1991), S. 405 – 411.

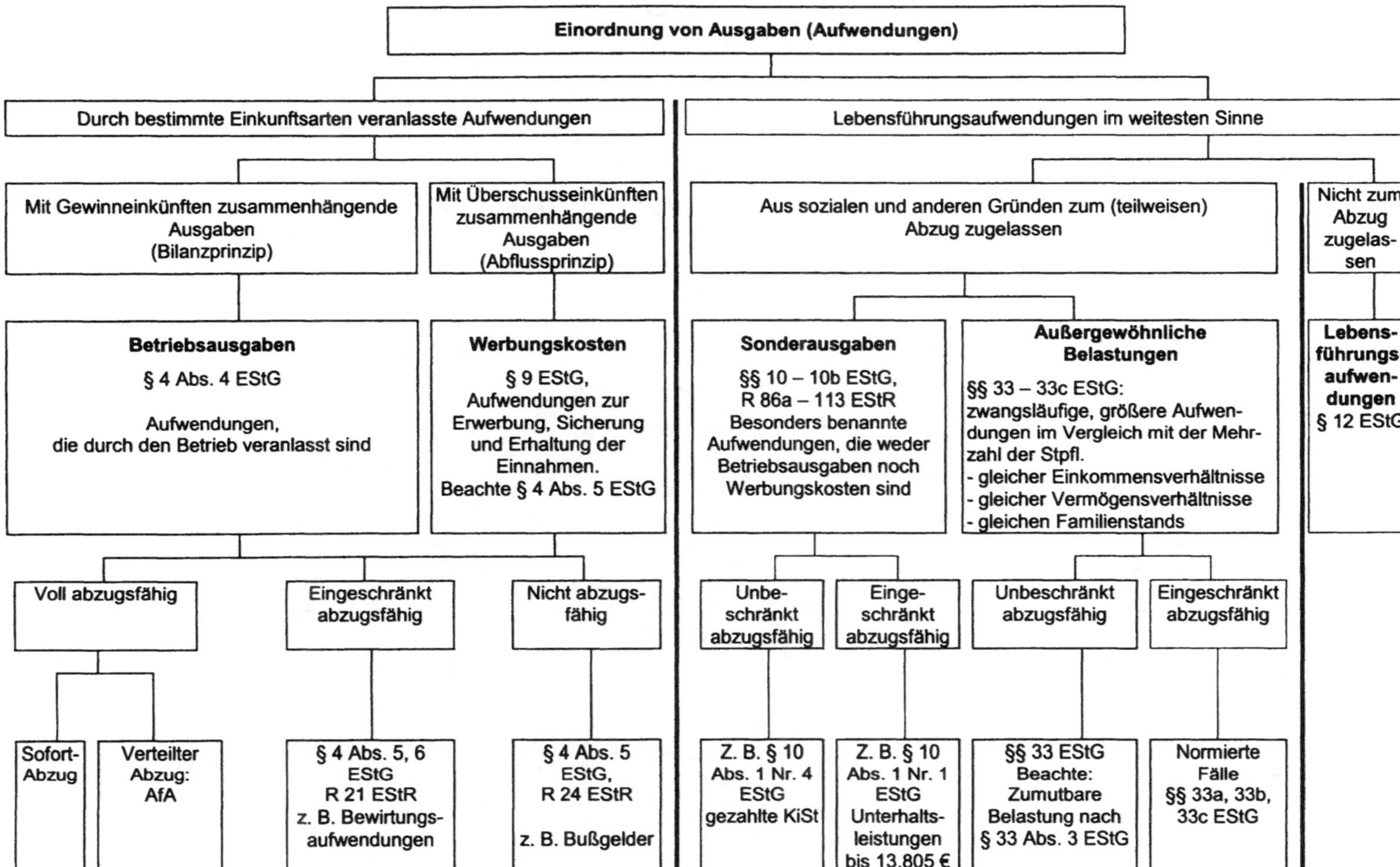
Einordnung von Ausgaben (Aufwendungen)
Durch bestimmte Einkunftsarten veranlasste Aufwendungen
Lebensführungsaufwendungen im weitesten Sinne
Mit Gewinneinkünften zusammenhängende Ausgaben (Bilanzprinzip)
Mit Überschusseinkünften zusammenhängende Ausgaben (Abflussprinzip)
Aus sozialen und anderen Gründen zum (teilweisen) Abzug zugelassen
Nicht zum Abzug zugelassen
Betriebsausgaben
§ 4 Abs. 4 EStG
Aufwendungen, die durch den Betrieb veranlasst sind
Werbungskosten
§ 9 EStG, Aufwendungen zur Erwerbung, Sicherung und Erhaltung der Einnahmen. Beachte § 4 Abs. 5 EStG
Sonderausgaben
§§ 10 – 10b EStG, R 86a – 113 EStR Besonders benannte Aufwendungen, die weder Betriebsausgaben noch Werbungskosten sind
Außergewöhnliche Belastungen
§§ 33 – 33c EStG: zwangsläufige, größere Aufwendungen im Vergleich mit der Mehrzahl der Stpfl.
- gleicher Einkommensverhältnisse
- gleicher Vermögensverhältnisse
- gleichen Familienstands
Lebensführungsaufwendungen
§ 12 EStG
Voll abzugsfähig
Eingeschränkt abzugsfähig
Nicht abzugsfähig
Unbeschränkt abzugsfähig
Eingeschränkt abzugsfähig
Unbeschränkt abzugsfähig
Eingeschränkt abzugsfähig
Sofort-Abzug
Verteilter Abzug: AfA
§ 4 Abs. 5, 6 EStG R 21 EStR z. B. Bewirtungsaufwendungen
§ 4 Abs. 5 EStG, R 24 EStR z. B. Bußgelder
Z. B. § 10 Abs. 1 Nr. 4 EStG gezahlte KiSt
Z. B. § 10 Abs. 1 Nr. 1 EStG Unterhaltsleistungen bis 13.805 €
§§ 33 EStG Beachte: Zumutbare Belastung nach § 33 Abs. 3 EStG
Normierte Fälle §§ 33a, 33b, 33c EStG

Betriebsausgaben

„Betriebsausgaben sind die Aufwendungen, die durch den Betrieb veranlasst sind." (§ 4 Abs. 4 EStG)

Wenn Betriebsausgaben vorliegen, bedeutet dies noch nicht zwangsläufig, dass diese abzugsfähig sind. Einzelne Punkte zur Abzugsfähigkeit sind in der folgenden Übersicht zusammengestellt, wobei Gewinnermittlung nach § 5 EStG zugrunde gelegt wird.

Fragen:

- Nicht enthalten ist ein weiterer Fall nichtabzugsfähiger Betriebsausgaben (entsprechend: Werbungskosten): Warum werden Aufwendungen nicht anerkannt, deren Empfänger nicht benannt wird (§ 160 AO)?
- Was sind vorbereitende bzw. nachträgliche Betriebsausgaben?
- Gehört zu den (abzugsfähigen) Betriebsausgaben:
  a) die Gewerbeertragsteuer,
  b) die Einkommensteuer, soweit sie der betrieblichen Betätigung zuzurechnen ist?
- Wenn ein Steuerpflichtiger Bestechungsgelder an den Leiter des städtischen Bauamts zahlt, kann dann das Finanzamt die Anerkennung des Betrages als Betriebsausgaben mit Hinweis auf die Gesetz- und Sittenwidrigkeit der Handlung ablehnen? (R 24 Abs. 6 EStR; § 40 AO)
- Wenn ein Unternehmer im Zusammenhang mit bestimmten Verhandlungen mit dem Oberbürgermeister dessen Partei eine Spende zukommen lässt, liegt dann
  a) eine Betriebsausgabe,
  b) eine abzugsfähige Betriebsausgabe vor? (§ 4 Abs. 6 EStG)
- Angenommen, eine OHG zahlt ein Lösegeld für eine aus der Chefetage verschleppte Person. Wird dann eine (abzugsfähige) Betriebsausgabe anerkannt, wenn es sich
  a) um einen der OHG-Gesellschafter,
  b) um einen leitenden Angestellten handelt?
  [Vgl. *Heinicke* (2003), § 4 Anm. 520, Stichwort „Lösegeld".]

Literatur: Vgl. auch R 18 – 24 EStR.

Abziehbarkeit von Betriebsausgaben (durch Betrieb veranlasste Aufwendungen)

Wenn ohne Bezug zu privater Lebensführung

- **Sofort**: § 4 Abs. 4 EStG alle Aufwendungen, sofern nicht an anderer Stelle zugeordnet
- **Grundsätzlich zeitanteilig**[2]: Abnutzbare Anlagegüter – AfA
- **Grundsätzlich erst mit Abgang**: Nicht abnutzbare Anlagegüter, Vorratsvermögen

Eingeschränkt abziehbar, bei Bezug zu privater Lebensführung (§ 4 Abs. 5 EStG)[1]

1. 80 % Bewirtungsaufwand für Nichtarbeitnehmer (amtlicher Vordruck; Nr. 2)
2. Verpflegungsaufwand in Höhe der Pauschalen (Nr. 5)
3. Fahrten zwischen Wohnung und Betrieb (Nr. 6 i. V. m. § 6 Abs. 1 Nr. 4 Satz 2 und 3 EStG)
4. Bei privat genutztem Firmenwagen wird Entnahme von 1 % des Listenpreises pro Monat fingiert, falls nicht die tatsächlichen Aufwendungen durch Fahrtenbuch nachgewiesen werden.
5. Doppelte Haushaltsführung (Nr. 6a; beachte jedoch zur verfassungswidrigen Befristung: BVerfG vom 4.12.2002, 2 BvR 400/98 und 2 BvR 1735/00; Pressemitteilung des BVerfG Nr. 30/2003 vom 7.4.2003)
6. Häusliches Arbeitszimmer (Nr. 6b)
7. Schuldzinsen § 4 Abs. 4a EStG

Nicht abziehbar (§ 4 Abs. 5 EStG)

1. Geschenke an Nicht-Arbeitnehmer, falls Freigrenze von 40 € pro Jahr und Person überschritten (Nr. 1)
2. Aufwendungen für auswärtige Gästehäuser, Jagd, Fischerei, Yachten usw. (Nr. 3, 4)
3. Andere Aufwendungen, die die private Lebensführung berühren; soweit unangemessen (Nr. 7)
4. Geldbußen, Ordnungs- und Verwarnungsgelder (Nr. 8)
5. Zinsen auf hinterzogene Steuern nach § 235 AO (Nr. 8a)
6. Vorteilszuwendungen im Zusammenhang mit Strafurteil (Nr. 10)

Bei Kapitalgesellschaften (KStG):

7. Nicht abziehbare Aufwendungen (§ 10 KStG)
   - Aufwendungen zur Satzungserfüllung
   - KSt, ErbSt, USt auf Umsätze, die Entnahmen oder vGA usw. sind (früher: Eigenverbrauch)
   - Geldstrafen
   - Hälfte der Vergütungen für Überwachungsorgane (Aufsichtsrat, Beirat u. ä.)

1 Z. T. gesonderte Aufzeichnung erforderlich, auch soweit nicht abziehbar (§ 4 Abs. 7 Satz 1 EStG).
2 Ggf auch Teilwertabschreibungen, erhöhte Absetzungen und Sonderabschreibungen möglich.

Werbungskosten

"Werbungskosten sind Aufwendungen zur Erwerbung, Sicherung und Erhaltung der Einnahmen." (§ 9 Abs. 1 Satz 1 EStG)

Auf der folgenden Seite sind die häufigsten Fälle von Werbungskosten bei EansA zusammengestellt.

Fragen:

- Stellen Sie einige Beispiele für Werbungskosten bei EaKV, EaVV und soE zusammen!
- Vergleichen Sie die Begriffsformulierungen für Betriebsausgaben und Werbungskosten. Hat der Unterschied kausal bzw. final (noch) Bedeutung?
- Ein Student, der bisher mit den Einkunftsarten nicht in Berührung gekommen ist, hat kurz vor Weihnachten Aufwendungen für Bewerbungen, die erst im nächsten Jahr zum Erfolg führen. Liegen Werbungskosten vor?
- Ein Arbeitnehmer zahlt Lohn zurück, den er im Vorjahr irrtümlich zu viel erhalten hatte. Liegen damit Werbungskosten vor? Kann es erheblich sein, ob negative Einnahmen oder Werbungskosten gegeben sind? (Hinweis: § 9a EStG)
- Sind die Kosten Ihres Studiums bzw. Studierens Fortbildungskosten? Klären Sie die Abgrenzung zwischen Ausbildungskosten (beschränkt abzugsfähige Sonderausgaben) und Fortbildungskosten! (R 34 LStR)
- Welches sind die Voraussetzungen für die Anerkennung einer doppelten Haushaltsführung? (Vgl. § 9 Abs. 1 Satz 3 Nr. 5 EStG sowie den in der Übersicht zitierten Beschluss des BVerfG).
- Ein Steuerpflichtiger hebt die letzten 1.000 € von seinem Sparbuch ab und nimmt einen Kredit über weitere 1.000 € auf. Für 1.000 € bucht er eine Reise in die Lüneburger Heide und für weitere 500 € erwirbt er eine Fachbibliothek, die als Arbeitsmittel anerkannt wird. Lassen sich Mittelbeschaffung und Mittelverwendung zuordnen? Wie wird der Steuerpflichtige, wie wird das FA argumentieren?
- Führt die Studienreise eines Studienrats für Geographie und Biologie nach Ostafrika zu Werbungskosten? [Vgl. zu diesem Thema eine Zusammenstellung bei *Drenseck* (2003b), § 19 EStG, Anm. 60, Stichwort „Studienreisen".]
- Ist es gerechtfertigt, Beiträge zu Gewerkschaften als Werbungskosten zu betrachten und Streikgelder nicht der Einkommensteuer zu unterwerfen? (Lesen Sie dazu BStBl II 1991 S. 337 im Vergleich mit der dort zitierten früheren Rechtsprechung!)

Literatur: *Tipke / Lang* (2002), S. 351 – 353.

Werbungskosten bei EansA (Beispiele)

- **Arbeitsmittel** – § 9 Abs. 1 Nr. 6 EStG, R 44 LStR
  - Werkzeuge, Berufskleidung, Fachbücher
- **Beiträge zu Berufsverbänden** – § 9 Abs. 1 Nr. 3 EStG, R 36 LStR
- **Verpflegungsmehraufwand** – § 4 Abs. 5 Nr. 5 EStG, R 39 LStR
  - Abwesenheit ab 24 Std.: 24 €, 14 – 24 Std.: 12 €, 8 – 14 Std.: 6 €
- **Doppelte Haushaltsführung** – § 9 Abs. 1 Nr. 5 EStG, R 43 LStR
  - Verpflegungsmehraufwand: Pauschal wie Reisekosten für jeden Kalendertag in den ersten 3 Monaten nach Aufnahme der Beschäftigung am neuen Beschäftigungsort
  - Unterkunft: Tatsächliche Aufwendungen, soweit nicht überhöht
  - Familienheimfahrten: Tatsächliche Aufwendungen 1 x wöchentlich (eigener PKW 0,40 €/Entf.-km)
  - Erste/letzte Fahrt: Tatsächliche Aufwendungen pauschal bei eigenem PKW: 0,20 €/Fahrt-km
- **Häusliches Arbeitszimmer** – BMF vom 16.6.1998 BStBl I S. 863, H 45 LStR
  - Berufliche Nutzung > 50 %: max. 1.250 €,
  - Tätigkeitsmittelpunkt: unbegrenzt
- **Umzugskosten** – R 41 LStR
- **Fortbildungskosten** – R 34 Abs. 2 und 3 LStR
  - Einschl. Fahrtkosten (uneingeschränkt)
- **Fahrten zwischen Wohnung und Arbeitsstätte** – § 9 Abs. 1 Nr. 4 EStG, R 42 LStR
  - Entfernungspauschale: bis 10 km: 0,36 €/km, ab 10 km: 0,40 €/km
  - entscheidend ist die kürzeste Straßenverbindung zwischen Wohnung und Arbeitsstätte
  - Maximaler WK-Abzug: 5.112 €
  - Bei Nutzung eines eigenen oder zur Nutzung überlassenen Kfz: kein Maximalbetrag.
- **Reisekosten** – R 37 LStR
  - Verpflegungsmehraufwand: Pauschal: 24 Std. 24 €, 14 – 24 Std. 12 €, 8 – 14 Std. 6 €
  - Unterkunft: Tatsächliche Aufwendungen, soweit nicht überhöht (ggf. 4,60 € für Frühstück) R 40 Abs. 1 LStR
  - Fahrtkosten: Tatsächliche Aufwendungen, bei eigenem PKW: pauschal 0,20 €/Fahrt-km
- **Schuldzinsen** – § 9 Abs. 1 Nr. 1 EStG
  - Beachte: Weder § 9 Abs. 1 Nr. 1 EStG noch die späteren Absätze enthalten einen Verweis auf die Neuregelung der Schuldzinsen im betrieblichen Bereich nach § 4 Abs. 4a EStG; diese gilt somit nicht für die Überschusseinkünfte.

Abgrenzung von den Lebensführungskosten

§ 12 Nr. 1 (insbesondere Satz 2) EStG

Die Abgrenzung zwischen Betriebsausgaben oder Werbungskosten einerseits und Lebensführungskosten andererseits ist oft problematisch.

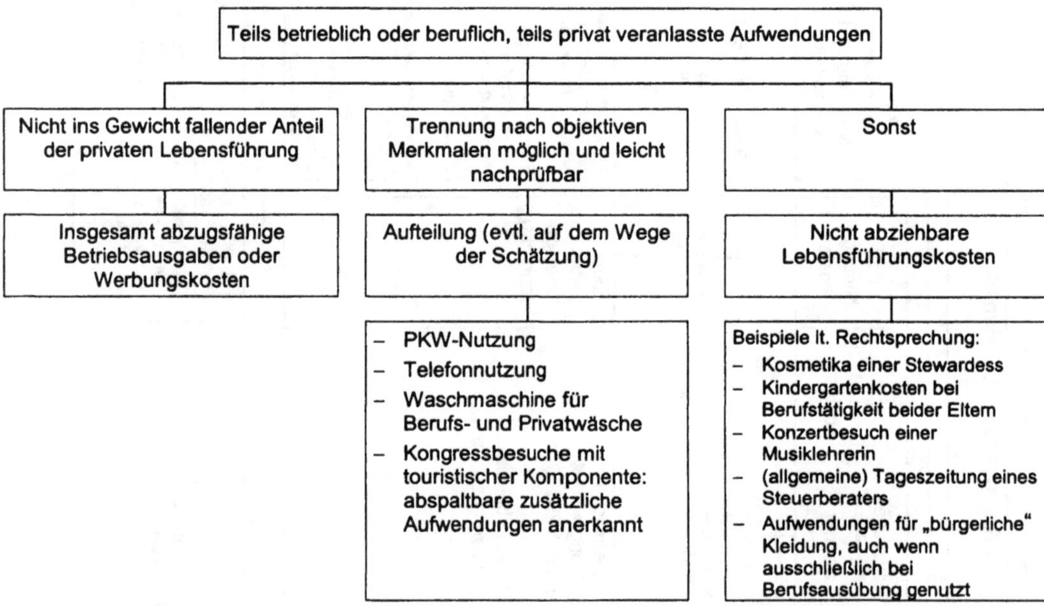

Literatur: *Rose* (2001), S. 62 – 64, *Drenseck* (2003a), S. 993 – 1009. Vgl. auch R 117 EStR.

Zum Problem der Zuordnung von Schuldzinsen („Mehrkontenmodell“) vgl. *Siegel* (1998), *Elser / Neininger* (1999) und (2000).

Bearbeitungshinweis:
Die neueste Rechtsprechung des BFH zur Abziehbarkeit von Berufsausbildungskosten (Grundsatzentscheidung des BFH vom 27.05.2003 VI R 33/01) könnte bisherige Grundsätze erheblich ändern. Siehe dazu *Theisen* (2003).

Fragen:

- Leuchtet Ihnen das zur Nichtabzugsfähigkeit genannte Beispiel mit der „bürgerlichen" Kleidung ein? (Welchen Sinn hat das Aufteilungsverbot des § 12 Nr. 1 Satz 2 EStG?)
- Hat der Trachtenanzug des Geschäftsführers eines Lokals im bayerischen Stil Aussichten, zu Werbungskosten zu führen? Könnte für diese Frage eine Rolle spielen, ob sich das Lokal in Oberammergau oder in Flensburg befindet?
- Zur Frage, ob die Aufwendungen für eine Aktentasche eines Betriebsprüfers, in der nicht nur Akten, sondern auch Butterbrote transportiert werden, Werbungskosten oder Kosten der privaten Lebensführung sind, vgl. FG Berlin, Urteil v. 2.6.1978, III/126/77, EFG 1979 S. 225.
- Halten Sie folgende Auslegung des § 12 EStG für zwingend: Geht einer beruflichen Fortbildungsveranstaltung ein Urlaubsaufenthalt an demselben Ort voran, so können die Kosten der Reise zum Veranstaltungsort und zurück einschließlich Reisenebenkosten wie die Kosten des Urlaubsaufenthalts nicht als Betriebsausgaben abgezogen werden (vgl. BFH-Urteil vom 23. April 1992 IV R 27/91, BStBl 1992 II S. 898).
- Der Bund der Steuerzahler hat für eine Schiffsreise geworben, auf welcher Fachvorträge zum Thema: „Was ist zu tun, wenn der Betriebsprüfer kommt" gehalten werden. Was wird der Betriebsprüfer zu den Ausgaben für diese Schiffsreise sagen?

Lösung zu Aufgabe Seite 126:

Die gesamte Einkommensteuer ist wie folgt zu berechnen:

Zu versteuerndes Einkommen	60.000	
Abzüglich der begünstigten Einkünfte	–35.000	
Verbleibendes zu versteuerndes Einkommen	25.000	
Darauf entfallender Steuerbetrag		**4.757**
Verbleibendes zu versteuerndes Einkommen	25.000	
zuzüglich 1/5 der begünstigten Einkünfte	7.000	
	32.000	
Darauf entfallender Steuerbetrag	7.113	
Abzüglich Steuerbetrag auf das verbleibende zu versteuernde Einkommen	4.757	
Unterschiedsbetrag	2.356	
Multipliziert mit Faktor 5	11.780	**11.780**
Einkommensteuer insgesamt		**16.537**

3.3.1.4 Verlustberücksichtigung

3.3.1.4.1 Übersicht

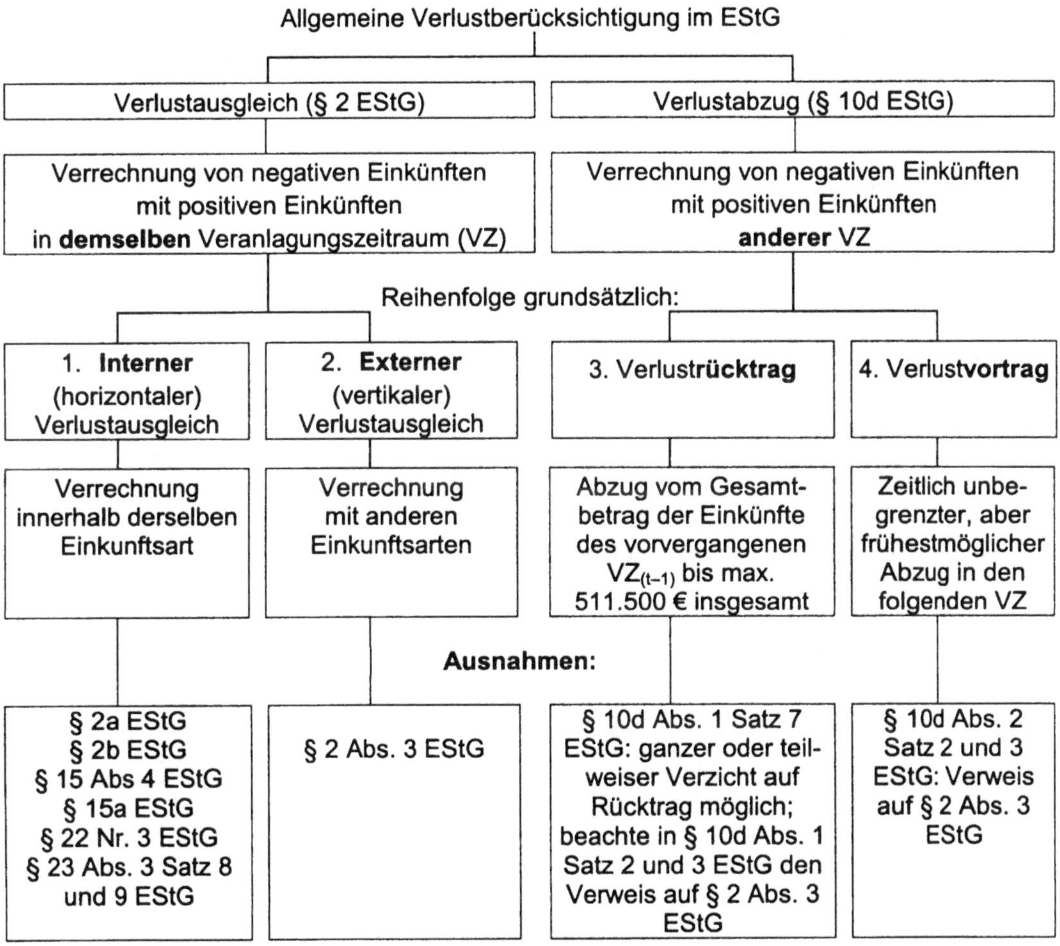

Fragen und Aufgaben:

- Welche Bedeutung hat das „frühestmöglich" bei der Charakterisierung des Verlustvortrags?
- Vergegenwärtigen Sie sich erneut die Schritte zur Ermittlung des zu versteuernden Einkommens auf S. 56 Zeile 8 ff.
- Ermitteln Sie das zu versteuernde Einkommen und den vortragsfähigen Verlust für die Jahre 2 und 3 in dem folgenden Beispiel. Berücksichtigen Sie Sonderausgaben von jährlich 4.000 € und den Haushaltsfreibetrag mit 2.340 €. Tragen Sie Beträge, die sich nicht auswirken, in Klammern ein. Lösung auf S. 102.
- Welche Gründe könnten Sie veranlassen, einen Verlustrücktrag zu begrenzen?

		Jahr 1	Jahr 2	Jahr 3	Jahr 4 vor VAB	Jahr 4 nach VAB
	EaGB	–20.000	–70.000	–20.000	+18.000	
	EaVV	+20.000	+20.000	+50.000	+17.000	
(5/8)	Gesamtbetrag der Einkünfte	0	–50.000	+30.000	+35.000	
(9)	./. Sonderausgaben					
(12)	./. Verlustabzug					
(14)	Einkommen					
(16)	./. Haushalts-Freibetrag					
(18)	zu versteuerndes Einkommen					
	vortragsfähiger Verlust					

Aufgaben:

- Ändern Sie das Beispiel und nehmen Sie an, im Jahre 1 liegen nur die positiven EaVV von 20.000 vor. Was werden Sie dann beantragen?
- Was ist bei progressiven Tarifen zu berücksichtigen?

Literatur: *Rose* (2001), S. 73 – 76. Vgl. auch R 115 EStR .

3.3.1.4.2 Mindestbesteuerung (§ 2 Abs. 3 EStG)

Der Sinn dieser Vorschriften ist mehr als fraglich. Schon die Vorgeschichte des § 2 Abs. 3 EStG verdeutlicht dies; danach sollte zwischen sog. „aktiven“ und sog. „passiven“ Einkunftsarten getrennt werden, um den Verlustausgleich und -abzug einzuschränken. Hier wurde noch rechtzeitig erkannt, dass dies alles keinen Sinn gemacht hätte. Die Gesetz gewordenen Regelungen sind jedoch nicht besser. Sie sind im Folgenden knapp skizziert. Es zeigt sich, dass die Formulierungen keineswegs präzise sind, so dass eine Fülle von Streitfällen programmiert ist. Die Ermittlungsschritte nach § 2 Abs. 3 EStG ergeben sich aus der nebenstehenden Übersicht. Sie können in ein Rechentableau aufgenommen werden, um die Ermittlung zu automatisieren.

Ermittlungsschritte für die Verlustberücksichtigung nach **§ 2 Abs. 3 EStG**							
	Einkunfts-arten	Einkünfte in €		Quoten der Einkünfte		Zuordnungen von EVA^{max} bzw. von VRT bzw. von VVT nach Quoten	
		Positiv	Negativ	Positiv	Neg.	Positiv	Negativ
	I	II	III	IV	V	VI	VII
1	EaLuF	P_1	N_1	P_1 / P	N_1 / N	$EVA^{max} \cdot P_1 / P$	$VRT \cdot N_1 / N$
2	EaGB	P_2	N_2	P_2 / P	N_2 / N	$EVA^{max} \cdot P_2 / P$	$VRT \cdot N_2 / N$
3	EasA	P_3	N_3	P_6 / P	N_3 / N	$EVA^{max} \cdot P_3 / P$	$VRT \cdot N_3 / N$
4	EansA	P_4	N_4	P_4 / P	N_4 / N	$EVA^{max} \cdot P_4 / P$	$VRT \cdot N_4 / N$
5	EaKV	P_5	N_5	P_5 / P	N_5 / N	$EVA^{max} \cdot P_5 / P$	$VRT \cdot N_5 / N$
6	EaVV	P_6	N_6	P_6 / P	N_6 / N	$EVA^{max} \cdot P_6 / P$	$VRT \cdot N_6 / N$
7	SoE	P_7	N_7	P_7 / P	N_7 / N	$EVA^{max} \cdot P_7 / P$	$VRT \cdot N_7 / N$
8	Summe	P	N	1	1	EVA^{max}	$VRT = -N - EVA^{max}$
9	EVA^{max} =	Externer Verlustausgleich in demselben VZ: für $P \leq 51.500$: Min (P; – N) für $P > 51.500$: Min {[51.500 + 0,5 · (P – 51.500)]; – N}					
10	VRT = Verbleibender Verlustrücktrag nach § 10d EStG aus dem laufenden VZ = $-N - EVA^{max}$; ob er berücksichtigungsfähig ist, hängt von den Daten des vorangegangenen VZ ab.						
11	VVT = Verbleibender Verlustvortrag = $-N - EVA^{max} - VRT$ = Restbetrag nach Verlustausgleich und Verlustrücktrag						
12	Der mögliche Verlustabzug (Verlustrücktrag oder -vortrag) ist die Differenz zwischen dem Absolutbetrag der Summe der negativen Einkünfte und dem maximalen Verlustausgleich; ob er geltend gemacht werden kann, hängt jeweils von den Verhältnissen im Vorjahr bzw. in den Folgejahren ab.						
13	Sofern ein nicht ausgleichsfähiger Verlustbetrag verbleibt, ist er quotal auf die negativen Einkünfte nach dem Verhältnis lt. Spalte V aufzuteilen und entsprechend zurück- oder vorzutragen.						

Die Schrittfolge ergibt sich anhand der Übersicht wie folgt:

1. Ermittle die einzelnen Einkunftsbeträge und deren Summe (Spalte I).
2. Sortiere die Einkünfte in die Spalten (II) bzw. (III), trenne also positive von negativen Einkünfte und bilde die jeweiligen Summen.
3. Errechne die prozentualen Anteile der einzelnen positiven Einkünfte am Gesamtbetrag der positiven Einkünfte (P_i/P lt. Spalte IV) und die Anteile der einzelnen negativen Einkünfte am Gesamtbetrag der negativen Einkünfte (N_i/N lt. Spalte V). Ermittle den Höchstbetrag des Verlustausgleichs.
4. Ermittle den Höchstbetrag des Verlustausgleichs nach Zeile 9.
5. Teile den Höchstbetrag des Verlustausgleichs auf die einzelnen positiven Einkünfte nach den Quoten entsprechend Spalte IV auf und ziehe die anteilig zugeordneten Verluste von den positiven Einkünften ab.
6. Bilde die Differenz zwischen dem Absolutbetrag der Summe der negativen Einkünfte und dem Höchstbetrag des Verlustausgleichs.
7. Teile diesen Betrag nach dem Verhältnis der jeweiligen negativen Einkünfte zum Gesamtbetrag der negativen Einkünfte (Spalte V) auf; die Ergebnisse sind nach den Regelungen des § 10d EStG weiter zu verarbeiten, es ist also der Verlustrücktrag bzw. der Verlustvortrag zu prüfen.

Aufgabe: Ein Alleinstehender hat in einem Jahr folgende Einkünfte (in T€). Ermitteln Sie die Beträge in den freien Feldern. Welches Ergebnis erhalten Sie, wenn der Steuerpflichtige alle seine wirtschaftlichen Aktivitäten in einem Gewerbebetrieb vereinigt (vgl. z. B. die Möglichkeiten, welche § 15 Abs. 3 Nr. 2 EStG bietet)?

1	2	3	4	Summe	Einkunftsarten
–54,5	–218,0	163,5	109,0	0,0	Einkünfte des Jahres t
					Höchstbetrag der Verlustberücksichtigung und Aufteilung
					„Mindestbesteuerung" in t
					verbleibende Verlustrück- bzw. -vorträge

Lösungshinweis:

Die „Mindestbesteuerung ermittelt sich für das laufende Jahr wie folgt:

1	2	3	4	Summe	Einkunftsarten
–54,5	–218	163,5	109,0	0,0	Einkünfte des Jahres t
+32,4	+129,6	–97,2	–64,8	0,0	Höchstbetrag[1] der Verlustberücksichtigung und Aufteilung
		66,3	44,2	(–)110,5	„Mindestbesteuerung" in t
–22,1	–88,4			–110,5	Verbleibende Verlustrück- bzw. -vorträge

Das Minuszeichen bei der Mindestbesteuerung in der Summenspalte verdeutlicht, dass diese zu einem zusätzlichen Verlustrück- bzw. -vortrag führen muss, da eine Besteuerung in t wegen der insgesamt nicht positiven Einkünfte gar nicht stattfinden dürfte.

Bei Vereinigung aller wirtschaftlicher Aktivitäten in einem Gewerbebetrieb (z. B. GmbH & Co. KG) kann faktisch ein vollständiger Verlustausgleich stattfinden. Schon allein deshalb ist die Regelung des § 2 Abs. 3 EStG inhaltlich nicht gerechtfertigt. Sie dient allein dem schnelleren Eingang der staatlichen Steuereinnahmen ohne Rücksicht auf die wirtschaftliche Situation des Steuerpflichtigen, verstößt deshalb u. E. auch eklatant gegen den Gleichheitssatz. Ökonomisch richtet sich die Begrenzung der Verlustberücksichtigung gegen risikoreiche Investitionen – eine wirtschaftspolitisch mehr als fragwürdige Maßnahme.

Der BFH hat die Verfassungsmäßigkeit der Regelung nicht bezweifelt (BFH vom 9.5.2001, XI B 151/00, BStBl 2001 II S. 552).

Literatur: H 3 und H 115 EStR mit umfangreichen Berechnungsbeispielen.

[1] Höchstbetrag = min{[51,5 + 0,5 · (272,5 – 51,5); 272,5} = min[51,5 + 110,5); 272,5] = 162. Damit verbleibt als Vortrag 272,5 – 162 = 110,5

3.3.1.4.3 „Modelle" (§ 2b EStG)

Ein Musterbeispiel verfehlter Gesetzgebung stellt § 2b EStG dar, selbst wenn von seinen schwammigen Formulierungen abgesehen wird. Es werden allein aus fiskalischen Gründen willkürliche Trennlinien gezogen, statt einheitlich das finanzielle Ergebnis zu besteuern, das ein Individuum erzielt hat. Die Gesetzesänderung ist ein Kurieren an Symptomen; häufig ist die Ursache für derartige „Modelle" die Lenkungsabsicht des Gesetzgebers selbst.

Ob und inwieweit diese Bestimmung mit den anderen Regeln über die Behandlung von Verlusten übereinstimmt und einwandfrei abgegrenzt werden kann, ist nicht abschließend geklärt. Die folgende Übersicht verdeutlicht die Zusammenhänge, ist aber sicherlich noch nicht das letzte Wort.

Völlig unklar bleibt, wie das mit einer hohen Verzinsung (Gewinnerwartung) immer verbundene höhere Verlustrisiko bei der Renditeberechnung zu berücksichtigen ist. Ist z. B. die Rendite einer Investition vor Steuern mit 3 % berechnet, besteht aber auch ein gleich wahrscheinliches Verlustrisiko von (–) 3 %, ist dann mit einer Rendite von 0 % zu rechnen und bedeutet eine Nach-Steuerrendite von 0,5 % dann eine Verdoppelung (weil 0,5/0 gegen unendlich strebt)? Auch bleibt völlig im Dunkeln, welcher Zusammenhang zwischen der Nachsteuerrendite und dem landesüblichen Zinsfuß besteht. So ist denkbar, dass eine „Verlustzuweisung" eingeschränkt wird, obwohl die Nachsteuerrendite dieses Objektes noch nicht einmal die Normalrendite anderweitiger Investitionen erreicht, da es nach der Gesetzesformulierung allein auf den internen Vergleich der Vor- und Nachsteuerrendite der jeweiligen sog. „Einkunftsquelle" ankommen soll.

Das BMF versucht, mit dem Anwendungsschreiben zu § 2b EStG vom 05.07.2000, BStBl I S. 1148, Auslegungsfragen zu klären. Seit Frühjahr 2003 wird im politischen Bereich über die Abschaffung dieser Bestimmung diskutiert.

§ 2b EStG	
Voraussetzungen	**Erläuterungen bzw. implizite „Präzisierungen“ und Probleme**
1. Negative Einkünfte	
2. Aus „Modellen“	Gesellschaften oder Gemeinschaften (also nicht als Einzelunternehmer?)
3. Bei Erwerb oder Begründung der Einkunftsquelle steht die „Erzielung eines steuerlichen Vorteils im Vordergrund“	Voraussetzung ist „insbesondere“ gegeben: 1. Tatbestandsbeschreibung • wenn nach dem Betriebskonzept die Rendite auf das einzusetzende Kapital nach Steuern mehr als das Doppelte dieser Rendite vor Steuern beträgt **und** • ihre Betriebsführung überwiegend auf diesem Umstand beruht; 2. Tatbestandsbeschreibung • wenn Kapitalanlegern Steuerminderungen durch Verlustzuweisungen in Aussicht gestellt werden. 3. Weitere Tatbestandsbeschreibungen bleiben offen.
Rechtsfolgen	
1. Kein Verlustausgleich mit anderen Einkünften	
2. Kein Abzug nach § 10d	
3. Ausschließlich Verrechnung mit positiven Einkünften aus „solchen Einkunftsquellen“	Problem: einheitliche (achte) Einkunftsart oder Bezug auf einzelnes „Modell“ erforderlich?
4. Verrechnung muss „nach Maßgabe des § 2 Abs. 3 EStG“ erfolgen	Das Gesetz kreiert faktisch eine achte Einkunftsart für die Anwendung des § 2 Abs. 3 EStG, d. h. auch hier gilt die Betragsbegrenzung von 51.500 € bzw. die Hälfte des 51.500 € übersteigenden Betrags (s. o.).

3.3.1.4.4 Zusammenstellung der Vorschriften über Verluste

Mit dem StEntlG 1999 ff. ist die – nicht eindeutig zu beantwortende – Frage der Rangfolge der über das ganze EStG verstreuten, unsystematischen Vorschriften für die Berücksichtigung von Verlusten verbunden. Es sind folgende – teilweise neue – Bestimmungen gegeneinander abzugrenzen:

	EStG §§	Kurzinhalt	Anmerkung
1	2 Abs. 1	Einkunftserzielungsabsicht i. S. v. Gewinn bzw. Überschuss; nicht ausdrücklich im Gesetz verankert	h. L. (früher: keine Liebhaberei)
2	2 Abs. 3	sog. Mindestbesteuerung	Nur fiskalisch erklärbar; Zweck: späte Verlustberücksichtigung
3	2a	Einschränkung der Berücksichtigung negativer ausländischer Einkünfte	Abs. 1: Einschränkung (Ausnahme vom Welteinkommensprinzip), Abs. 2: Ausnahme von der Ausnahme (Geltung des Welteinkommensprinzips)
4	2b	Einschränkung der Berücksichtigung von Verlusten aus „Modellen“	Versuch der Eindämmung vom Gesetzgeber selbst ursprünglich für wichtig gehaltener Lenkungsmaßnahme durch Kurieren am Symptom
5	10d	Intertemporale Verlustbehandlung: 1. Verlustrücktrag nur noch 511.500 €; 2. unbegrenzter Verlustvortrag	Jeweils unter Beachtung von § 2 Abs. 3 EStG (Mindestbesteuerung)
6	15 Abs. 2 Satz 2	Gewinnerzielungsabsicht und Definition des Gewinns als Betrag ohne Berücksichtigung von Einkommensteuern	Zusatzabgrenzung zur Liebhaberei bzw. Einkunftserzielungsabsicht zur Nichtbeachtung ständiger Verlustquellen
7	15 Abs. 4 Sätze 1, 2	Begrenzung der Verlustberücksichtigung bei gewerblicher Tierzucht und gewerblicher Tierhaltung; kein Verlustabzug	Beschränkung des Abzugs auf die Einkunftsquelle; Verlustrücktrag gestrichen durch StEntlG 1999
8	15 Abs. 4 Satz 3	Begrenzung wie vorstehend für Differenzgeschäfte nach § 764 BGB	Analoge Anwendung nach StEntlG 1999 Art. 1 Nr. 21
9	15 Abs. 4 Satz 5	Verluste aus der Veräußerung von Anteilen an Kapitalgesellschaften innerhalb der einjährigen Behaltefrist	
10	15a	Verluste bei beschränkter Haftung; sinngemäße Anwendung bei allen Einkunftsarten; Begrenzung auf Einkunftsquelle und auf Kapitalkonto	Vgl. § 15 Abs. 5; § 18 Abs. 4; § 20 Abs. 1 Nr. 4; § 21 Abs. 1 Satz 2;
11	17 Abs. 2 Satz 4	Einschränkung der Berücksichtigung von Veräußerungsverlusten bei Beteiligungen i. S. v. § 17 EStG ($q \geq 0{,}1$)	Fälle des unentgeltlichen Erwerbs bzw. bei entgeltlichem Erwerb keine Einhaltung der Behaltefrist von fünf Jahren
12	22 Nr. 3	Negative sonstige Einkünfte aus Leistungen: quellenbezogener Ausgleich mit Rück- und Vortrag	Gegenüber früherem Recht zusätzliche Rücktragsmöglichkeit
13	23 Abs. 3 Satz 8 und 9	Ausgleich von Spekulationsverlusten nur mit Spekulationsgewinnen in demselben VZ; ab 1999 auch Verlustabzug und Verrechnung mit Gewinnen aus dieser Quelle (§ 10d EStG)	

Prüfschema zur Verlustberücksichtigung

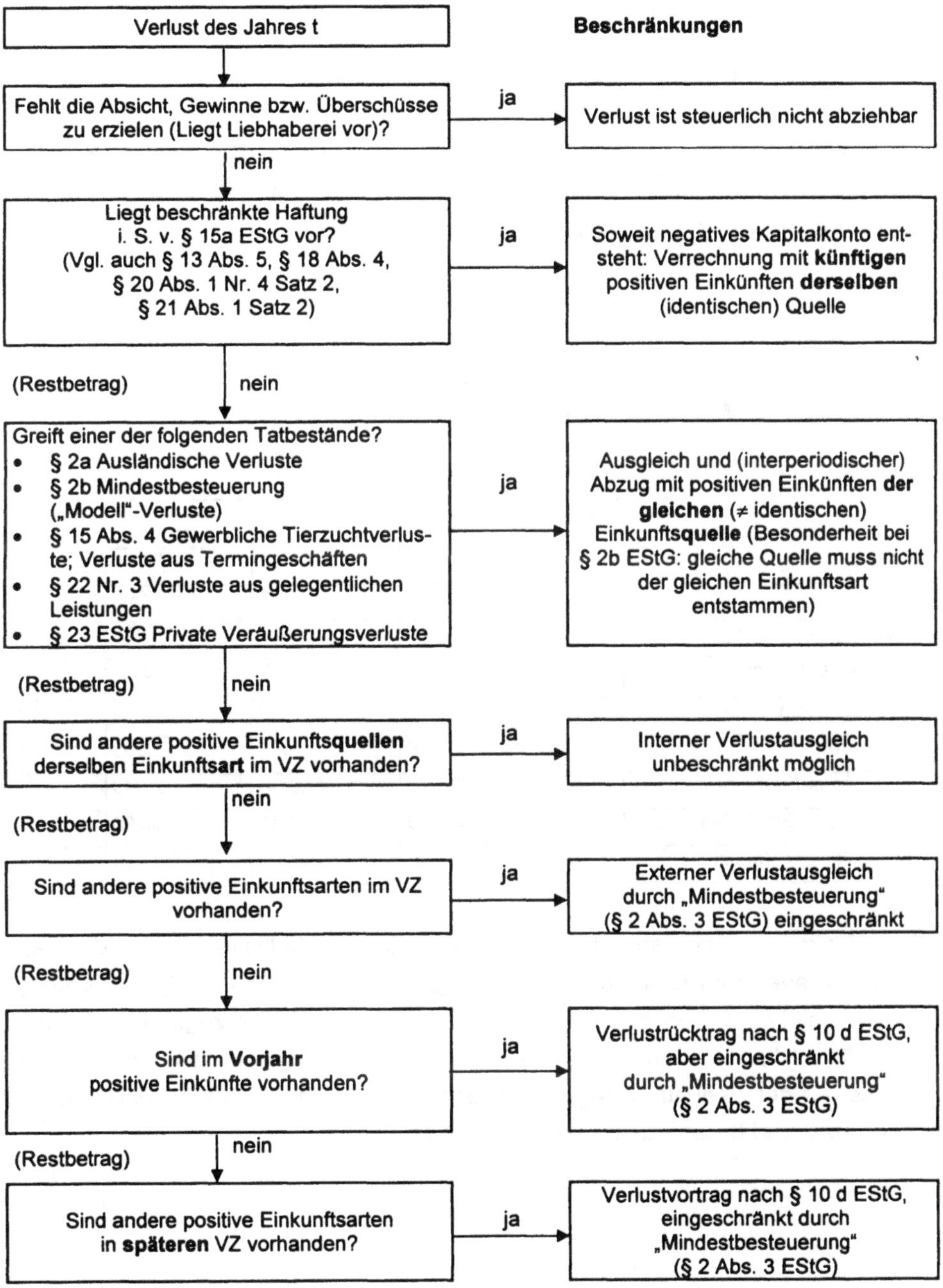

3.3.2 Abziehbare Privatausgaben

3.3.2.1 Sonderausgaben

§§ 10, 10b, 10c EStG; vgl. ferner § 10d EStG („wie Sonderausgaben")

Sonderausgaben sind bestimmte Lebensführungskosten, die vom Gesamtbetrag der Einkünfte abziehbar sind. Die einzelnen Fälle sind im Gesetz abschließend aufgezählt und werden in der Übersicht auf der folgenden Seite zusammengestellt.

Lösung zu Aufgabe Seite 93 (vgl. dazu R 115 Abs. 2 EStR):

		Jahr 1	Jahr 2	Jahr 3	Jahr 4 vor V.-Abzug	Jahr 4 nach V.-Abzug
	EaGB	–20.000	–70.000	–20.000	+18.000	+18.000
	EaVV	+20.000	+20.000	+50.000	+17.000	+17.000
(5/8)	Gesamtbetrag der Einkünfte	0	–50.000	+30.000	+35.000	+35.000
(9)	./. Sonderausgaben	(4.000)	(4.000)	(4.000)	(4.000)	(4.000)
(12)	./. Verlustabzug	0	0	30.000	0	20.000
(14)	Einkommen	–4.000	–54.000	–4.000	31.000	11.000
(16)	./. Haushalts-Freibetrag	(2.340)	(2.340)	(2.340)	2.340	2.340
(18)	zu versteuerndes Einkommen	–6.340	–56.340	–6.340	28.660	8.660
	vortragsfähiger Verlust	0	50.000	20.000	20.000	0

Bei positivem Einkommen im Jahre 1 könnte im Beispiel ein Verlustrücktrag in das Jahr 1 erfolgen. Er sollte aber zum Erhalt der Sonderausgaben (4), des Haushaltsfreibetrags (16) und des Existenzminimums beschränkt werden. Auch ist grundsätzlich zu prüfen, ob ein Vortrag trotz des Zinsverlustes wegen des Progressionseffektes vorteilhaft sein kann. Beachten Sie auch, dass nur der Verlustrücktrag gestaltbar ist; eine entsprechende Bestimmung wie § 10d Abs. 1 Satz 7 und 8 EStG gibt es für den Vortrag nicht.

	EStR	Beschränkung	Pauschalregelung (§ 10c EStG)
Unbeschränkt abziehbare Sonderausgaben			Sonderausgaben-Pauschbetrag **36 €**
1. Renten und dauernde Lasten (unter bestimmten Bedingungen)	R 87	Keine Abziehbarkeit, wenn Renten bzw. dauernde Lasten mit steuerbefreiten Einkünften in wirtschaftlichem Zusammenhang stehen oder diese freiwillig oder auf Grund einer freiwillig begründeten Rechtspflicht geleistet werden.	
2. Gezahlte Kirchensteuer	R 101		
3. Zinsen auf Steuerschulden			
4. Private Steuerberatungskosten	R 102		
Beschränkt abziehbare Sonderausgaben			
1. Unterhaltsleistungen an geschiedene(n) dauernd getrennt lebende(n) Ehegatten (bei dessen Zustimmung)	R 86b	je Empfänger: 13.805 €	
2. Berufsausbildungskosten[1]	R 103	920 € Bei Unterbringung außerhalb des Orts des Hausstands: 1.227 €	
3. Aufwendungen für eine Haushaltshilfe[2]			
4. Entgelt für den Besuch einer Ersatz- oder Ergänzungsschule durch ein Kind gem. § 31 EStG	R 104	0,3 · Entgelt	
5. Spenden (§ 10b EStG) Sp_1 = mildtätig, kirchlich religiös, wissenschaftlich, gemeinnützig Sp_2 = wissenschaftlich, mildtätig , kulturell Sp_3 = staatspolitisch[3]	R 111 – 113	Min [Sp_2; 0,05 · GBdE] + Min [Rest Sp_2 + Sp_1; 0,05 · GBdE; 0,002 · ULG] + Min [Rest Sp_3; **1.534 €**][4]	
6. Vorsorgeaufwendungen	R 88	Zur Berechnung der abzugsfähigen Vorsorgeaufwendungen: siehe Folgeseite	Zur Berechnung der Vorsorgepauschale: siehe Folgeseite

ULG = Summe des Umsatzes und der Löhne und Gehälter; GBdE = Gesamtbetrag der Einkünfte
Rest ⇒ soweit Vorsorgeaufwendungen bzw. 0,2 ·A bzw. Spenden nicht in der/den Vorstufe(n) berücksichtigt wurden
Min-Beträge ⇒ stets nicht-negativ

Die fett gedruckten Beträge sind bei Zusammenveranlagung zu verdoppeln.
1 Z. B. Fachbücher, Fahrten zwischen Wohnung und Ausbildungsstätte (bei eigenem PKW wahlweise Entfernungspauschale).
2 Abschaffung ab 2002.
3 Soweit nicht nach § 34g EStG Steuerabzugsbetrag = Min [0,5 · Sp_3; 767 €*] gewählt wird.
4 Spenden von mindestens 25.565 €, welche die Höchstsätze überschreiten, können ein Jahr zurück- bzw. fünf Jahre vorgetragen werden.

1. Es sind folgende Beträge zu unterscheiden:
   V_1 (§ 10 Abs. 1 Nr. 2 Buchst. a und b EStG) sind die Beiträge zur Kranken-, Pflege-, Unfall-, Haftpflicht-, gesetzlichen Rentenversicherung, an die Bundesanstalt für Arbeit, zu bestimmten Lebensversicherungen.
   V_2 sind die Beiträge zur freiwilligen Pflegeversicherung bei Steuerpflichtigen, die nach dem 31.12.1957 geboren sind.
   A ist der Arbeitslohn i. S. v. § 10 Abs. 3 Satz 2 EStG.
   A_{VP} ist der Arbeitslohn i. S. v. § 10c Abs. 2 Satz 4 EStG.
2. Die Hilfsgrößen $x_{1...}$sind Zwischenergebnisse innerhalb der Klammern und dienen der leichteren Berechnung
3. Die fett gedruckten Beträge sind bei ZV zu verdoppeln.
4. Ermittle die Hilfsgrößen a_1, a_2 und a_3 und addiere sie zum Gesamtbetrag der abziehbaren Aufwendungen.

Zur Berechnung der abzugsfähigen Vorsorgeaufwendungen:

Min $[V_2; 184] = a_1$

+ Min $[(V_1 + (V_2 - a_1)); \text{Max } [(\mathbf{3.068} - 0{,}16 \cdot A);0]] = \text{Min } [x_1; x_2] = a_2$

+ Min $[\text{Max } [(x_1 - x_2); 0]; \mathbf{1.334}] = \text{Min } [x_4; \mathbf{1.334}] = a_3$

+ Min $[\text{Max } [(x_4 - \mathbf{1.334}); 0] \cdot \frac{1}{2}; \mathbf{667}] = a_4$

abzugsfähige Vorsorgeaufwendungen = $a_1 + a_2 + a_3 + a_4$

Beispiel:

Der Arbeitslohn eines unverheirateten Steuerpflichtigen, der am 23.12.1960 geboren ist, beträgt 40.000 €, sein Arbeitsnehmeranteil zur Sozialversicherung 8.000 € und seine Beiträge zur freiwilligen Pflegeversicherung 400 €.

Min [400; 184] = 184

+ Min [(8.000 + (400 – 184)); Max [(3.068 – 0,16 · 40.000); 0]] = Min [8.316; 0] = 0

+ Min [Max [(8.316 – 0); 0]; 1.334] = Min [8.316;1.334] = 1.334

+ Min [Max [(8.316 – 1.334); 0] $\cdot \frac{1}{2}$; 667] = Min [3.491; 667] = 667

Seine abzugsfähigen Vorsorgeaufwendungen betragen somit:

184 € + 0 € + 1.334 € + 667 € = 2.185 €

Zur Berechnung der Vorsorgepauschale:

Bei nicht pflichtversicherten Arbeitnehmern beachte § 10c Abs. 3 EStG. Vorsorgepauschale ist auf 36-€ Vielfaches abzurunden.

Min $[0{,}2 \cdot A; \text{Max } [(\mathbf{3.068} - 0{,}16 \cdot A_{VP});0]] = \text{Min } [x_1; x_2] = a_1$

+ Min $[\text{Max } [(x_1 - x_2); 0]; \mathbf{1.334}] = \text{Min } [x_4; \mathbf{1.334}] = a_2$

+ Min $[\text{Max } [(x_4 - \mathbf{1.334}); 0] \cdot \frac{1}{2}; \mathbf{667}] = a_3$

Vorsorgepauschale = $a_1 + a_2 + a_3$

Fragen und Aufgaben:

- Handelt es sich bei den Sonderausgaben um systemimmanente Abzugsbeträge (stellen die Sonderausgaben eine Minderung der Leistungsfähigkeit dar?) oder bedeutet ihre Berücksichtigung eine Subventionierung? (Es kommt auf den Standpunkt an!)
- Warum spricht man in Bezug auf die Sonderausgaben nach § 10 Abs. 1 Nr. 1 EStG von (begrenztem) Realsplitting?
- Welche Konsequenz hat der Abzug dieser Sonderausgaben für den Empfänger?
- Klären Sie im Gesetz, was unter „Beamter" etc. zu verstehen ist!
- Muss ein Student befürchten, dass das Finanzamt seine geltend gemachten Ausbildungskosten ggf. um einen BAFöG-Zuschuss kürzt? (Vgl. R 103 EStR)
- Ermitteln Sie
  a) die abziehbaren Vorsorgeaufwendungen,
  b) die Vorsorgepauschale
  für folgendes Beispiel:

Ein verheirateter, alleinverdienender Arbeitnehmer, der am 20.07.1965 geboren ist, bezieht Arbeitslohn mit A = 25.000 €. Der Arbeitnehmeranteil der getätigten Vorsorgeaufwendungen beträgt 3.500 €. Seine Beiträge zu einer zusätzlichen freiwilligen Pflegeversicherung betragen 250 €.

Vgl. mit Lösung auf S. 83.

Literatur: *Schneeloch* (2003), S. 93 – 98; *Rose* (2001), S. 68 – 71; *Tipke / Lang* (2002), S. 416 – 418.

3.3.2.2 Außergewöhnliche Belastungen

§§ 33, 33a, 33b, 33c EStG

Außergewöhnliche Belastungen sind weitere Abzugspositionen aus dem Kreis der Lebensführungskosten. Hier liegt keine Einzelaufzählung wie bei den Sonderausgaben vor, vielmehr werden außergewöhnliche Belastungen in § 33 Abs. 1 und 2 EStG folgendermaßen charakterisiert:

Kriterien außergewöhnlicher Belastung	
Zwangsläufigkeit	Außergewöhnliche Höhe
Der Steuerpflichtige kann sich dem Aufwand • aus rechtlichen oder • tatsächlichen oder • sittlichen Gründen nicht entziehen.	Maßstab: • überwiegende Zahl der Steuerpflichtigen • gleiche Einkommens- und • Vermögens- und • Familienverhältnisse

Literatur: *Tipke / Lang* (2002), S. 418 – 425. Vgl. R 186 – 195 EStR.

Außergewöhnliche Belastungen

Normierte Fälle (§§ 33a, 33b, 33c EStG):
Kriterien der vorhergehenden Seite sind nicht zu prüfen

Abzugshöhe gesetzlich begrenzt oder pauschaliert; Ansatz ggf. jahresanteilig

§ 33a Abs. 1	§ 33a Abs. 2	§ 33a Abs. 3 Satz 1	§ 33a Abs. 3 Satz 2	§ 33b Abs. 1 – 3	§ 33b Abs. 4	§ 33c
Unterhalt und ggf. Berufsausbildung von gesetzlich unterhaltsberechtigten Personen, für die kein Anspruch auf Kinderfreibetrag oder Kindergeld besteht	**Berufsausbildung von Kindern**, für die der Stpfl. einen Kinderfreibetrag oder Kindergeld erhält: Ausbildungsfreibeträge	**Haushaltshilfe**	**Heimunterbringung**	**Körperbehinderte**	**Hinterbliebene von Kriegs- und Unfallopfern**	**Kinderbetreuungskosten** bei Erwerbstätigkeit oder Krankheit oder Behinderung des Steuerpflichtigen
7.188 € (2004: 7.428 €, 2005: 7.680 €)	≥ 18 J. und auswärtige Unterbringung: 924 €	Stpfl. ≥ 60 J. oder Krankheit: 624 € bzw. 924 € bei Hilflosigkeit oder Behinderung	624 € bzw. 924 €	Pauschbetrag richtet sich nach dem dauernden Grad der Behinderung	370 €	Für Kinder unter 14 Jahren je Elternteil: Abzugsfähig sind die Kosten, die 774 Euro übersteigen; max. abzugsfähig : 750 Euro

Minderung aufgrund von Einkünften der empfangenden Person (§ 33a Abs. 1, § 33a Abs. 2, § 33a Abs. 3 Satz 1)

Sonstige Fälle (§ 33 EStG):
Kriterien sind zu prüfen

Abzugshöhe nicht begrenzt; aber abziehbar ist nur der Betrag, der die zumutbare Belastung übersteigt.

Die Minderung ist abhängig von:
- Gesamtbetrag der Einkünfte
- Familienstand
- Kinderzahl

Beispiele:
- Krankheits- und Kurkosten (nicht: Diät)
- Prozesskosten, insbesondere bei Scheidung
- Beerdigungskosten (soweit nicht aus dem Nachlass zu decken)
- Wiederbeschaffung von Hausrat nach Katastrophe

3.3.2.3 Weitere Entlastungs- und Freibeträge

Lesen Sie zur Neuregelung der Familienförderung den Beschluss des BVerfG vom 10.11.1998 – 2 BvR 1057/91, 1226/91, 980/91 (Der Betrieb 1999, S. 180). Das BVerfG hat verlangt, dass der Gesetzgeber im „Kinderexistenzminimum" folgenden „Bedarf" berücksichtigt:

1. existentieller Sachbedarf,
2. erwerbsbedingter Betreuungsbedarf,
3. genereller Betreuungsbedarf,
4. Erziehungsbedarf (unabhängig vom Familienstand).

Der Betreuungsbedarf müsse als „notwendiger Bestandteil des familiären Existenzminimums" einkommensteuerlich unbelastet bleiben, ohne dass danach unterschieden werden dürfte, in welcher Weise dieser Bedarf gedeckt wird. Soweit das Familienexistenzminimum sich nach personenbezogenen Daten richte, müsse dieser Tatbestand so gefasst werden, dass die bloße Angabe der Daten – Familienstand, Anzahl der Kinder, Alter – eine Gesetzesanwendung ermögliche.

Mit dem Beschluss 2 BvL 42/93 vom selben Tag (Der Betrieb 1999, S. 186) wird noch präzisiert, dass die Existenzminima unabhängig vom individuellen Grenzsteuersatz „in voller Höhe" von der Einkommensteuer freizustellen sei. Der Wohnbedarf sei nach der sog. „Pro-Kopf-Methode" zu ermitteln. Vgl. im Übrigen auch die Beschlüsse 2 BvR 1220/93, 1852/97 und 1853/97 (Der Betrieb 1999, S. 190 bzw. 191) mit Vorgaben für den BFH für die Entscheidungen über vergangene Veranlagungszeiträume (seit 1985).

Der oben zuerst genannte Beschluss verpflichtete den Gesetzgeber indirekt, bis zum 1.1.2000 eine Neuregelung vorzusehen. Dies ist durch das Gesetz zur Familienförderung vom 21.12.1999 und durch das Zweite Gesetz zur Familienförderung vom 16. August 2001 geschehen. Hierin ist festgelegt:

- Erhöhung des Kinderfreibetrages zur Abdeckung des so genannten „sächlichen Existenzminimums" auf jährlich 3.648 € ab 2002;
- Der Ausbildungsbedarf wird in einen einheitlichen Freibetrag für „Betreuung und Erziehung oder Ausbildung" i. H. v. 2.160 € einbezogen.

§ 32 EStG

Beachten Sie das „duale" System des Familienlastenausgleichs in Bezug auf den Kindesunterhalt (§ 31 EStG).

Familienförderung ab 2003

Abzugsmöglichkeiten für Kinder nach § 32 Abs. 1 EStG	
	Rechtslage ab 2003 in €
Kinderfreibetrag bei ZV (§ 32 Abs. 6), sonst Hälfte	3.648
Freibetrag für Betreuung, Erziehung, Ausbildung bei ZV, sonst Hälfte	2.160
Haushaltsfreibetrag (§ 32 Abs. 7 EStG) bei Einzelveranlagung	1.188
Kindergeld für 1., 2. und 3. Kind	je 154
4. Kind und weitere	je 179
Ausbildungsfreibetrag (§ 33a Abs. 2 EStG): ab 18 J. und auswärts untergebracht	924
Kinderbetreuungskosten (§ 33c EStG) für beide Elternteile insgesamt, sonst Hälfte	Max [Min[(Kosten – 1.548; 1.500); 0]; oder Min[(Kosten – 1.548; 1.500) ≥ 0

Der Haushaltsfreibetrag wird bei Einzelveranlagung nur noch 2003 gewährt.

Beispiel für die Indifferenz zwischen Kinderfreibetrag und Kindergeld:

$T(Y) - T(Y - KFB) = 12 \cdot KiG = 1.848$

Bearbeitungshinweis:
Prüfen Sie, ob die von *Bareis* (1995), S. 39, vorgeschlagene Regelung, die Existenzminima mit dem Eingangssteuersatz zu multiplizieren und diesen Betrag als Abzug von der Steuerschuld vorzusehen, mit den obigen Beschlüssen des BVerfG vereinbar ist. Lassen sich die Aussagen des BVerfG zum Abzug von der Bemessungsgrundlage ökonomisch rechtfertigen? Lesen Sie dazu *Siegel / Seel / Bareis* (2000).

Fragen:
- Wovon hängt die Wirkung im Falle des Kinderfreibetrages ab? Wie wird dies begründet?
- Welchen Sinn hat der Haushaltsfreibetrag?
- Ermitteln Sie, ab welcher Grenze in den verschiedenen Fällen der KFB günstiger ist als das KiG.

Vgl. R 176 – 182 EStR.

3.3.3 Zu versteuerndes Einkommen und kritische Werte

Zur Abrundung von Kapitel 3.3 sollen „kritische Werte" für Bezüge ermittelt werden, bei denen gerade noch keine ESt (bzw. LSt) anfällt. Dabei kann an konkreten Beispielen die Bestimmung des zu versteuernden Einkommens gezeigt werden.
Ein Student möchte wissen, bis zu welchem Jahres-Bruttolohn JBL_0 er (u. U. erst auf dem Wege der ESt-Erklärung) einkommensteuer- bzw. lohnsteuerfrei bleibt. Die Berechnung bezieht sich auf einen ledigen, kinderlosen Arbeitnehmer z. B. in einem Angestelltenverhältnis. [Fall a)] Vgl. mit Lösung auf S. 83.

(Aufgrund der Rundungsvorschriften ergeben sich geringfügige Differenzen; von ihnen ist abzusehen.)

		Fall a)	Fall b)	Fall c)
Jahres-Bruttolohn	JBL	10.393		
Arbeitnehmer-Pauschbetrag	ANPB	1.044		
Sonderausgaben-Pauschbetrag	SAPB	36		
Vorsorgepauschale		2.078		
zu versteuerndes Einkommen	zvE	7.235		

Aufgabe:

- Ergänzen Sie die Ermittlung für ein kinderloses Studentenehepaar:
  Fall b): wenn nur einer von beiden arbeitet,
  Fall c): wenn beide Arbeitnehmer im Angestelltenverhältnis sind und gleich viel verdienen.
- Berechnen Sie die neuen kritischen Jahresbruttolöhne für 2003 (und ggf. 2005). Die verallgemeinerte Gleichung (mit v als Prozentsatz für die Vorsorgepauschale, ggf. weiter zu verallgemeinern, GFB als Grundfreibetrag) lautet:
  $(1 - v) \cdot JBL - ANPB - SAPB = GFB \quad \rightarrow \quad JBL = (GFB + ANPB + SAPB) / (1 - v)$

Weiterer Entlastungsbetrag

Altersentlastungsbetrag
§ 24a EStG

≥ 65 Jahre
am Ende des Veranlagungszeitraums

AEB = Min [0,4 · A*; 1.908]

*A = Arbeitslohn + positive Summe der Einkünfte, die nicht EansA sind

Bei Zusammenveranlagung
je Person einzeln

Hinweis:
Vergleichen Sie diesen „Entlastungsbetrag" mit den für Beamte (Pensionäre) geltenden Regelungen.

Im folgenden Beispiel wird ein Vergleich zwischen einer Rente z. B. aus der gesetzlichen Rentenversicherung und einer Beamtenpension angestellt. Auch hier wird angenommen, dass keine weiteren steuerpflichtigen Einnahmen vorliegen, andererseits auch Werbungskosten und Sonderausgaben nicht die Pauschbeträge übersteigen. Die Einzelperson bzw. beide Ehegatten seien mindestens 65 Jahre alt, steuerlich können Kinder nicht (mehr) berücksichtigt werden. Die Rente beginnt mit 65 Jahren. Vergleichen Sie diese Berechnungen mit denen des BVerfG in seinem Urteil vom 06.03.2002 – 2 BvL 17/99 (www.bundesverfassungsgericht.de/cgi-bin/link.pl?entscheidungen). Die vom BVerfG verlangte Neuordnung ist durch die „Sachverständigenkommission zur Neuordnung der steuerrechtlichen Behandlung von Altersvorsorgeaufwendungen und Altersbezügen" vorbereitet worden. Deren Abschlussbericht vom 11.03.2003 ist unter www.bundesregierung.de/Themen-A-Z/Steuern-und-Finanzen-,470.472649/Sachverstaendigenkommission-zu.htm als pdf-Datei erhältlich.

	Einzelperson		Ehe bei einem Renten- bzw. Pensionsbezieher	
	Rente	Pension	Rente	Pension
monatliche Rente bzw. Pension	3.250,8	1.043,4	5.532,4	1.743,9
Jahres- Rente bzw. Pension	39.010	12.521	66.389	20.927
Ertragsanteil (§ 22 Nr. 1 S. 3 EStG)	10.532	–	17.925	–
Versorgungs-Freibetrag (§ 19 Abs. 2 EStG)	–	3.072	–	3.072
Arbeitnehmer-Pauschbetrag	–	1.044	–	1.044
Vorsorgepauschale § 10c Abs. 3 EStG		1.134		2.268
Gesetzliche Beiträge zur Krankenversicherung (7,25 v. H. der Jahresbruttorente, höchstens von 40.500 € = Beitragsbemessungsgrenze)	2.828		2.936	
Pflegeversicherung (0,85 v. H. der Jahresbruttorente, höchstens von 40.500 € = Beitragsbemessungsgrenze)	331		344	
Sonderausgaben-Pauschbetrag	36	36	72	72
Werbungskostenpauschbetrag	102	–	102	–
Altersentlastungsbetrag	–	–	–	–
zu versteuerndes Einkommen	7.235	7.235	14.471	14.471

Das Beispiel unterstellt die volle Abzugsfähigkeit der Rentenversicherungsbeiträge des Rentenempfängers in der Erwerbszeit.

3.4 Steuertarif

§ 32a Abs. 1 EStG i. V. m. § 52 Abs. 41 EStG

3.4.1 Analysebegriffe

Steuerbetragsfunktion:

Steuerschuld (abhängige Variable) als Funktion (Abbildung) ihrer Bemessungsgrundlage (unabhängige Variable), allgemein:

$T = T(Y)$ u. d. N. $T \geq 0$

Durchschnittsteuerfunktion:

Steuerschuld dividiert durch die Bemessungsgrundlage allgemein:

$$t = \frac{T}{Y} = \frac{T(Y)}{Y}$$

Differenzsteuerfunktion:

Zusätzliche Steuerschuld bei Veränderung der Bemessungsgrundlage um einen bestimmten Betrag, dividiert durch die zusätzliche Bemessungsgrundlage (Differenzenquotient):

$$d = \frac{\Delta T}{\Delta Y} = \frac{T(Y_1) - T(Y_0)}{Y_1 - Y_0}$$

Grenzsteuerfunktion:

Marginale Änderung der Steuerschuld bei marginaler Veränderung der Bemessungsgrundlage (Differentialquotient; zur besseren Unterscheidung mit T' symbolisiert):

$$T' = \frac{\delta T}{\delta Y}$$

Elastizitätsfunktion:

Prozentuale Veränderung der Steuerschuld dividiert durch prozentuale Veränderung der Bemessungsgrundlage (Grenz-, geteilt durch Durchschnittsteuerfunktion):

$$\varepsilon = \frac{\dfrac{T(Y_1) - T(Y_0)}{T(Y_0)}}{\dfrac{Y_1 - Y_0}{Y_0}} = \frac{T(Y_1) - T(Y_0)}{Y_1 - Y_0} \cdot \frac{Y_0}{T(Y_0)} \Rightarrow \frac{\delta T}{\delta Y} \cdot \frac{Y}{T(Y)} = \frac{T'}{t}$$

Proportionalität:

Konstante Durchschnittsteuerfunktion: Das Verhältnis von Steuerschuld zur Bemessungsgrundlage ist konstant.

$$t = \frac{T}{Y} = \text{konstant}$$

Progression:

Der Durchschnittsteuersatz nimmt mit wachsender Bemessungsgrundlage zu:

$$Y_1 > Y_0 \rightarrow \frac{T(Y_1)}{Y_1} > \frac{T(Y_0)}{Y_0}$$

Indirekte Progression:

Wachsende Durchschnittsteuerfunktion bei konstanter Grenzsteuerfunktion:

$$Y_1 > Y_0 \rightarrow \frac{T(Y_1)}{Y_1} > \frac{T(Y_0)}{Y_0} \quad \text{und } T' = \text{konstant}$$

Direkte Progression:

Wachsende Durchschnittsteuerfunktion bei wachsender Grenzsteuerfunktion:

$$Y_1 > Y_0 \rightarrow \frac{T(Y_1)}{Y_1} > \frac{T(Y_0)}{Y_0} \quad \text{und} \quad \frac{\delta T_1}{\delta Y_1} > \frac{\delta T_0}{\delta Y_0}$$

Lineare Progression:

Wachsende Durchschnittsteuerfunktion bei linear wachsender Grenzsteuerfunktion:

$$T'' = \text{konstant}$$

Degression:

Der Durchschnittsteuersatz nimmt mit wachsender Bemessungsgrundlage ab, die Steuerbetragsfunktion fällt nicht.

$$Y_1 > Y_0 \rightarrow \frac{T(Y_1)}{Y_1} < \frac{T(Y_0)}{Y_0} \quad \text{und } T(Y_1) \geq T(Y_0)$$

Regression:

Steuerbetrag sinkt mit wachsender Bemessungsgrundlage absolut.

$$Y_1 > Y_0 \rightarrow \frac{T(Y_1)}{Y_1} < \frac{T(Y_0)}{Y_0} \quad \text{und } T(Y_1) < T(Y_0)$$

3.4.2 Präzisierung der Strukturanforderungen

	Strukturforderungen	Präzisierung
	Übermaßverbot	
1	Existenzminimum „EX" steuerfrei	$Y \leq EX \rightarrow T(Y) = 0$ und $Y > EX \rightarrow Y - T(Y) > EX$
2	Keine Enteignung	$T(Y) < Y$ und $T'(Y) < 1$
3	Maximal hälftige Teilung zwischen Bürger und Staat: „Halbteilungsgrundsatz"	$T'(Y) \leq 0{,}5$ und/oder $t(Y) \leq 0{,}5$ bzw. $T(Y) \leq Y / 2$; anders gewendet: $T'_{max} = 0{,}5$ bzw. $t_{max} = 0{,}5$
4	Inflationsbereinigung: keine kalte Progression (Preissteigerungsfaktor „k")	$Y_{t+1} = k_{t+1} \cdot Y_t \rightarrow t(Y_{t+1}) = t(Y_t)$
	Folgerichtigkeit des Steuerverlaufs	
5	Nicht-sinkende Grenzsteuer	$T'(Y_1) \geq T'(Y_0)$
6	Progression: steigende Durchschnittsteuer	$t_1 > t_0$
7	keine Progressionssprünge	$t(Y)$ intervallbezogen als stetige Funktion bzw. $T'(Y)$ ab $Y > EX$ ohne Sprungstellen; evtl. $t'(Y)$ im Gesamtbereich stetig; evtl. $T'(Y)$ stetig
8	Keine Zerlegung (Spaltung) der Tariffunktionen	Einheitliche Tariffunktion für das gesamte Einkommen ohne Differenzierung
	Verständlichkeit des Tarifs	
9	Überschaubarkeit der Grenzsteuer nur durch Stufentarif	T' = intervallfix; maximal drei Grenzsteuersätze
	Ergiebigkeit der Steuer	
10	Ergiebigkeit → Fixierung des „notwendigen" Haushaltsbedarfs	$\sum_{j=1}^{n} T(Y_j) = H$ = konstant (fixiert)

Quelle: *Bareis* (1997), S. 9.

3.4.3 Umformung des gesetzlichen Tarifs in Polynomschreibweise

Die „gesetzliche" Formulierung des direkten Progressionsbereichs (§ 32a Abs. 1 Satz 2 Nr. 2 und 3 EStG) lautet verallgemeinert:

$$ESt = \left\{ a \cdot \frac{Y-b}{c} + d \right\} \cdot \frac{Y-b}{c} + e$$

Die kleinen Buchstaben sind die Rechenparameter zur einfacheren allgemeinen Bestimmung. Die ausmultiplizierte Form als Polynom zweiten Grades lautet dementsprechend:

$$ESt = a_2 \cdot Y^2 + a_1 \cdot Y + a_0$$

Die Umrechnung kann allgemein formuliert werden, um die Rechenarbeit zu erleichtern; es gilt:

allgemein	**für die erste Stufe des Tarifs 2003 (in Euro)**
$a_2 = \frac{a}{c^2}$	$a_2 = \frac{768{,}85}{10.000^2}$
$a_1 = \frac{d}{c} - \frac{2 \cdot a \cdot b}{c^2}$	$a_1 = \frac{1.990}{10.000} - \frac{2 \cdot 768{,}85 \cdot 7.200}{10.000^2}$
$a_0 = \frac{a \cdot b^2}{c^2} - \frac{d \cdot b}{c} + e$	$a_0 = \frac{768{,}85 \cdot 17.200^2}{10.000^2} - \frac{1.990 \cdot 7.200}{10.000} + 0$

3.4.4 Tarif-Umrechnung von DM in Euro und umgekehrt

Sei „f" (1,95583) der Faktor, mit dem 1 Euro zu multiplizieren ist, um den zugehörigen DM-Betrag zu erhalten: YDM = YEuro · f. Die notwendige Umrechnung sei am Beispiel **der Umrechnung der Steuerfunktion in DM zur Steuerfunktion in Euro** gezeigt. Die Parameter gelten voraussetzungsgemäß für die Steuerfunktion in DM:

$T\ (Y_{DM}) = a_2^{DM}\ Y_{DM}^2 + a_1^{DM}\ Y_{DM} + a_0^{DM}$

Die Steuer in Euro ermittelt sich, indem der Steuerbetrag in DM durch f geteilt wird:

$T\ (Y_{Euro})\ = (a_2^{DM}\ Y_{DM}^2 + a_1^{DM}\ Y_{DM} + a_0^{DM})\ /\ f$

Das Einkommen in DM entspricht dem mit f multiplizierten Einkommen in Euro:

$T\ (Y_{Euro})\ = [a_2^{DM}\ (f\ Y_{Euro})^2 + a_1^{DM}\ (f\ Y_{Euro}) + a_0^{DM}]\ /\ f \rightarrow$

$T\ (Y_{Euro})\ = f\ a_2^{DM}\ Y_{Euro}^{\ 2} + a_1^{DM}\ Y_{Euro} + a_0^{DM}\ /\ f$

Hieraus kann allgemein der **Zusammenhang zwischen den Parametern** abgeleitet werden:

$a_2^{Euro}\ /\ f = a_2^{DM}$
$a_1^{Euro}\ \ = a_1^{DM}$
$a_0^{Euro}\ f\ = a_0^{DM}$

Die früheren Tarifstufen sind entfallen. § 52 Abs. 42 EStG sieht letztmalig für das Jahr 2002 Stufen von 36 € vor, dann ist – nach dessen Abs. 43 – auch letztmalig das Horner-Schema anzuwenden.

Parameter der Steuerfunktionen 2003 – 2005 in Polynomschreibweise in Euro			
Gültigkeits-bereich in €	$a_2^€ \cdot [Y^2]$	$a_1^€ \cdot [Y]$	$a_0^€$
2003 nach § 52 Abs. 41 Nr. 1 EStG			
7.236	0	0	0
9.252	7,6885E-06	8,82856E-02	–1.034
55.008	2,7865E-06	1,7863923E-01	–1.451
darüber	0	0,485	–9.872
2004 nach § 52 Abs. 41 Nr. 2 EStG			
7.427	0	0	0
12.756	7,478E-06	5,893674E-02	–850
52.293	2,7859E-06	1,7863169E-01	–1.614
darüber	0	47,0E-02	–9.232
ab 2005 nach § 52 Abs. 41 Nr. 3 EStG			
7.665	0	0	0
12.740	8,8374E-06	1,45403328E-02	–631
52.152	2,2874E-06	1,814216228E-01	–1.693
darüber	0	42,0E-02	–7.914

Die Steuerfunktion für das Jahr 2003 entspricht entgegen dem ursprünglichen Gesetzeswortlaut derjenigen für das Jahr 2002. Durch das Gesetz zur Änderung steuerrechtlicher Vorschriften und zur Errichtung eines Fonds „Aufbauhilfe" (Flutopfersolidaritätsgesetz) vom 19. September 2002 ist die für das Jahr 2003 vorgesehene Tarifsenkung auf 2004 verschoben worden. Inzwischen wird über ein Vorziehen des Tarifs 2005 auf das Jahr 2004 und darüber diskutiert, wie dies aus Sicht des Staates „finanziert" werden kann: durch Schuldaufnahme, Subventionskürzung oder bzw. und Privatisierung.

3.4.5 Darstellung der Tarifverläufe 2003 – 2005

§ 32a Abs. 1 Satz 2 EStG und § 52 Abs. 41 EStG

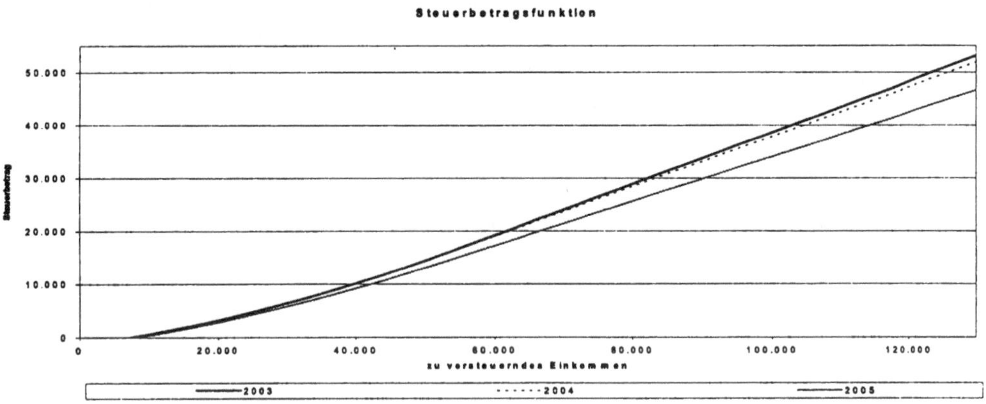

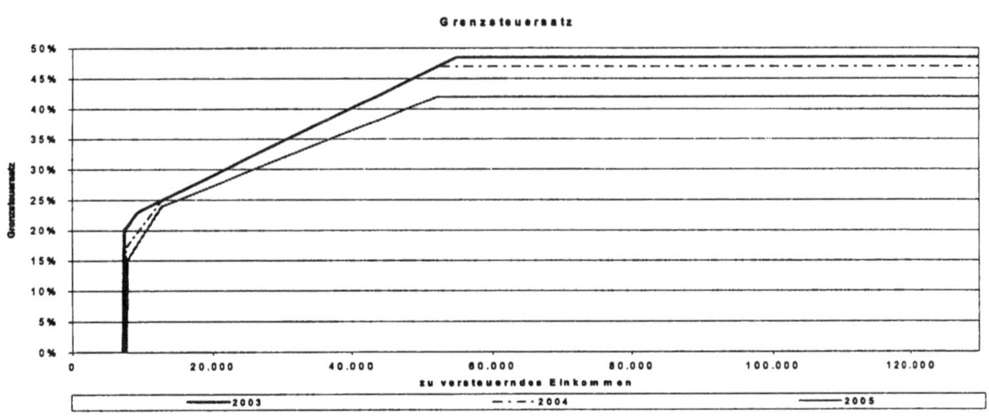

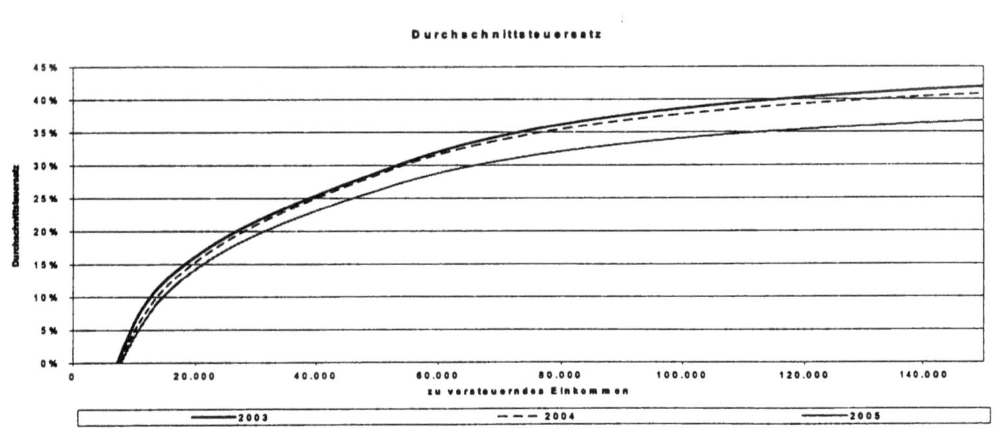

Fragen:

- Die übliche Definition der Progression lautet: „steigender Durchschnittsteuersatz". Welchen Verlauf zeigt diese Funktion?
- In der politischen Diskussion befand sich ein so genannter „Stufentarif". Was ist damit gemeint? [Vgl. dazu *Bareis* (1996b), S. 1466.]
- Sind Aussagen aufgrund des Durchschnittsteuersatzes oder aufgrund des Grenzsteuersatzes für wirtschaftliche Entscheidungen i. d. R. relevanter?
- Vergleichen Sie die sich ergebenden Steueränderungen bei Erhöhung bzw. Verringerung des zu versteuernden Einkommens um E, wenn die in Betracht kommenden Grenz- bzw. Differenzsteuersätze zugrunde gelegt werden. [Zum Differenzsteuersatz: *Siegel* (1982), S. 62 – 63.]

3.4.6 Abzug von der Bemessungsgrundlage versus Abzug von der Steuerschuld

Die untere Darstellung skizziert die einkommensabhängige unterschiedliche Auswirkung von Abzügen wie z. B. Sonderausgaben. Dieser Effekt wird insbesondere von der juristischen Lehre für zutreffend gehalten („Reflextheorie").

Lesen Sie zum Beispiel *Tipke / Lang* (2002), S. 218 – 219, 223 – 224, 230 – 234.

Bestimmte einkommensmindernde Beträge
z. B. Sonderausgaben, Kinderfreibeträge

Subjektive Leistungsfähigkeit
(subjektives Nettoprinzip)

Basisgedanke:

Die betreffenden Ausgaben sind zwangsläufig; daher stehe nur das Nettoeinkommen (= Markteinkommen ./. zwangsläufige Ausgaben) als besteuerbares Einkommen zur Verfügung.

Konsequenz:
Bezieher höherer Markteinkommen erhalten eine höhere Entlastung als Niedrigverdienende.

Argumentation:
Dies sei lediglich der „Reflex" der Tatsache, dass höhere Einkommen bei progressivem Tarif mit einem höheren Steuersatz belastet werden.

Objektive Leistungsfähigkeit
(objektives Nettoprinzip)

Basisgedanke:

Leistungsfähigkeit wird durch das Markteinkommen repräsentiert; hieraus sind auch die zwangsläufigen Ausgaben zu bestreiten. Wenn der Staat letztere entlasten will, handelt es sich um eine Subventionierung über einen Lastenausgleich (Umverteilung).

Konsequenz:
Die Entlastung ist für alle betreffenden Bürger gleich hoch oder sollte mit steigendem Markteinkommen sinken.

U. E. vermag das subjektive Nettoprinzip nicht zu überzeugen. Zur Veranschaulichung der Begründung seien die zwangsläufigen Ausgaben in zwei verschiedenen Fällen betrachtet:
In Fall a) übernimmt der Staat zwangsläufige Ausgaben im Betrage A_0 (so dass diese für den Einzelnen nicht mehr als seine zwangsläufigen Ausgaben sichtbar sind); z. B. Kosten der Schulbildung. In Fall b) werden zwangsläufige Ausgaben im Betrage A_T vom Staat nur teilweise übernommen (d. h. subventioniert), z. B. Vorsorgeaufwendungen.
Zu a): In diesem Fall wird man kaum bezweifeln, dass als Maßstab für einen Lastenausgleich (eine Umverteilung) nur das Markteinkommen E und nicht die Differenz E – A_0 in Betracht kommt.
Zu b): Auch in diesem Fall kann der Maßstab eines Lastenausgleichs (einer Umverteilung) nur das Markteinkommen E sein, eben weil es hier inhaltlich gleichermaßen um einen Las-

tenausgleich geht: Würde stattdessen auf der Basis E – A_T umverteilt, so erhielten die betreffenden Personen eine Begünstigung zuviel, nämlich nicht nur die Subvention für ihren Betrag A_T, sondern außerdem noch eine Minderung der Bemessungsgrundlage für die Finanzierung ihres Lastenausgleichs. (Daran ändert sich nichts, wenn das Besteuerungssystem beide Begünstigungen integriert, denn Subventionierung bzw. Lastenausgleich einerseits und dessen Finanzierung andererseits müssen zumindest gedanklich voneinander getrennt werden.)

Auswirkung ΔESt einer Einkommensänderung oder eines Abzugsbetrages ΔE bei einem progressiven Tarif:

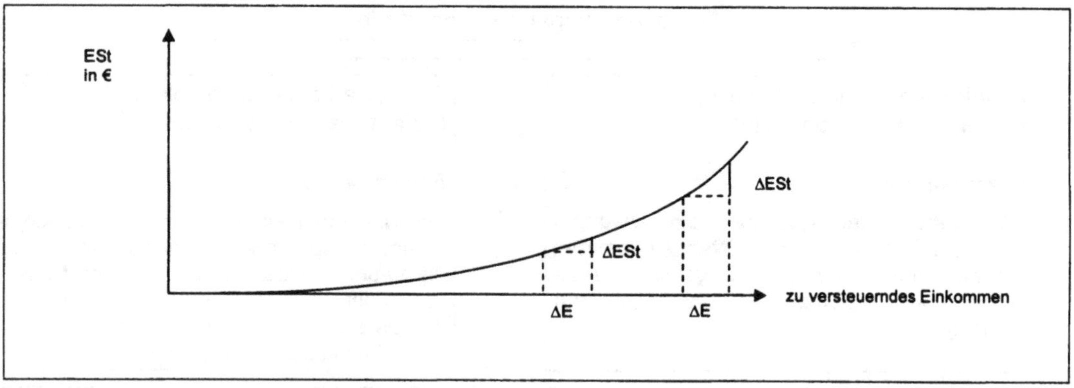

Bedenken Sie auch, dass die individuell höhere Entlastung nach dem subjektiven Nettoprinzip zu entsprechenden Minderungen des Staatshaushalts führt. Bei „gegebenem" (fixiertem) Budget können daher beim objektiven Nettoprinzip alternativ die Steuersätze für alle gesenkt oder für die unteren Einkommensbezieher relativ höhere Subventionen gewährt werden.

Empfehlung zur Vertiefung: *Siegel / Schneider* (1994)!

3.4.7 Ehegattenbesteuerung

§§ 26, 26a, 26b, 26c EStG, § 32a Abs. 5 und 6 EStG

Im Regelfall erfolgt die Ehegattenbesteuerung nach der Zusammenveranlagung. Im Ausnahmefall kann die getrennte Veranlagung bzw. die besondere Veranlagung günstiger sein.

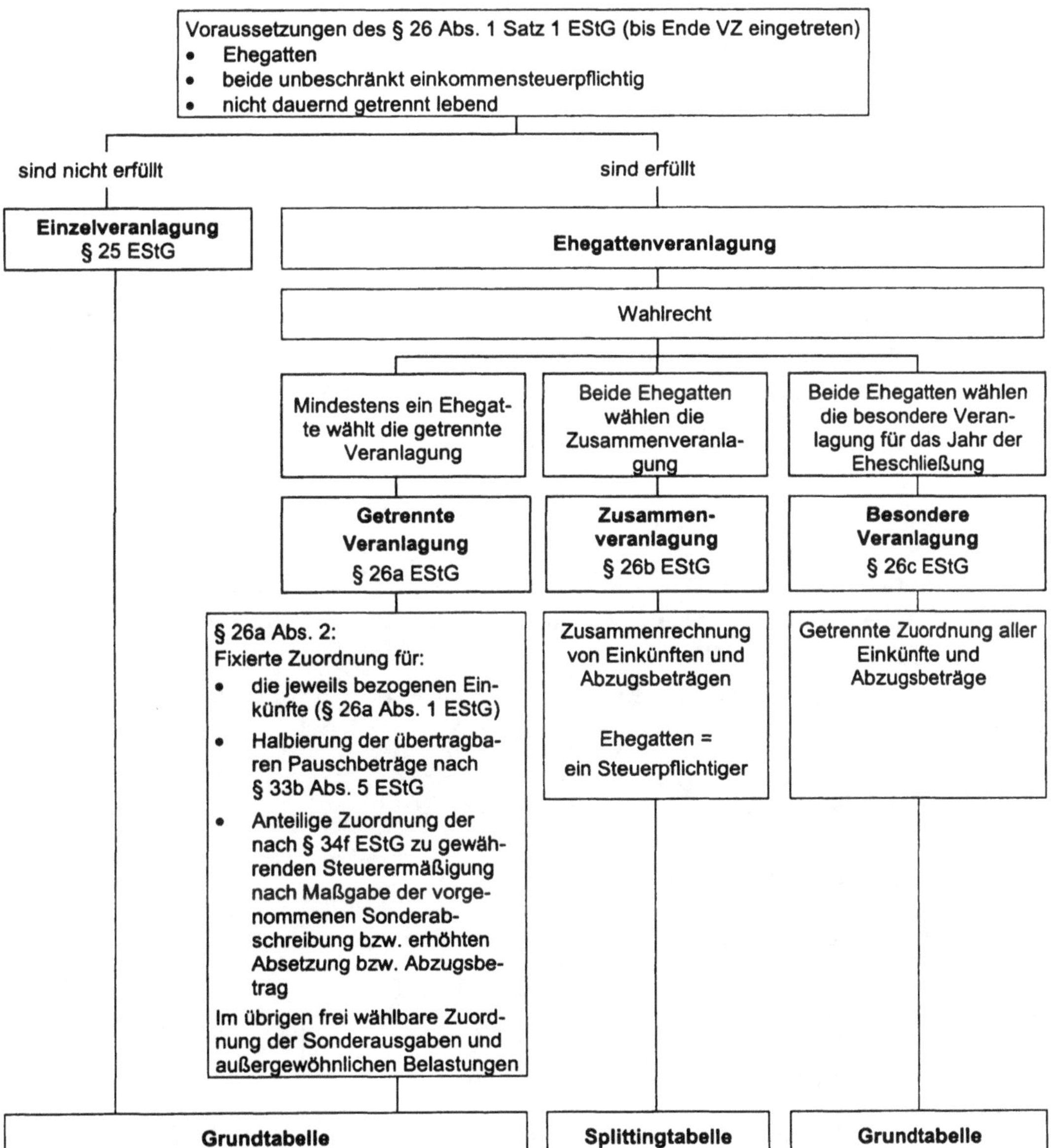

Sonderfälle nach § 26 Abs. 1 Satz 2 bzw. 3 EStG:

(a) VZ der Eheauflösung und Wiederverheiratung

(b) VZ nach Tod des anderen Ehegatten

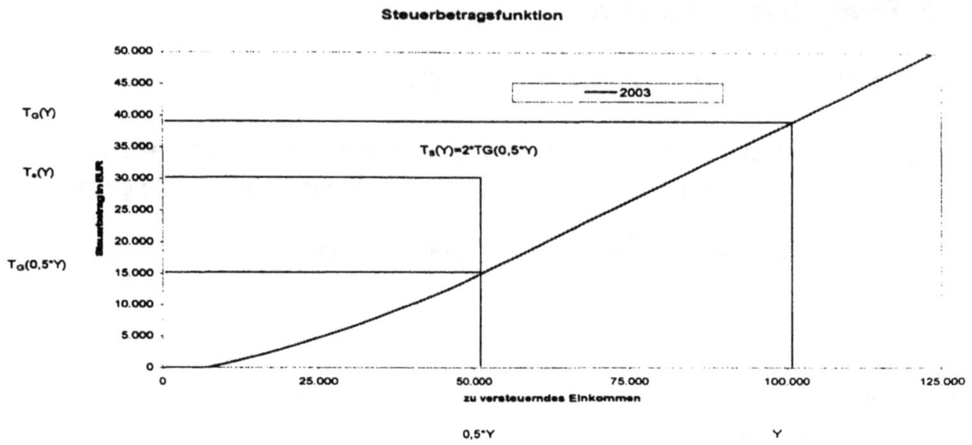

Die graphische Darstellung veranschaulicht das Prinzip des Splittingtarifs am typischen Verlauf der Steuerbetragsfunktion: Der sich für das gemeinsam zu versteuernde Einkommen Y nach dem Splittingtarif ergebende Steuerbetrag T_S (Y) beträgt das Doppelte des sich für 0,5·Y nach der Grundtabelle ergebenden Steuerbetrags T_G(0,5·Y).

$$T_{\sum Spl.}(Y_M + Y_W) = 2 \cdot T\left(\frac{Y_M + Y_W}{2}\right) \leq T(Y_M) + T(Y_W)$$

Aufgaben:
M und W beschließen, ihre bisherigen getrennten Haushalte aufzugeben und zusammenzuziehen. Einer von beiden gibt seine Einkunftserzielung auf, dafür erarbeite der andere demnächst doppelt so viel (vereinfachend: Einkünfte = zu versteuerndes Einkommen zvE). Ermitteln Sie die Steuerbelastung bei den Alternativen „wilde Ehe" (in der Schweiz als „Konkubinat" bezeichnet) und „legale Ehe" und vergleichen Sie die Belastung mit der bisherigen.

[Vgl. zu diesem Beispiel auch *Schult* (1983), S. 142 – 144.]

Vgl. mit Lösung auf S. 138

	Getrennte Haushalte		„Wilde Ehe"		„Legale Ehe"	
	zvE	ESt	zvE	ESt	zvE	ESt
M	15.000		30.000		30.000	
W	15.000		0		0	
M + W	30.000		30.000		30.000	

Frage:
Die Steuerbeträge lassen sich auch aus der Grenzsteuerfunktion durch Integration ermitteln. In der grafischen Darstellung aus S. 119 kann dies durch Flächenbildung (bestimmte Integrale) geschehen. Zeigen Sie, wie man auf diese Weise den Splittingvorteil veranschaulichen kann.
[Hinweis: *Hauser* (1998) erläutert diese Zusammenhänge anschaulich; bei *Bareis* (1995); (2001) werden sie zur Analyse verwendet.]

Ob die **getrennte Veranlagung** für die Ehegatten günstiger ist, ist in den in Betracht kommenden Situationen nicht ohne Berechnung festzustellen, etwa in dem Fall, dass beide Ehegatten Nebeneinkünfte ≤ 800 DM bei jeweiligen Einkommen ≤ 24.000 DM aufweisen (vgl. hierzu Seite 138). Überschaubarer ist die Situation in folgendem Verlustfall:

		Zusammen-veranlagung	getrennte Veranlagung M	getrennte Veranlagung W
M	EaGB	–10.000	–10.000	0
W	EaVV	6.035	0	6.035
M+W	Vorsorgeaufwendungen	1.000	300	700
M+W	andere Sonderausgaben	800	270	530
	zvE			
	ESt			
	abzugsfähiger Verlust			

Die **besondere Veranlagung** kann vorteilhaft sein, wenn andernfalls der Haushaltsfreibetrag oder der Vorteil des Verwitwetensplitting [Sonderfall (b) S. 123] verloren geht.

Aufgabe:
Ermitteln Sie in einer Tabelle wie zu Beispiel 2 die gemeinsame ESt-Belastung von M und W je nach Veranlagungsart bei folgenden Komponenten des zvE: (Lösung S. 138/139)

	M	W
Einkünfte	60.000	80.000
Kinderfreibetrag	3.648	0
Haushaltsfreibetrag	2.340	0
Vorsorgeaufwendungen	1.000	1.000
Andere Sonderausgaben	800	800

3.4.8 Steuerermäßigungen für außerordentliche Einkünfte

§§ 24, 34 EStG

In der folgenden Darstellung sind die wichtigsten Fälle außerordentlicher Einkünfte ohne die Fälle des § 24 Nr. 3 EStG (Nutzungsvergütungen, Zinsen und Entschädigungen für die Inanspruchnahme von Grundstücken für öffentliche Zwecke) und des § 34b EStG (außerordentliche Holznutzungen) zusammengestellt.

Bearbeitungshinweis:
Lesen Sie zur Problematik dieser „Fünftelung":
Henning / Hundsdoerfer / Schult (1999); ferner: *Djanani / Brähler / Hartmann* (1999).

Fragen:

- Was ist der Effekt „zusammengeballter" Zahlungen bei gegebenem progressiven Tarif?
- Vergleichen Sie diese Ermäßigungen mit dem „Progressionsvorbehalt" nach § 32b EStG!
- Vergleichen Sie die Lösung der Fünftelung mit einer rechnerischen Verteilung der außerordentlichen Einkünfte auf die vergangenen fünf Jahre.
- Ein zu versteuerndes Einkommen von 60.000 € enthält begünstigte Einkünfte i. H. v. 35.000 €. Der Steuerpflichtige ist 40 Jahre alt und unverheiratet. Wie hoch ist die ESt? [Vgl. Sie zur konkreten Berechnung die Beispiele in H 198 EStR]. (Lösung S. 92)

Literatur: *Schneeloch* (2003), S. 106 – 110. Vgl. auch *Schult* (1983), S. 113 – 117, sowie R 197 – 198 EStR.

Außerordentliche Einkünfte

Gewinne aus der Veräußerung bzw. der Aufgabe von (Teil-) Betrieben oder Gesellschaftsanteilen

§§ 14, 14a Abs. 1,
§§ 16, 18 Abs. 3 EStG

Siehe Seite 128

Entschädigung für entgangene oder entgehende Einnahmen etc.

§ 24 Nr. 1 EStG
R 199 EStR

Beispiele:

- Ausgleichszahlungen an Handelsvertreter;
- Entlassungsentschädigungen (soweit stpfl., vgl. § 3 Nr. 9 EStG);
- Streikunterstützung, soweit steuerpflichtig

Vergütungen für mehrjährige Tätigkeiten

§ 34 Abs. 2 Nr. 4 EStG
R 200 EStR

- Bei EansA:
  - Nachzahlungen / Vorauszahlungen für mehrjährige Tätigkeit,
  - Tantiemen
- Bei EasA nur bei abgrenzbarer Sondertätigkeit.

Begünstigungsverfahren:

$$T(Y_n + Y_b) = T(Y_n) + 5 \cdot [T(Y_n + Y_b / 5) - T(Y_n)]$$

Sofern $Y_n \geq 0$ gilt, kann auch geschrieben werden:

$$T(Y_n + Y_b) = 5 \cdot T(Y_n + Y_b / 5) - 4 \cdot T(Y_n)$$

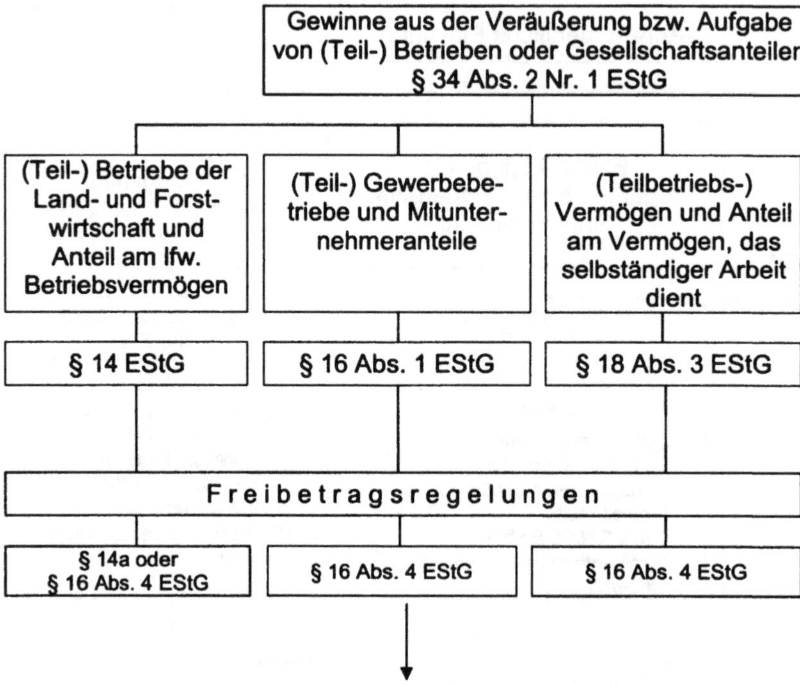

<u>Beispiel:</u>

Veräußerungspreis		300.000
Veräußerungskosten		9.000
Netto-Veräußerungserlös		291.000
Betriebsvermögen (Eigenkapital)		130.800
Veräußerungsgewinn	VG	160.200
Freibetrag § 16 Abs. 4 EStG	FB	45.000 → 1. Begünstigung
Steuerpflichtiger Veräußerungsgewinn		115.200 → 2. Begünstigung (siehe Folgeseite)

Freibetrag nach § 16 Abs. 4 EStG
nur für Personen ≥ 55 Jahre alt oder dauernd erwerbsunfähig, auf Antrag
(nicht mehr „sachliche Steuerbefreiung" wie früher;
gilt daher nicht mehr für Körperschaften)

$$FB = \text{Min}\{VG;\ \text{Max}[0;\ 51.200 - \text{Max}(VG - 154.000;\ 0)]\}$$

Im Beispiel:

$$FB = \text{Min}\{160.200;\ \text{Max}[0;\ 51.200 - \text{Max}(160.200 - 154.000;\ 0)]\}$$
$$= \text{Min}\{160.200;\ 45.000\} = 45.000$$

Grafik zum Freibetrag nach §16 Abs. 4 EStG

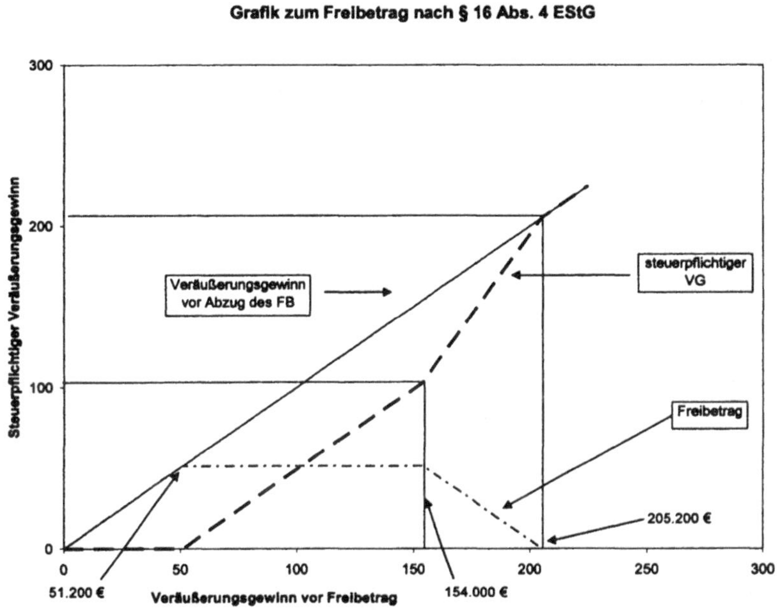

Fragen:

- Wie unterscheidet sich die begünstigte Veräußerung eines Teilbetriebs von der nicht begünstigten Veräußerung einer Mehrzahl von Wirtschaftsgütern hinsichtlich der veräußerten Objekte?
- Welches Wahlrecht liegt bei der Verpachtung eines (Teil-) Betriebes vor?
- Inwieweit ist § 17 Abs. 1 EStG eine konstitutive Bestimmung? (In welchen Fällen sind Veräußerungsgewinne steuerpflichtig?)

Vergleich der Tarifermäßigungen für außerordentliche Einkünfte nach § 34 Abs. 2 Nr. 1 EStG	
§ 34 Abs. 1 EStG Fünftelungsregelung	§ 34 Abs. 3 EStG Halber durchschnittlicher Steuersatz; mindestens 0,199 (Eingangssteuersatz)
$T(Y_n + Y_b) =$ $T(Y_n) + 5 \cdot [T(Y_n + Y_b / 5) - T(Y_n)]$ (siehe auch S. 127)	$T(Y_n + Y_b) =$ $T(Y_n) + \max\left[0{,}5 \frac{T(Y_n + Y_b)}{Y_n + Y_b}; 0{,}199\right] \cdot Y_b$
Kein Vorteil, wenn durch die Y_n schon die obere Proportionalzone des ESt-Tarifes erreicht wird ⇒ Tendenziell im Bereich geringerer Y_n und Y_b vorteilhaft	Kein Vorteil wenn Eingangsteuersatz zur Anwendung kommt ⇒ Tendenziell im Bereich hoher Y_n und Y_b vorteilhaft

Aufgabe:
Skizzieren Sie die Begünstigungsverfahren nach § 34 Abs. 1 und 3 EStG an der Grenz- und Durchschnittsteuerfunktion.

3.4.9 Pauschale Gewerbesteueranrechnung (§ 35 EStG)

Die folgende Tabelle zeigt für die Hebesätze 300 bzw. 400 % die Wirkungen der pauschalen Anrechnung der Gewerbesteuer auf die ESt, wobei unterstellt ist, dass keine gewerbesteuerlichen Hinzurechnungen und Kürzungen erfolgen. Diese und die folgende Tabelle sowie die Grafik sind – mit leichten Veränderungen – entnommen aus: *Bareis* (2000a), S. 607.

Anrechnung der GewSt auf die ESt mit der Bezugsgrundlage **Einkommen nach** GewSt					
	Formeln	Hebesatz 4		Hebesatz 3	
Einkommen Y vor GewSt	1		100,00		100,00
GewSt S^{ge} (s^{ge} = 16,67 bzw. 13,043 %)	$-s^{ge}$		–16,67		–13,04
$Y - S^{ge}$ Einkommensteuerpflichtige Einkünfte (und Gewerbeertrag)	$1 - s^{ge}$		83,33		86,96
ESt (s^{ek} = 50 %)	$s^{ek} \cdot (1 - s^{ge}) \cdot Y$	–41,67		–43,48	
GewSt-Anrechnung, bezogen auf Einkommen nach GewSt	$1{,}8 \cdot z \cdot (1 - s^{ge}) \cdot Y$	+ 7,50		+7,83	
ESt nach GewSt-Anrechnung	$(s^{ek} - 1{,}8 \cdot z) \cdot (1 - s^{ge}) \cdot Y$		–34,17		–35,65
Verfügungsbetrag nach GewSt und ESt	$\{1 - [s^{ge} + (s^{ek} - 1{,}8 \cdot z) \cdot (1 - s^{ge})]\} \cdot Y$		49,16		51,31
Steuersumme: $s^{er} \cdot Y$	$[s^{ge} + (s^{ek} - 1{,}8 \cdot z) \cdot (1 - s^{ge})] \cdot Y$		**50,84**		**48,69**

Zur Vereinfachung ist unterstellt, dass keine gewerbesteuerlichen Hinzurechnungen und Kürzungen erfolgen. Ursprünglich war eine Entlastung mit der doppelten Messzahl (10 %) statt mit dem 1,8-fachen der Messzahl (also 9 %) geplant.

Hebesatz	Gesamtbelastung nach pauschalierter Anrechnung bei ESt-Satz				
	0,1	**0,2**	**0,3**	**0,4**	**0,5**
1	0,0571	0,1524	0,2476	0,3428	0,4381
2	0,0999	0,1909	0,2818	0,3727	0,4636
3	0,1391	0,2261	0,3130	**0,4000**	0,4869
4	0,1750	0,2584	0,3417	0,4250	0,5084
5	0,2080	0,2880	0,3680	0,4480	0,5280

Die Tabelle verdeutlicht, dass nur ausnahmsweise die Gesamtbelastung genau so hoch ist, wie wenn ausschließlich ESt erhoben worden wäre. In Formeln ausgedrückt:
$s^{er} = (s^{ek} - 1{,}8 \cdot z + z \cdot h) \cdot (1 - s^{ge})$. Wegen $(1 - s^{ge}) = 1 / (1 + z \cdot h)$ folgt:
$\mathbf{s^{er} = [s^{ek} + z\,(h - 1{,}8)] / (1 + z \cdot h)}$. Die Gesamtbelastung ist nur dann gleich der isolierten ESt-Belastung, wenn gilt: $s^{ek} = s^{er}$. Hieraus folgt: $\mathbf{h = 1{,}8 / (1 - s^{ek})}$. In allen anderen Fällen ist sie entweder höher oder niedriger als die isolierte ESt-Belastung, wie die folgende Grafik zeigt:

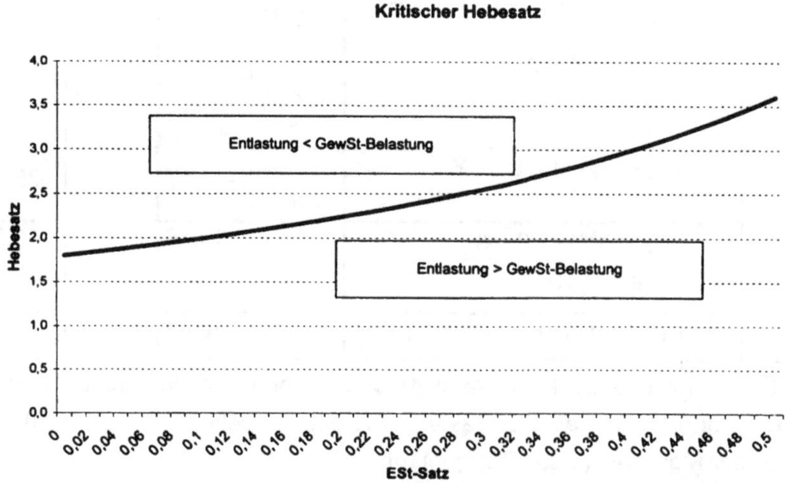

Dies allein zeigt schon die merkwürdige „Logik" dieser Anrechnung. Hebt man die Vereinfachungen auf, ergeben sich weitere nicht mehr nachvollziehbare Auswirkungen. Siehe dazu u. a. *Koretzkji* (2000a); *Koretzkji* (2000b); *Siegel* (2001).

Völlig absurd wird die Situation durch das StVergAbG, mit dem die Gemeinden veranlasst werden sollen, ihren Hebesatz auf mindestens 200 % festzulegen. Siehe dazu auch *Förster* (2003).

3.5 Besondere Erhebungsformen

Erhebungsformen der ESt sind:
- ESt-Veranlagung (i. d. R. mit Vorauszahlungen; zur Steuererklärung vgl. §§ 56, 60 EStDV).
- Lohnsteuer (LSt)
- Kapitalertragsteuer (KapSt; Zinsabschlag)

Insbesondere auf die beiden letzteren wird im Folgenden eingegangen.
Zum Quellenabzug bei beschränkter Steuerpflicht siehe Seite 142.

3.5.1 Lohnsteuer und Arbeitnehmerveranlagung

§§ 38 bis 42f EStG

3.5.1.1 Lohnsteuer-Minderungen

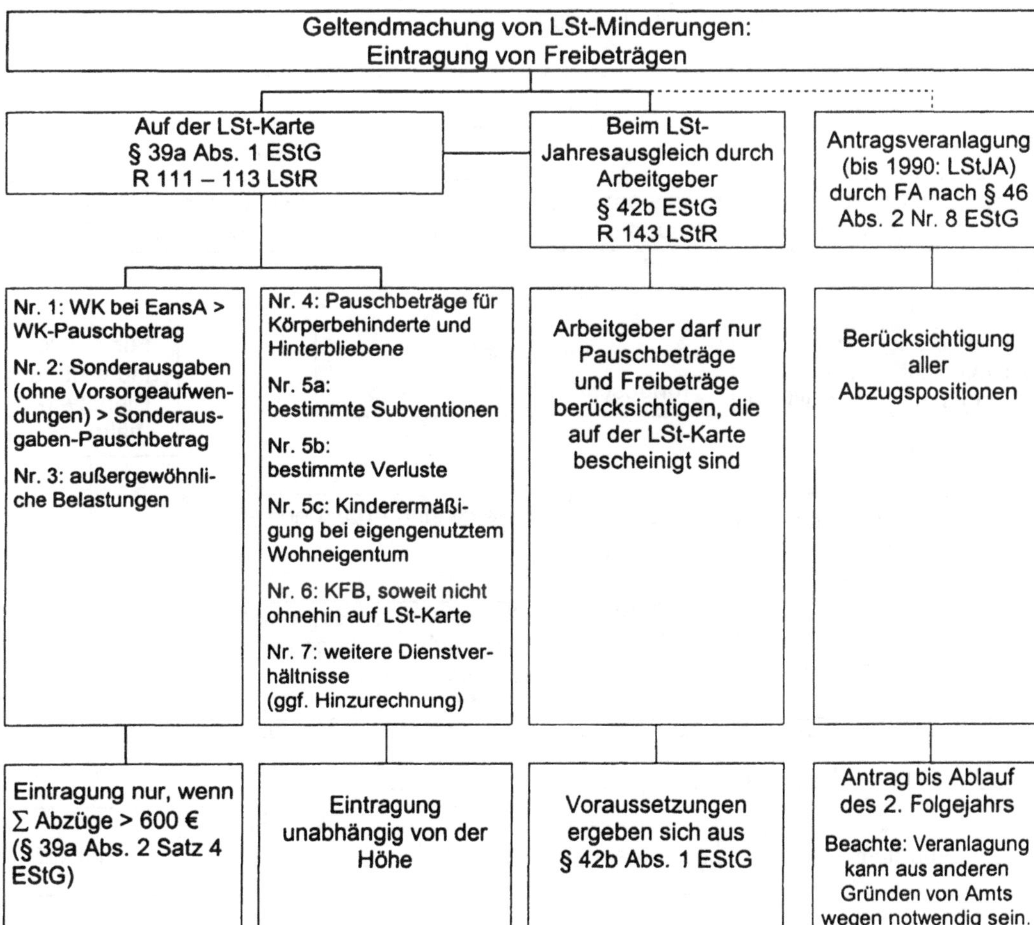

Fragen:

- Was drückt § 38a EStG über das Verhältnis zwischen ESt und LSt aus?
- Wenn ein Arbeitnehmer zu Jahresbeginn voraussichtliche Werbungskosten (zu EansA) in Höhe von 1.300 € und voraussichtliche Sonderausgaben, die nicht Vorsorgeaufwendungen sind, in Höhe von 280 € geltend machen kann, ist ihm dann ein Freibetrag auf der LSt-Karte einzutragen? Ggf. welcher? (Lösung S. 144)

3.5.1.2 Lohnsteuerklassen

Die LSt wird nach LSt-Klassen (§ 38b EStG) erhoben, für die bis 2001 amtliche LSt-Tabellen aufgestellt wurden. Der Zusammenhang zwischen ESt und LSt ist nach § 38a Abs. 2 EStG eindeutig: die LSt muss der ESt entsprechen, denn sie ist nur eine besondere Erhebungsform der ESt. Mit den LSt-Klassen wird versucht, diesem Ziel schon während des VZ möglichst nahe zu kommen. Die Klasseneinteilung enthält folgende Differenzierungen, wobei die fett gedruckten römischen Ziffern die LSt-Klassen kennzeichnen:

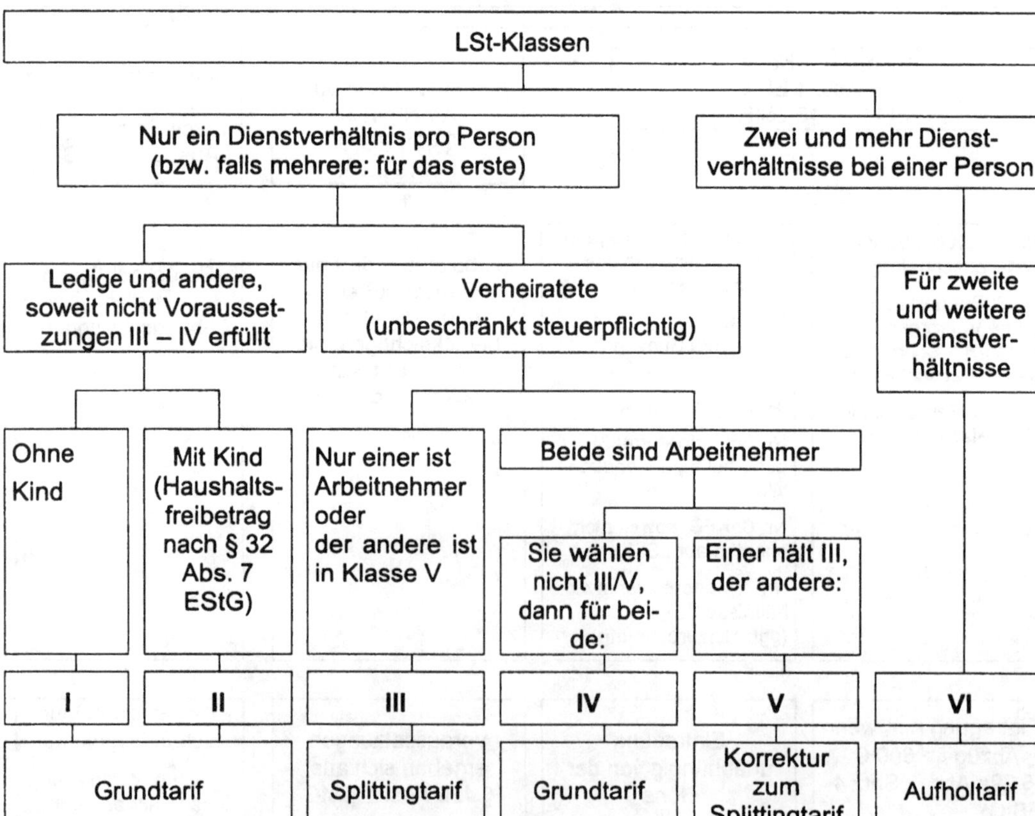

3.5.1.3 Zusammenhang zwischen LSt- und ESt-Tabellen

LSt-Klasse	Fixierte Abzugsbeträge nach EStG				Vorsorgepauschale, abgerundet auf ein Vielfaches von 36 € (§ 10c Abs. 2, Abs. 4 EStG) in Abhängigkeit vom Arbeitslohn (A)
	ANPB § 9a Satz 1 Nr. 1	SAPB § 10c Abs. 1	HFB § 32 Abs. 7	Σ	
I	1.044	36	0	1.080	$\text{Min}\,[0{,}2 \cdot A;\ \text{Max}\,[(3.068 - 0{,}16 \cdot A);0]] = \text{Min}\,[x_1;\ x_2] = a_1$ $+ \text{Min}\,[\text{Max}\,[(x_1 - x_2);\ 0];\ 1.334] = \text{Min}\,[x_4;\ 1.334] = a_2$ $+ \text{Min}\,[\text{Max}\,[(x_4 - 1.334);\ 0] \cdot \frac{1}{2};\ 667] = a_3$ Vorsorgepauschale = $a_1 + a_2 + a_3$
II	1.044	36	2.340	3.420	Wie LSt-Klasse I
III	1.044	72	0	1.116	$\text{Min}\,[0{,}2 \cdot A;\ \text{Max}\,[(\mathbf{6.136} - 0{,}16 \cdot A);0]] = \text{Min}\,[x_1;\ x_2] = a_1$ $+ \text{Min}\,[\text{Max}\,[(x_1 - x_2);\ 0];\ \mathbf{2.668}] = \text{Min}\,[x_4;\ \mathbf{2.668}] = a_2$ $+ \text{Min}\,[\text{Max}\,[(x_4 - \mathbf{2.668});\ 0] \cdot \frac{1}{2};\ \mathbf{1.334}] = a_3$ Vorsorgepauschale = $a_1 + a_2 + a_3$
IV	1.044	36	0	1.080	Wie LSt-Klasse I
V	1.044	0	0	1.044	0
VI	0	0	0	0	0

A = Bruttolohn abzüglich Versorgungsfreibetrag (§ 19 Abs. 2 EStG) und abzüglich Altersentlastungsbetrag (§ 24a EStG) lt. § 10c Abs. 2 Satz 4 EStG.

In Steuerklasse III wird das doppelte Existenzminimum berücksichtigt, während es für Steuerklasse V entfällt.

Abzugsbeträge innerhalb der LSt-Klasse III (Vorsorgepauschale, Sonderausgabenpauschalen, Arbeitnehmer-Freibetrag) sind in der folgenden Graphik (S. 138) nicht berücksichtigt; da es dort lediglich um die Tarifwirkungen geht.

3.5.1.4 Der Aufholtarif

Für den zu den LSt-Klassen V und VI genannten Aufholtarif T_A gilt zunächst nach § 39b Abs. 2 Satz 8 EStG folgende Ableitung aus dem Einkommensteuertarif T:

$T_A(Y_W) = 2 \cdot [T(1{,}25 \cdot Y_W) - T(0{,}75 \cdot Y_W)]$

Dabei ist „Y_W" der nach § 32a Abs. 2 abgerundete Betrag des zu versteuernden Einkommens des Steuerpflichtigen in Klasse V (bzw. VI) und steht für das Einkommen des „Wenigerverdienenden". Diese Formel ist jedoch zu ergänzen:

- Die Steuer muss **mindestens** 19,9 % (Eingangssteuersatz) von Y_W betragen.
- Für den Betrag Y_W – 8.946 beträgt der Steuersatz **höchstens** 48,5 % (Spitzensteuersatz).
- Für Y_W > 27.306 beträgt der Steuersatz **genau** 48,5 %.

Ferner sind die in den LST-Tabellen zu beachtenden fixierten Abzugsbeträge so zu berücksichtigen, dass sich nach ESt- wie nach LSt-Tabellen bei den einzelnen Steuerklassen dieselben Steuerbeträge ermitteln.

Hinter dieser Formel steckt, dass das Einkommen der Steuerklasse V auf das Einkommen der Steuerklasse III aufgestockt wird. Damit wird der erste € des Einkommens der Steuerklasse V mit dem Steuersatz besteuert, dem der letzte € des Einkommens aus Steuerklasse III unterlag. Die Steuerklasse V steigt also für die Ermittlung der Steuervorauszahlungen mit dem Grenzsteuersatz der Steuerklasse III ein. In der Steuerklasse V wird kein Existenzminimum gewährt und auch die Sonderausgabenfreibeträge entfallen, da sie bereits in Steuerklasse III berücksichtigt wurden. Steuerklasse V geht von zusammenveranlagten Eheleuten aus.

Steuerklasse V unterstellt eine Erzielung des Ehegatteneinkommens im Verhältnis 60:40. Das heißt, in Steuerklasse III werden 60 % und in Steuerklasse V 40% des Gesamteinkommens erwirtschaftet. Die 3:2-Vermutung wurde aus Gründen der Verwaltungsvereinfachung eingeführt, um die Steuernachforderungen gegenüber Ehepaaren mit der III/V-Kombination zu minimieren (vgl. Bundestags-Drucksache 7/1470, S. 304). Verdient der Mehrverdiener weniger als 60 % des Gesamteinkommens, kommt es zu einer zu hohen Steuervorauszahlung; verdient er mehr als 60 %, kommt es zu einer zu geringen Steuervorauszahlung.

Entnommen und an die neue Rechtslage angepasst aus: *Bareis / Schmid / Selg* (1996), S. 13.

3.5.1.5 Splittingwirkung in Abhängigkeit von der Steuerklassenkombination

Für Steuerklasse IV ist unterstellt, dass beide Ehegatten gleich viel verdienen. Die unterschiedliche Tarifgestaltung in den LSt-Klassen III, IV und V führt daher zu einem Entscheidungsproblem für Ehegatten, die beide Arbeitnehmer sind, wenn ihr Arbeitslohn erheblich voneinander abweicht. Tabellen zur Erleichterung der Wahl der günstigeren LSt-Klassen-Kombination werden von den Finanzbehörden herausgegeben; vgl. etwa NWB v. 18.11.2002, Fach 6, S. 4299 – 4302.

Bei **Einzelveranlagung** werden die zvE der Ehegatten wie folgt getrennt erfasst und besteuert (Beispiel: Y_M = 30.000 €; Y_W = 20.000 €):

$$T^{EV} = T_G(Y_M) + T_G(Y_W) = 9.652$$

Dabei steht Y_M für den „Mehrverdiener" und Y_W für den „Wenigerverdiener". T_G bezeichnet den Tarif gemäß Grundtabelle.

Bei der **Zusammenveranlagung** werden die Einkünfte der Ehegatten folgendermaßen zusammengefasst und besteuert:

$$T^{Splitt} = 2 \cdot T_G\left(\frac{Y_M + Y_W}{2}\right) = 9.512$$

Dies ergibt einen Vorteil von 140 € bei Anwendung des Splitting-Verfahrens.
Die Lohnsteuererhebung bei Steuerklassenkombination III/V fingiert genau das im Schaubild dargestellte Verhältnis der Einkommenskombination von Mehrverdiener und Wenigerverdiener (60% zu 40%). Dabei wird in Steuerklasse III auf das zvE des Beziehers des höheren Einkommens isoliert das Splittingverfahren angewendet:

$$T^{Splitt\ III} = 2 \cdot T_G\left(\frac{Y_M}{2}\right) = 2 \cdot 1.855 = 3.710$$

Die Differenz zum Gesamtsteuerbetrag bei Zusammenveranlagung wird vom zvE des Lohnsteuerzahlers der Steuerklasse V entrichtet (5.802 €), welcher deutlich mehr Steuern als bei einer Einzelveranlagung zu tragen hat:

$T^{Splitt\ V} = T^{Splitt} - T^{Splitt\ III} \rightarrow$ Aufholtarif (vgl. S. 134).

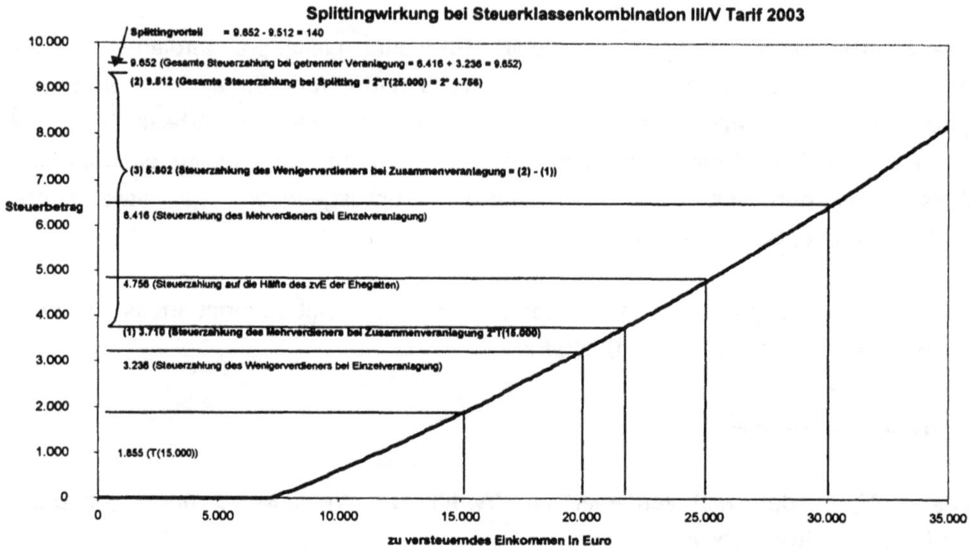

Lösung zu Aufgabe Seite 124/125:

	Getrennte Haushalte		„Wilde Ehe"		„Legale Ehe"	
	zvE	ESt	zvE	ESt	zvE	ESt
M	15.000	1.853	30.000	6.418	30.000	3.706
W	15.000	1.853	0		0	
M+W	30.000	3.706	30.000	6.418	30.000	3.706

		Zusammenveranlagung	Getrennte Veranlagung	
			M	W
M	EaGB	–10.000	–10.000	0
W	EaVV	6.035	0	6.035
M+W	Vorsorgeaufwendungen	1.000	300	700
M+W	andere Sonderausgaben	800	270	530
	zvE	0	0	4.805
	ESt	0	0	0
	Abzugsfähiger Verlust	3.965	10.000	0

3.5.1.6 Einkommensteuerveranlagung von Arbeitnehmern

§ 46 EStG zählt die Fälle auf, in denen Arbeitnehmer

a) stets

b) auf Antrag

zur ESt zu veranlagen sind. Auf der folgenden Seite sind die wichtigsten Fälle zusammengestellt. U. a. sind einige Fälle nicht enthalten, in denen der Progressionsvorbehalt (§ 32b Abs. 1 Nr. 1 EStG) bezüglich

- Arbeitslosengeld
- Arbeitslosenhilfe
- Kurzarbeit
- Schlechtwettergeld

relevant ist.

Die Übersicht enthält auch die Beziehungen zum sog. Härteausgleich nach § 46 Abs. 3 EStG und § 70 EStDV (grundsätzlich 410 €).

Fragen und Aufgaben:

- Was ist der Grund dafür, dass der Gesetzgeber Arbeitnehmer in einer Reihe von Fällen zur ESt-Veranlagung verpflichtet?
- Was ist mit „Nicht-LSt-Einkünften" gemeint? (Sind diese identisch mit der Summe der Einkünfte ≠ EansA?)
- Ein Ehepaar hat im Jahr 2003 ein Einkommen in Höhe von 20.000 €, worin EaKV = 820 € enthalten sind. Für jeden Ehegatten allein würde ein Einkommen von 10.000 € einschließlich EaKV = 410 € festzustellen sein. Welche Veranlagungsform sollte das Ehepaar wählen, um möglichst wenig ESt zu zahlen? (Vgl. Lösung S. 144)

Lösung zu Aufgabe Seite 125:

	Zusammenveranlagung	Getrennte Veranlagung		Besondere Veranlagung	
		M	W	M	W
Einkünfte	140.000	60.000	80.000	60.000	80.000
Kinderfreibetrag	3.648	1.824	0	1.824	0
Haushaltsfreibetrag	0	0	0	2.340	0
Vorsorgepauschale	4.002	2.001	2.001	2.001	2.001
Andere Sonderausgaben	1.600	800	800	800	800
zvE	130.750	55.375	77.199	53.035	77.199
ESt	43.652	16.990	27.570	15.865	27.570
Σ ESt	43.652	44.560		43.435	

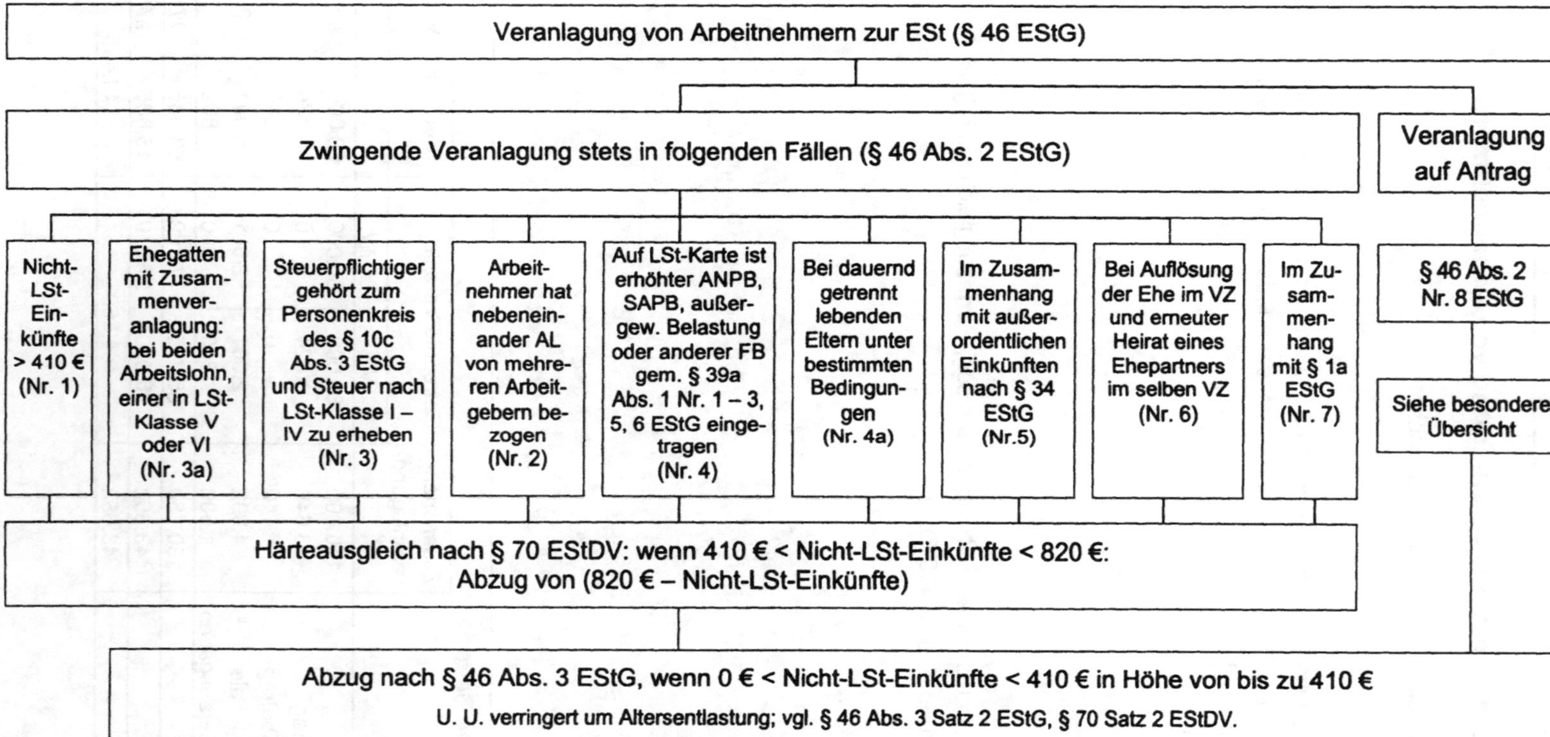

Siehe ergänzend zur Veranlagung von Nicht-Arbeitnehmern § 56 Satz 1 EStDV: Eine Veranlagung erfolgt, wenn GBdE > 7.271 bzw. bei ZV: GBdE > 14.543 €

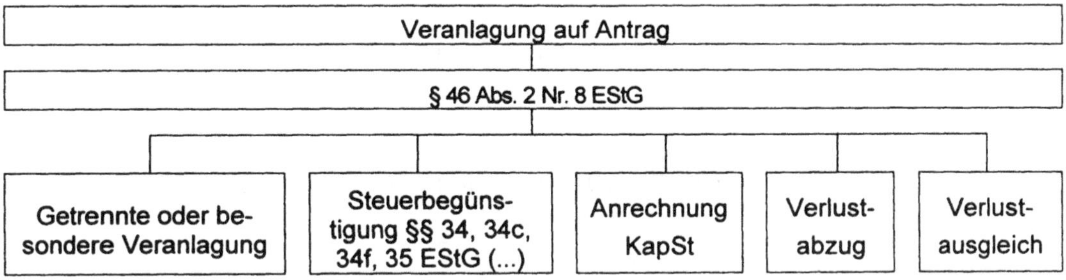

3.5.2 Kapitalertragsteuer

§§ 43 bis 45d EStG

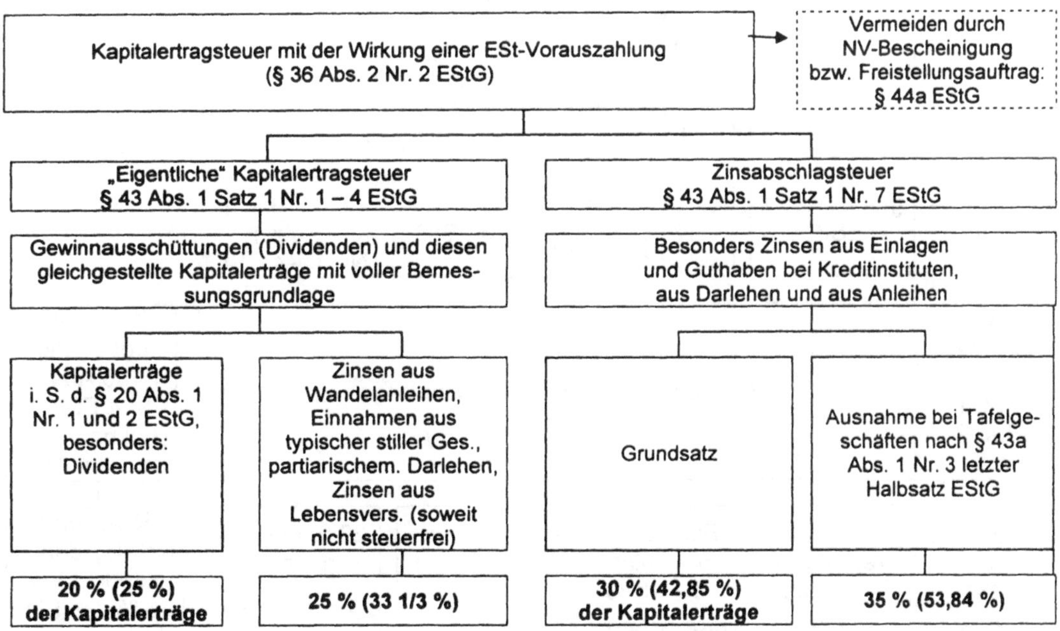

Die Prozentzahlen in Klammern gelten, wenn der Schuldner die KapSt übernimmt.
Bei anonymen Tafelgeschäften ist immer die Zinsabschlagsteuer zu erheben (§ 44a Abs. 6 Satz 1 EStG).
Die Besonderheiten des § 43 Abs. 1 Satz 1 Nr. 4 EStG und der §§ 48 ff. EStG (Steuerabzug bei Bauleistungen) sind nicht aufgenommen. Beachten Sie auch dort die überaus kunstvolle Verweistechnik des Gesetzgebers!

Literatur: *Rose* (2001), S. 133 – 134.

3.6 Besonderheiten bei beschränkter Steuerpflicht

§§ 49 bis 50a EStG

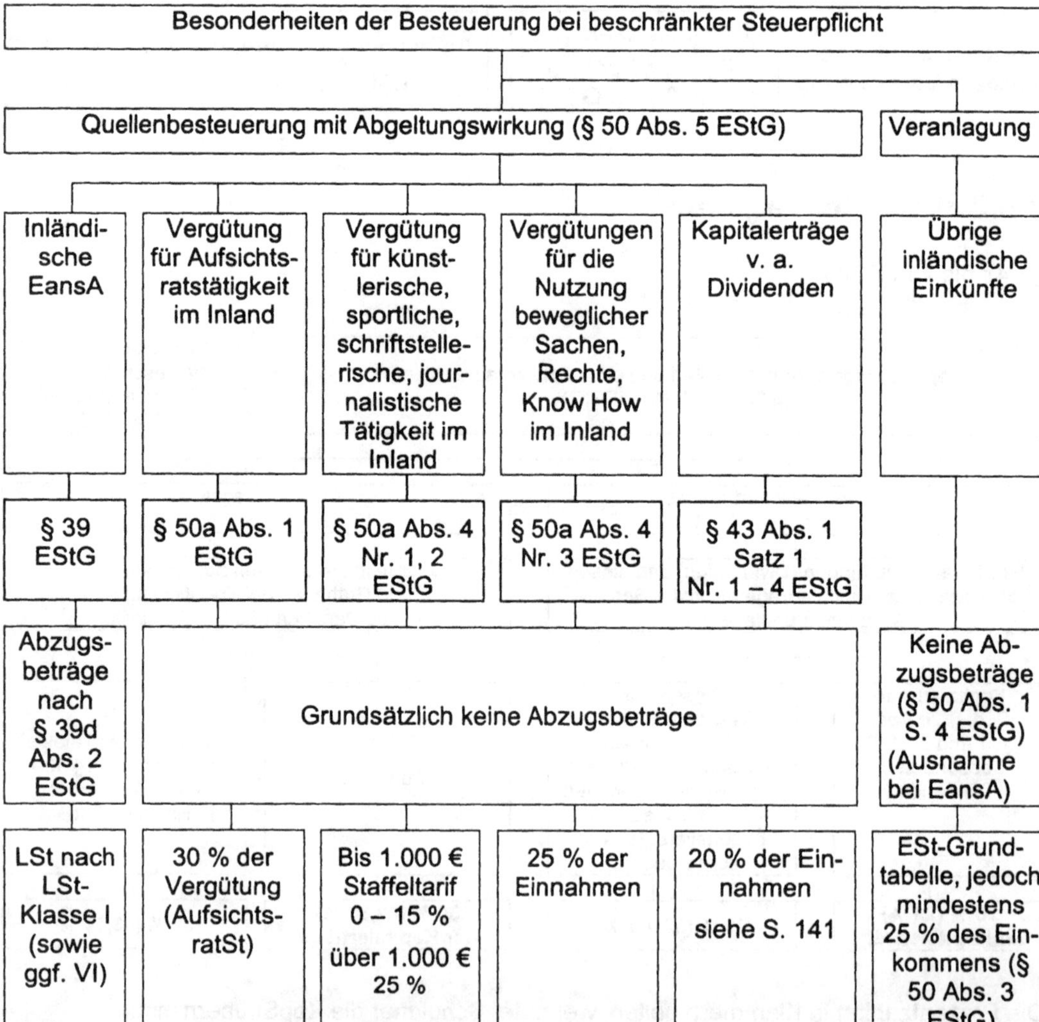

Frage:
Welche inländischen Einkünfte werden bei beschränkter Steuerpflicht nicht besteuert?

Literatur: *Breithecker* (2002), S. 177 – 193.

Tätigkeitsart	Bedingung für inländische sachliche Steuerpflicht einer beschränkt steuerpflichtigen Person (Kurzkennzeichnung)
1. EaLuF	Betrieb im Inland
2. EaGB	a) Betriebsstätte im Inland b) Beförderungsleistung im Inland c) über internationale Vertragsbeziehungen an inländischen Beförderungserträgen Beteiligte d) Ausübung oder Verwertung gewerblicher Inlandstätigkeit e) Veräußerung von Beteiligungen an inländischen KapGes f) Sonstige gewerbliche Veräußerungseinkünfte
3. EasA	Ausübung bzw. Verwertung im Inland
4. EansA	a) Inlandstätigkeit b) Vergütung für eine Tätigkeit als Geschäftsführer, Prokurist oder Vorstandsmitglied einer Gesellschaft mit Geschäftsleitung im Inland.
5. EaKV	nicht: Zinsen aus normalem Sparbuch
6. EaVV	Immobilie muss im Inland belegen sein.
7. SoE	z. B. Einkünfte aus Veräußerungsgeschäften, wenn es sich um die Veräußerung inländischer Grundstücke, Rechte oder Anteilen an einer inländischen KapGes handelt.

Einkünfte, die in § 49 EStG nicht genannt werden, sind nicht steuerbar.

3.7 Solidaritätszuschlag als Ergänzungsabgabe zur Einkommensteuer

Zur Einkommensteuer und zur Körperschaftsteuer wird ein Solidaritätszuschlag als Ergänzungsabgabe erhoben (§ 1 SolZG). Der Solidaritätszuschlag beträgt nach § 4 SolZG 5,5 % der Bemessungsgrundlage. Soweit eine Veranlagung zur ESt oder KSt vorzunehmen ist, bemisst sich der SolZ nach der nach § 51a des EStG berechneten ESt oder der festgesetzten KSt, ggf. abzüglich früherer Anrechnungs-KSt (§ 3 Abs. 1 Nr. 1 SolZG).

Der SolZ ist von einkommensteuerpflichtigen Personen nur zu erheben, wenn die Bemessungsgrundlage (deren ESt)

- bei Zusammenveranlagung: 1.944 €
- in anderen Fällen: 972 €

übersteigt (§ 3 Abs. 3 SolZG).

Daher ist bis zu folgenden zu versteuernden Einkommen kein SolZ zu erheben:

- bei Zusammenveranlagung: 23.039 €
- in anderen Fällen: 11.519 €

Lösung zu Aufgabe Seite 134/139:

	Voraussichtlicher Betrag	Pauschbetrag	Differenz
Werbungskosten	1.300	1.044	256
Sonderausgaben ≠ Vorsorgeaufwendungen	280	36	244
			500

Ergebnis: nicht einzutragen, da < 600

	ZV	**GV**
Einkommen	10.000	10.000
Härteausgleich	0	410
Zu versteuerndes Einkommen	20.000	9.590
ESt laut Splittingtabelle	**1.222**	1.222
ESt laut Grundtabelle		519 · 2 = **1.038**
Differenz zu Splitting		**184**

Ergebnis: Getrennte Veranlagung (GV) beantragen!

4 Die Körperschaftsteuer

4.1 Notwendigkeit und Systeme der Besteuerung von Kapitalgesellschaften

Die Übersicht auf S. 147 will der Frage der Berechtigung einer KSt nachgehen und einige KSt-Systeme gegenüberstellen. Der Systemwechsel in Deutschland zeigt die besondere Bedeutung dieser Frage. Der Wechsel vom Anrechnungs- zum Halbeinkünfteverfahren – grundsätzlich ab 2001 – führt zu erheblichen Übergangsproblemen, die nur am Rande angesprochen werden können.

Die Berechtigung einer KSt lässt sich u. E. nur wie folgt begründen. Eine Gesellschaft (Körperschaft) verfügt **nicht** über eine eigene steuerliche Leistungsfähigkeit. Die Form, in der Individuen – einzeln oder zusammengeschlossen – ihre erwerbswirtschaftliche Tätigkeit organisieren, darf für die Besteuerung des Einkommens dieser Individuen keine Bedeutung haben. Entscheidend ist allein, ob dem jeweiligen Individuum ein Einkommen zuzurechnen ist. Dies setzt voraus, dass beim Individuum realisierter Reinvermögenszugang vorliegt. Bei „Zwischenschaltung" einer Gesellschaft ist dies nicht schon ohne weiteres gegeben, wenn bei der Gesellschaft Gewinn entstanden ist. Gesellschaftsgewinne können daher nur dann einem Gesellschafter zugerechnet werden, wenn dieser eine Ausschüttung erhält oder aufgrund seiner Stimmrechte erhalten könnte. Im Übrigen ist eine Besteuerung auf der Gesellschaftsebene angezeigt, bis diese „Reservesteuer" bei Ausschüttung durch die Gewinnsteuer (ESt) der Gesellschafter ersetzt wird. Da Verluste nicht „ausgeschüttet" werden können, müssen hierfür zusätzliche Regeln entwickelt werden.

Diesen Grundgedanken – die sowohl für Personen- als auch Kapitalgesellschaften gelten – folgte das deutsche Steuerrecht mit wenigen Abstrichen während der Geltung des Anrechnungssystems von 1977 bis 2000 auch für Kapitalgesellschaften. Mit der jetzt geltenden definitiven KSt-Belastung und dem Halbeinkünfteverfahren (HEV) auf Gesellschafterebene wird dieser – ordnungspolitisch gebotene – Ansatz zugunsten eines Verfahrens verlassen, das keiner klaren Systematik mehr folgt.

Bearbeitungshinweis:
Verfolgen Sie die Diskussion um die Vor- und Nachteile der Alternativen eines modernen KSt-Rechts bei *Wöhe* (1988), S. 193 – 200, und *Schneider* (1994), S. 173 – 177, sowie den Appell von 78 Professoren zur Erhaltung des Anrechnungssystems bei *Siegel et al.* (2000). Sehen Sie sich das Halbeinkünfteverfahrens im Systemvergleich an: *Bareis* (2000b).

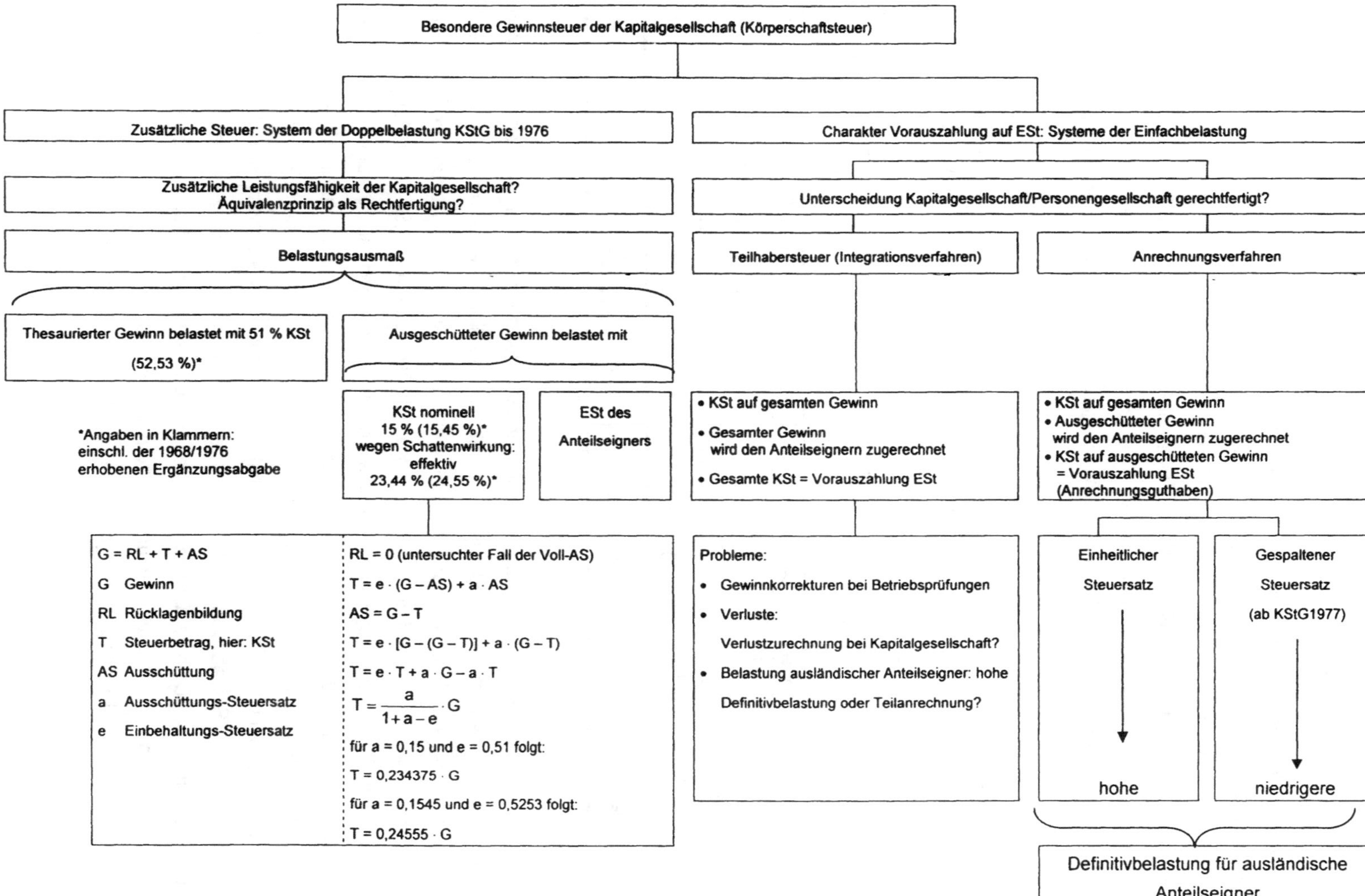
Besondere Gewinnsteuer der Kapitalgesellschaft (Körperschaftsteuer)
Zusätzliche Steuer: System der Doppelbelastung KStG bis 1976
Zusätzliche Leistungsfähigkeit der Kapitalgesellschaft?
Äquivalenzprinzip als Rechtfertigung?
Belastungsausmaß
Thesaurierter Gewinn belastet mit 51 % KSt
(52,53 %)*
Ausgeschütteter Gewinn belastet mit
KSt nominell
15 % (15,45 %)*
wegen Schattenwirkung:
effektiv
23,44 % (24,55 %)*
ESt des
Anteilseigners
*Angaben in Klammern:
einschl. der 1968/1976
erhobenen Ergänzungsabgabe
G = RL + T + AS
G Gewinn
RL Rücklagenbildung
T Steuerbetrag, hier: KSt
AS Ausschüttung
a Ausschüttungs-Steuersatz
e Einbehaltungs-Steuersatz
RL = 0 (untersuchter Fall der Voll-AS)
T = e · (G – AS) + a · AS
AS = G – T
T = e · [G – (G – T)] + a · (G – T)
T = e · T + a · G – a · T
T = a / (1 + a – e) · G
für a = 0,15 und e = 0,51 folgt:
T = 0,234375 · G
für a = 0,1545 und e = 0,5253 folgt:
T = 0,24555 · G
Charakter Vorauszahlung auf ESt: Systeme der Einfachbelastung
Unterscheidung Kapitalgesellschaft/Personengesellschaft gerechtfertigt?
Teilhabersteuer (Integrationsverfahren)
Anrechnungsverfahren
• KSt auf gesamten Gewinn
• Gesamter Gewinn wird den Anteilseignern zugerechnet
• Gesamte KSt = Vorauszahlung ESt
• KSt auf gesamten Gewinn
• Ausgeschütteter Gewinn wird den Anteilseignern zugerechnet
• KSt auf ausgeschütteten Gewinn = Vorauszahlung ESt (Anrechnungsguthaben)
Probleme:
• Gewinnkorrekturen bei Betriebsprüfungen
• Verluste:
Verlustzurechnung bei Kapitalgesellschaft?
• Belastung ausländischer Anteilseigner: hohe
Definitivbelastung oder Teilanrechnung?
Einheitlicher
Steuersatz
hohe
Gespaltener
Steuersatz
(ab KStG1977)
niedrigere
Definitivbelastung für ausländische
Anteilseigner

Das Halbeinkünfteverfahren folgt keinem dieser Systeme. Es erhebt auf der Ebene der Körperschaft nach § 23 KStG eine definitive KSt von 25 % (s^{kd} = 0,25; im VZ 2003 gilt nach § 34 Abs. 11a KStG ein Satz von 26,5 %) und lässt dafür die Ausschüttung beim Gesellschafter zur Hälfte steuerfrei (§ 3 Nr. 40 EStG). Bezieht man die Definitivbelastung mit Gewerbeertragsteuer – zur einfachen Berechnung mit einem Hebesatz von 500 % (h = 5) – mit ein, so können die Verfahren wie folgt in ihren Wirkungen veranschaulicht werden (entnommen aus: *Bareis* (2000a), S. 606).

	Anrechnungssystem		**Halbeinkünfteverfahren**	
Einkommen Y	1	100,00	1	100,00
GewSt S^{ge} (s^{ge} = 20 %)	$-s^{ge}$	–20,00	$-s^{ge}$	–20,00
$Y - S^{ge}$	$1 - s^{ge}$	80,00	$1 - s^{ge}$	80,00
KSt (definitiv) 25 %			$s^{kd} \cdot (1 - s^{ge})$	–20,00
Einkünfte Gesellschafter	$1 - s^{ge}$	80,00	$(1 - s^{ge}) \cdot (1 - s^{kd})$	60,00
ESt 50 %; Bemessungsgrundlage 100 % bzw. 50 % der Einkünfte	$s^{ek} \cdot (1 - s^{ge})$	–40,00	$s^{ek} \cdot (1 - s^{ge}) \cdot (1 - s^{kd}) / 2$	–15,00
Nettoeinkommen Gesellschafter	$(1 - s^{ge}) \cdot (1 - s^{ek})$	**40,00**	$(1 - s^{ge}) \cdot (1 - s^{kd}) \cdot [1 - (s^{ek} / 2)]$	**45,00**
Steuersumme	$s^{ge} + s^{ek} \cdot (1 - s^{ge})$	**60,00**	$s^{ge} + s^{kd} \cdot (1 - s^{ge}) + s^{ek} \cdot (1 - s^{ge}) \cdot (1 - s^{kd}) / 2$	**55,00**

Bei der hier vorausgesetzten Kombination der Steuersätze zeigt sich eine abnorme Wirkung des HEV: die Gesamtbelastung aus der Sicht des Gesellschafters – ohne GewSt – ist niedriger als sie bei alleiniger Erhebung von ESt wäre. Der Gewinn nach Abzug der GewSt auf der Ebene der Kapitalgesellschaft von 80 müsste eigentlich zu einer (ESt-) Belastung von 40 (mit GewSt von 60) führen. Beim HEV ist diese Belastung dagegen mit 20 auf der Ebene der Kapitalgesellschaft und 15 auf der Ebene des Gesellschafters nur 35 (und mit GewSt nur 55). Darüber hinaus ist das HEV ein Zwitter: hat ein Gesellschafter einen Einkommensteuersatz von 0 %, so wirkt das HEV wie ein „klassisches" Doppelbelastungssystem. Hat der Gesellschafter einen ESt-Satz von 40 %, so wirkt es – bei den obigen Sätzen – exakt wie das Anrechnungssystem. Dies veranschaulicht die nachfolgende Grafik (*Bareis* (2000a), S. 607), bei der zusätzlich die Gesamtbelastung eingetragen ist, die sich bei entsprechenden Steuersätzen nach dem Doppelbelastungssystem vor 1977 ergeben würde.

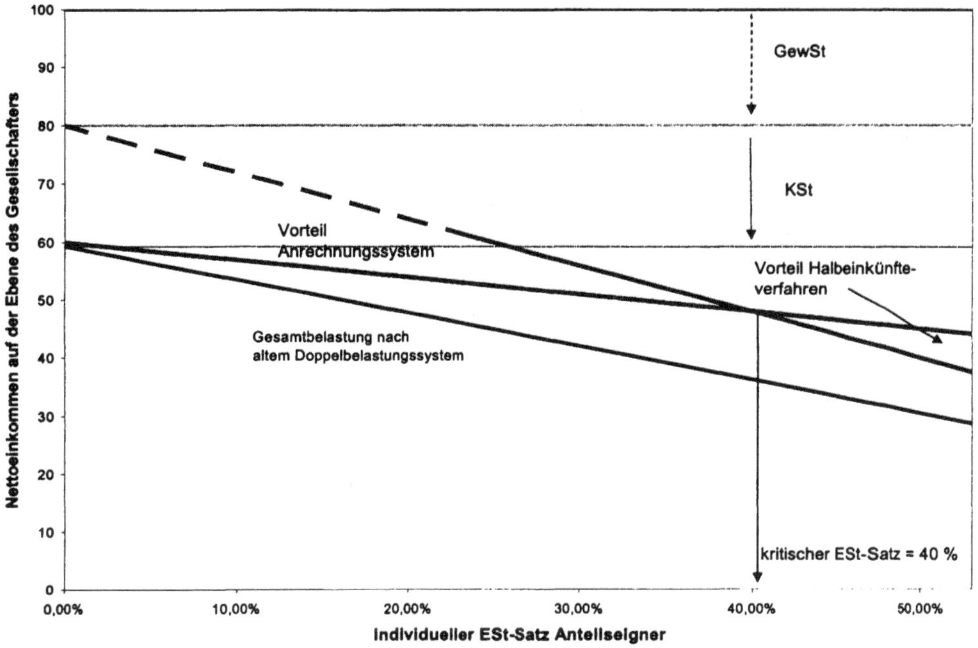

Die Grafik verdeutlicht, dass im Anrechnungssystem ein Anteilseigner mit einem Steuersatz von 0 % den nach GewSt verbliebenen Gewinn der Kapitalgesellschaft von 80 voll gutgeschrieben bekommen hat, während ihm wegen der Doppelbelastung beim HEV nur noch 60 verbleiben. Wer dagegen einen ESt-Satz über 40 % hat, der wird insgesamt weniger belastet als beim Anrechnungssystem. Lesen Sie zu den Wirkungen von Körperschaftsteuersystemen unter dem Gesichtspunkt der Rechtsformneutralität auch die kurzgefasste Analyse bei *Homburg* (2000), S. 346 – 357.

Fragen:

- Wie lösen die verschiedenen Körperschaftsteuersysteme das Problem der Besteuerung ausländischer Anteilseigner, die anteilig zur Finanzierung des deutschen Staatshaushaltes herangezogen werden sollen?
- Worin würde der Nachteil für Kapitalgesellschaften bestehen, wenn in einem System der Teilhabersteuer Verluste wie Gewinne behandelt werden? [Vgl. dazu *Wamsler* (1998)].
- Vor Einführung des Halbeinkünfteverfahrens wurde auch diskutiert, ob zur „klassischen" Körperschaftsteuer zurückgekehrt werden sollte. Woraus ergibt sich im alten Doppelbelastungssystem (vor 1977 in Deutschland) eine Schattenwirkung bei Gewinnausschüttungen? Worin besteht der wesentliche Unterschied zwischen dem vor 1977 geltenden Doppelbelastungssystem und dem Halbeinkünfteverfahren?

Aufgabe:

- Das Bundesministerium der Finanzen hat in einer Pressemitteilung vom 21.12.1999 behauptet, das HEV sei „international üblich". Das ist deshalb bemerkenswert, weil bisher allein Luxemburg ein derartiges Verfahren hat. In Österreich gibt es ein sog. „Halbsatzverfahren". Zeigen Sie die Unterschiede zwischen beiden Verfahren, wenn Sie Vollausschüttung annehmen und die Gesellschafter sich einem linear-progressiven Einkommensteuertarif gegenübersehen! (Lösungshinweis auf S. 151 f.)
- Durch das Gesetz zur Änderung steuerrechtlicher Vorschriften und zur Errichtung eines Fonds „Aufbauhilfe" (Flutopfersolidaritätsgesetz) vom 19. September 2002 wird der definitive KSt-Satz vorübergehend (VZ 2003) auf 26,5 % erhöht. Ergänzen Sie für diesen Steuersatz die Übersicht auf Seite 148 und ermitteln Sie den kritischen ESt-Satz.

Einen Überblick über die Unterschiede zwischen der Besteuerung der **Kapitalgesellschaft** nach HEV **gegenüber** der **Personengesellschaft** verschafft die folgende Grafik. Die Linien sind jeweils bis zu Steuersätzen von 100 % (dezimal: 1) dargestellt, weil so deren Konstruktion einfach ersichtlich wird.

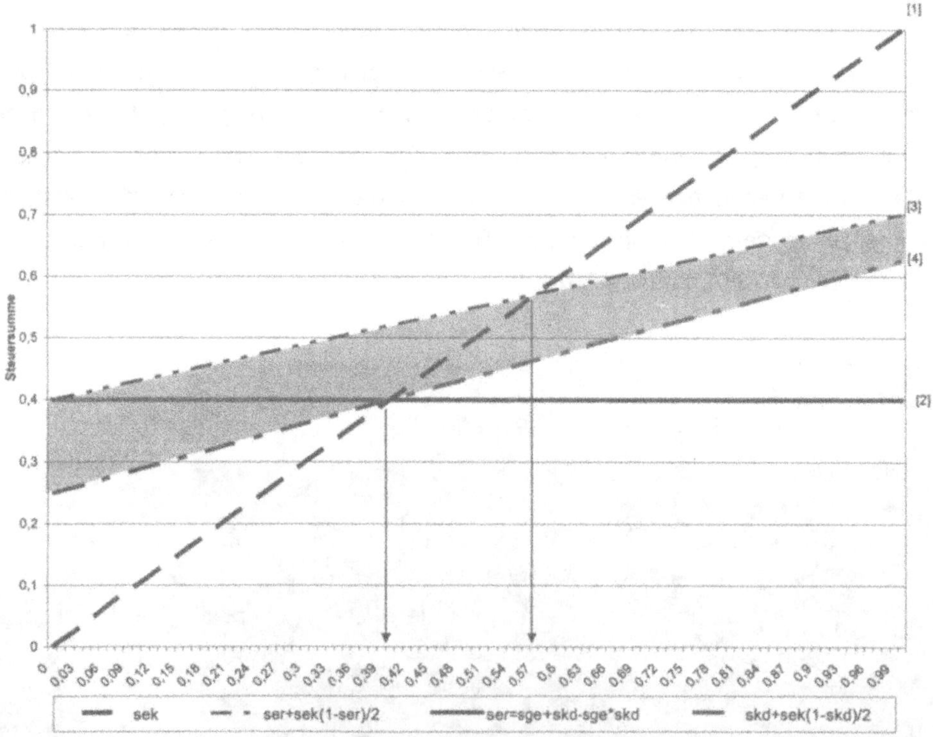

Die ESt der Gesellschafter der Personengesellschaft folgt der 45°-Linie [1] unter der Prämisse, dass die Gewerbesteuer genau der Gewerbesteuerentlastung entspricht. Die thesaurierende Kapitalgesellschaft ist mit 25 % Definitiv-KSt und 20 % Gewerbesteuer (unterstellt: Hebesatz = 5, Gewerbesteuer ist Betriebsausgabe bei der KSt) belastet [2]. Schüttet sie Gewinne aus, so hat die Linie für die Vollausschüttung wegen des Halbeinkünfteverfahrens die Steigung 0,5 [3]. Daraus lassen sich – in statischer Betrachtung – Vorteilsbereiche für eine der Rechtsformen abschätzen. Indifferenzpunkte hängen vom Gewerbesteuerhebesatz ab; bei h = 5 liegen sie bei ESt-Sätzen von 0,4 und 0,571. Der schraffierte Bereich gilt für Hebesätze von 0 % [4] bis 500 % [3].

Lösungshinweis zur Aufgabe auf S. 150:

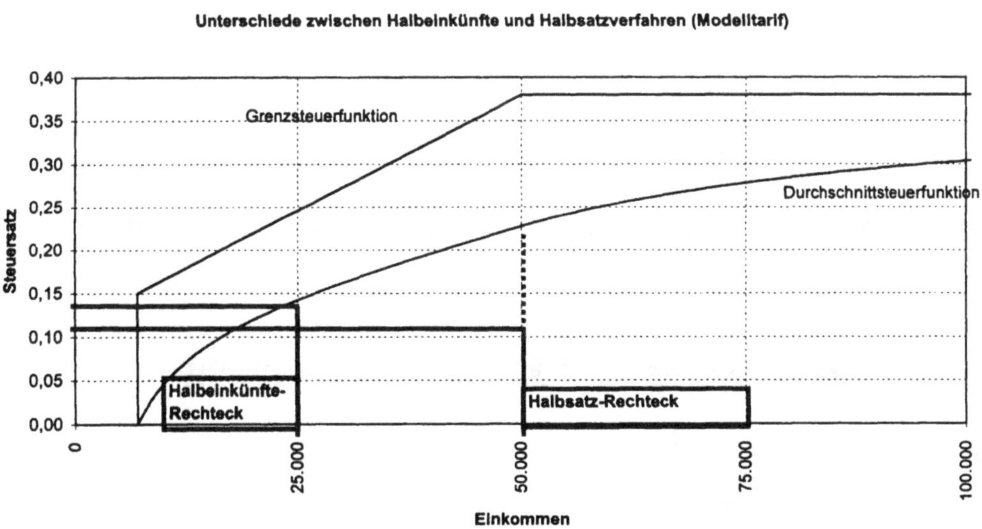

Die Grafik – mit einer linear-progressiven Modell-Tariffunktion – verdeutlicht die Unterschiede zwischen Halbeinkünfte- und Halbsatzverfahren anhand der Rechtecke, die sich unter Verwendung der Durchschnittsteuerfunktion ergeben. Bei einem Einkommen von 50.000 € sind knapp 15 % von 25.000 € (ca. 3.750 €) erheblich weniger Steuer als rd. 12 % von 50.000 € (ca. 6.000 €).

Der Unterschied bei **indirekter Progression** lässt sich einfach darstellen. Es gelte nach der Freistellung des Existenzminimums ($Y > Y_0$) ein proportionaler Einkommensteuersatz „s“:

Halbeinkünfteverfahren		Halbsatzverfahren
$T^{HEV} = s \cdot (Y / 2 - Y_0) = 0{,}5 \cdot s \cdot Y - \mathbf{s \cdot Y_0}$	<	$T^{HSV} = s / 2 \cdot (Y - Y_0) = 0{,}5 \cdot s \cdot Y - \mathbf{0{,}5 \cdot s \cdot Y_0}$

Hier wirkt sich der Absolutbetrag beim Halbeinkünfteverfahren vollständig, beim Halbsatzverfahren nur zur Hälfte aus.

Das entspricht dem Ergebnis bei **direkter (linearer) Progression**, bei der zusätzlich ein Vorteil beim Parameter a_2 resultiert. Die ESt-Funktion lautet voraussetzungsgemäß:

$$T(Y) = a_2 \cdot Y^2 + a_1 \cdot Y + a_0$$

Besteht das gesamte Einkommen aus Gewinnausschüttungen, so kann vereinfacht wie folgt verglichen werden, wenn ein Halbsatzverfahren mit halbem Durchschnittsteuersatz angenommen wird:

Halbeinkünfteverfahren	Halbsatzverfahren mit halbem Durchschnittsteuersatz
$T^{HEV} = a_2 \cdot (Y / 2)^2 + a_1 \cdot (Y / 2) + a_0$	$T^{HSV} = 0{,}5 \{[a_2 \cdot Y^2 + a_1 \cdot Y + a_0] / Y\} \cdot Y$
$T^{HEV} = (a_2 / 4) \cdot Y^2 + (a_1 / 2) \cdot Y + a_0$	$T^{HSV} = (a_2 / 2) \cdot Y^2 + (a_1 / 2) \cdot Y + a_0 / 2$
relativer Vorteil beim Halbeinkünfteverfahren (a_2 ist positiv, a_0 negativ):	
$0{,}25 \cdot a_2 \cdot Y^2 + \lvert a_0 / 2 \rvert$	

4.2 Steuersubjekte und Art der Steuerpflicht

§§ 1 bis 6 KStG

Fragen:

- Wann beginnt die Steuerpflicht einer Kapitalgesellschaft?
- Kann bei einem nichteingetragenen Verein KSt anfallen?
- Ist die ökonomisch weitgehend einer Kapitalgesellschaft vergleichbare GmbH & Co. KG körperschaftsteuerpflichtig?
- Was sagt das KStG über Hoheitsbetriebe?
- Handelt es sich z. B. bei Schlachthöfen und Universitäten um Hoheitsbetriebe?

Literatur: *Tipke / Lang* (2002), S. 447 – 451.

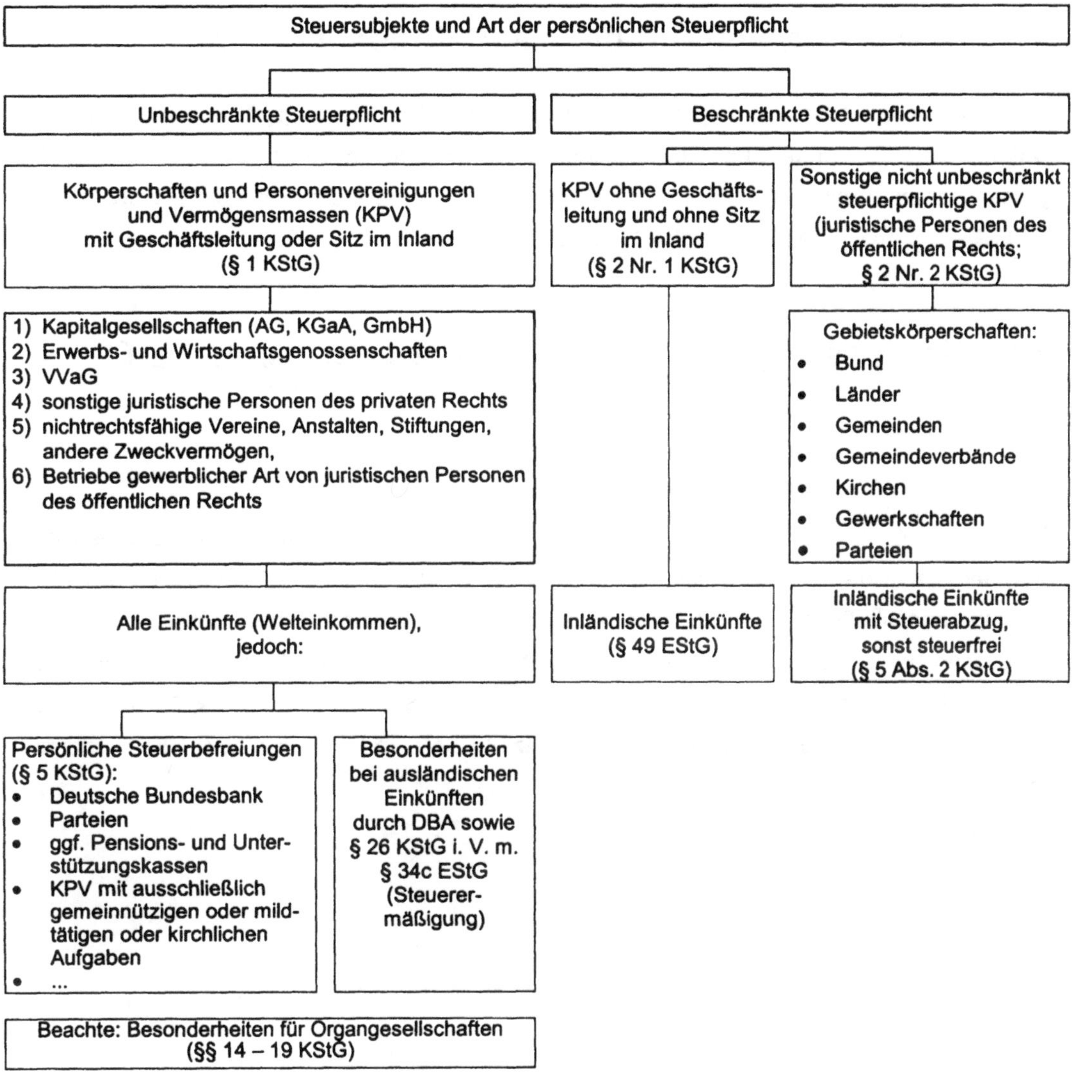
Steuersubjekte und Art der persönlichen Steuerpflicht
Unbeschränkte Steuerpflicht
Beschränkte Steuerpflicht
Körperschaften und Personenvereinigungen und Vermögensmassen (KPV) mit Geschäftsleitung oder Sitz im Inland (§ 1 KStG)
KPV ohne Geschäftsleitung und ohne Sitz im Inland (§ 2 Nr. 1 KStG)
Sonstige nicht unbeschränkt steuerpflichtige KPV (juristische Personen des öffentlichen Rechts; § 2 Nr. 2 KStG)
1) Kapitalgesellschaften (AG, KGaA, GmbH)
2) Erwerbs- und Wirtschaftsgenossenschaften
3) VVaG
4) sonstige juristische Personen des privaten Rechts
5) nichtrechtsfähige Vereine, Anstalten, Stiftungen, andere Zweckvermögen,
6) Betriebe gewerblicher Art von juristischen Personen des öffentlichen Rechts
Gebietskörperschaften:
• Bund
• Länder
• Gemeinden
• Gemeindeverbände
• Kirchen
• Gewerkschaften
• Parteien
Alle Einkünfte (Welteinkommen), jedoch:
Inländische Einkünfte (§ 49 EStG)
Inländische Einkünfte mit Steuerabzug, sonst steuerfrei (§ 5 Abs. 2 KStG)
Persönliche Steuerbefreiungen (§ 5 KStG):
• Deutsche Bundesbank
• Parteien
• ggf. Pensions- und Unterstützungskassen
• KPV mit ausschließlich gemeinnützigen oder mildtätigen oder kirchlichen Aufgaben
• ...
Besonderheiten bei ausländischen Einkünften durch DBA sowie § 26 KStG i. V. m. § 34c EStG (Steuerermäßigung)
Beachte: Besonderheiten für Organgesellschaften (§§ 14 – 19 KStG)

4.3 Steuergegenstand bei Kapitalgesellschaften

Das KStG verlangt bei Kapitalgesellschaften, da diese buchführungspflichtig sind, dass alle Einkünfte als Einkünfte aus Gewerbebetrieb „zu behandeln sind"; es wird bei Kapitalgesellschaften somit immer eine gewerbliche Tätigkeit unterstellt (§ 8 Abs. 2 KStG i. V. m. § 6 HGB, § 3 Abs. 1 AktG, § 13 Abs. 3 GmbHG).

4.4 Bemessungsgrundlage: Einkommen nach KStG

§§ 7 – 10 KStG

Die Übersicht auf Seite 155 enthält die Einzelschritte zur Ermittlung der Bemessungsgrundlage „zu versteuerndes Einkommen" und der Tarifbelastung. Sie werden in dieser Reihenfolge anschließend skizziert, ohne dass auf die Zwischenergebnisse eingegangen wird. Es können bei der Einkommensermittlung weitere Positionen hinzukommen; vgl. hierzu die Literatur. Formal knüpft das KStG an das EStG an (vgl. § 8 Abs. 1 i. V. m. § 7 Abs. 1 KStG, Abschn. 27 KStR), weshalb das KStG als Spezialgesetz im Verhältnis zum EStG aufzufassen ist.

1	±	**Steuerbilanz-Ergebnis**	Abgeleitet aus dem Handelsbilanz-Ergebnis
2	+	Verdecktes Einkommen (§ 8 Abs. 3 KStG) (verdeckte Gewinnausschüttungen)	
3	+	Nichtabziehbare Steueraufwendungen nach § 10 Nr. 2 KStG	▪ Körperschaftsteuer ▪ Umsatzsteuer auf Umsätze, die Entnahmen oder vGA sind ▪ Vorsteuerbeträge für Aufwendungen und Nebenleistungen, für die ein Abzugsverbot besteht ▪ Ausländische Steuern vom Einkommen oder Vermögen
4	+	Sonstige nichtabziehbare Aufwendungen	▪ Spenden (soweit nicht nach § 9 Abs. 1 Nr. 2 KStG abzugsfähig) ▪ Satzungspflichtaufwendungen (§ 10 Nr. 1 KStG) ▪ Geldstrafen etc. (§ 10 Nr. 3 KStG) ▪ 50 % der Aufsichtsratsvergütungen etc. (§ 10 Nr. 4 KStG)
5	–	Steuerfreie Erträge	Besonders Ausschüttungen von anderen Körperschaften und Veräußerungsgewinne aus dem Verkauf von Anteilen an anderen Körperschaften (§ 8b KStG); vgl. dazu für natürliche Personen als Gesellschafter § 3 Nr. 40 EStG.
	=	**Einkommen vor Verlustabzug**	
6	–	Verlustabzug	§ 10d EStG (anwendbar aufgrund der §§ 7 Abs. 2, 8 Abs. 1 KStG, Abschn. 27 KStR; beachte dazu auch § 8 Abs. 4 KStG („Mantelkauf"))
	=	Einkommen	
7	–	Organträger(n) zuzurechnendes Einkommen	§§ 14 – 19 KStG
8	–	Freibeträge	Nur für bestimmte Körperschaften (§ 24 KStG), Genossenschaften, LuF-Vereine (§ 25 KStG) FB = 3.835 bzw. 15.339 € nicht für Kapitalgesellschaften, da diese ihren Gesellschaftern Einnahmen im Sinne des § 20 Abs. 1 Nr. 1 EStG vermitteln (Ausschüttungen)
	=	**zu versteuerndes Einkommen**	Regel-Bemessungsgrundlage (§ 7 Abs. 1 KStG)
9	*	multipliziert mit Tarifbelastung, i. d. R. 25 %	Beachte für das Jahr 2003: Regelsteuersatz 26,5 % (§ 23 Abs. 1 KStG)
	=	**festzusetzende KSt**	
10	–	Vorauszahlungen	§ 31 Abs. 1 KStG i. V. m. §§ 36, 37 EStG
	=	**Abschlusszahlung (+) bzw. Erstattung (–)**	

4.4.1 Steuerbilanzergebnis

§ 8 Abs. 2 KStG, § 5 EStG, § 6 HGB

Bei Kapitalgesellschaften ist das Ergebnis der Handelsbilanz Grundlage der Steuerbilanz (Maßgeblichkeitsprinzip) und muss dann nach steuerlichen Vorschriften zum Steuerbilanzergebnis übergeleitet werden.

Die Gewinngleichung von S. 84 lässt sich auf Kapitalgesellschaften übertragen. Dabei müssen jedoch die Symbole neu interpretiert werden. So gibt es bei Kapitalgesellschaften zwar im wörtlichen Sinne keine „Entnahmen", doch lassen sich darunter alle Vermögensabgänge bei der Kapitalgesellschaft mit Rücksicht auf das Gesellschaftsverhältnis subsumieren. Das bedeutet für die herrschende Interpretation des § 8 Abs. 3 KStG (verdecktes Einkommen und verdeckte Gewinnausschüttung), dass das Symbol „EN_t" auch diesen Sachverhalt enthalten muss. Es steht aber nichts im Wege, eine entsprechende Auffächerung der Symbolik vorzusehen, was zur Folge hat, dass auch die übrigen Symbole inhaltlich anzupassen sind. Dann kann z. B. geschrieben werden:

$$G_t = \Delta EK_t + (EN_t + vGA_t) - EI_t - vEI_t$$

Da auch nicht abziehbare Aufwendungen und steuerfreie Erträge zu berücksichtigen (und entsprechend abzugrenzen) sind, gilt:

$$G_t^{stpfl} = \Delta EK_t + (EN_t + vGA_t) - EI_t - vEI_t + NAA_t - SFE_t$$

$$= ER_t - SFE_t - (AU_t - NAA_t)$$

$$= SPE_t - AAU_t$$

Vgl. hierzu *Bareis* (1987), insbesondere S. 40 ff.

4.4.2 Verdecktes Einkommen

§ 8 Abs. 3 Satz 1 KStG:	Pflicht zur Aufdeckung verdeckten Einkommens
§ 8 Abs. 3 Satz 2 KStG:	Keine Einkommensminderung durch verdeckte Ausschüttung von Gewinnen oder Ausschüttungen für bestimmte Genussrechte

§ 8 Abs. 3 Satz 2 KStG wird überwiegend fehlinterpretiert, weil die grundlegende Bedeutung des ersten Satzes häufig nicht erkannt wird. Dieser erste Satz besagt: **Die Höhe des steuerlichen Einkommens darf durch Verteilungsmaßnahmen an Gesellschafter oder diesen nahe stehende Personen nicht verfälscht werden.** § 8 Abs. 3 Satz 2 KStG ist nur eine eigentlich überflüssige Erläuterung dieses Grundsatzes. Denn eine „Verteilung des Einkommens" kann – evtl. sogar über viele Jahrzehnte – allein auf der Ebene der Kapitalgesellschaft erfolgen, sie kann aber auch mit einer Ausschüttung verbunden sein.

Beispiel zu verdecktem Einkommen:

Der alleinige Gesellschafter-Geschäftsführer der Einmann-GmbH bucht eine in Höhe von z. B. 50 GE nicht angemessene Zuführung zur Pensionsrückstellung aufgrund einer ihm erteilten überhöhten Pensionszusage. Die Buchung: Personalaufwand an Pensionsrückstellung stellt, soweit es sich um diesen überhöhten Betrag von 50 handelt, „verteiltes Einkommen" dar, denn die 50 sind keine abziehbare Betriebsausgabe, sondern Einkommensbestandteil. Steuerlich ist die Buchung zu stornieren, sofern nicht bereits eine Korrektur des handelsrechtlichen Jahresabschlusses erfolgt (was hier nicht weiter zu untersuchen ist). Eine Ausschüttung liegt nicht vor, denn der Gesellschafter-Geschäftsführer hat keinen steuerbaren Zugang zu verzeichnen, sondern nur eine steuerlich nicht zu Einkünften führende Anwartschaft.

Beispiel zu verdecktem Einkommen, verbunden mit einer Ausschüttung:

Erhält der Gesellschafter zusätzlich zu einem angemessenen Gehalt 100 GE unter dem Namen „Geschäftsführergehalt" ausgezahlt, obwohl ein fremder Dritter niemals diesen Zusatzbetrag erhalten hätte, so darf auch dieser Betrag das Einkommen der Kapitalgesellschaft nicht mindern. Der Fall gleicht insoweit dem vorigen, als Einkommen vorliegt, dessen vorweggenommene Verteilung die Einkommenshöhe nicht mindern darf.

Außerdem liegt hier aber eine „Ausschüttung" vor, da das „Geschäftsführergehalt" ausbezahlt wurde und der Gesellschafter auch einen steuerbaren Zufluss zu verzeichnen hat. Auf der Ebene der Kapitalgesellschaft kann deshalb nicht die gesamte Buchung: Personalaufwand an Kasse storniert werden; lediglich der überhöhte Teil des Aufwands ist zu streichen und insoweit von Einkommen zu sprechen. Die Minderung der Kasse hat weitergehende Konsequenzen auf der Ebene des Gesellschafters: ihm sind Einkünfte zugeflossen. Dieser Aspekt wird auf S. 176 vertieft.

Die **herrschende Definition** (Abschn. 31 Abs. 3 Satz 1 KStR 1995 unter Berufung auf die Rechtsprechung des BFH) trifft daher den gesetzlichen Tatbestand nicht; sie ist in mehrfacher Hinsicht **fehlerhaft:**

„Eine verdeckte Gewinnausschüttung i. S. des § 8 Abs. 3 Satz 2 KStG ist eine Vermögensminderung oder verhinderte Vermögensmehrung, die durch das Gesellschaftsverhältnis veranlasst ist, sich auf die Höhe des Einkommens auswirkt und nicht auf einem den gesellschaftsrechtlichen Vorschriften entsprechenden Gewinnverteilungsbeschluss beruht."

Der Hinweis mag ausreichen, dass sich die verdeckte Gewinnausschüttung gerade **nicht** auf die Höhe des Einkommens auswirken darf; liegt nicht nur verdecktes Einkommen, sondern auch eine Ausschüttung vor, so vermindert diese (und die Steuer auf das verdeckte Einkommen) das Eigenkapital (die Einkommensrücklagen).

Fragen:
- Was sind verdeckte Gewinnausschüttungen? Stellen Sie Beispiele zusammen!
- Was versteht man unter Satzungspflichtaufwendungen?

Literatur: Vgl. ausführlicher *Brönner* (1999), C III; zutreffend ist die harsche Kritik von *Reiß* (1996); *Rose* (2001), S. 147, 153 – 158; *Wöhe* (1988), S. 207 – 224; *Schneeloch* (2003), S. 174 – 181. Vgl. ferner Abschn. 31 KStR 1995 sowie dort das Schema in Abschn. 24 (Einkommensermittlung).

4.4.3 Nichtabziehbare Steueraufwendungen

Personensteuern sind nach § 10 Nr. 2 KStG bei der Ermittlung der Bemessungsgrundlage der KSt nicht abziehbar. Sie stellen zwar handels- und steuerbilanziell Aufwand bzw. Betriebsausgaben dar, mindern somit das Steuerbilanzergebnis, müssen danach aber wieder hinzugerechnet werden. Dies hängt mit der Höhe des Steuersatzes zusammen. Ist er mit dem Bruttobetrag vor KSt zu multiplizieren, so ist er optisch geringer als bei Multiplikation mit dem Nettobetrag. Einem Satz von $s_b = 0{,}25$ vom Bruttobetrag entspricht ein Satz $s_n = 1 / 3$ vom Nettobetrag: $[1 / (1 - s_b)]$.

Das Abzugsverbot bei der USt entspricht dem früheren Abzugsverbot für die „Eigenverbrauch"-Tatbestände. Es soll bewirken, dass der private Konsum mit USt belastet wird.

4.4.4 Abziehbare und sonstige nichtabziehbare Aufwendungen

§ 3c, § 4 Abs. 4, 5 EStG, §§ 9, 10 KStG (ohne Personensteuern; vgl. dazu vorstehend)

Aufwendungen, die durch den Betrieb veranlasst sind, sind nach § 8 Abs. 1 Satz 1 KStG i. V. m. § 4 Abs. 4 EStG grundsätzlich abziehbar („**Betriebsausgaben**"). Derartige Aufwendungen können aber auch nach § 4 Abs. 5 EStG und § 10 Nrn. 1, 3 und 4 KStG ganz oder teilweise vom Abzug ausgeschlossen sein („NAA"). Innerhalb des KSt-Sektors sind darüber hinaus § 3c EStG und § 8b KStG zu beachten (siehe dazu S. 171).

Diese **sonstigen NAA** – also ohne Personensteuern – sind Eigenkapitalminderungen (Aufwendungen) auf der Ebene der Kapitalgesellschaft, die bei der Einkommensermittlung nicht als Betriebsausgabe abziehbar sind. Sie führen daher c. p. im Vergleich mit dem handelsrechtlichen Gewinn (Jahresüberschuss „JÜ") steuerlich zu einem höheren Gewerbeertrag und einem höheren Einkommen. Daraus resultiert wiederum eine erhöhte GewSt sowie eine erhöhte Definitiv-KSt zuzüglich SolZ bei der Kapitalgesellschaft.

Sieht man vereinfachend von gewerbesteuerlichen Hinzurechnungen und Kürzungen ab, setzt sich also das steuerliche Einkommen vor KSt und vor GewSt (= Gewerbeertrag vor Gewerbesteuer) „Y" aus dem Jahresüberschuss vor Steuern ($JÜ^v = JÜ + T = JÜ + S^{ge} + S^{kd}$) und den NAA zusammen, so kann die Belastung dieser sonstigen nichtabziehbaren Aufwendungen bestimmt werden, indem das Einkommen vor Steuern und NAA mit 1 normiert wird und sowohl die Steuern wie die NAA auf diese Größe bezogen werden. Man erhält Dezimalzahlen (Steuersätze „s" und NAA dezimal „naa"). Das Einkommen, das gerade ausreicht, um die nichtabziehbaren Aufwendungen und die durch sie ausgelösten Steuern auf der Ebene der Kapitalgesellschaft zu decken, lässt sich wie folgt veranschaulichen, wenn die beiden Dezimalgrößen zusammen 1 ergeben:

$s^{er,sol}$	$s^{ge} + (1 + s^{sol}) \cdot s^{kd} \cdot (1 - s^{ge})$	0,411
naa	$1 - s^{er,sol}$	0,589

Benötigt wird somit lediglich die Formel für die Thesaurierungsbelastung (einschl. SolZ symbolisiert mit $s^{er,sol}$) auf der Ebene der Kapitalgesellschaft. Die numerischen Werte ergeben sich für h = 5 und s^{kd} = 0,25. Die Steuerbelastung im Verhältnis zu den nichtabziehbaren Aufwendungen beträgt folglich s / (1 – s), numerisch ergibt sich 0,411 / 0,598 = 0,698. Die Rechnung mit einem Einkommen von 1.000 belegt dies.

Beispiel:

Jahresüberschuss vor Steuern, nach NAA	$JÜ + S^{kd} + S^{ge}$	411
+ nicht abziehbare Aufwendung	+ NAA	+ 589
= JÜ (= Y) vor Steuern und vor NAA	= Y	1.000
– GewSt (Gewerbesteuersatz 20 %)	$- s^{ge} \cdot Y$	– 200
= Einkommen nach GewSt	$= (1 - s^{ge}) \cdot Y$	800
– KSt und SolZ (26,375 %)	$- (1 + s^{sol}) \cdot s^{kd} \cdot (1 - s^{ge}) \cdot Y$	– 211
= Einkommen nach GewSt, KSt und SolZ	$= [(1 - s^{ge}) - (1 + s^{sol}) \cdot s^{kd} \cdot (1 - s^{ge})] \cdot Y$	589
– NAA	– NAA	– 589
= Jahresüberschuss nach Steuern	$[(1 - s^{ge}) - (1 + s^{sol}) \cdot s^{kd} \cdot (1 - s^{ge})] \cdot Y - NAA$	0

Um die Gesamtwirkung der nichtabziehbaren Aufwendungen zu bestimmen, ist die Gesellschafterebene einzubeziehen. Siehe dazu S. 177 f. NAA unterscheiden sich dadurch grundlegend von verdecktem Einkommen bzw. verdeckten Gewinnausschüttungen, als bei NAA keinerlei Bezug zur Gesellschaftereigenschaft besteht. VGA sind dagegen undenkbar, ohne dass der Begünstigte Gesellschafter oder eine diesem nahe stehende Person ist.

4.4.5 Steuerfreie Erträge

InvZulG, DBA, § 8b EStG

Steuerfreie Erträge („SFE") stammen zwar aus der operativen Tätigkeit der Gesellschaft, sind aber entweder aus wirtschaftspolitischen Gründen (z. B. Investitionszulagen) oder aus angeblichen oder tatsächlichen Systemgründen von der KSt befreit. Bei einer definitiven Körperschaftsteuer ist die Steuerbefreiung **empfangener Ausschüttungen** nach § 8b **Abs. 1** KStG innerhalb des KSt-Sektors konsequent. Es handelt sich um realisiertes Einkommen aus operativer Tätigkeit der ausschüttenden Kapitalgesellschaft, auf dem bereits eine definitive KSt lastet. Eine nochmalige Belastung mit KSt würde zu Mehrfachbelastungen führen.

Fragen und Aufgaben:

- Prüfen Sie, ob diese Wirkungen innerhalb des Körperschaftsteuersektors (Vermeidung der Doppelbelastung bzw. des „Kaskadeneffekts") auch im Anrechnungsverfahren erreicht wurden.
- Welche Besteuerungsfolgen treten ein, wenn das realisierte Einkommen der Kapitalgesellschaft an eine gewerbesteuerpflichtige Personengesellschaft ausgeschüttet wird? Vergleichen Sie diese mit einer direkten Beteiligung der natürlichen Person an der Kapitalgesellschaft.

Völlig anders liegt der Fall bei der **Veräußerung** von Anteilen an anderen Kapitalgesellschaften innerhalb des KSt-Sektors (§ 8b **Abs. 2** KStG). Bei der veräußernden Kapitalgesellschaft handelt es sich – bei Veräußerungspreis ungleich Buchwert – um eine realisierte Reinvermögensänderung, der keine Steuervorbelastung (bei Veräußerungsverlust: keine Steuervorentlastung) auf der Ebene der Tochtergesellschaft gegenübersteht.

Soweit im Kaufpreis der Anteile die erwarteten Überschüsse der Tochter-Kapitalgesellschaft in der Zukunft vergütet werden, sind diese noch nicht mit Definitiv-KSt belastet. Diese erwartete Definitivbelastung wird sich – abgezinst – als latente Steuerschuld im Kaufpreis niederschlagen. Nach den sonst geltenden Bilanzierungsvorschriften hat die Mutter-Kapitalgesellschaft durch den Verkauf einen endgültig bei ihr verbleibenden Gewinn realisiert, der bei ihr nach § 8b Abs. 2 KStG steuerfrei ist. Für die erwerbende Kapitalgesellschaft („Käuferin") gelten Einschränkungen (§ 8b Abs. 3 KStG), um in der Zukunft die Einmalbesteuerung zu sichern. Somit ist für diese Fälle das Realisationsprinzip steuerlich außer Kraft gesetzt.

Systematisch fragwürdige Regelungen eröffnen Gestaltungsspielräume für die Steuerpflichtigen. So können nach Bedarf die unterschiedlichen steuerlichen Folgen eines „share" deal gegenüber einem „asset" deal ausgenutzt werden. Wenn eine Kapitalgesellschaft ihre Produktion – z. B. ein Kraftwerk oder ein Fabrikgebäude – nicht direkt veräußert, sondern rechtzeitig zuvor in eine Kapitalgesellschaft einkleidet, kann sie die Beteiligung steuerfrei verkaufen. Die Realisation ihres in einen Verkaufsgewinn aus Anteilen verwandelten Produktionsgewinn wird in die Zukunft und auf den Erwerber verlagert. Die dabei möglichen Ersparnisse können sich die Beteiligten teilen. Hierin liegt ein zentraler Unterschied zwischen Halbeinkünfteverfahren und Anrechnungssystem. Im Anrechnungssystem wurde dieser Gewinn der verkaufenden Muttergesellschaft sofort mit KSt belastet.

Hiervon streng zu unterscheiden ist die Diskussion um den sog. lock-in- oder Einsperr-Effekt. Der Ersatz eines „asset" deal durch einen „share" deal hat damit nichts zu tun. Der lock-in-Effekt rührt von der unterschiedlichen Höhe der Steuersätze bei der Körperschaftsteuer (mit Gewerbesteuer) gegenüber der Einkommensteuer her. Im obigen Zusammenhang geht es um die Verschiebung der Versteuerung eines realisierten Gewinns und zusätzlich um die Verlagerung auf eine andere Personengruppe (interpersonelle Übertragung). Ein Beispiel unter Vernachlässigung der Gewerbesteuer kann dies verdeutlichen:

> **Beispiel**: Hersteller H, eine Kapitalgesellschaft, produziert ein Kraftwerk mit Herstellungskosten von 40 und einem Verkaufspreis von 100. Bei direktem Verkauf wird heute die KSt mit 25 % von 60 = 15 fällig. H bleiben 85, also ein Nettogewinn von 45. Geht der Auftrag an eine eigens gegründete Tochter-GmbH, so fallen die Herstellungskosten von 40 dort an. Verkauft der Hersteller nun die Anteile an dieser Tochter, so wird H dafür – je nach Situation – mehr als nur 85 steuerfrei bekommen können. Die Kaufpreisdifferenz zwischen Direkt- bzw. Beteiligungsverkauf hängt zunächst davon ab, welche steuerlichen Folgen sich beim Erwerber einstellen und wann sich dort die fehlende Abschreibungsmasse auswirkt. Dazu ist zu prüfen, in welchem Umfang beim Erwerber die Anschaffungskosten bei den beiden Alternativen steuerlich geltend gemacht werden können. Der hieraus resultierende Steuernachteil des Erwerbers tritt – im Vergleich mit der Sofortbesteuerung beim Hersteller beim Direktverkauf – in der Regel zeitlich verteilt erst in der Zukunft ein, weshalb sich Hersteller und Erwerber diesen positiven Steuereffekt in irgendeiner Weise aufteilen können.

Aufgaben:
Lesen Sie die Begründung von *Scheffler* (2003) für die seiner Ansicht nach gerechtfertigte Steuerbefreiung nach § 8b KStG und nehmen Sie kritisch zu den dortigen Modellprämissen Stellung.

Literatur: *Elser* (2002).

4.4.6 Verlustabzug

§ 7 Abs. 2, § 8 Abs. 1 und Abs. 4 KStG

Nach den ersten fünf Ermittlungsschritten berechnet sich das „Einkommen vor Verlustabzug", das im jeweiligen Veranlagungszeitraum erwirtschaftet worden ist. Diese (algebraische) Summe kann auch negativ sein. Da eine Kapitalgesellschaft nicht mehrere Einkunftsarten haben kann, gibt es bei ihr keinen horizontalen oder vertikalen Verlustausgleich. Wegen des Trennprinzips wird der Verlust auch nicht direkt den Gesellschaftern zugeordnet. Daher muss auf der Ebene der Kapitalgesellschaft eine intertemporale Verlustverrechnung – Verlustrücktrag und Verlustvortrag – erfolgen. Hierbei ist § 10d EStG zu berücksichtigen. Demnach gibt es auch für Kapitalgesellschaften einen – auf 511.500 Euro begrenzten – einjährigen Verlustrücktrag und einen zeitlich unbegrenzten Verlustvortrag (Verlustabzug). Die Beschränkungen des Verlustabzugs nach § 10d Abs. 1 Satz 2 bis 8 und Abs. 2 Satz 2 bis 4 EStG gelten für Kapitalgesellschaften deshalb nicht, weil sie nur gewerbliche Einkünfte haben und die für natürliche Personen geltenden Bestimmungen auf sie nicht anwendbar sind.

Die Berücksichtigung von Verlusten ist gegenüber dem Anrechnungssystem erheblich einfacher. Der Verlustrücktrag bewirkt eine Minderung der (Gewerbe- und) Körperschaftsteuerschuld des Vorjahres, die im Jahre des Abzugs handelsrechtlich zu einem Ertrag führt und damit das Ausschüttungspotential erhöht. Nebenrechnungen für die Vergangenheit sind nicht mehr erforderlich. Folgendes Beispiel ohne GewSt bei einem KSt-Satz 25 % zeigt dies:

Jahr	Einkommen	KSt vor Verlust-rücktrag	Verlust-rücktrag	Einkommen nach Verlust-rücktrag	KSt-Erstattung	KSt insgesamt
01	+ 1.000	– 250	– 600	+ 400	+ 150	– 100
02	– 600	0	+ 600	0	0	0
Σ	+ 400					– 100

Für das Jahr 01 wird zunächst eine KSt von 250 und ein Jahresüberschuss von 750 ermittelt. Für den Verlustabzug ist gleichgültig, ob die 750 ausgeschüttet werden oder nicht. Die Veranlagung für 01 wird nach Kenntnis des Verlustes 02 geändert; das für 01 zu versteuernde Einkommen beträgt dann (1.000 – 600=) 400, die KSt wird von 250 auf 100 herabgesetzt. Es entsteht ein Erstattungsanspruch von 150, der regelmäßig im Jahr 03 zufließt, da erst dann die Ergebnisse des Jahres 02 feststehen.

Begrenzung des Verlustrücktrags

Die Verlustrücktragsbeschränkung des § 8 KStG i. V. m. § 10d EStG lautet (*Bareis* (2003)):

$$\mathbf{VRT_{\rightarrow t-1} = Max\ [Min\ (|-Y_t|;\ 511.500\ €;\ Y_{t-1});\ 0].}$$

Die folgende Übersicht enthält Beispiele zu den denkbaren Fällen in T€:

	Y_t	Y_{t-1}	VRT
Fall 1	– 200	300	200
Fall 2	– 600	700	511,5
Fall 3	– 600	300	300
Fall 4	– 600	– 100	0

Der sog. Mantelkauf (§ 8 Abs. 4 KStG)

Die Vorschrift des § 8 Abs. 4 KStG verbietet den Verlustabzug vor allem in den Fällen, in denen ein wesentlicher Wechsel im Gesellschafterkreis stattfindet und die Gesellschaft ihre Tätigkeit mit „überwiegend neuem Betriebsvermögen" fortführt oder wieder aufnimmt. Ausnahmen gelten für Sanierungsfälle. Es handelt sich hier um eine „pragmatische" Regelung zur Eindämmung des sog. „Mantelkaufs", deren prinzipielle Einordnung kaum möglich ist:

- Einerseits kann argumentiert werden, dass nur die Gesellschafter (natürlichen Personen) in den „Genuss" des Verlustabzugs kommen sollen, die diesen auch erlitten haben; insoweit ließe sich die Grenze – Veräußerung bis höchstens der Hälfte der Anteile ist unschädlich – halbwegs verstehen.
- Diese Sichtweise auf die Gesellschafter ist jedoch beim Systemwechsel – fälschlich – völlig verlassen und eine eigenständige Leistungsfähigkeit der Kapitalgesellschaft fingiert worden, die eigentlich zur Folge haben müsste, dass der Verlustabzug auf der Ebene der Kapitalgesellschaft völlig unabhängig vom Gesellschafterkreis gewährt werden müsste.
- Weder die juristische Person noch der Gesellschafterkreis spielen schließlich eine Rolle, wenn in Sanierungsfällen verlangt wird, dass annähernd derselbe Betrieb mindestens fünf Jahre aufrecht erhalten bleiben muss, obwohl nach § 8 Abs. 2 KStG gerade eine Zusammenfassung aller Tätigkeiten der Kapitalgesellschaft unter das Merkmal der „gewerblichen Einkünfte" erfolgt.

Wird der Mantelkauf anerkannt und arbeitet die Kapitalgesellschaft danach mit Gewinn, dann muss dieser bis zur Aufzehrung des Verlustabzugs nicht versteuert werden, was – verglichen mit einer Neugründung – regelmäßig zu einem Zinsvorteil führt.

4.4.7 Organeinkommen

§§ 14 ff. KStG

Haben natürliche bestimmte juristische Personen oder bestimmte Personengesellschaften einzeln oder zusammengeschlossen (Organträger) eine Kapitalgesellschaft mit Sitz **und** Geschäftsleitung im Inland (Organgesellschaft) durch ihre finanzielle Beteiligung (Mehrheit der Stimmrechte) in ihrer Verfügungsmacht und schließen sie mit der Kapitalgesellschaft einen (gesellschaftsrechtlichen) Gewinnabführungsvertrag (mit Verpflichtung zur Verlustübernahme) ab, so wird steuerlich das Einkommen des Organs dem Organträger zugerechnet.

Muss das Organ außenstehenden Anteilseignern Ausschüttungen („Garantiedividenden") zahlen, so muss es diese selbst versteuern (§ 16 KStG). Sie sind damit nicht Bestandteil des dem Organträger zuzurechnenden Einkommens. Der Steuersatz, bezogen auf die Ausschüttung, beläuft sich insoweit auf s / (1 – s), beim KSt-Satz von 25 % somit auf 25 / 75 = 1 / 3 = 33,3 %. Ihr eigenes Einkommen setzt sich aus der Ausschüttung (AS) und dieser Steuer zusammen, beträgt folglich (3 / 3 + 1 / 3 =) 4 / 3 der Ausschüttung (§ 16 nennt diesen Bruch).

Aufgaben:

- § 14 KStG beschreibt die Organschaft am Modell der AG. Vergleichen Sie dies mit § 17 KStG.
- Begründen Sie, weshalb das KStG zwischen Gewinnabführung und Einkommenszurechnung unterscheidet.
- Eine Organgesellschaft darf Beträge aus dem Jahresüberschuss in eine Gewinnrücklage einstellen, wenn dies „wirtschaftliche begründet ist" (§ 14 Abs. 1 Nr. 4 KStG). In einem solchen Fall ist c. p. das dem Organträger zuzurechnende Einkommen höher als der erhaltene (abgeführte) Gewinn. Erläutern Sie, weshalb für diese „Minderabführung" § 27 Abs. 6 KStG eine Erhöhung des Einlagenkontos der Organgesellschaft vorschreibt.
- § 14 Abs. 2 KStG regelte vor wenigen Jahren erstmals gesetzlich die sog. „Mehrmütterorganschaft". Verfolgen Sie die Entwicklung dieser Bestimmung, wie sie in den Schlussvorschriften des KStG (§ 34 Abs. 6) dargestellt ist. Das sog. „Steuervergünstigungsabbaugesetz" – es ist in Wirklichkeit ein „Steuerbenachteiligungserweiterungsgesetz" – schafft diese Bestimmungen ohne Begründung wieder ab. Halten Sie dies für systematisch richtig?
- Welche Wirkungen haben Zwischengewinne bzw. -verluste innerhalb des Organkreises?

4.4.8 Freibeträge

In der Übersicht auf S. 155 ist schon darauf hingewiesen, dass die hier allein interessierenden Kapitalgesellschaften keine Freibeträge erhalten. § 24 KStG gewährt diese nur solchen unbeschränkt steuerpflichtigen KPV, die keine Ausschüttungen im Sinne des § 20 Abs. 1 Nrn. 1 und 2 EStG vornehmen können, sowie für bestimmte Vereine.

4.5 Die Tarifbelastung

§ 23 KStG

Tarifmäßige KSt (§ 23 KStG)	
Regelsatz 25 % des zu versteuernden Einkommens § 23 Abs. 1 KStG	Beachte: Regelsatz für das Jahr 2003: 26,5 % § 34 Abs. 11a KStG

Die Multiplikation des Regelsatzes mit dem zu versteuernden Einkommen ergibt die festzusetzende Körperschaftsteuer. Hiervon sind – wie nachfolgend beschrieben – die für den VZ entrichteten Vorauszahlungen abzuziehen. Da die KSt bei der Einkommensermittlung eine nichtabziehbare Aufwendung ist (Nr. 3 der Übersicht auf S. 155), verändern die Buchungen für die Abschlusszahlung bzw. Erstattung die körperschaftsteuerliche Bemessungsgrundlage nicht: Der höhere Aufwand in der Handelsbilanz vermindert zwar das Steuerbilanzergebnis, dies wird aber durch die Hinzurechnung der Steuer unter Nr. 3 voll ausgeglichen. Entsprechendes gilt bei Erhöhung des Steuerbilanzergebnisses durch die Buchung einer sonstigen Forderung.

Frage:

- Lässt sich die Abweichung der KSt-Tarifbelastung vom Spitzensatz der ESt (48,5 % bzw. 42 % ab dem Jahr 2005) begründen?
- Beziehen Sie in Ihre Überlegungen auch die Gewerbesteuer ein und beachten Sie, dass diese bei Personenunternehmen pauschal bei der ESt angerechnet wird.

4.6 Vorauszahlungen und Übergangsregelung für die Anrechnungs-KSt

§ 31 KStG i. V. m. §§ 36, 37 EStG

Die festzusetzende KSt wird noch um die geleisteten Vorauszahlungen und für Rechnung der Kapitalgesellschaft einbehaltene Steuerabzugsbeträge gemindert. Übersteigt die festzusetzende KSt diese Beträge, so ermittelt sich eine Abschlusszahlung, die grundsätzlich als Rückstellung (oder Verbindlichkeit) zu buchen ist. Im umgekehrten Fall ist bei wesentlichen Abweichungen eine (sonstige) Forderung zu aktivieren.

Schwierige Fragen ergeben sich durch die Übergangsregelungen zum Systemwechsel vom Anrechnungs- zum Halbeinkünfteverfahren. Besonders der durch das StVergAbG veränderte § 37 KStG begegnet erheblichen systematischen Bedenken und ist auch verfassungsrechtlich fragwürdig. Ursprünglich sollte bei Ausschüttung die noch nicht verbrauchte Anrechnungs-KSt (grundsätzlich 40 % KSt-Satz) faktisch zu einer Definitiv-KSt von 30 % umgewandelt werden, wobei auf der Gesellschafterebene nur die halbe Bemessungsgrundlage angesetzt wird (ausgenommen: Kapitalgesellschaften als Gesellschafter). Aus Haushaltsgründen hat das StVergAbG diese Regelungen ausgesetzt („Moratorium“) und den Übergangszeitraum gestreckt.

Hinweis:
Lesen Sie zur Problematik des „gefangenene Eigenkapitals“ den Aufsatz von *Homburg / Theisen* (2000); *Birk* (2003) begründen ausführlich, weshalb der Bundesgesetzgeber ihres Erachtens für diese Regelung gar keine Gesetzgebungskompetenz hat.

4.7 Eigenkapitalgliederung bei der Kapitalgesellschaft

Im Unterschied zum früheren Anrechnungssystem werden für die steuerliche Eigenkapitalgliederung bei der Kapitalgesellschaft wesentlich weniger Unterscheidungen benötigt. Auch führen Ausschüttungen nicht mehr zu Minderungen der KSt. Auch die früher hilfreiche Thesaurierungsfiktion hat ihre Bedeutung verloren. Dennoch kann es auch im HEV sinnvoll sein, zunächst die Annahme der Thesaurierung zu treffen und daraufhin die Folgen einer (verdeckten) Gewinnausschüttung zu analysieren.

Die Gliederung des Eigenkapitals muss auch im HEV erkennen lassen, ob es sich um Einlagen der Anteilseigner handelt, die bei Auskehrung an den Gesellschafter grundsätzlich bei diesem kein Einkunftsbestandteil sein dürfen, oder ob es Gewinn- (bzw. Einkommens-) Rücklagen aus dem operativen Geschäft der Kapitalgesellschaft sind, deren Ausschüttung bei natürlichen Personen als Gesellschaftern zu (Halb-) Einkünften führen muss. Für Einlagen, die grundsätzlich keine Steuerwirkungen haben dürfen, wird teilweise der Begriff „neutrales Vermögen“ verwendet. Das ist deshalb missverständlich, weil damit keine positiven oder negativen Wirtschaftsgüter gemeint sind, sondern eine (abstrakte) Eigenkapitalgröße. Die folgende Übersicht unterstellt, dass keine (ggf. umgewandelten) Gewinnrücklagen aus der Zeit vor dem HEV bestehen; dieser Fall wird anschließend nur kurz erläutert.

Der Sinn der nachfolgenden steuerlichen Gliederung erschließt sich, wenn erkannt wird, dass eine Eigenkapitalherabsetzung, die aus Gewinnrücklagen stammt, wie eine Gewinnausschüttung behandelt werden muss, während eine bloße Rückzahlung von Einlagen der Anteilseigners diese Rechtsfolge nicht haben darf. Diese Grundsätze gelten auch für Rücklagen aus der Zeit der Geltung des Anrechnungssystems; hier müssen allerdings die komplizierten Übergangsregelungen beachtet werden.

Literatur zu den Übergangsregelungen: *Dötsch / Pung* (2002) und (2001).

Eigenkapitalbestandteile nach Handels- und Körperschaftsteuerrecht				
	1	2	3	4
1	Nennkapital		Kapitalrücklage	Gewinnrücklagen
2	Einlagen der Anteilseigner in das Nennkapital	Umgewandelte Gewinnrücklagen nach dem Systemwechsel zum HEV	Einlagen der Anteilseigner (Agio), die nicht in das Nennkapital geleistet sind	Thesaurierte Gewinne aus der operativen Geschäftstätigkeit der Kapitalgesellschaft
3	Gezeichnetes Kapital	Sonderausweis nach § 28 Abs. 1 Satz 3 KStG	Steuerliches Einlagenkonto (§ 27 KStG)	Einkommensrücklagen
4		Sonderbehandlung bei Kapitalherabsetzungen: gilt als Gewinnausschüttung (§ 28 Abs. 2)		Auskehrung ist Gewinnausschüttung

Keine Gewinnausschüttungen

Halbeinkünfteverfahren

Die Bezeichnung „Einkommensrücklagen“ soll besagen, dass diese Beträge aus dem operativen Geschäft der Kapitalgesellschaft stammen. Allerdings kann auch das Einkommen eines Jahres nicht voll „zurückgelegt“ werden. Denn das Einkommen (nach Gewerbesteuer) ist um die (bei der Einkommensermittlung hinzugerechneten) nichtabziehbaren Aufwendungen (einschließlich der KSt selbst) zu mindern und um die steuerfreien Erträge zu erhöhen, um den jährlichen Zugang zu diesen Rücklagen zu ermitteln. Entsprechend mindern Gewinnausschüttungen diese Rücklagen.

4.8 Ausschüttungen auf der Ebene der Kapitalgesellschaft

§ 8 Abs. 3 Satz 2 KStG; siehe auch §§ 36 – 38 KStG (Übergang auf das HEV)

Die Besonderheit des HEV gegenüber dem vor 1977 in Deutschland geltenden „Doppelbelastungssystem" ebenso wie zum Anrechnungssystem besteht darin, dass (Gewinn-) Ausschüttungen der Kapitalgesellschaft auf deren Ebene zu keinen Veränderungen der Steuerbelastung mehr führen. Damals wurde die Doppelbelastung durch einen „gespaltenen Steuersatz" gemildert, der die KSt-Berechnung der Kapitalgesellschaft veränderte, wenn (Gewinn-) Ausschüttungen vorgenommen wurden. Das HEV mildert die Doppelbelastung durch die Halbierung der Bemessungsgrundlage bei einkommensteuerpflichtigen Gesellschaftern. Erfolgt die Ausschüttung an eine andere Kapitalgesellschaft, so bleibt sie dort steuerfrei, weil sie „vorbelastet" ist.

Ausschüttungen werden üblicherweise in folgende Gruppen eingeteilt:

- ordnungsgemäße Ausschüttungen
    - offene ordnungsgemäße Gewinnausschüttungen; ihre Grundlage ist ein ordentlicher gesellschaftsrechtlicher Gewinnverteilungsbeschluss;
    - Vorabausschüttungen (nur bei GmbH); sie können vor Ablauf des Wirtschaftsjahres erfolgen, wenn ausreichend Gewinn erwartet werden kann; ordentlicher gesellschaftsrechtlicher Gewinnverteilungsbeschluss notwendig
- verdeckte Gewinnausschüttungen;
- andere Ausschüttungen (Anwendungsbereich unklar).

Verdeckte Gewinnausschüttungen können beabsichtigt oder unbeabsichtigt sein; darauf kommt es bei ihrer Qualifizierung nicht an:

- Unbeabsichtigte vGA ergeben sich, wenn die Finanzbehörde nicht den von den Organen der Kapitalgesellschaft geäußerten Einschätzungen über die Angemessenheit von gesellschafterbezogenen Vorgängen folgt (und am Ende die Finanzrechtsprechung der Finanzbehörde zustimmt).
- Beabsichtigte vGA können zwei Ursachen haben, die auch zusammen vorliegen können:
    - Es ist eine Minderung der GewSt beabsichtigt (oder es liegt gar eine Steuerhinterziehung vor).
    - Es soll eine Gewinnverschiebung zu Lasten der übrigen Gesellschafter erfolgen.

4.9 Zusammenhang zwischen Gesellschafts- und Gesellschafterebene

4.9.1 Kapitalgesellschaften als Gesellschafter

§ 8b KStG, § 3c EStG

Die Steuerbefreiung innerhalb des KSt-Sektors (Ausschüttungen und Gewinne einer Kapitalgesellschaft aus Veräußerungen von Anteilen einer anderen Kapitalgesellschaft) ist einleitend schon besprochen worden. Hier sollen noch kurz einige Besonderheiten skizziert werden:

- Mit der Steuerbefreiung korrespondiert das Verbot der Verlustberücksichtigung bei der Veräußerung von Anteilen an anderen Kapitalgesellschaften (§ 8b Abs. 3 KStG spricht von „Gewinnminderungen").
- Bei Beteiligung an ausländischen Körperschaften muss die inländische (Mutter-) Kapitalgesellschaft eine pauschalierte Hinzurechnung nichtabziehbarer Betriebsausgaben (5 % der Bezüge nach § 8b Abs. 1 KStG) nach § 8b Abs. 5 KStG hinnehmen – eine Diskriminierung, die sowohl Vor- als auch Nachteile mit sich bringen kann, ohne dass hierfür ein systematisch einleuchtender Grund genannt werden kann, denn die tatsächliche ausländische Vorbelastung ist unbeachtlich.
- Völlig unsystematisch sind auch die Regelungen über die Abziehbarkeit von Betriebsausgaben (bzw. Werbungskosten). Innerhalb einer Beteiligungskette hängt diese davon ab, in welcher Gesellschaft die Betriebsausgaben angefallen sind. Denn nach § 3c Abs. 1 EStG dürfen Betriebsausgaben, die mit steuerfreien Einnahmen in wirtschaftlichem Zusammenhang stehen, nicht abgezogen werden. Liest man § 8b Abs. 1 KStG so, dass empfangene Ausschüttungen einer anderen Kapitalgesellschaft bei der Empfängerin „steuerfrei" sind, so darf die (Mutter-) Kapitalgesellschaft keine anteilsbezogenen Betriebsausgaben abziehen. Fallen diese Betriebsausgaben allerdings bei der Tochtergesellschaft an, dann sind sie voll abziehbar. Dieser Fehler wäre bei korrekter Interpretation vermeidbar, denn die Ausschüttungen der Tochtergesellschaft sind nicht „steuerfrei", sie sind „steuervorbelastet" und dürfen deshalb nicht mehrfach als Bemessungsgrundlage erscheinen. Die zugehörigen Betriebsausgaben müssen, unabhängig davon, wo sie anfallen, voll abziehbar sein. Für Werbungskosten des Anteilseigners gilt entsprechendes; siehe dazu S. 174 f.

4.9.2 Natürliche Personen als Gesellschafter

4.9.2.1 Übersicht

§ 3 Nr. 40 EStG, § 20 Abs. 1 Nr. 1 und 2 EStG

Sind die Gesellschafter der Kapitalgesellschaft natürliche Personen oder Personenmehrheiten, so gilt für sie das Halbeinkünfteprinzip: sie müssen grundsätzlich nur die Hälfte der Einnahmen bzw. Erträge versteuern. Dies ergibt sich aus dem – sprachlich und systematisch völlig verunglückten – § 3 Nr. 40 EStG.

Die in den folgenden Beispielen vernachlässigte GewSt kann eingefügt werden, indem das Einkommen (vereinfacht: Gewerbeertrag) nach GewSt mit dem „juristischen" Steuersatz multipliziert und diese GewSt dem Einkommen hinzugezählt wird. Von hier aus können dann die Gesamtbelastungen ermittelt werden. Die folgende Tabelle zeigt vereinfacht das Zusammenwirken von KSt und ESt beim Indifferenzsteuersatz 40 %:

A. Steuersätze ab 1.1.2001 ohne SolZ			**Gesell-schafter**	**Fiskus**
I.	**Gesellschaftsebene (Kapitalgesellschaft)**			
(1)	Einkommen (Vermögensmehrung) nach GewSt	100,00		
(2)	Tarifbelastung	– 25,00		+ 25,00
(5)	Barausschüttung (Dividende)	75,00		
(6)	KapSt gem. § 43 Abs. 1 Nr. 1 i. V. m. § 43a Abs. 1 Nr. 1 EStG (20 % von 75)	– 15,00		+ 15,00
(7)	Vorläufige Nettoausschüttung	60,00	0	+ 40,00
II.	**Gesellschafterebene (natürliche Person)**			
A.	Ermittlung der Bemessungsgrundlage			
(7)	Vorläufige Nettoausschüttung	60,00	60,00	
(8)	KapSt als Einkunftsbestandteil (6) („eigene Steuer" des Gesellschafters)	15,00		
(10)	Bruttoausschüttung (Einnahmen nach § 20 Abs. 1 Nr. 1 EStG)	75,00		
	Steuerpflichtige Hälfte (§ 3 Nr. 40 EStG)	37,50		
B.	Steuerberechnung			
(11)	Persönliche ESt des Anteilseigners (unterstellter Steuersatz 40 %, bezogen auf 37,5)	– 15,00		+ 15,00
(12)	Darauf anrechenbare KapSt (§ 36 Abs. 2 Nr. 3 EStG)	+ 15,00		– 15,00
(13)	Erstattungsanspruch bzw. Abschlusszahlung	0		
(14)	**Verfügungsbetrag des Gesellschafters bzw. Gesamtsteuer**		**60,00**	**40,00**

Der unterstellte ESt-Satz von 40 % ist als Differenzsteuersatz auf diese Einkünfte zu interpretieren. Bei diesem Satz wirkt das HEV wie das frühere Anrechnungssystem: es wird gerade die ESt-Belastung hergestellt.

Das ist jedoch lediglich ein Punkt innerhalb des möglichen Koordinatensystems. Falls der Anteilseigner keine ESt zu zahlen hat, verbleibt es bei der Definitivbelastung, die auf der Ebene der Kapitalgesellschaft erhoben worden ist. Dies kann schwerlich gerechtfertigt werden. Noch problematischer ist der andere denkbare Grenzfall: Der Anteilseigner unterliegt dem Spitzensteuersatz von 48,5 % (im Jahre 2003). Dann führt das HEV bei Vernachlässigung der Gewerbesteuer und bei Vollausschüttung zu einer geringeren Gesamtbelastung als bei reiner ESt-Belastung. Vgl. dazu die Graphik auf S. 150 f.

Bei **Einbeziehung des SolZ** ergibt sich folgende Gesamtbelastung:

$(1 + s^{sol}) \cdot s^{kd} + (1 + s^{sol}) \cdot s^{ek} \cdot [1 - (1 + s^{sol}) \cdot s^{kd}] / 2 \rightarrow$

$1{,}055 \cdot 0{,}25 + 1{,}055 \cdot 0{,}4 \cdot [1 - (1{,}055 \cdot 0{,}25)] / 2 = 0{,}4191.$

Aufgaben:
- Welches Ergebnis ergibt sich bei einer Tarifbelastung von 26,5 % (für das Jahr 2003)?
- Ergänzen Sie obige Formel um die Gewerbeertragsteuer, wobei zur Vereinfachung weder gewerbesteuerliche Hinzurechnungen noch Kürzungen vorliegen sollen.

4.9.2.2 Behandlung von Werbungskosten der Anteilseigner

§ 3c Abs. 2 EStG

Werbungskosten des Anteilseigners müssten voll abziehbar sein; die Verbindung zum HEV ist willkürlich, wenn man sich klar macht, dass Werbungskosten des Gesellschafters, fallen sie als Betriebsausgaben auf der Ebene der Kapitalgesellschaft an, zu einer „Steuervorentlastung" führen und damit eine **Ermäßigung** um die Definitiv-KSt und GewSt erfolgen würde. Das folgende Bild verdeutlicht die Unterschiede (vgl. bereits *Bareis* (2000b), S. 141, und (2003)).

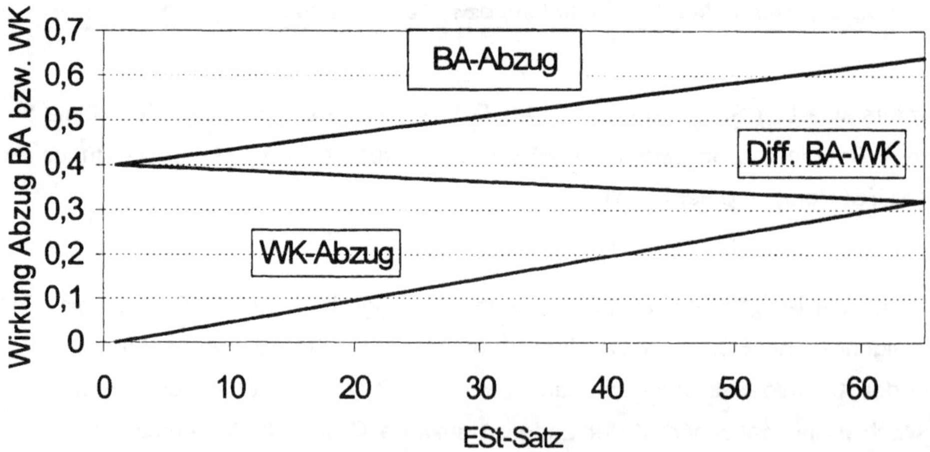

Folgendes Beispiel ergänzt die Grafik, wiederum für den Indifferenzsatz 40 %:

		voller Abzug als Betriebsausgabe		voller Abzug als Werbungskosten		halber Abzug als Werbungskosten	
1	Einkommen vor BA bzw. vor WK		200		200		200
2	BA bei KapGes abziehbar		– 100		0		0
3	Einkommen KapGes vor Steuern		100		200		200
4	GewSt 25 / 125		– 20		– 40		– 40
5	Einkommen KapGes vor KSt		80		160		160
6	KSt 25 %		– 20		– 40		– 40
7	Ausschüttung (BMG *kursiv*)	*30*	60	*60*	120	*60*	120
8	Werbungskostenabzug		0	*– 100*	– 100	*– 50*	– 100
9	Einkommen Gesellschafter vor ESt	*30*	60	*– 40*	20	*10*	20
10	Halbeinkünfteverfahren 40 % ESt		– 12		+ 16		– 4
11	**Nettoeinkommen Gesellschafter**		**48**		**36**		**16**

In der Übersicht ist beim vollen Werbungskostenabzug unterstellt, dass der Verlust des Gesellschafters (Zeile 9 in Höhe von 40) zu einer Steuererstattung (von 16) führt. Es zeigt sich, dass selbst beim Indifferenzsteuersatz der volle Werbungskostenabzug nicht die Wirkung erreicht, die sich beim Abzug als Betriebsausgabe ergibt. Es ist daher nicht belanglos, auf welcher Ebene Betriebsausgaben bzw. Werbungskosten anfallen. Der halbe Abzug als Werbungskosten ist systematisch nicht begründbar, denn er führt im Beispiel zu einer Gesamtbelastung von 84 % des insgesamt erzielten Netto-Einkommens von 100. Der Grund ist an den unterschiedlichen einkommensteuerlichen Bemessungsgrundlagen erkennbar. Die Bemessungsgrundlage beträgt beim Betriebsausgabenabzug 30, beim Abzug als Werbungskosten mindert sie sich jedoch nicht um 100, sondern nur um [30 – (– 40) =] 70 bzw. (30 – 10 =) 20. Dieser fehlende Abzug von 30 bzw. 80 wirkt sich mit 40 % aus, das sind (48 – 36 =) 12 bzw. (48 – 16 =) 32.

4.9.2.3 Veräußerung von Anteilen an Kapitalgesellschaften durch natürliche Personen

Bei natürlichen Personen ist die Veräußerung ihrer Anteile an einer Kapitalgesellschaft dann steuerfrei, wenn diese kein „privates Veräußerungsgeschäft" ist (siehe Seiten 77 f.) Zusätzlich erfolgte mit der Senkung der „Wesentlichkeitsschwelle" auf 1 % (§ 17 Abs. 1 S. 1 EStG) eine rückwirkende Steuerverstrickung früher unbesteuerter und auch bisher bei Verkauf steuerbefreiter stiller Reserven. Im Besteuerungsfalle gilt das HEV.

Aufgabe:
Beurteilen Sie die Rückwirkung der Neuregelung des § 17 Abs.1 Satz 1 EStG. Ziehen Sie dabei den BFH-Beschluss IX B 90/00 vom 05.03.2001 zu Rate, der den analogen Fall der Verlängerung der Spekulationsfrist (§ 23 EStG) behandelt.

4.10 Gesamtwirkungen problematischer Tatbestände

4.10.1 Analyse verdeckter Gewinnausschüttungen

§ 8 Abs. 3 Satz 2 KStG i.V.m. § 20 Abs. 1 und § 3 Nr. 40 EStG

Die oben einzeln erörterten Wirkungen verdeckter Gewinnausschüttungen lassen sich wie folgt zusammenfassen:

Regelwirkungen des Verdeckens
1. Das Einkommen der Kapitalgesellschaften wird durch die Buchung von Aufwand oder die Nichtbuchung von Ertrag „verdeckt" gemindert.
2. Das Eigenkapital der Kapitalgesellschaft wird falsch dargestellt.
3. Beim Empfänger erscheinen die Zuwendungen unter falscher Bezeichnung (falsche Einkunftsart); verdecktes Einkommen der Kapitalgesellschaft allein wirkt sich auf der Ebene des Anteilseigners nicht aus.
Regelwirkungen des Aufdeckens
4. Rückgängigmachen der unberechtigten Einkommensminderung bedeutet:
4.1 Das Einkommen der Kapitalgesellschaft erhöht sich.
4.2 Die GewSt, die KSt und der SolZ der Kapitalgesellschaft erhöhen sich.
5. Korrektur des (steuerlichen) Eigenkapitals (der Einkommensrücklagen) bedeutet, dass sich dieses
5.1 um das zusätzliche Einkommen abzüglich der zusätzlichen Steuern erhöht,
5.2 im Falle der Ausschüttung um den Ausschüttungsbetrag mindert.
6. Richtigstellung beim Empfänger – soweit dort ein Zufluss vorliegt – bedeutet:
6.1 Umgruppierung der Art nach zu den Einkünften aus Kapitalvermögen.
6.2 Anwendung des Halbeinkünfteverfahrens.

Literaturhinweis: Vgl. noch zum Anrechnungsverfahren: *Brönner / Bareis* (1991), S. 864.

4.10.2 Gesamtwirkung sonstiger nichtabziehbarer Aufwendungen

Auf S. 159 f. sind die Wirkungen sonstiger nichtabziehbarer Aufwendungen auf der Ebene der Kapitalgesellschaft isoliert dargestellt. Bezieht man die Gesellschafterebene ein, so können zwei unterschiedliche Vergleiche vorgenommen werden:

- Eine nicht abziehbare Aufwendung bei einer Personengesellschaft wird als Maßstab herangezogen. Da sie aus versteuertem Einkommen zu bestreiten ist, führt auch sie je nach Höhe der individuellen Einkommensteuerbelastung (unter Vernachlässigung der Gewerbesteuer gemäß § 35 EStG) zu einer „Schattenwirkung", wobei die Zusatzbelastung ebenfalls mit s / (1 – s) dargestellt werden kann. Vernachlässigt man die Progression der ESt (es müsste mit dem Differenzsteuersatz gerechnet werden), so ergibt sich folgender Bruch:

  $$s^{ek} / (1 - s^{ek}) \text{ bzw. mit SolZ: } (1 + s^{sol}) \cdot s^{ek} / [1 - (1 + s^{sol}) \cdot s^{ek}]$$

  Da der ESt-Satz höher oder niedriger als der kombinierte Ertragsteuersatz bei der Kapitalgesellschaft sein kann, kann von positiven oder negativen Schatteneffekten im Vergleich der beiden Gesellschaftsformen gesprochen werden.

- Es kann stattdessen auch die Frage gestellt werden, welche Auswirkungen die Steuerbelastung der nicht abziehbaren Aufwendungen auf der Ebene der Kapitalgesellschaft auf deren Ausschüttungspotential und damit die Besteuerung der Anteilseigner hat. Hier zeigt sich ein gravierender Unterschied zum Anrechnungssystem: Die nicht abziehbare Aufwendung „spart" Definitiv-KSt, wobei allerdings die Wirkung durch das HEV gemindert wird.

Dazu und zu folgendem Beispiel: *Bareis* (2003)

Jahresüberschuss vor Steuern			900
nicht abziehbare Aufwendung			100
zu versteuerndes Einkommen			1.000
Gesamtbelastung mit GewSt, KSt und SolZ			– 411
Jahresüberschuss nach Steuern vor Abzug der NAA			589
NAA			– 100
Ausschüttung an Gesellschafter	489,00	489,00	489
Bemessungsgrundlage für ESt ½	*244,50*	*244,50*	
ESt-mit SolZ-Satz 40 % bzw. 50 %	– 97,80	– 122,25	
Verfügbares Einkommen	391,20	366,75	

Es zeigt sich, dass die Mehrbelastung mit steigendem ESt-Satz geringer wird – ein aus systematischer Sicht bedenkliches Ergebnis.

4.10.3 Wirkung der Verlustabzugsbeschränkung

Der folgende Text ist eine Kurzfassung aus *Bareis* (2003). Folgendes Beispiel verdeutlicht, dass die Verlustabzugsregelungen zu nicht vertretbaren Ergebnissen führen können. In der Ausgangslage gründet A eine Kapitalgesellschaft mit 100 Nennkapital.

01.01.01				Der Gründer hat Anschaffungskosten von 100.
Kasse	100	NK	100	
	100		100	

VZ 01: Es entsteht ein Verlust von 100.

31.01.01				Keine Steuerzahlungen
Kasse 100 – 100 =	0	NK	100	auf der Ebene der Gesellschaft.
		VVT	– 100	Verlustvortrag von 100.

VZ 02: Liquidation der Gesellschaft, Liquidationsrate: 0.

Ebene der Gesellschaft: Keine steuerlichen Folgen.

Ebene der Gesellschafter: A erzielt im VZ 02

- keine Einkünfte aus Kapitalvermögen,
- einen Verlust nach § 17 Abs. 4 EStG, wobei das HEV gilt.
- Folglich ermittelt sich der Verlust so:
- Verlust = ½ · Kapitalauskehrung (ohne Einkommensrücklagen) – ½ · Anschaffungskosten = ½ · 0 – ½ · 100 = –50

Aufgabe:
Beurteilen Sie diese Gesamtwirkung.

5 Besteuerung bei grenzüberschreitender erwerbswirtschaftlicher Tätigkeit

In vielen Fällen überschreitet die wirtschaftliche Betätigung die Grenzen der Bundesrepublik Deutschland. Daraus ergeben sich steuerliche Besonderheiten. Hier sollen wichtige Aspekte behandelt werden; für weitergehende Fragen muss auf die Spezialliteratur hingewiesen werden. Da hier nur auf die relevanten Gewinnsteuern – Einkommensteuer bzw. Körperschaftsteuer – eingegangen wird, ist dieses Kapitel an dieser Stelle positioniert. (Daraus ist also nicht zu schließen, dass ausländische bzw. grenzüberschreitende Sachverhalte für andere Steuerarten (z. B. Gewerbesteuer) stets irrelevant seien. Vgl. zur Umsatzsteuer aber die Abschnitte 7.3.1.3 und 7.3.2, S. 225 ff.)

Zusätzliche Literaturhinweise zum vorliegenden Kapitel:

Rose (2000) sowie *Jacobs* (2002), *Kluge* (2000), *Lammsfuß / Mielke* (2002) und *Breithecker* (2002).

5.1 Grundlagen

5.1.1 Formen der unternehmerischen Betätigung im Ausland

Formen der unternehmerischen Betätigung eines Inländers bzw. Ausländers

	Direktgeschäft	Betriebstätte	Personengesellschaft	Kapitalgesellschaft
Definition und Konzeption:	Gesamter Leistungsaustausch über die Grenze ohne festen Stützpunkt im Ausland	§ 12 Satz 1 AO: Feste Geschäftseinrichtung oder Anlage, die der Tätigkeit eines Unternehmens dient	In Deutschland: Mitunternehmerkonzept (Direktzurechnung)	Trennprinzip
Probleme:	Anknüpfungspunkte	Zurechnung	Evtl. im anderen Staat Kapitalgesellschaftskonzept	

5.1.2 Normenpyramide

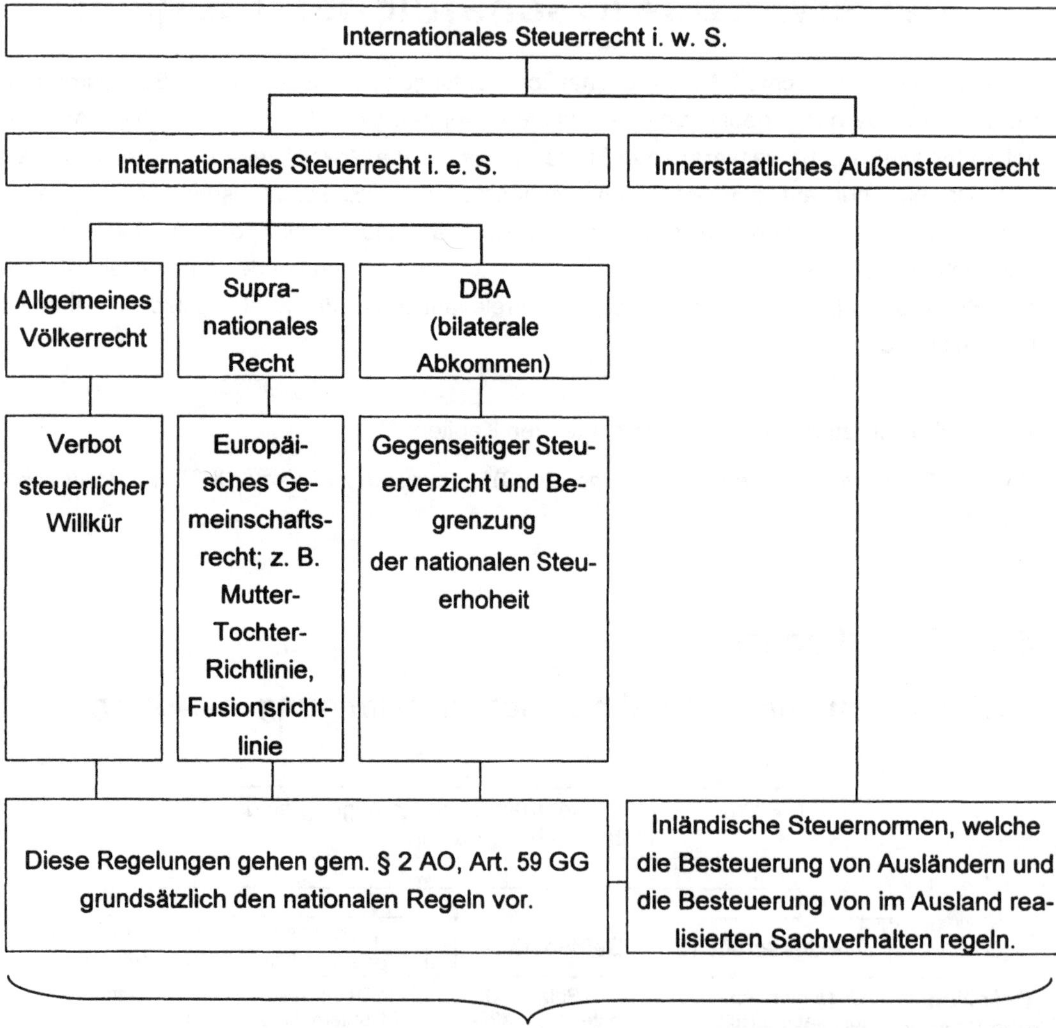

Der Besteuerungsanspruch muss aus den nationalen Einzelsteuergesetzen (z. B. EStG, KStG, ErbStG, AStG) hervorgehen. Dieser wird dann durch das Internationale Steuerrecht i. e. S. (v. a. DBA, Europarecht) eingeschränkt.

5.1.3 Ursachen der Doppelbesteuerung

5.1.3.1 Umfang der Steuerpflicht in einem Staat

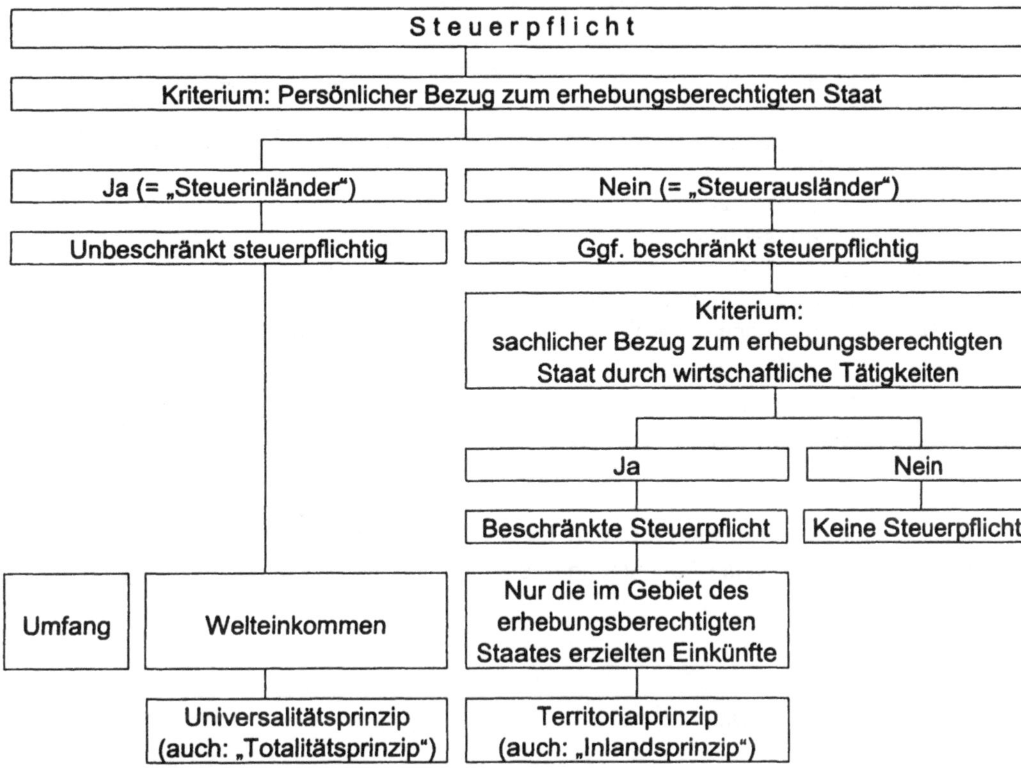

5.1.3.2 Mögliche Kombinationen

Staat 2 \ Staat 1	Unbeschränkte Steuerpflicht	Beschränkte Steuerpflicht
Beschränkte Steuerpflicht	Doppelbesteuerung für einen Teil der Einkünfte	Doppelbesteuerung nur in Ausnahmefällen
Unbeschränkte Steuerpflicht	Doppelbesteuerung mit allen Einkünften	Doppelbesteuerung für einen Teil der Einkünfte

5.1.3.3 Folgen von Überschneidungen

Überschneidung:
Grund für Doppelbesteuerung (DB) i. w. S.

Doppelbesteuerung i. e. S.	Doppelbelastung
DB im rechtlichen Sinne (auch: i. e. S.)	DB im wirtschaftlichen Sinne
Steuersubjekt wird mit denselben Bemessungsgrundlagen von mindestens zwei Staaten gleichzeitig zu einer mindestens vergleichbaren (gleichen) Steuer herangezogen.	Bemessungsgrundlagen werden in mindestens zwei Staaten gleichzeitig zu einer vergleichbaren Steuer herangezogen.
Identität von Steuersubjekt, -objekt, Zeitraum, Steuerart	Gleichartigkeit des Steuerobjekts bei Unterschiedlichkeit der Steuersubjekte

Fehlende Abstimmung zwischen Staaten kann zu „Besteuerungslücken" führen; auch bei staatlicher Abstimmung ist die Ausnutzung des internationalen Steuergefälles möglich.

Lösung zu Aufgabe Seite 187/188:

<u>Beispiel zur Anrechnungsmethode</u>

		Fall a)	Fall b)
Inländische Einkünfte	30.000		
Ausländische Einkünfte	<u>12.000</u>	ausländische Steuer:	
Summe der Einkünfte	42.000	Fall a) 2.000,	Fall b) 4.000
Sonderausgaben	– <u>2.000</u>		
Zu versteuerndes Einkommen	40.000	ESt =10.158	10.158

Anrechnungsgrenze: (12.000/42.000)*10.158 = 2.902

Anrechnung	2.000	2.902
Deutsche ESt	8.158	7.256

5.2 Grundzüge der laufenden Ertragsbesteuerung bei Auslandsgeschäften eines Inländers

5.2.1 Fälle der ausländischen Tätigkeit eines Inländers

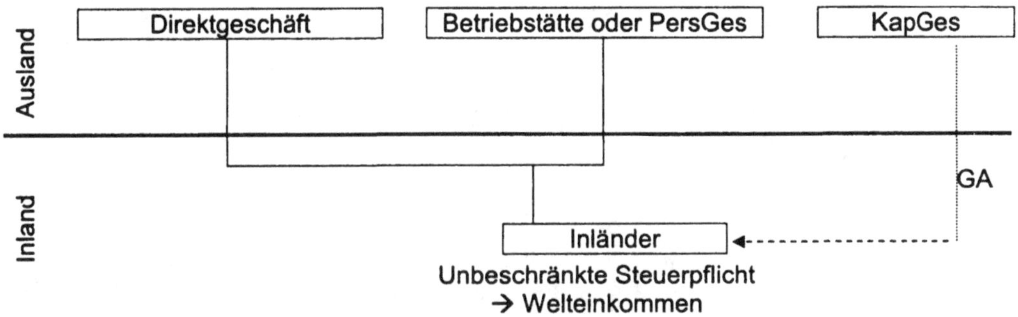

5.2.2 Mögliche Methoden zur Ausschaltung oder Minderung der Doppelbesteuerung

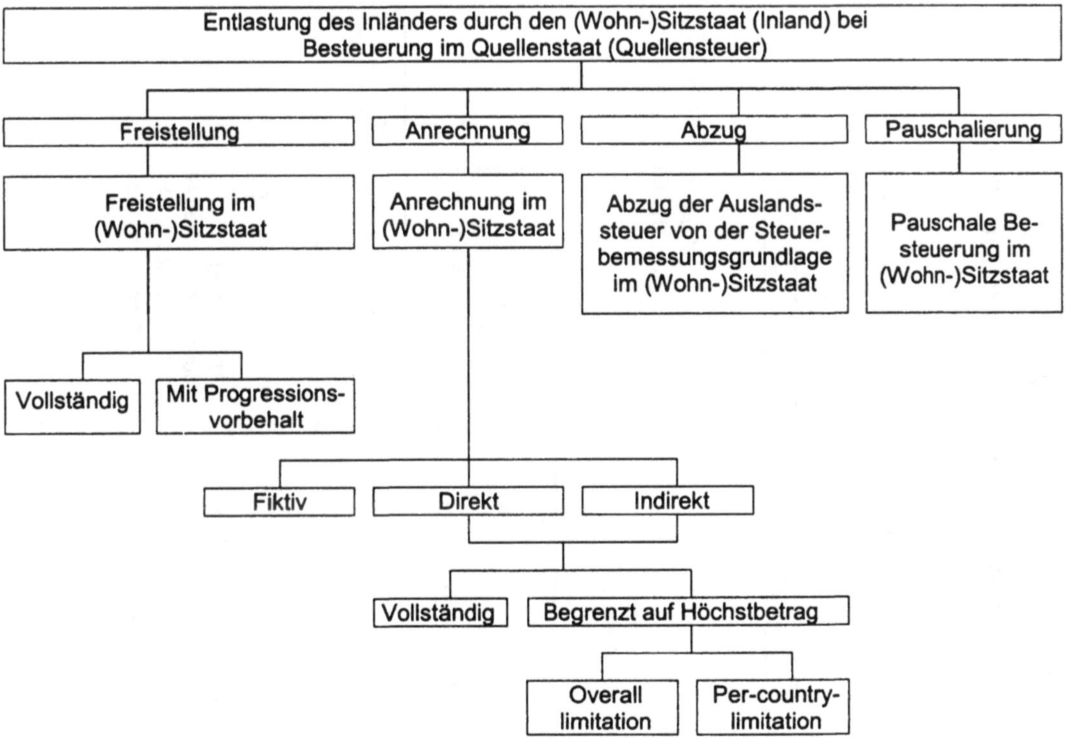

Eine ausführliche Darstellung dieser Übersicht findet sich bei *Henselmann* (1996).

5.2.3 Minderung der Doppelbesteuerung nach EStG

5.2.3.1 Überblick

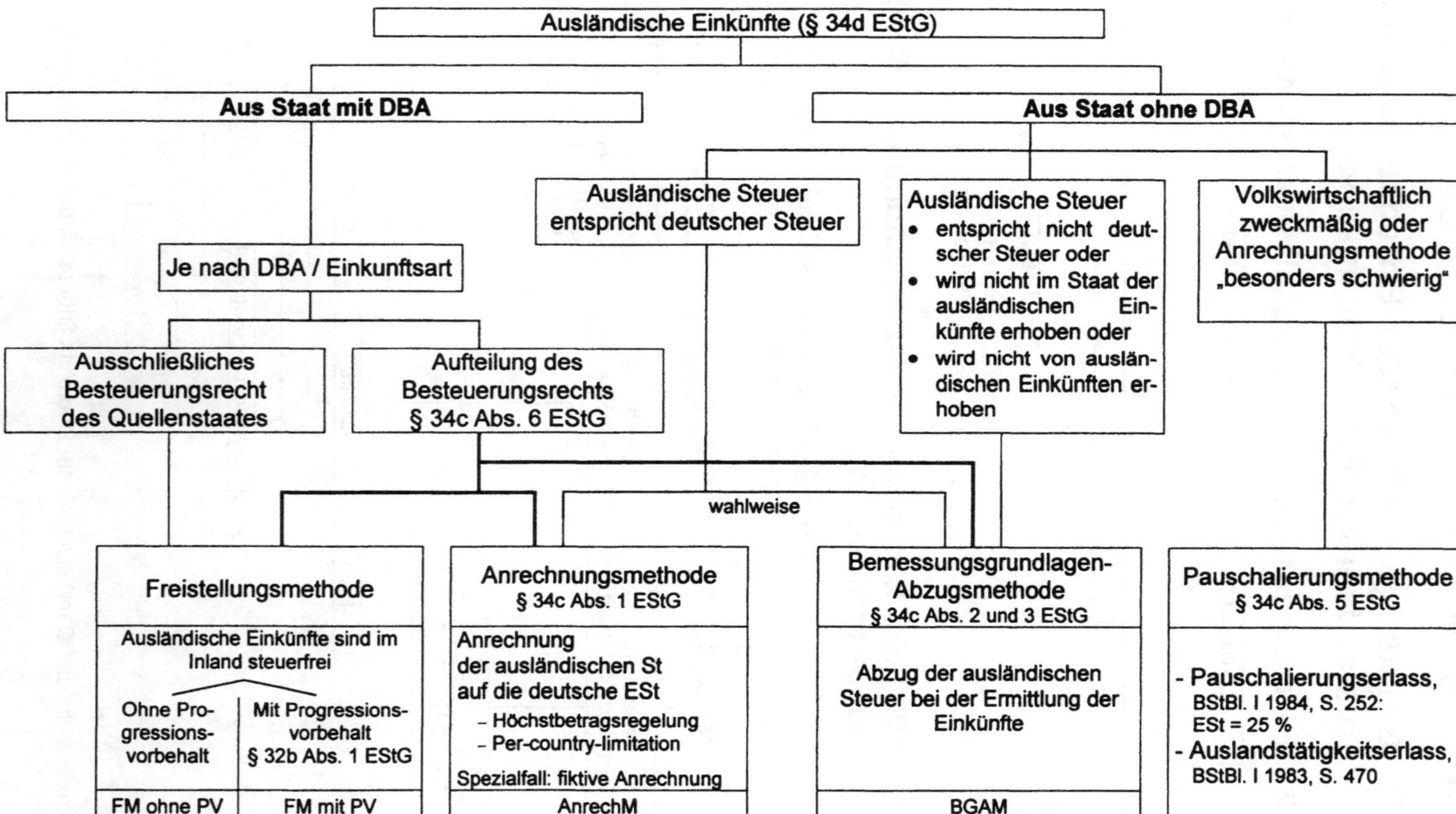

5.2.3.2 Vergleich der Methoden

In der folgenden Darstellung sind die Auswirkungen der verschiedenen Formen der Behandlung ausländischer Einkünfte (anhand eines Modelltarifs) dargestellt.

Zu den Abkürzungen vgl. die letzte Zeile auf der vorhergehenden Seite.

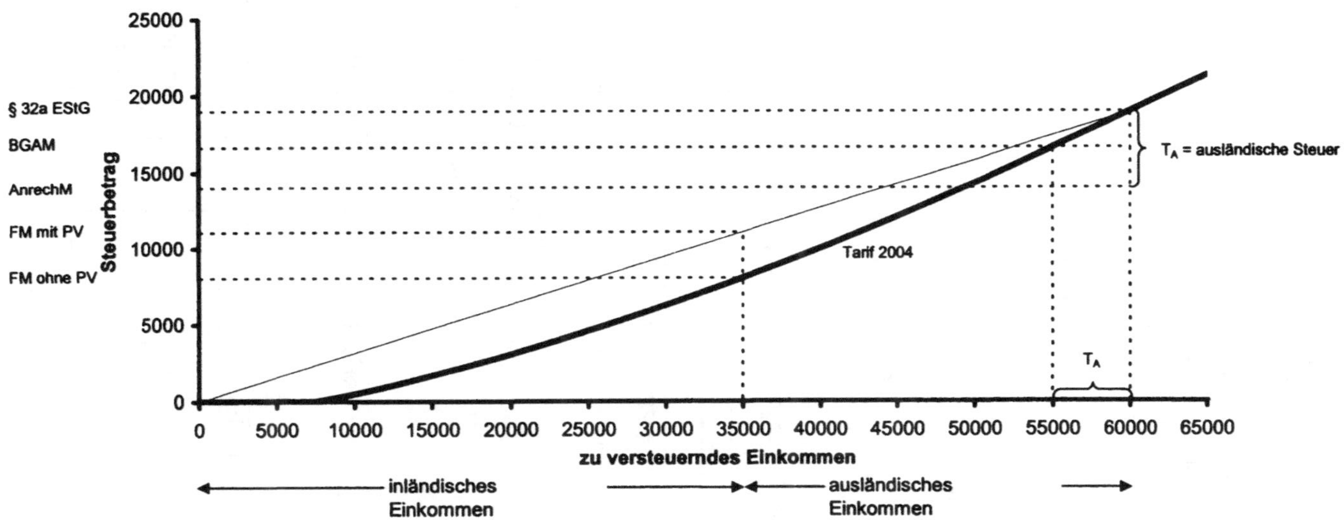

5.2.4 Behandlung ausländischer Verluste nach § 2a EStG

§ 2a EStG

- **Kein DBA oder DBA mit Anrechnung**
  - **Aktiv**: Uneingeschränkter Abzug (Systematischer Normalfall) § 2a Abs. 2 EStG
  - **Passiv**: Verrechenbarer Verlust § 2a Abs. 1 EStG
- **Freistellung nach DBA**
  - Kein Verlustabzug wegen DBA-Freistellung Bis 1998: Wahlrecht nach § 2a Abs. 3 EStG für aktive Tätigkeiten

Eingeschränkte Verlustberücksichtigung nach § 2a Abs. 1 EStG (Analogie zu § 15a EStG)

t–1	t	t+1
Kein **Rücktrag** (§ 10d EStG) jeglicher Art	**Ausgleich**	**Vortrag**

Ausgleich und Vortrag:

⇒ Beschränkt: nur positive Einkünften der jeweils selben Art aus demselben Staat

⇒ Evtl. zusätzlich: beschränkt auf positive Einkünfte aus Tatbeständen derselben Art

Volle Verlustberücksichtigung nach § 2a Abs. 2 EStG

Unmittelbar	Mittelbar
Aus ausländischer, aktiv tätiger Betriebstätte	Durch Teilwertabschreibungen bei unmittelbarer Beteiligung mit $q \geq 0{,}25$ an aktiver ausländischer KapG (mit Verlusten); aber: § 8b Abs. 3 KStG; § 3c Abs. 2 EStG beachten

DBA-Freistellung ausländ. Einkünfte aus gewerbl. aktiver Betriebstätte: § 2a Abs. 3 EStG

Die Verlustberücksichtigung bei diesen Einkünften wurde durch StEntlG 1999/2000/2002 v. 24.3.1999, BGBl I 1999, S. 402, aufgehoben (zum Inhalt vgl. 3. Aufl., S. 160).
Aber: Nachversteuerung noch bis 2008.

Fragen:

- Welche juristische Natur besitzen Doppelbesteuerungsabkommen?
- Wie wirkt ein Progressionsvorbehalt? (§ 32b EStG)
- Warum ist bei der Anrechnungsmethode eine Begrenzung in der Anrechnung der ausländischen Steuer vorgesehen?
- Welche Beschränkungen sieht § 2a EStG für die Berücksichtigung ausländischer negativer Einkünfte vor?

Literatur: *Breithecker* (2002), S. 133 – 146. Zu einer kritischen quantitativen Analyse des Progressionsvorbehalts siehe *Wotschofsky* (1998).

Aufgabe:

- Ergänzen Sie das Beispiel zur Anrechnungsmethode unten, wobei eine ausländische Steuer von umgerechnet a) 2.000 €, b) 4.000 € zur Anrechnung in Frage kommt. (Vgl. auch das Beispiel in R 212b EStR 2001 sowie im übrigen § 2a EStG!)
- Skizzieren Sie eine der S. 185 entsprechenden Graphik für den Fall negativer ausländischer Einkünfte!
- Ergänzen Sie das Beispiel zum „negativen Progressionsvorbehalt"!

Vgl. mit Lösung auf S. 182/202/218.

1) Beispiel zur Anrechnungsmethode

Inländische Einkünfte	30.000		
Ausländische Einkünfte	12.000 →	ausländische Steuer	
Gesamtbetrag der Einkünfte	42.000	Fall a) 2.000,	Fall b) 4.000
Sonderausgaben	2.000		
Zu versteuerndes Einkommen	40.000 →	ESt =	
Anrechnungsgrenze:			
Anrechnung:			
Deutsche ESt:			

2) Beispiel zum „negativen" Progressionsvorbehalt

Inländische Einkünfte	12.500		
Sonderausgaben	500		
Zu versteuerndes Einkommen	12.000 →	ESt (FM ohne PV) =	
Ausländische Einkünfte (Nach § 2a EStG abziehbar)	– 4.500		
Bezugs-zvE	7.500 →	ESt (§ 32a EStG) =	
		ESt (FM mit PV) =	

5.2.5 Minderung der Doppelbesteuerung nach KStG

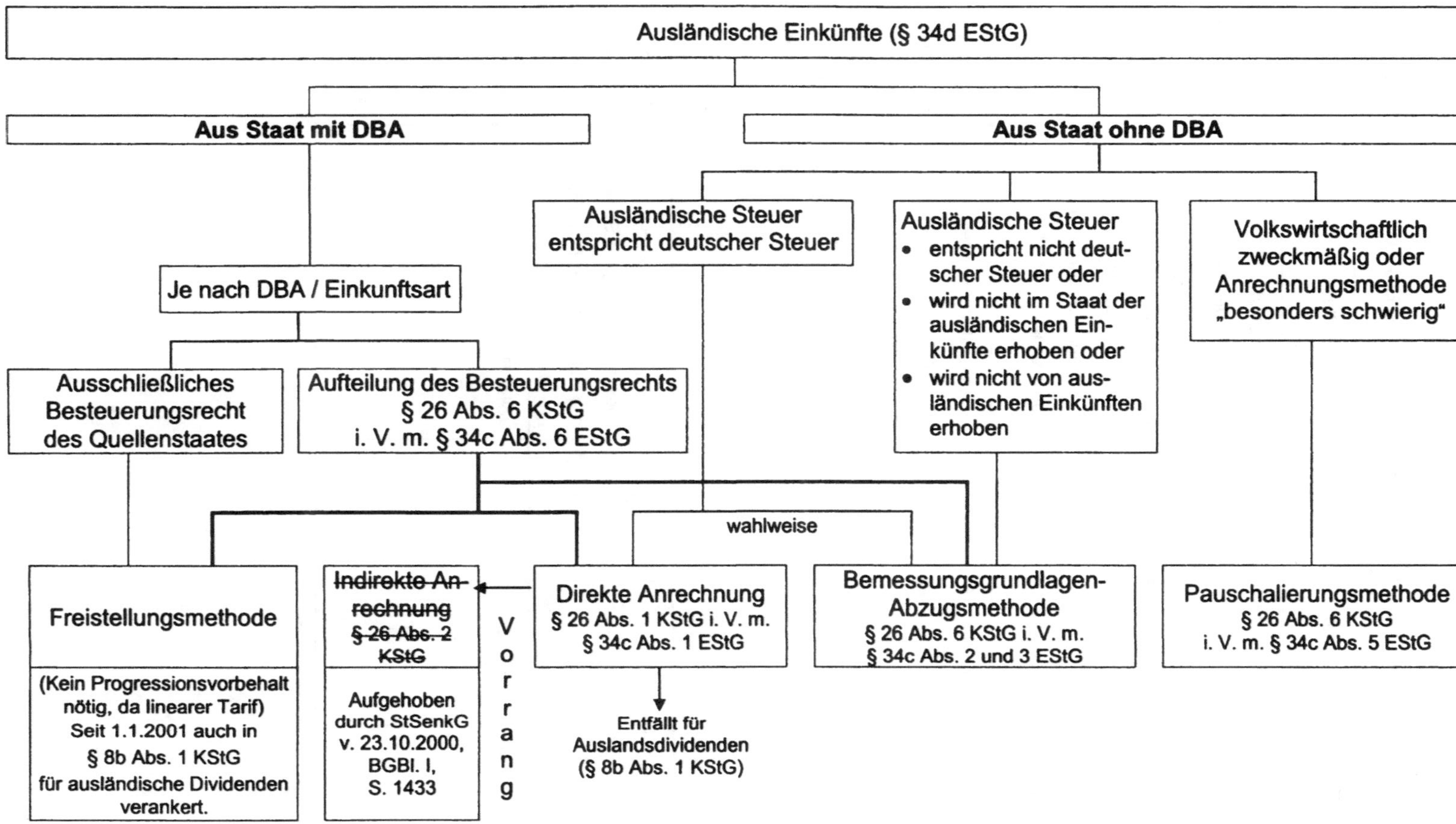

5.2.6 Verteilung der Besteuerungsrechte nach dem OECD-MA

Einkunftsart nach DBA	**Ansässigkeitsstaat (Sitzstaat)**	**Quellenstaat (Belegenheitsstaat)**
Einkünfte aus unbeweglichem Vermögen (Art. 6)	Freistellung (Art. 23A) oder Anrechnung der Steuer des Quellenstaates (Art. 23B)	Volles Besteuerungsrecht (Belegenheitsstaat)
Einkünfte aus Unternehmensgewinnen (Art. 7) • Direktgeschäft • Betriebstätte oder Personengesellschaft	Volles Besteuerungsrecht Freistellung (Art. 23A) oder Anrechnung der Steuer des Quellenstaates (Art. 23B)	Kein Besteuerungsrecht Volles Besteuerungsrecht
Dividendeneinkünfte (Art. 10)	Volles Besteuerungsrecht unter Anrechnung der Steuer des Quellenstaates (Art 23A Abs. 2 oder Art. 23B Abs. 1)	Begrenzte Besteuerung: • Bei Schachtelbeteiligungen ($q \geq 25$ %): bis zu 5 %; in dt. DBA aber häufig auch 0 % vereinbart; nach Mutter-Tochter-Richtlinie der EU 0 % • Sonstige Beteiligungen: bis zu 15 %
Zinseinkünfte (Art. 11)	Volles Besteuerungsrecht unter Anrechnung der Steuer des Quellenstaates (Art. 23A Abs. 2 oder Art. 23B Abs. 1)	Begrenzte Besteuerung bis zu 10 %
Lizenzeinkünfte (Art. 12)	Volles Besteuerungsrecht	Kein Besteuerungsrecht; aber: in dt. DBA ist teilweise begrenzte Besteuerung im Quellenstaat vereinbart (ähnlich zu den Regelungen in Art. 11)

Einkunftsart nach DBA	**Ansässigkeitsstaat (Sitzstaat)**	**Quellenstaat (Belegenheitsstaat)**
Veräußerungsgewinne (Art. 13)		
• Aus unbeweglichem Vermögen (Abs. 1)	Freistellung (Art. 23A) oder Anrechnung der Steuer des Quellenstaates (Art. 23B)	Volles Besteuerungsrecht (Belegenheitsstaat)
• Aus beweglichem Vermögen einer Betriebstätte (Abs. 2)	Freistellung (Art. 23A) oder Anrechnung der Steuer des Quellenstaates (Art. 23B)	Volles Besteuerungsrecht
• Seeschiffe, Luftfahrzeuge (Abs. 3)	Besteuerung im Staat, in dem sich die tatsächliche Geschäftsleitung befindet	Besteuerung im Staat, in dem sich die tatsächliche Geschäftsleitung befindet
• Übrige Veräußerungen (Abs. 4)	Volles Besteuerungsrecht	Kein Besteuerungsrecht
Einkünfte aus unselbstständiger Arbeit (Art. 15)		
• Grundsatz (Abs. 1)	Freistellung (Art. 23A) oder Anrechnung der Steuer des Quellenstaates(Art. 23B)	Volles Besteuerungsrecht im Tätigkeitsstaat
• Ausnahmeregelung (Abs. 2) - Arbeitnehmer hält sich max. 183 Tage innerhalb eines 12-Monats-Zeitraums im anderen Staat auf **und** - Vergütung wird von einem Arbeitgeber im Wohnsitzstaat des Arbeitnehmers (wirtschaftlich) getragen **und** - Vergütung ist nicht einer Betriebsstätte im Tätigkeitsstaat zuzurechnen	Volles Besteuerungsrecht	Kein Besteuerungsrecht
Einkünfte aus Aufsichtsrats- und Verwaltungsratstätigkeit (Art. 16)	Freistellung (Art. 23A) oder Anrechnung der Steuer des Quellenstaates (Art. 23 B) im Wohnsitzstaat des Aufsichtsrats	Besteuerung im Ansässigkeitsstaat der Gesellschaft (=Quellenstaat)
Einkünfte von Künstlern und Sportlern (Art. 17)	Freistellung (Art. 23A) oder Anrechnung der Steuer des Quellenstaates (Art. 23B)	Volles Besteuerungsrecht
Einkünfte aus Ruhegehältern (Art. 18)	Volles Besteuerungsrecht	Kein Besteuerungsrecht

Einkunftsart nach DBA	**Ansässigkeitsstaat (Sitzstaat)**	**Quellenstaat (Belegenheitsstaat)**
Einkünfte aus Tätigkeiten im öffentlichen Dienst (Art. 19)		
• Grundsatz (Abs. 1 a))	Volles Besteuerungsrecht, wenn der Ansässigkeitsstaat das Gehalt zahlt; andernfalls Freistellung (Art. 23A) oder Anrechnung der Steuer des Quellenstaates (Art. 23B)	Nur Besteuerungsrecht, wenn der Quellenstaat das Gehalt zahlt
• Ausnahmeregelung (Abs. 1b) - Dienste werden im anderen Staat (nicht: Vergütung zahlender Staat) geleistet **und** - Person ist im anderen Staat ansässig **und** - Person ist Staatsangehörige(r) des anderen Staates oder Person wurde nicht nur wegen des Dienstes im anderen Staat ansässig	Volles Besteuerungsrecht	Kein Besteuerungsrecht
• Ruhegehälter (Abs. 2)	Volles Besteuerungsrecht, wenn auch die Staatsangehörigkeit des Ansässigkeitsstaates vorliegt; sonst Freistellung (Art. 23A) oder Anrechnung der Steuer des Quellenstaates (Art. 23B).	Grundsätzlich volles Besteuerungsrecht, wenn Dienste für Quellenstaat geleistet wurden; allerdings kein Besteuerungsrecht, wenn Empfänger Staatsangehörigkeit des Ansässigkeitsstaates besitzt
Einkünfte von Studenten (Art. 20)	Volles Besteuerungsrecht, wenn die Zahlungen (z. B. Stipendium) nicht aus dem Quellenstaat stammen; sonst Freistellung (Art. 23A) oder Anrechnung der Steuer	Besteuerungsrecht nur gegeben, wenn Zahlungen (z. B. Stipendium) aus dem Land des Studienaufenthalts stammen
Andere Einkünfte (Art. 21)		
• Grundsatz (Abs. 1)	Volles Besteuerungsrecht	Kein Besteuerungsrecht
• Betriebsstätte im Quellenstaat (Abs. 2)	Freistellung (Art. 23A) oder Anrechnung der Steuer des Quellenstaates (Art. 23B)	Volles Besteuerungsrecht

5.2.7 Zusammenfassung: Unternehmerische Betätigung im Ausland und steuerliche Folgen

	Direktgeschäft		Betriebstätte		Personengesellschaft		Kapitalgesellschaft	
	Nationales Recht	DBA	Nationales Recht	DBA	Nationales Recht	DBA	Nationales Recht	DBA
	1	2	3	4	5	6	7	8
1 Inland (Sitzbesteuerung)	Ausschließlich inländische Einkünfte (fallen nicht unter ausländische Einkünfte nach § 34c EStG); nur Abzug ausländischer Steuern möglich.	Volles Besteuerungsrecht im Sitzstaat.	• Anrechnung, • Abzug, • Pauschalierung; • Verlustausgleich bei aktiver gewerblicher Tätigkeit (§ 2a Abs. 2 EStG)	I. d. R. Freistellung mit Progressionsvorbehalt im Sitzstaat (Art. 7 i. V. m. Art. 23A Abs. 1 OECD-MA)	• Eigenständige Qualifikation (PersGes oder KapGes) nach inländischem Recht • Falls PersGes: unbeschränkt steuerpfl. mit Gewinnanteil und Sondervergütung, Feststellungsprinzip; Anrechnung, Abzug, Pauschalierung	MU-Konzept: Freistellung mit Progressionsvorbehalt (Art. 7 i. V. m. Art. 23A OECD-MA)	• Unbeschränkte Steuerpflicht der Gewinnausschüttungen; direkte Anrechnung der KapSt, sofern inländ. Steuerschuld • (Beachte: HEV, § 8b Abs. 1 und 5 KStG) • (§ 34c EStG; § 26 Abs. 1 KStG)	Freistellung im Sitzstaat (internationales Schachtelprivileg bei $q \geq 10$ % analog Art. 23A OECD-MA)
2 Ausland (Quellenbesteuerung)	Keine Besteuerung mangels Bezug zum ausländischen Staat.		Grundsatz: Besteuerung im Quellenland; vergleichbar mit § 49 Abs. 1 Nr. 2a EStG	• Einengung des Betriebstättenbegriffs (Art. 5 OECD-MA); • Besteuerung selbst wird nicht eingeschränkt	• MU-Konzept: Betriebstättenprinzip, inkl. Sondervergütung gem. § 15 EStG analog oder • KapGes-Konzept: PersGes unbeschränkt steuerpflichtig; MU beschränkt steuerpflichtig	• MU-Konzept: Einschränkung des Betriebstättenbegriffs; jedoch auch inkl. Sondervergütung oder • KapGes-Konzept: PersGes unbeschränkt steuerpflichtig; MU beschränkt steuerpflichtig	• KapGes unbeschränkt steuerpflichtig nach ausländ. Recht • Gesellschafter sind im Ausland mit den im Ausland vereinnahmten Gewinnausschüttungen dort beschränkt steuerpflichtig	• KapGes: unbeschränkt steuerpflichtig • Gesellschafter: grds. Reduktion der Quellenbesteuerung; i. d. R. bei Streubesitz: KapSt von 15 %; Schachtel-KapSt von 5 %; keine Quellensteuer in der EU

5.3 Grundzüge der laufenden Ertragsbesteuerung bei Inlandsgeschäften eines Ausländers

5.3.1 Fälle der inländischen Tätigkeit eines Ausländers

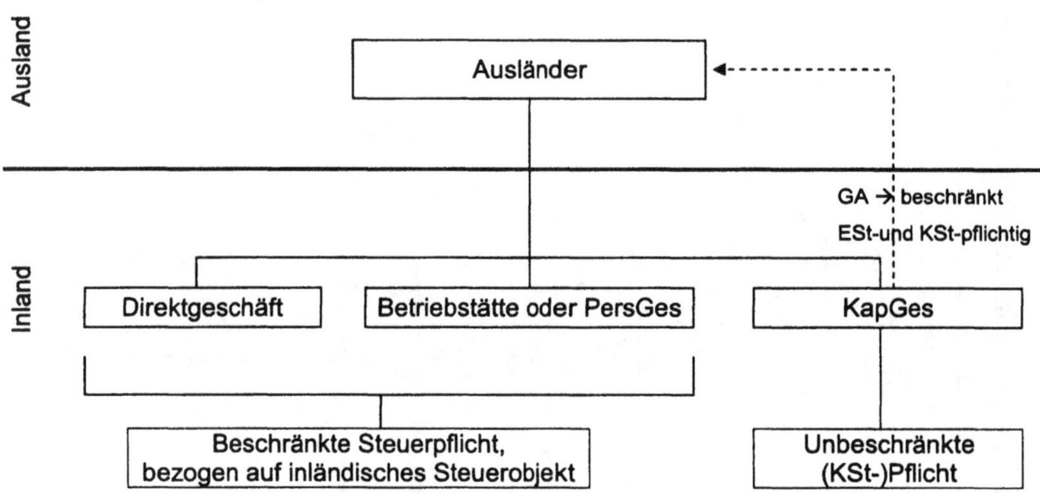

5.3.2 Beschränkte Steuerpflicht im Inland (§ 49 EStG)

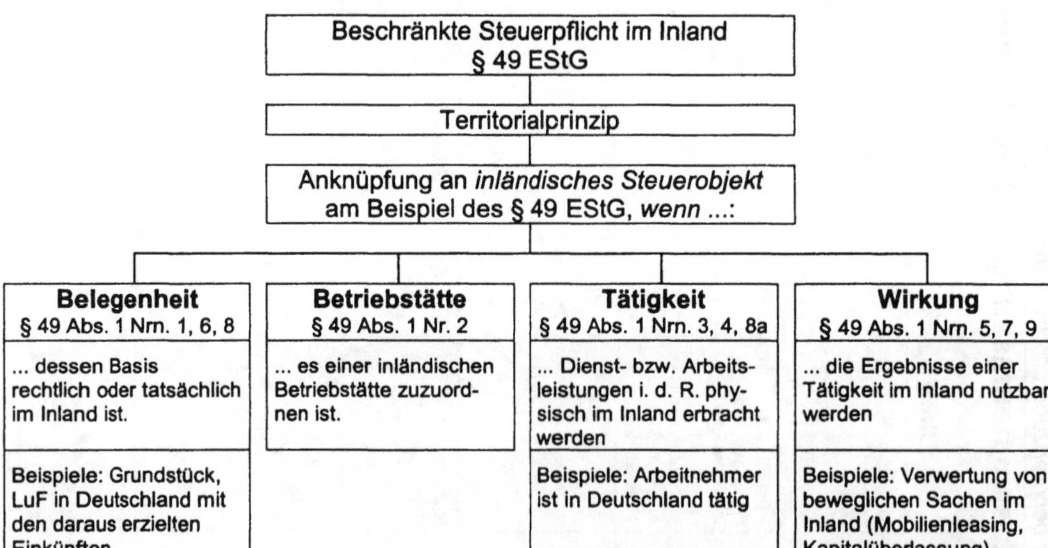

5.3.3 Zusammenfassung: Unternehmerische Betätigung von Ausländern im Inland

	Direktgeschäft		Betriebsstätte		Personengesellschaft		Kapitalgesellschaft	
	Nationales Recht	DBA	Nationales Recht	DBA	Nationales Recht	DBA	Nationales Recht	DBA
	1	2	3	4	5	6	7	8
1 Inland (Quellenbesteuerung)	Bei Lieferbeziehungen keine beschränkte Steuerpflicht; bei Leistungsbeziehungen beschränkte Steuerpflicht möglich über § 49 EStG		§ 49 Abs. 1 Nr. 2a EStG: Einkünfte der Betriebstätte gelten insgesamt als gewerbliche Einkünfte; Veranlagung als beschränkt Steuerpflichtige(r)	Einengung des Betriebstättenbegriffs (Art. 5 OECD-MA); Besteuerung selbst wird nicht eingeschränkt	MU-Konzept: Betriebstättenprinzip gilt. Einkommen der Betriebstätte wird den (ausländischen) Gesellschaftern zugerechnet (§ 49 Abs. 1 Nr. 2 EStG); Veranlagung. Sondervergütungen zählen auch zu den gewerblichen Einkünften.	Einengung des Betriebstättenbegriffs (Art. 5 OECD-MA); Besteuerung selbst wird nicht eingeschränkt	• KapGes unbeschränkt steuerpflichtig nach dt. Recht • Ausl. Gesellschafter: Beteil.Erträge: beschr. steuerpfl. (§ 49 Abs. 1 Nr. 5 EStG). § 50 Abs. 5 EStG: Quellensteuer (KapSt) gilt als Abgeltungssteuer; keine Quellensteuer in der EU (§ 43b EStG). Beachte: Kein HEV	• KapGes unbeschränkt steuerpflichtig. • Gesellschafter: grundsätzlich Reduktion der Quellenbesteuerung; i. d. R. bei Streubesitz: KapSt von 15 %; Schachtel-KapSt von 5 %; keine Quellensteuer in der EU
2 Ausland (Sitzbesteuerung)	Besteuerung entsprechend den steuerlichen Regelungen im Sitzland (häufig Welteinkommensprinzip)	Volles Besteuerungsrecht im Sitzstaat.	Freistellung oder Anrechnung	• Freistellung mit Progressionsvorbehalt im Sitzstaat (Art. 7 i. V. m. Art. 23A Abs. 1 OECD-MA) oder • Anrechnung im Sitzstaat (Art. 7 i. V. m. Art. 23A Abs. 1 OECD-MA)	Beachte evtl. Qualifikationsunterschiede des unternehmerischen Handelns durch das ausländische Recht. MU- oder Kap-Ges-Konzept kann zur Anwendung kommen	• Freistellung mit Progressionsvorbehalt im Sitzstaat (Art. 7 i. V. m. Art. 23A Abs. 1 OECD-MA) oder • Anrechnung im Sitzstaat (Art. 7 i. V. m. Art. 23A Abs. 1 OECD-MA)	Freistellung bzw. direkte oder indirekte Anrechnung je nach Sitzstaat	• Freistellung im Sitzstaat (internationales Schachtel-„Privileg" bei $q \geq 10$ %) oder • Indirekte Anrechnung

Lösung zu Aufgabe Seite 208:

Für die Lösung kann die Ableitung auf S. 206 verwendet werden:

$GE = GE° + S^{ge} = GE° + z \cdot h \cdot GE° = (1 + z \cdot h) \cdot GE°$

Nach § 28 Abs. 1 GewStG ist der Gewerbesteuermessbetrag ($h \cdot GE°$)zu zerlegen. Als Zerlegungsmaßstab nach § 29 Abs. 1 GewStG werden die Lohnsummenverhältnisse verwendet; sie seien mit a, b, c gekennzeichnet, wobei gilt: a + b + c = 1. a ermittelt sich aus dem Quotienten 150/500 mit 0,3 usw.; die zugehörigen Hebesätze lauten h_a etc. Mit dieser Symbolik kann geschrieben werden:

[1] $S^{ge} = z \cdot GE° (a \cdot h_a + b \cdot h_b + c \cdot h_c)$

Der Gewerbeertrag vor Gewerbesteuer ermittelt sich dann mit:

[2] $GE = GE° + S^{ge} = GE° [1 + z (a \cdot h_a + b \cdot h_b + c \cdot h_c)]$

Den benötigten Steuersatz erhält man durch Division der Gewerbesteuer durch den Gewerbeertrag vor Gewerbesteuer:

[3] $S^{ge} / GE = z \cdot GE° (a \cdot h_a + b \cdot h_b + c \cdot h_c) / \{GE° [1 + z (a \cdot h_a + b \cdot h_b + c \cdot h_c)]\}$

[4] $S^{ge} / GE = s^{ge} = z \cdot (a \cdot h_a + b \cdot h_b + c \cdot h_c) / [1 + z (a \cdot h_a + b \cdot h_b + c \cdot h_c)]$

In den runden Klammern steht somit der gewogene Hebesatz, so dass zusammengefasst gilt:

[5] $s^{ge} = z \cdot h_\varnothing / (1 + z \cdot h_\varnothing)$

Es ist zu beachten, dass es wegen der Abhängigkeit der Gesamtsteuer vom durchschnittlichen Hebesatz nicht zu einem korrekten Ergebnis führt, wenn der Gewerbeertrag vor Gewerbesteuer nach dem Lohnsummenverhältnis aufgeteilt wird und dann mit den jeweiligen effektiven Steuersätzen gerechnet wird.

$h_\varnothing = (150.000 \cdot 4 + 100.000 \cdot 3 + 250.000 \cdot 6)/500.000 = 24/5 = 4,8$

Der durchschnittliche effektive Gewerbesteuersatz lautet somit:

$s^{ge} = 0,05 \cdot 4,8 / (1 + 0,05 \cdot 4,8) = 0,19354839$

GE (vor S^{ge})	1.000.000
S^{ge}	193.548
GE° (nach S^{ge})	806.452

Gewerbesteuermessbetrag: 0,05 · 806542 = **40.323**

Zerlegung:

Gemeinde	**A (h = 4)**	**B (h = 3)**	**C (h = 6)**	Σ
Zerlegungsmaßstab	$\frac{150}{500} = 0,3$	$\frac{100}{500} = 0,2$	$\frac{250}{500} = 0,5$	1
Anteiliger Gewerbesteuermessbetrag = Zerlegungsanteile	12.097	8.065	20.161	40.323
Anteilige Gewerbesteuer	48.388	24.195	120.966	**193.549**

Rundungsvorschriften wurden vernachlässigt.

6 Die Gewerbesteuer

6.1 Inhalt und Problematik der Gewerbesteuer

Die Gewerbesteuer ist eine zusätzliche gewinnabhängige Steuer auf gewerbliche Tätigkeiten. Bis 1979 gab es eine Lohnsummensteuer, die wie eine „Arbeitsplatzsteuer" wirkte. Bis 1997 erfasste die Gewerbesteuer auch das sog. Gewerbekapital und damit eine Substanzsteuer; die Komponenten waren erhebungstechnisch zusammengefasst.

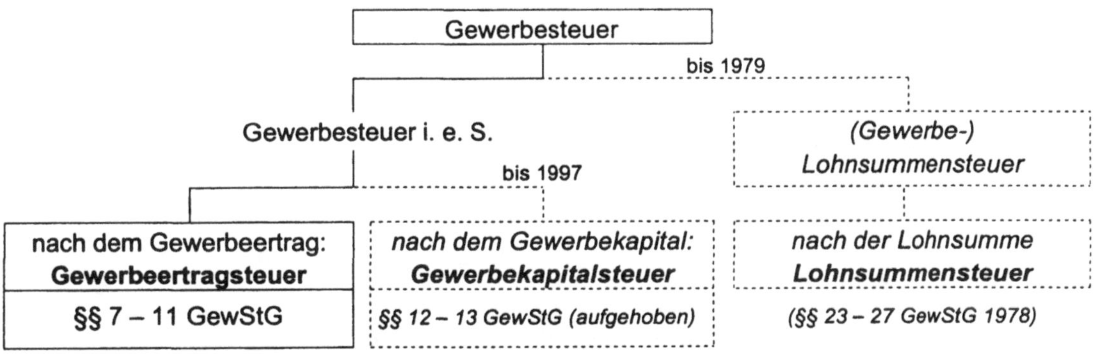

Die Gewerbesteuer ist als Objektsteuer konzipiert. Was daraus folgt, wird zunächst auf der folgenden Seite skizziert. Die Elemente, die den Objektcharakter betreffen, lassen sich später in der Tabelle zur sachlichen Steuerpflicht (Seite 201) ausmachen. Dort und im Gesetz werden auch die teilweise als „grundsätzlich" angedeuteten Ausnahmen deutlich.

Die verschiedenen Rechtfertigungsversuche für diese Steuer sind dort ebenfalls zusammengestellt. In der Anlehnung der GewSt besteht weitgehend Einigkeit. Da die GewSt eine wesentliche Einnahmequelle der Gemeinden darstellt und die politisch Verantwortlichen bei Ersatzlösungen Einbußen befürchten, ist die Abschaffung bzw. Reform der GewSt seit Jahrzehnten zwar diskutiert, aber nur teilweise realisiert. Die Alternativen lassen sich etwa wie folgt beschreiben:

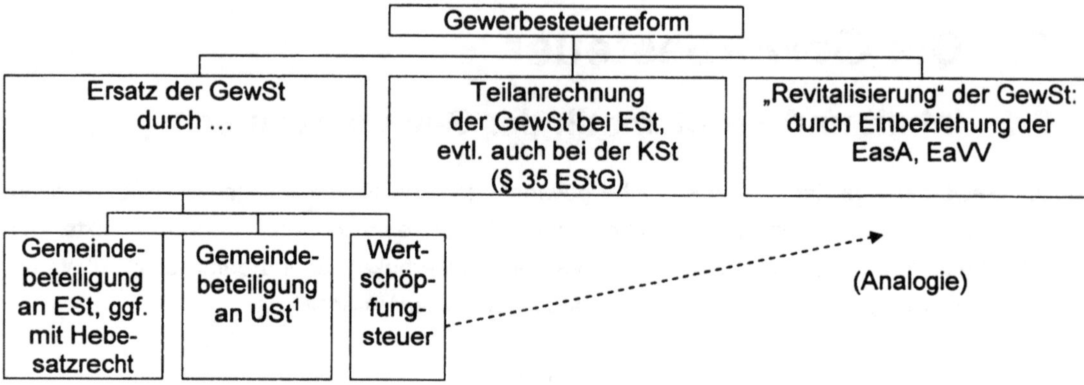

Literatur: *Tipke / Lang* (2002), S. 199 – 200; Vorschlag des *BDI / VCI* (2001) zur Reform der Gewerbesteuer.

Aufgabe:
Verfolgen Sie die Diskussion um die „Revitalisierung" der GewSt, womit die Kommunen eine weniger ertragsabhängige Einnahmequelle anstreben.

[1] Die Gemeinden erhalten bereits jetzt zum Ausgleich für den Wegfall der Gewerbekapitalsteuer einen höheren Anteil an der Umsatzsteuer.

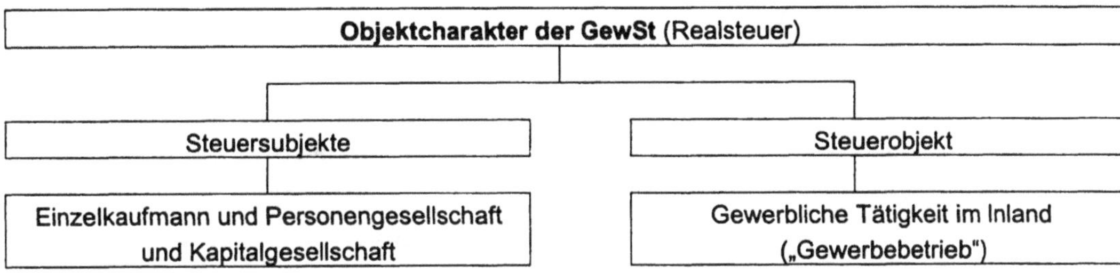

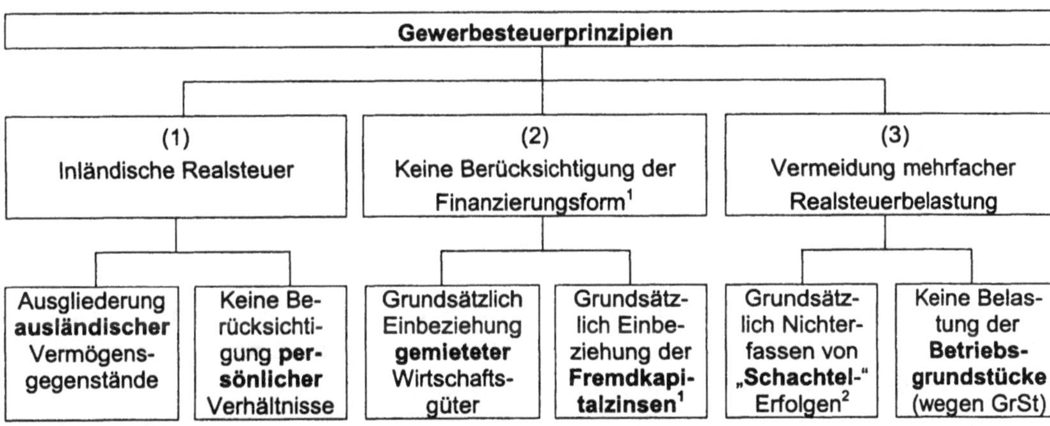

Grundsatz der Finanzierungsneutralität (2) durch die (teilweise) Hinzurechnung der Dauerschulden, Grundsatz der Einmalbelastung (3) durch Mindestbeteiligung und weitere Voraussetzungen für „Schachtelprivileg“ durchbrochen.

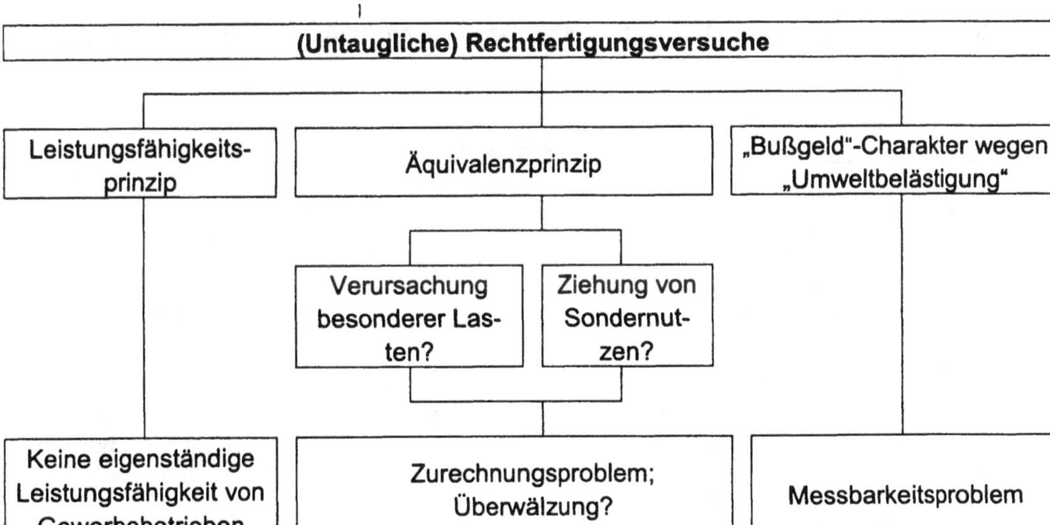

1 Grundsatz durch die (teilweise) Hinzurechnung der Dauerschulden durchbrochen.

2 Keine doppelte Gewerbesteuer bei Beteiligung eines Gewerbebetriebs eines Gewerbebetriebs an einem anderen (mit Ausnahmen).

6.2 Steuersubjekt

§ 2 Abs. 1 bis 3 GewStG, § 15 EStG

Beachten Sie die faktische Beziehung zwischen GewSt und den EaGB bei der ESt!

Fragen:

- Wie ist die Betriebsstätte definiert? Beachten Sie die Erläuterungen in den Richtlinien!
- Unterliegt eine Steuerberatungs-GmbH der GewSt?
- Muss eine vermögensverwaltende KG (was ist das?) GewSt zahlen?
- Inwieweit kann ein Verein gewerbesteuerpflichtig sein? Bilden Sie Beispiele!
- Wo kommt im Falle einer atypischen stillen Gesellschaft Gewerbesteuerpflicht in Betracht?
- Was ist eine Betriebsaufspaltung? Nennen Sie wichtige Anwendungsfälle!

Literatur: *Tipke / Lang* (2002), S. 476 – 481; *Rose* (2001), S.167 – 170; *Schneeloch* (2003), S. 158 – 160. Vgl. Abschn. 11 – 22 GewStR.

Die Frage, ob ein einheitlicher Gewerbebetrieb vorliegt oder mehrere Gewerbebetriebe besteuert werden, ist relevant für die evtl. Vervielfältigung von Freibeträgen einerseits, den ggf. möglichen Ausgleich negativer Bemessungsgrundlagen andererseits.

Frage:

- Welche Überlegungen sind betriebswirtschaftlich anzustellen, wenn nicht von vornherein feststeht, ob bei einem Einzelkaufmann gleichartige bzw. artverwandte Betriebe vorliegen?

Literatur: *Tipke / Lang* (2002), S. 481 – 482; *Schneeloch* (2003), S. 160. Vgl. Abschn. 16 GewStR.

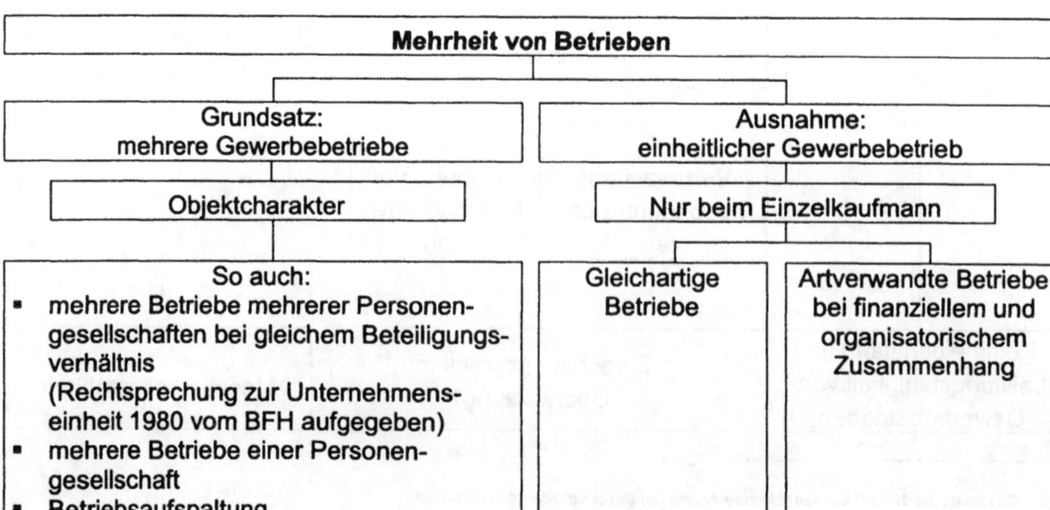

6.3 Steuerobjekt

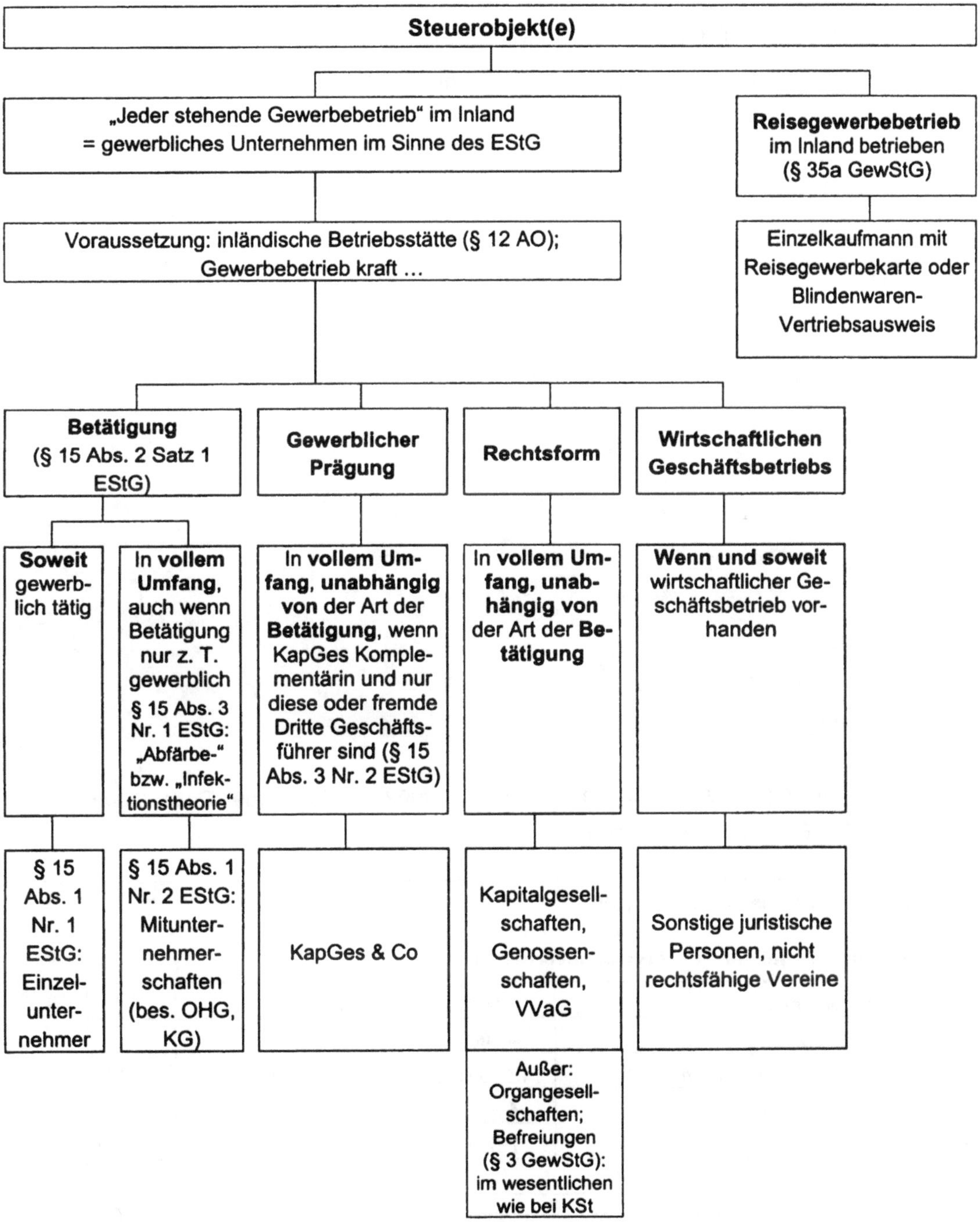

6.4 Bemessungsgrundlage

Die Übersicht auf Seite 203 stellt die Zusammensetzung der Bemessungsgrundlage der Gewerbesteuer in ihrer Ableitung aus den Ausgangsgrößen:

EaGB (ESt-Fall) bzw. Einkommen (KSt-Fall)

dar.

Fragen:

- Kann ein Gewerbeverlust bei positiven EaGB auftreten und umgekehrt?
- Prüfen Sie, in wie weit die Hinzurechnungen und Kürzungen aus dem Objektcharakter der GewSt erklärt werden können!
- Was sind „geborene" Dauerschulden?
- In welcher Höhe werden Kontokorrentschulden als Dauerschulden erfasst?
- Welche Mindestdauer nennt Abschn. 47 Abs. 8 GewStR als Voraussetzung für die Berücksichtigung des betreffenden Saldos?
- Lassen sich die nach Abschn. 40 Abs. 1 GewStR nicht anzuwendenden Vorschriften mit dem Objektcharakter der GewSt begründen?
- Warum werden Gewinnanteile des atypischen stillen Gesellschafters nicht hinzugerechnet?
- Inwieweit werden Beteiligungen an Personen- und Kapitalgesellschaften unterschiedlich behandelt?
- Inwieweit unterscheidet sich der Verlustabzug nach § 10a GewStG vom Verlustabzug nach § 10d EStG bei ESt und KSt?

Literatur: *Rose* (2001), S. 171 – 189; *Schneeloch* (2003), S. 162 – 169; *Tipke / Lang* (2002), S. 484 – 493. Vgl. Abschn. 40, 45 – 66, 69 GewStR.

Lösung zu Aufgabe Seite 187/188:

Beispiel zum „negativen" Progressionsvorbehalt

Inländische Einkünfte	12.500		
Sonderausgaben	– 500		
Zu versteuerndes Einkommen (zvE)	12.000	→ ESt (FM ohne PV)	1.095
Ausländische Einkünfte	– 4.500		
Bezugs-zvE	7.500	→ ESt (§ 32a EStG) =	61
ESt (Freistellungsmethode mit Progressionsvorbehalt) = (61 / 7.500)*12.000 =			98

Schema der Gewerbesteuer-Ermittlung (ab 1998 ohne Gewerbekapital)

Gewinn aus Gewerbebetrieb: Ermittlung nach den Vorschriften des EStG und KStG	Ausgangsgröße gem. § 7 GewStG
– bestimmte Gewinne aus Betriebs- bzw. Beteiligungsveräußerungen (§§ 16, 17 EStG); Entschädigungen i. S. v. § 24 EStG	Abschn. 39 – 41 GewStR
Hinzurechungen	§ 8 GewStG
+ Hälfte der Entgelte für Dauerschulden (Zinsen, Disagio ...)	Nr. 1
+ Gründungs- und erwerbsbezogene Renten und dauernde Lasten	Nr. 2
+ Gewinnanteile des „typisch" stillen Gesellschafters	Nr. 3
+ Gewinnanteile etc. des KGaA-Komplementärs	Nr. 4
+ Steuerfreie Gewinnanteile (Dividenden) gem. § 3 Nr. 40 EStG und § 8b Abs. 1 KStG soweit nicht die Voraussetzungen des § 9 Nr. 2a oder Nr. 7 GewStG vorliegen	Nr. 5
+ Hälfte der Miet- und Pachtzinsaufwendungen für Anlagegüter ≠ Grundbesitz (jedoch stets, wenn > 125.000 € für Betrieb/Teilbetrieb)	Nr. 7
+ Verlustanteile von in- und ausländischen Mitunternehmerschaften	Nr. 8
+ Ausgaben i. S. d. § 9 Abs. 1 Nr. 2 KStG (abgezogene Aufwend. für steuerbegünst. Zwecke)	Nr. 9
+ Ausschüttungsbedingte Teilwertabschreibung bzw. best. vergleichbare Gewinnminderungen	Nr. 10
+ Abgezogene ausländische Steuern auf außer Ansatz gelassene Gewinne	Nr. 12
Kürzungen	§ 9 GewStG
– 1,2 % des Einheitswerts (140 %) der zum Betriebsvermögen gehörenden Grundstücke	Nr. 1
– Gewinnanteile aus in- und ausländischen Mitunternehmergemeinschaften	Nr. 2
– Gewinne aus Schachtelbeteiligungen wenn Beteiligung seit Beginn des EZ mind. 10%	Nr. 2a
– Hinzugerechnete Gewinnanteile nach § 8 Nr. 4 GewStG bei KGaA, wenn bei Ermittlung des Gewinns angesetzt	Nr. 2b
– Auf ausländische Betriebsstätte entfallender Teil des Gewerbeertrags	Nr. 3
– Miet- und Pachtzinsen des Vermieters oder Verpächters (vgl. § 8 Nr. 7 GewStG)	Nr. 4
– Aufwendungen für steuerbegünstigte Zwecke	Nr. 5
– Gewinne aus Anteilen an ausländischen Kapitalgesellschaften, wenn seit Beginn des Erhebungszeitraumes ununterbrochen eine Beteiligung von mindestens 10 % vorliegt und weitere Voraussetzungen erfüllt sind	Nr. 7
– Gewinnanteile an ausländ. Gesellschaft bei DBA-Freistellung bei Beteiligung ≥ 10%	Nr. 8
– Die in den Gewinn einbezogenen Fremdkapitalzinsen i. S. d. § 8a KStG	Nr. 10
= Gewerbeertrag vor Verlust	
– Gewerbeverlust	§ 10a GewStG
= Maßgebender Gewerbeertrag (§ 10 GewStG)	§ 11 GewStG
– Abrundung (volle 100 €)	Abs. 1 Satz 3
– Freibetrag für natürliche Personen bzw. Personengesellschaften 24.500 €	Abs. 1 Satz 3
= Steuerpflichtiger Gewerbeertrag	
· Steuermesszahl 1 % – 5 % gestaffelt (Einzeluntern. und Personengesellschaften) **oder**	Abs. 2 Nr. 1
· Steuermesszahl 5 % (Kapitalgesellschaften)	Abs. 2 Nr. 2
= Steuermessbetrag (§ 11 GewStG)	§ 14 GewStG
· Hebesatz	§ 16 GewStG
= Gewerbesteuerschuld	
– Vorauszahlungen	
= Gewerbesteuer-Rückstellung (– Erstattungsanspruch)	

6.5 Steuertarife

Der Gewerbeertrag im Sinne des GewStG ist eine Größe, bei der die Gewerbesteuer bereits als durch den Betrieb veranlasste Aufwendung (Betriebsausgabe i. S. d. § 4 Abs. 4 EStG) abgezogen ist. Da für deren Berechnung nur der Gewerbeertrag vor Abzug der Gewerbesteuer bekannt ist, muss aus diesem vorläufigen Gewerbeertrag exakt oder zumindest annähernd die Gewerbesteuer ermittelt werden. Diese Aufgabe und die hierfür entwickelten Methoden lassen sich anhand der folgenden Übersicht charakterisieren:

	Bemessungsgrundlage		Steuersatz	
	1		2	
1	Gewerbeertrag **vor** Abzug der Gewerbesteuer	GE	Effektiver Steuersatz	s^{ge}
2	Gewerbeertrag **nach** Abzug der Gewerbesteuer („juristischer" Gewerbeertrag)	GE°	Nomineller Steuersatz	s^{ge^*}

Es lassen sich nun drei Fälle unterscheiden:

Die gesetzliche („juristische") Vorgehensweise unterstellt die Kenntnis der Bemessungsgrundlage in Feld 2.1 und rechnet mit dem nominellen Steuersatz (Feld 2.2):

$$s^{ge^*} = z \cdot h = 0{,}05 \cdot h$$

$$S^{ge} = s^{ge^*} \cdot GE° = z \cdot h \cdot GE° = 0{,}05 \cdot h \cdot GE°$$

Die exakte Methode zur Ermittlung der Gewerbeertragsteuer bezieht sich auf die Bemessungsgrundlage vor Abzug der Gewerbesteuer, also auf Feld 1.1, und muss daher den effektiven Steuersatz s^{ge} in Feld 1.2 erst ermitteln (s. unten):

$$S^{ge} = s^{ge} \cdot GE$$

Die von der Finanzverwaltung zugelassene 5/6-Methode nimmt den nominellen Steuersatz (Feld 2.2), also s^{ge^*}, bezieht diesen jedoch auf den Gewerbeertrag vor Abzug der Gewerbesteuer GE (Feld 1.1) und berücksichtigt die Abziehbarkeit der Gewerbesteuer durch die Multiplikation des Ergebnisses mit dem Bruch 5/6:

$$S^{ge} = \frac{5}{6} \cdot s^{ge^*} \cdot GE$$

Die weiteren zu beachtenden Gesichtspunkte werden nachfolgend erläutert.

6.5.1 (Juristischer) Tarif der Gewerbeertragsteuer

6.5.1.1 Kapitalgesellschaften

Der Gewerbesteuersatz ergibt sich aus der Multiplikation von Steuermesszahl und Hebesatz; letzter ist gemeindeabhängig (§ 16 GewStG). Er liegt häufig in der Größenordnung von 400 % (⇒ h = 4). Bei Kapitalgesellschaften gilt stets die Steuermesszahl von 5 % (z = 0,05), so dass sich der Steuersatz s^{ge^*} mit $0{,}05 \cdot h$ ermittelt.

6.5.1.2 Personenunternehmen

Alle Personenunternehmen erhalten einen Freibetrag (FB) von 24.500 €, dessen Wirkung auch als Abzug von der Steuerschuld interpretierbar ist. Die Ermittlung des Steuerbetrags kann daher so geschrieben werden:

$S^{ge} = z \cdot h \cdot (GE° - FB) = z \cdot h \cdot GE° - z \cdot h \cdot FB$ bzw. numerisch:

$S^{ge} = 0{,}05 \cdot h \cdot GE° - 1.225 \cdot h$

Zusätzlich kommen Personenunternehmen in den Genuss einer Staffelrechnung. Deren Gesamtwirkung lässt sich für Gewerbeerträge oberhalb 72.500 € wie folgt bestimmen. Man rechnet mit einer Messzahl von 5 % für die gesamte Bemessungsgrundlage und betrachtet die ermäßigten Steuermesszahlen als Minderung des Messbetrags. In diese Überlegung kann auch der anfängliche Freibetrag von 24.500 € einbezogen werden (er ermäßigt die Messzahl um 5 %):

Gewerbeertrag in €	€	Messzahl	Ersparnis gegenüber 5 %	Minderung des Messbetrags	
				einfach	kumuliert
0 – 24.500	24.500	0	0,05	1.225	1.225
24.500 – 36.500	12.000	0,01	0,04	480	1.705
36.500 – 48.500	12.000	0,02	0,03	360	2.065
48.500 – 60.500	12.000	0,03	0,02	240	2.305
60.500 – 72.500	12.000	0,04	0,01	120	2.425
≥ 72.500		0,05	0	2.425	

Die Tabelle zeigt, dass die Staffelung in eine Minderung des Messbetrags umrechenbar ist. Gegenüber der „vollen" Messzahl von 5 % führt sie bei Gewerbeerträgen über 72.500 € zu einer Messbetragsminderung um 2.425 €. Dies kann in diesem Bereich als Messbetrags-Freibetrag definiert werden. Um die Minderung der Gewerbesteuer zu berechnen, ist mit dem Hebesatz zu multiplizieren.

Die Berechnung des Steuerbetrags ändert sich somit einfach beim Absolutglied:

$S^{ge} = 0{,}05 \cdot h \cdot GE° - \mathbf{2.425} \cdot h$

Anstelle eines Abzugs von der Steuerschuld kann auch ein (erhöhter) Freibetrag genommen werden. Die folgende Schreibweise ist äquivalent:

$S^{ge} = 0{,}05 \cdot h \cdot (GE° - \mathbf{2.425/0{,}05}) = 0{,}05 \cdot h \cdot (GE° - \mathbf{48.500})$

6.5.2 Effektiver Tarif der Gewerbeertragsteuer

6.5.2.1 Kapitalgesellschaften

Bei den Arbeiten am Jahresabschluss ist die Bemessungsgrundlage GE°, also der juristische Gewerbeertrag (nach Abzug der Gewerbeertragsteuer) nicht bekannt. Deshalb muss der Steuersatz (Tarif) auf die Brutto-Bemessungsgrundlage GE (Gewerbeertrag vor Gewerbesteuer) bezogen werden. Es gilt dann für den Fall der Kapitalgesellschaft:

$$GE = GE° + S^{ge} = GE° + z \cdot h \cdot GE° = (1 + z \cdot h) \cdot GE°$$

Der Steuersatz in Abhängigkeit von GE beträgt S^{ge}/GE und sei mit s^{ge} (als dem effektiven Steuersatz ohne Sonderzeichen) symbolisiert. S^{ge} kann durch $z \cdot h \cdot GE°$ ersetzt werden. GE ergibt sich aus der oberen Gleichung.

$$\frac{S^{ge}}{GE} = s^{ge} = \frac{z \cdot h \cdot GE°}{(1 + z \cdot h) \cdot GE°} = \frac{z \cdot h}{1 + z \cdot h}$$

Damit ergibt sich der effektive Gewerbesteuersatz als:

$$s^{ge} = \frac{z \cdot h}{1 + z \cdot h}$$

Die Abhängigkeit des Steuersatzes vom Hebesatz ergibt sich an einigen Beispielen wie folgt:

h	2	3	4	5	6
s^{ge}	0,090909...	0,130435	0,16666...	0,2	0,230769

6.5.2.2 Personenunternehmen

Bei Einzelunternehmen und Personengesellschaften ist für die Ermittlung der Gewerbeertragsteuer neben einem Freibetrag von 24.500 € die Staffelung der Messzahl zu beachten. Die in § 11 Abs. 2 Nr. 1 GewStG genannten Grenzen der Staffelintervalle müssen wegen der Abzugsfähigkeit der Gewerbesteuer von ihrer eigenen Bemessungsgrundlage hebesatzabhängig erweitert werden. [Vgl. hierzu *König / Kunkel / Stegmaier* (1992).]

	Intervallgrenzen	Gewerbeertragsteuerschuld
1	$0 \leq GE < 24.500$	$S^{ge} = 0$
2	$24.500 \leq GE < 36.500 + 120 \cdot h$	$S^{ge} = \frac{0{,}01 \cdot h}{1 + 0{,}01 \cdot h} \cdot (GE - 24.500)$
3	$36.500 + 120 \cdot h \leq GE < 48.500 + 360 \cdot h$	$S^{ge} = \frac{0{,}02 \cdot h}{1 + 0{,}02 \cdot h} \cdot (GE - 30.500)$
4	$48.500 + 360 \cdot h \leq GE < 60.500 + 720 \cdot h$	$S^{ge} = \frac{0{,}03 \cdot h}{1 + 0{,}03 \cdot h} \cdot (GE - 36.500)$
5	$60.500 + 720 \cdot h \leq GE < 72.500 + 1.200 \cdot h$	$S^{ge} = \frac{0{,}04 \cdot h}{1 + 0{,}04 \cdot h} \cdot (GE - 42.500)$
6	$72.500 + 1.200 \cdot h < GE$	$S^{ge} = \frac{0{,}05 \cdot h}{1 + 0{,}05 \cdot h} \cdot (GE - 48.500)$

GE ist der steuerpflichtige Gewerbeertrag vor Abzug des Freibetrags ohne Berücksichtigung der Abzugsfähigkeit der Gewerbeertragsteuer.

6.5.3 Hebesatz und Zerlegung bei mehreren Betriebsstätten

Unterhält der Gewerbebetrieb Betriebsstätten in mehreren Gemeinden, so unterliegt der Gewerbesteuermessbetrag (Gewerbeertrag mal Messzahl, somit 0,05 · GE°) einer Zerlegung (§ 28 GewStG). Zerlegungsmaßstab (§ 29 GewStG) sind i. d. R. die Arbeitslöhne i. S. v. § 31 GewStG. Die Zerlegungsanteile werden dann mit den Hebesätzen der jeweiligen Gemeinden multipliziert.

Fragen:

Mit welchem durchschnittlichen Hebesatz kann zur Ermittlung der Gewerbesteuer-Rückstellung gerechnet werden?

In welchem Verhältnis partizipieren die drei Gemeinden im folgenden Fall an der Gewerbesteuer? Ermitteln Sie die gesamte Gewerbesteuer für eine Kapitalgesellschaft mit einem Gewerbeertrag vor Gewerbesteuer von 1.000.000 €.

(Vgl. Lösung S. 196)

Gemeinde	A	B	C	Σ
Hebesatz dezimal	4	3	6	
Arbeitslöhne	150.000	100.000	250.000	500.000

Wo wird im Steuerrecht „Unternehmerlohn" berücksichtigt?

Warum wird die Gewerbesteuer z. T. als Großbetriebsteuer bezeichnet?

6.6 Schätzung der Gewerbesteuerrückstellung mit Hilfe der „5/6-Methode"

Gem. R 20 Abs. 2 EStR kann die Gewerbesteuerrückstellung schätzungsweise mit fünf Sechsteln des Betrags der Gewerbesteuer angesetzt werden, die sich ohne Berücksichtigung der Gewerbesteuer als Betriebsausgabe ergeben würde.

Aufgabe:
Berechnen Sie für das folgende Beispiel die Gewerbesteuer-Rückstellung für eine Kapitalgesellschaft und für ein Personenunternehmen.

	Symbole	Beträge in €
Gewinn vor GewSt 01	R	300.000
Summe der Hinzurechnungen und Kürzungen	M^{ge}	13.200
Gewerbeverlust aus Vorjahr	V	100.000
GewSt-Vorauszahlungen für 01	Vz	17.400
Hebesatz	h	5

Für **Kapitalgesellschaften** gilt:

$$GE = R + M^{ge} - V$$

$$S^{ge} = \frac{5}{6} \cdot s^{ge^{*}} \cdot GE = \frac{5}{6} \cdot z \cdot h \cdot GE$$

Die GewSt-Rückstellung ergibt sich nach Abzug der Vorauszahlungen hiervon.

Ermittlung der Gewerbesteuerrückstellung bei Kapitalgesellschaften

Exakte Methode

$GE = R + M^{ge} - V = 300.000 + 13.200 - 100.000$ = 213.200

$s^{ge} = \frac{0,25}{1,25} = 0,2$ → **42.640**

abzüglich Vorauszahlungen − 17.400

GewSt-Rückstellung somit = 25.240

5/6-Methode

Gewerbeertrag wie oben = 213.200

$s^{ge^{*}} = 0,05 \cdot 5 = 0,25$ → 53.300

davon 5/6 = 44.417

abzüglich Vorauszahlungen − 17.400

GewSt-Rückstellung = **27.017**

Ermittlung der Gewerbesteuerrückstellung bei Personenunternehmen

Der effektive Satz von 0,2 wird jetzt auf die um 48.500 verminderte Bemessungsgrundlage angewendet, so dass sich die Gewerbesteuer von 42.640 um 9.700 ermäßigt auf **32.940**

abzüglich Vorauszahlungen – 17.400

Entsprechend beträgt die Rückstellung **15.540**

5/6-Methode

Die „juristische" Ermittlung ergibt 0,25·(213.200 – 48.500) = 41.175.

davon 5/6 **34.175**

abzüglich Vorauszahlungen – 17.400

Rückstellung **16.775**

Für **Einzelunternehmen und Personengesellschaften**, deren Gewerbeertrag den Bereich der Staffelsätze übersteigt, ist lediglich die Messzahl (0,05) mit dem Hebesatz zu multiplizieren und dieser Satz auf die Brutto-Bemessungsgrundlage anzuwenden, von der aber der Freibetrag von 48.500 € noch abzuziehen ist.

Befindet sich der Gewerbeertrag innerhalb der Staffelgrenzen, kann die Gewerbesteuer-Rückstellung mit Hilfe der obigen Tabelle der Intervallgrenzen und der „5/6-Methode" wie folgt ermittelt werden.

Bewegt sich der Gewerbeertrag vor Abzug der Gewerbesteuer innerhalb der einfachen Grenzen (€) von 24.500 bis 36.500, von 36.500 bis 48.500 usw., so sind die jeweiligen juristischen Steuersätze auf die vorläufigen Bemessungsgrundlagen nach Abzug der Freibeträge lt. Tabelle anzuwenden und das Ergebnis mit 5/6 zu multiplizieren. Dies bedeutet z. B. für den Bereich der Zeile 4 in der Tabelle auf S. 207:

$48.500 \leq GE < 60.500$	$S^{ge} = \frac{5}{6} \cdot 0{,}03 \cdot h \cdot (GE - 36.500)$

6.7 Zum Problem der Doppelbelastung bei Gewinnausschüttungen (Dividenden)

Da das sog. gewerbesteuerliche „Schachtelprivileg“ nur bei Beteiligungsquoten von mindestens 10 % gewährt wird, kommt es trotz des Prinzips einer nur einmaligen Gewerbesteuerbelastung zu Mehrfachbelastungen mit GewSt. Das lässt sich am Beispiel einer Kapitalgesellschaft zeigen, die zu weniger als 10 % an einer anderen Kapitalgesellschaft beteiligt ist. Die Gesamtbelastung lässt sich dann, bezogen auf einen Gewinn = Gewerbeertrag vor KSt und vor GewSt von 1 wie folgt formalisieren:

Kapitalgesellschaft	Belastung
1. KapGes	$s^{ge1} + s^{kd} \cdot (1 - s^{ge1}) = s^{er1}$
2. KapGes (§ 8b KStG)	$(1 - s^{er1}) \cdot s^{ge2} \cdot (1 - s^{kd}) = \{1 - [s^{ge1} + s^{kd} \cdot (1 - s^{ge1})]\} \cdot s^{ge2} \cdot (1 - s^{kd})$
Anteilseigner der 2. KapGes	$[(1 - s^{er1}) - (1 - s^{er1}) \cdot s^{ge2} \cdot (1 - s^{kd})] \cdot 0{,}5 \cdot s^{ek}$
Gesamtbelastung	$s^{er1} + (1 - s^{er1}) \cdot s^{ge2} \cdot (1 - s^{kd}) + [(1 - s^{er1}) - (1 - s^{er1}) \cdot s^{ge2} \cdot (1 - s^{kd})] \cdot 0{,}5 \cdot s^{ek}$

Beispiel (mit vereinfachten Sätzen: $s^{kd} = 0{,}25$; $s^{ge1} = s^{ge2} = 0{,}2$; $s^{ek} = 0{,}5$):

$0{,}4 + 0{,}09 + 0{,}51 \cdot 0{,}5 \cdot 0{,}5 = 0{,}6175$. Zusätzlich können noch nichtabziehbare Betriebsausgaben hinzukommen (§ 7 GewStG i. V. m. § 8b KStG und § 3c Abs. 2 EStG). Beim „Schachtelprivileg“ fällt die zweite Belastung weg, so dass sich insgesamt eine Belastung von 0,55 ergibt. Die Mehrbelastung von 0,0675 ist nicht begründbar.

7 Die Umsatzsteuer

7.1 Umsatzsteuersysteme

Zunächst werden auf der folgenden Seite mögliche Umsatzsteuersysteme gegenübergestellt. In der anschließenden Rechnung auf Seite 215 wird die kumulative Allphasensteuer des früheren Rechts mit der seit 1968 erhobenen Mehrwertsteuer – einer nichtkumulativen Allphasensteuer – verglichen.

Deren tatsächliche Durchführung mit Vorsteuerabzug wird in der rechten Spalte skizziert. Links daneben wird auf den Inhalt des USt-Systems – der Mehrwert-Besteuerung – abgestellt. Es wird der seit dem 1.4.1998 gültige allgemeine Steuersatz von 16 % verwendet. In der ersten Zahlenspalte wird die Besteuerung nach dem bis 1967 geltenden Recht dargestellt.

Das Beispiel bezieht sich auf 5 Produktions- bzw. Handelsstufen (x = 1 ... 5), was für das frühere USt-Recht von Bedeutung ist:

3 Produktionsstufen	(x = 1 ... 3)
1 Großhandelsstufe	(x = 4)
1 Einzelhandelsstufe	(x = 5)

Weitere Symbole:	RB	=	Rechnungsbetrag („brutto“)
	NB	=	Nettobetrag
	W	=	Wertschöpfung

In welchem System die USt-Belastung (nominell) höher ist, hängt vom Einzelfall ab! Beachten Sie aber, dass bei ökonomischer Betrachtung zu berücksichtigen ist, dass die Möglichkeit der Überwälzung der USt auf die Nachfrager von den Marktverhältnissen (insbesondere Nachfragestruktur bzw. -elastizität) abhängt. (Vgl. hierzu die Ausführungen, S. 5 – 6.)

Fragen:

- Zeigen Sie in dem Beispiel den Kumulationseffekt (Kaskadeneffekt) des alten USt-Rechts!
- Erläutern Sie die Wirkung eines kumulativen USt-Systems auf die Motivation zur Unternehmenskonzentration (Minimierung der Anzahl der Stufen)!
- Zu welchem Preis hätte ein Konzern, der alle 5 Stufen in umsatzsteuerlich anerkannter Weise (⇒ Organschaft) umfasst, den Gegenstand bei gleicher Wertschöpfung (d.h. auch bei gleichem Gewinn) nach altem Recht anbieten können?
- Überlegen Sie, welche unterschiedlichen Folgen ein Vor**steuer**abzug im Vergleich mit einem Vor**umsatz**abzug hat, wenn zwei USt-Sätze existieren!

Literatur: *Rose, G.* (2002), S. 54 – 59; *Schneider* (1994), S. 208 – 209; *Wöhe* (1988), S. 474 – 487; *Dziadkowski / Walden* (1996), S. 3 – 16; *Schult* (1983), S. 244 – 247.

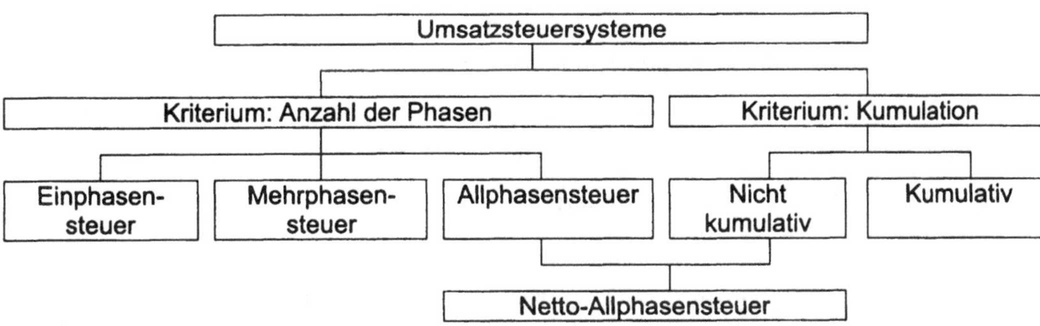

Beispiel:

Der Unternehmersektor bestehe aus den Unternehmern U1, U2 und U3. U1 beziehe – zur Vereinfachung – keine Vorleistungen und zahle daher auch keine Vorsteuer. U1 erbringe Leistungen im Nettowert von 50 an U2, dieser erbringe an U3 Leistungen im Nettowert von 200 und U3 schließlich leiste an einen Endverbraucher V zum Nettowert von 300. Auf allen Stufen gelte ein Steuersatz von 16 %, so dass dem Endverbraucher 348 in Rechnung gestellt und auch von ihm bezahlt werden. Die Doppelpfeile symbolisieren die Leistungen der jeweiligen Unternehmer, für welche diese Zahlungen erhalten (Entgelte ohne Steuern). Die einfachen Pfeile zeigen die unsaldierten Steuerzahlungen. Zur besseren Übersicht zahle jeder Unternehmer an ein anderes Finanzamt.

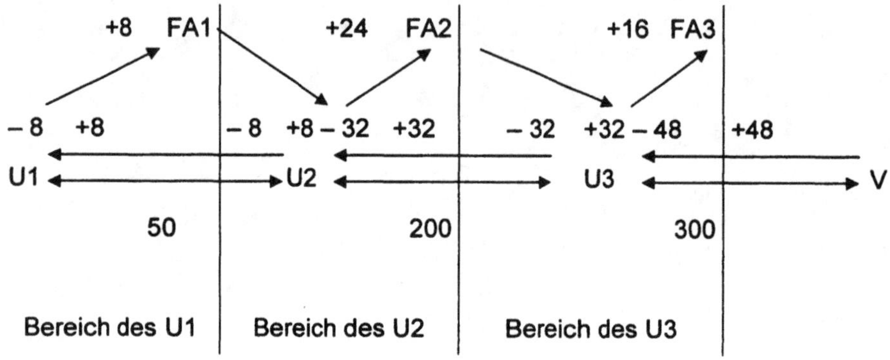

U1 leistet 50 an U2, bekommt dafür mit Steuer 58, wovon er 8 an das F1 abführt, also verbleiben ihm netto 50.

U2 leistet netto 200 an U3, bekommt dafür mit Steuer 232, wovon er 32 dem FA2 schuldet. Diese kann er mit seiner Vorsteuer von 8 verrechnen, so dass das FA 2 per Saldo nur 24 erhält. Dieser Zusammenhang ist unsaldiert dargestellt.

U3 leistet netto 300 an V, bekommt dafür 348, wovon er 48 dem FA3 schuldet. Diesen 48 steht seine Vorsteuer von 32 gegenüber, so dass er nur 16 abführen muss.

V zahlt 348 und bekommt keinen Vorsteuerabzug.

Addiert man zusammen, so erhält FA1 +8, FA2 +24 und FA3 +16, zusammen also 48. Es zeigt sich, dass der ganze Kreislauf im Unternehmersektor ein „Nullsummenspiel" ist, denn endgültig realisiert sich die USt erst dadurch, dass der Letztverbraucher keinen Vorsteuerabzug hat.

Vergleich USt bis 1967 und USt (MwSt) ab 1968

	USt bis 1967	Mehrwertsteuer ab 1968 Inhaltlich	Mehrwertsteuer ab 1968 Durchführung
Wertschöpfung 1		1.000,00	
= Nettobetrag 1	1.000,00		1.000,00
USt 1 (4 % bzw. 16 %)	41,70	160,00	160,00
Rechnungsbetrag 1	1.041,70	1.160,00	1.160,00
Vorsteuerabzug 2			– 160,00
Belastung 2	1.041,70		1.000,00
Wertschöpfung 2	1.000,00	1.000,00	1.000,00
Nettobetrag 2	2.041,70		2.000,00
USt 2 (4 % bzw. 16 %)	85,07	160,00	320,00
Rechnungsbetrag 2	2.126,77	2.320,00	2.320,00
Vorsteuerabzug 3			– 320,00
Belastung 3	2.126,77		2.000,00
Wertschöpfung 3	1.000,00	1.000,00	1.000,00
Nettobetrag 3	3.126,77		3.000,00
USt 3 (4 % bzw. 16 %)	130,29	160,00	480,00
Rechnungsbetrag 3	3.257,06	3.480,00	3.480,00
Vorsteuerabzug 4			– 480,00
Belastung 4	3.257,06		3.000,00
Wertschöpfung 4	300,00	300,00	300,00
Nettobetrag 4	3.557,06		3.300,00
USt 4 (1 % bzw. 16 %)	35,93	48,00	528,00
Rechnungsbetrag 4	3.593,99	3.828,00	3.828,00
Vorsteuerabzug 5			– 528,00
Belastung 5	3.593,99		3.300,00
Wertschöpfung 5	500,00	500,00	500,00
Nettobetrag 5	4.093,99		3.800,00
USt 5 (4 % bzw. 16 %)	170,55	80,00	608,00
Rechnungsbetrag 5	4.263,54	4.408,00	4.408,00
USt der Stufe x: USt(x) =	Produktion/Einzelhandel: $USt(x) = 0{,}04 \cdot RB(x) = 0{,}04167 \cdot NB(x)$ Großhandel: $USt(x) = 0{,}01 \cdot RB(x) = 0{,}0101 \cdot NB(x)$	$USt(x) = 0{,}16 \cdot W(x)$	$USt(x) = 0{,}16 \cdot NB(x)$
Σ USt-Belastung	Für Abnehmer nicht erkennbar	$\Sigma USt = 0{,}16 \cdot \Sigma W = 0{,}16/1{,}16 \cdot RB =$ $0{,}16 \cdot 3.800 = 0{,}13793 \cdot 4.408 = 608{,}00$	

7.2 Steuersubjekt

§ 2 UStG

Der persönlichen Steuerpflicht unterliegt im Regelfall derjenige, der umsatzsteuerlich als Unternehmer zu bezeichnen ist. Dieser Unternehmerbegriff, der sich nicht mit dem der Betriebswirtschaftslehre deckt, wird auf Seite 217 charakterisiert.

Fragen:

- Frau A. erntet jährlich reichlich Stachelbeeren. Seit ihr Mann diese nicht mehr verträgt, verkauft sie die Beeren stets in der Nachbarschaft zu einem Freundschaftspreis. Ein böser Nachbar droht mit dem Finanzamt; er meint, Frau A. müsse USt abführen. Hat er recht?
- Tünnes B. hält zwischen Weiberfastnacht und Aschermittwoch 13 Büttenreden in verschiedenen (Karnevals-)Sitzungen. Ist er umsatzsteuerpflichtig?
- Steuerberater C. schreibt gelegentlich Gedichte, die auch gedruckt und gelesen werden. Hat er ein oder zwei Unternehmen?
- Herr D. führt tagsüber ein Rundfunkgeschäft und abends eine Kneipe. Sein Laden liefert ein Fernsehgerät in die Gaststätte. Ist USt zu berücksichtigen? Ist die umsatzsteuerliche Behandlung anders, wenn die Ehefrau des C. Inhaberin der Gaststätte ist? Ist dann ggf. das wirtschaftliche Ergebnis ein anderes?

Falls Sonderregelungen des Umsatzsteuerrechts in Betracht kommen, können steuerliche Wirkungen davon abhängen, ob ein oder mehrere Unternehmen anzunehmen sind. Behalten Sie dies im Auge!

Literatur: *Rose, G.* (2002), S. 21 – 42; *Dziadkowski / Walden* (1996), S. 19 – 57; *Tipke / Lang* (2002), S. 619 – 624. Vgl. Abschn. 16 – 23 UStR.

zusätzliche Literatur zu umsatzsteuerlichen Spezialfragen:
Völkel / Karg (2002) und *Hahn / Kortschak* (2003).

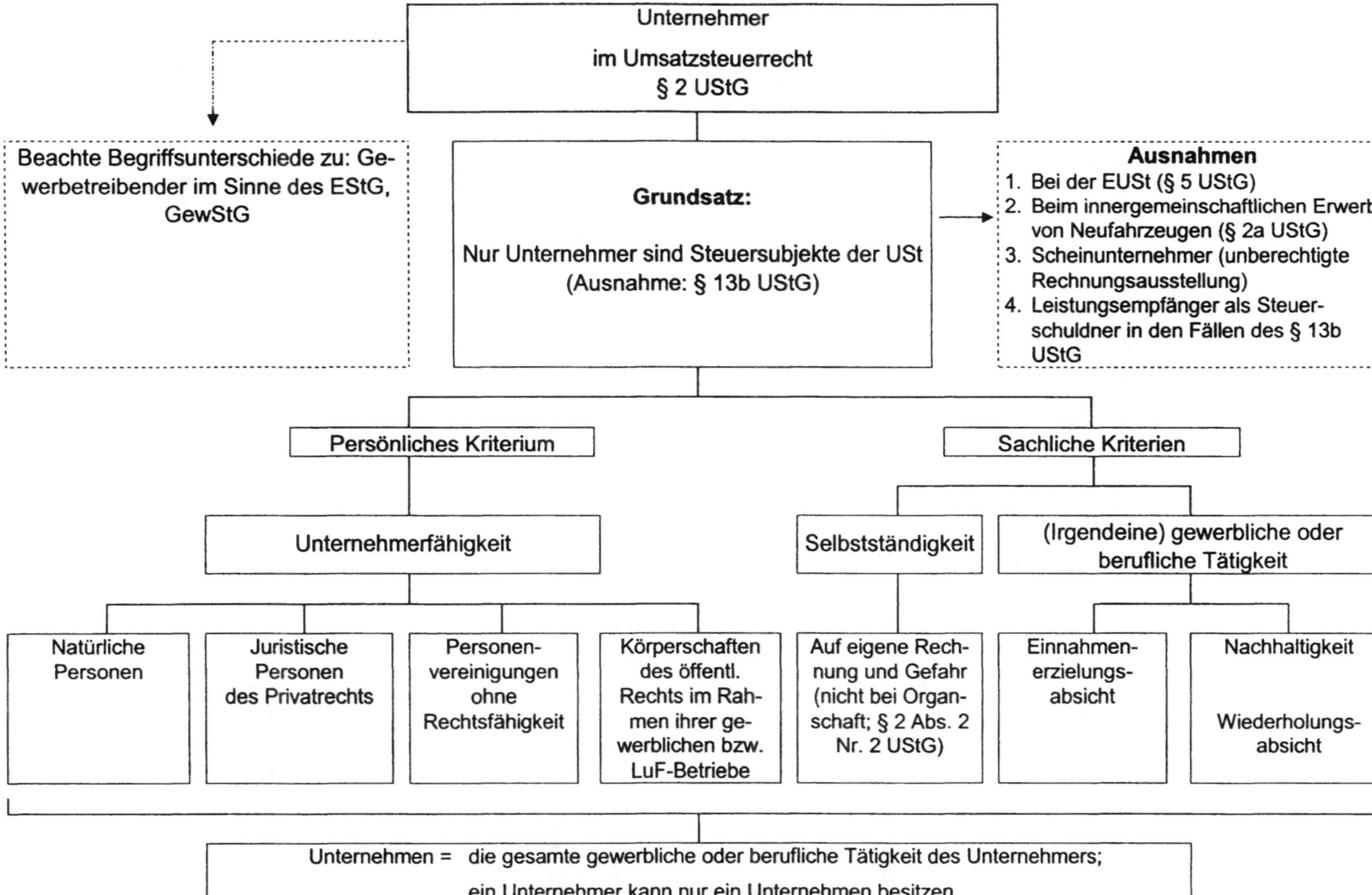
Unternehmer
im Umsatzsteuerrecht
§ 2 UStG
Beachte Begriffsunterschiede zu: Gewerbetreibender im Sinne des EStG, GewStG
Grundsatz:
Nur Unternehmer sind Steuersubjekte der USt
(Ausnahme: § 13b UStG)
Ausnahmen
1. Bei der EUSt (§ 5 UStG)
2. Beim innergemeinschaftlichen Erwerb von Neufahrzeugen (§ 2a UStG)
3. Scheinunternehmer (unberechtigte Rechnungsausstellung)
4. Leistungsempfänger als Steuerschuldner in den Fällen des § 13b UStG
Persönliches Kriterium
Sachliche Kriterien
Unternehmerfähigkeit
Selbstständigkeit
(Irgendeine) gewerbliche oder berufliche Tätigkeit
Natürliche Personen
Juristische Personen des Privatrechts
Personenvereinigungen ohne Rechtsfähigkeit
Körperschaften des öffentl. Rechts im Rahmen ihrer gewerblichen bzw. LuF-Betriebe
Auf eigene Rechnung und Gefahr (nicht bei Organschaft; § 2 Abs. 2 Nr. 2 UStG)
Einnahmenerzielungsabsicht
Nachhaltigkeit
Wiederholungsabsicht
Unternehmen = die gesamte gewerbliche oder berufliche Tätigkeit des Unternehmers;
ein Unternehmer kann nur ein Unternehmen besitzen

7.3 Steuerobjekte

7.3.1 Umsätze und Umsatzsteuer

Die Übersicht auf Seite 219 soll die wesentlichen Zusammenhänge zwischen Umsätzen und Umsatzsteuer aufzeigen. Dabei werden die Steuergegenstände eingeführt, und es soll der im Umsatzsteuerrecht wichtige Unterschied zwischen **steuerbar** und **steuerpflichtig** deutlich werden.

Vorbild: *Rose, G.* (2002), Abbildung 4, S. 39.

Zu einigen Punkten, die später nicht berührt werden:

Nicht steuerbare Umsätze sind beispielsweise solche, die von einem Nicht-Unternehmer ausgeführt werden, oder solche Leistungen, die nicht alle auf Seite 219 genannten Kriterien erfüllen, z. B. bei Umsätzen, die im Ausland erfolgen.

Fragen:

- Wie kann es zu einem Vorsteuerabzug bei nicht steuerbaren Umsätzen kommen?
- Wie kann ein Vorsteuerabzugsrecht ohne Zusammenhang mit Umsätzen begründet sein?

Literatur (zum Überblick): *Rose, G.* (2002), S. 37 – 108.

Lösung zu Aufgabe Seite 187/188:

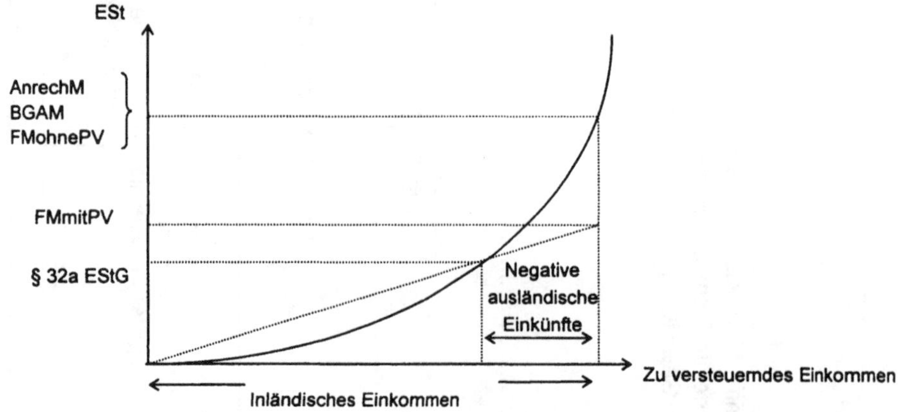

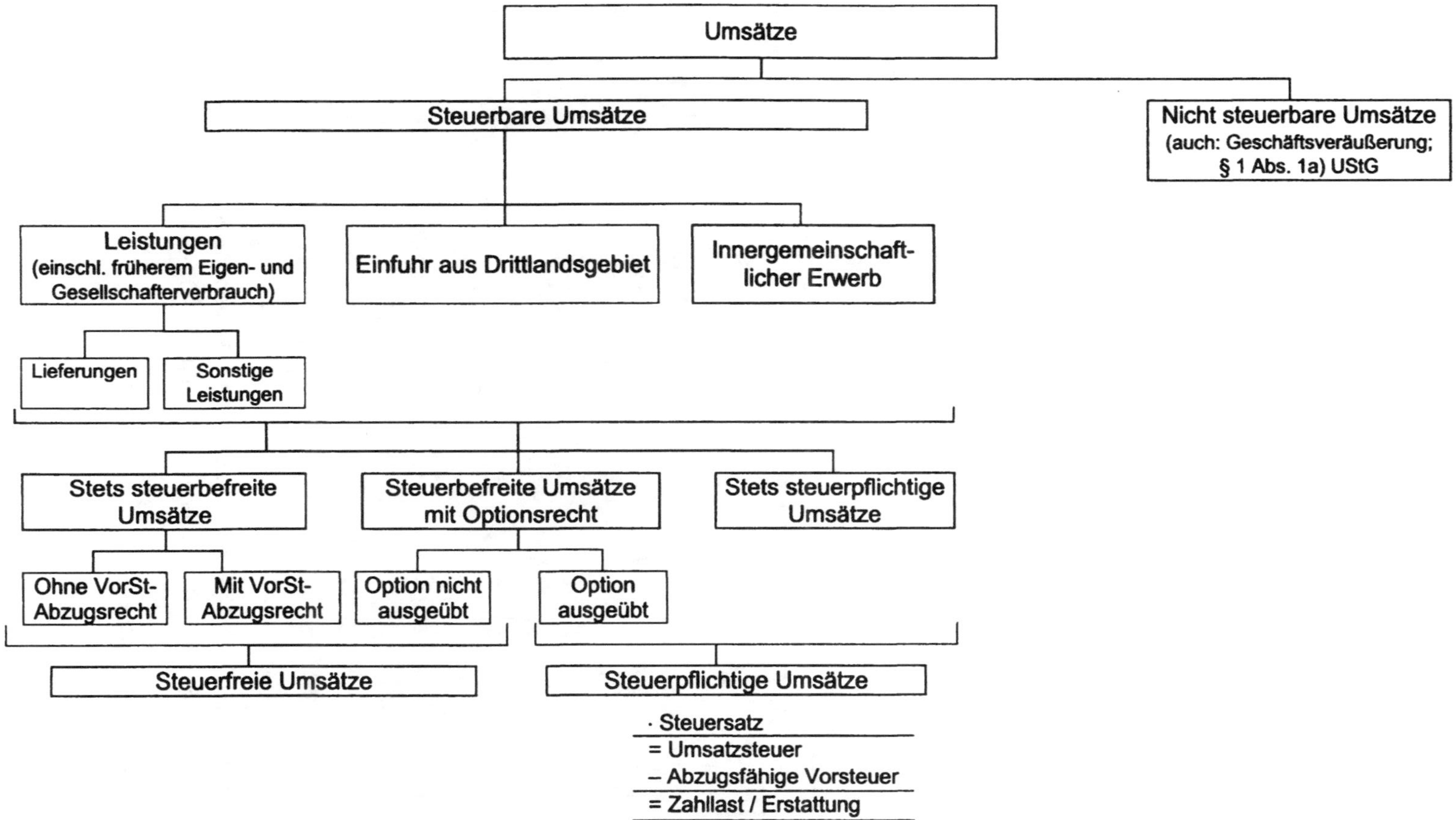

§ 13b UStG kehrt das System um und erklärt in bestimmten Fällen den Leistungsempfänger zum Steuerschuldner (lt. BMF: „Reverse-Charge-Verfahren“).

7.3.1.1 Leistungen

§ 3 UStG

Auf Seite 221 sind die Kriterien des wichtigsten Falles steuerbarer Leistungen zusammengestellt.

Fragen:

- Fällt USt an und ggf. worauf,
  wenn ein Kraftfahrzeughändler einen Gebrauchtwagen absetzt, falls er
  a) im eigenen Namen für eigene Rechnung handelt,
  b) als Kommissionär auftritt,
  c) als Agent oder Vermittler tätig wird?
- Nennen Sie Fälle, in denen umsatzsteuerlich Lieferungen vorliegen, ohne dass Eigentum übertragen wird!
- Ein Patient belohnt die schmerzlose Behandlung eines Zahnarztes damit, dass er zusätzlich zum Rechnungsbetrag noch weitere 100 € zahlt. Welcher Betrag ist als Entgelt maßgebend? (Vgl. aber § 4 Nr. 14 UStG.)
- Wie unterscheiden sich unechter und echter Schadenersatz?
- Einzelhändler Y wirbt auffällig mit dem Spruch: „Biologischer Kartoffelschnaps in X nur bei Y!" Eines Tages sucht ihn sein Kollege Z auf, der in X das gleiche Produkt führt, und bewirkt, dass Y Abstandszahlungen
  a) für die Vergangenheit,
  b) für die Zukunft
  leistet, wogegen Z nicht gegen die Weiterführung der Werbung protestieren wird. Steuerbare Umsätze?
- Liegen in folgenden Fällen steuerbare Lieferungen vor?
  a) Ein Arzt verkauft eine Briefmarkensammlung, die er sich nur mit dem Honorar einer außergewöhnlichen Operation kaufen konnte.
  b) Ein Steuerberater veräußert das Kraftfahrzeug, das er als betrieblich behandelt hatte.

Literatur: *Rose, G.* (2002), S. 43 – 85; *Dziadkowski / Walden* (1996), S. 71 – 136; *Tipke / Lang* (2002), S. 577 – 601; *Schneeloch* (2003), S. 409 – 420.

Abschn. 24 – 25 UStR.

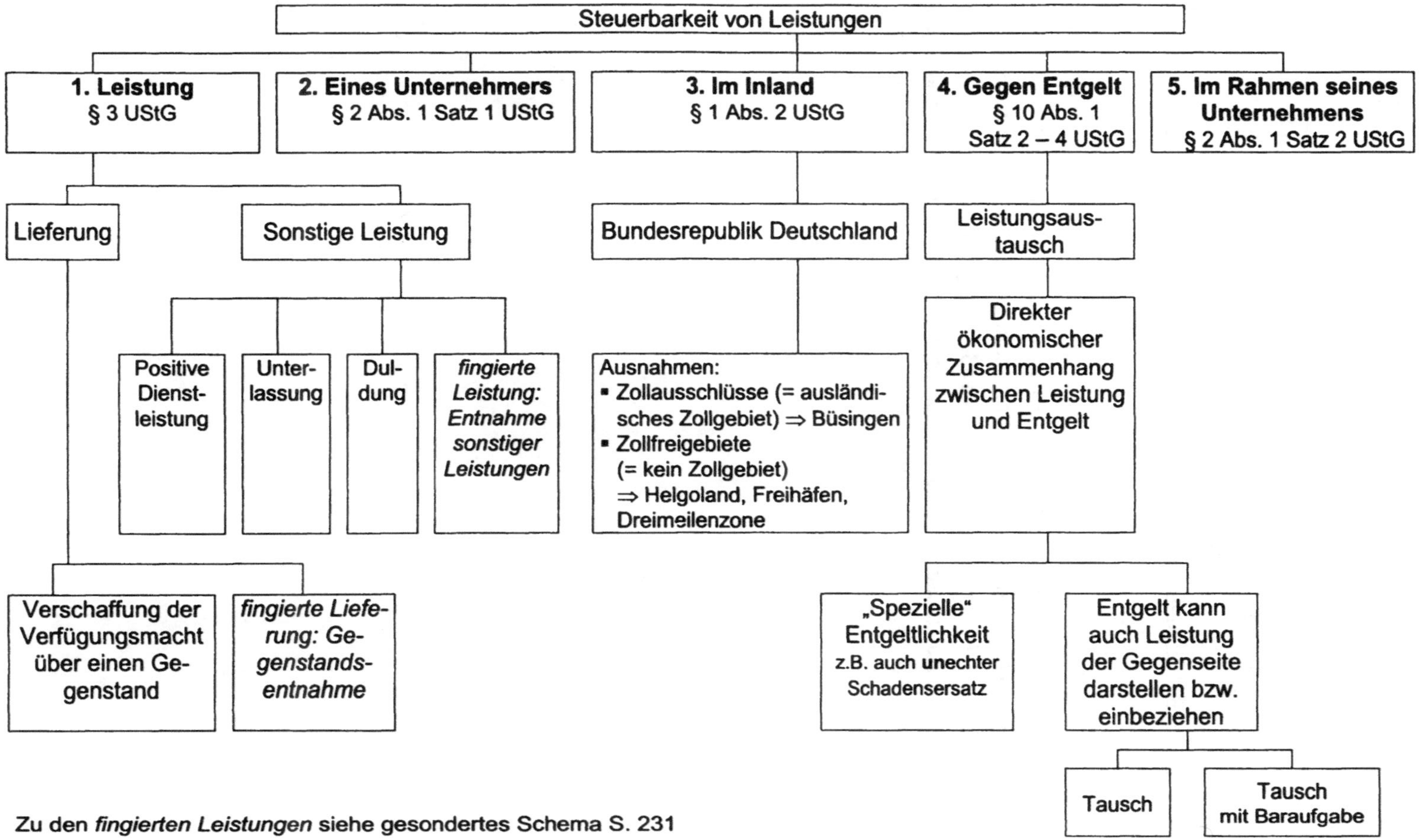

Zu den *fingierten Leistungen* siehe gesondertes Schema S. 231

<table>
<tr><th colspan="3">Die Welt des UStG</th></tr>
<tr><td>Inland</td><td colspan="2">Ausland</td></tr>
<tr><td>D</td><td>EU-Ausland: A, B ...: übriges Gemeinschafts-gebiet</td><td>Nicht-EU-Ausland</td></tr>
<tr><td colspan="2">Gemeinschaftsgebiet</td><td>Drittlandsgebiet</td></tr>
</table>

Der frühere Eigen- und Gesellschaftsverbrauch wurde als unentgeltlich eingestuft. Somit fehlte bei ihnen das Merkmal „gegen Entgelt", so dass diese nach § 1 Abs. 1 Nr. 1 UStG nicht steuerbar waren. Sie mussten gesondert über Ersatztatbestände erfasst werden. Nun wird die Entgeltlichkeit fingiert. Für den bisherigen Aufwendungseigenverbrauch gilt diese Fiktion der Entgeltlichkeit nicht. Aus diesem Grund wird für die nichtabziehbaren Aufwendungen des § 4 Abs. 5 Satz 1 Nr. 1 bis 4, 7, Abs. 7 EStG und § 12 Nr. 1 EStG der Vorsteuerabzug versagt (siehe § 15 Abs. 1a UStG).

7.3.1.2 Besteuerung des „Eigenverbrauchs“

§ 3 Abs. 1b und Abs. 9a UStG, § 15 Abs. 1a UStG

Bei der Abgrenzung der steuerbaren Umsätze will der Gesetzgeber die Lückenlosigkeit der USt als Verbrauchsteuer gewährleisten. Grundsätzlich stehen zur systematischen Erfassung des „Eigenverbrauchs“ zwei Vorgehensweisen zur Verfügung.

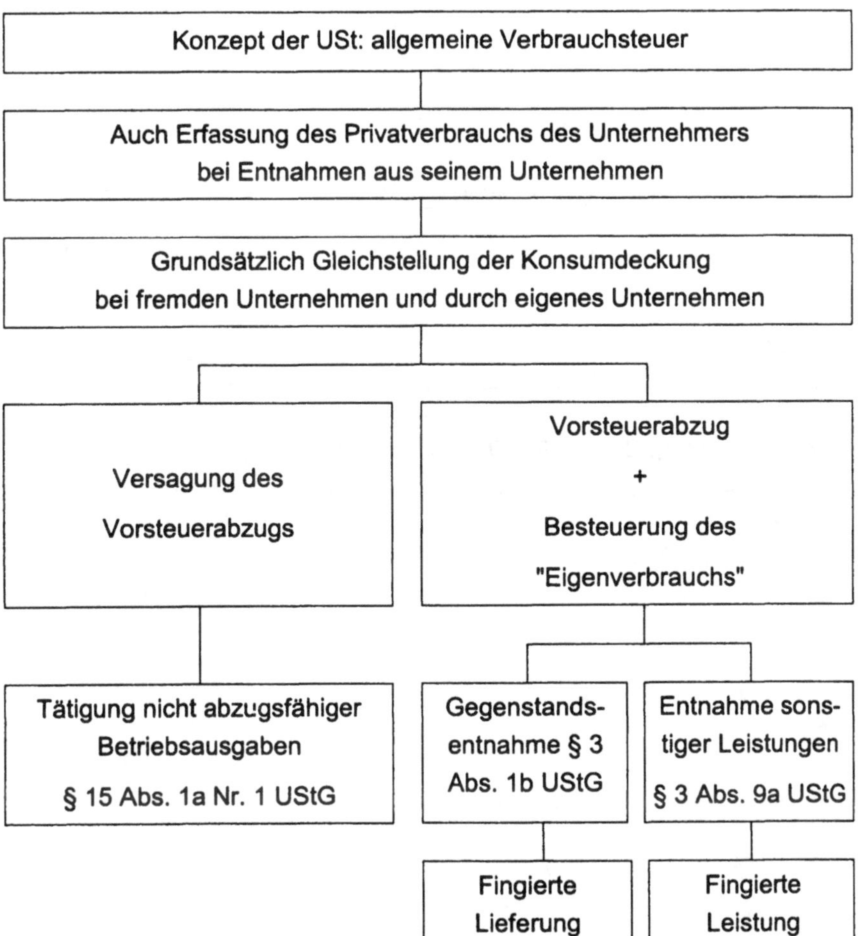

Fragen:

- Welcher Fall einer Entnahme sonstiger Leistungen kommt in vielen Unternehmen vor?
- Wenn ein Schneidermeister seinen eigenen Anzug aufbügelt, was unterliegt dann (theoretisch) der USt:
- Nutzung des Bügeleisens 0,01 €
- Stromverbrauch im Unternehmen 0,10 €
- Arbeitsleistung (Kalkulation für Dritte:) 15,00 €

Aufgabe:

Stellen Sie im folgenden Beispiel fest, wie hoch die Nettobelastung (d. h. Belastung unter Berücksichtigung der Besteuerung) eines Unternehmers ist, wenn er ein Werbegeschenk verwendet, dessen (Brutto-)Rechnungsbetrag a) 46,40 €, b) 47,00 € lautet!

Sektgebinde als Werbegeschenk (vgl. Lösung S. 228)	a)	b)
Rechnungsbetrag brutto	46,40	47,00
Vorsteuer (16 %)	– 6,40	0
Beschaffungskosten	40,00	47,00
Abzugsfähige Betriebsausgabe		
Minderung Gewinnsteuern		
Belastung unter Steuerberücksichtigung		

Literatur: *Rose, G.* (2002), S. 85 – 91; *Dziadkowski / Walden* (1996), S. 142 – 151; *Schneeloch* (2003), S. 421 – 422; *Tipke / Lang* (2002), S. 601 – 610. Vgl. Abschn. 24b und 24c UStR.

7.3.1.3 Einfuhr aus dem Drittlandsgebiet

§ 1 Abs. 1 Nr. 4 UStG
EUSt: §§ 11, 21 UStG

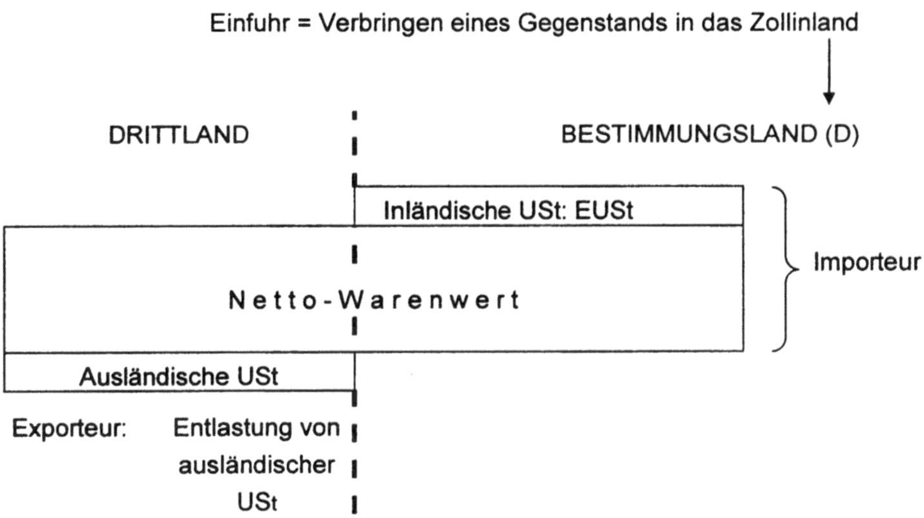

> **Fragen:**
> - Was bedeuten die Begriffe Ursprungslandprinzip und Bestimmungslandprinzip?
> - Ein Student kauft in London einen „Feuerstuhl", um darauf in Deutschland von seinen Studien auszuspannen. Kann er als Nicht-Unternehmer mit dem Motorrad bei der Einschiffung und an der deutschen Grenze mit USt zu tun haben?

Literatur: *Rose, G.* (2002), S. 163 – 165.

7.3.2 Sonderfragen bei grenzüberschreitenden Vorgängen

	Erwerb durch Unternehmer			**Erwerb durch Privatperson**		
	In D	In anderem EU-Land	In Drittland	In D	In anderem EU-Land	In Drittland
1 **Steuerbare Unternehmerleistung in D (Ursprungsland) und nicht Fall 2**						
1.1 Normalfall **Steuerpflichtig in D** mit Vorsteuerabzug	Vorsteuerabzug [U-Land = B-Land]	Kleinunternehmer: kein Vorsteuer-Abzug **[U-Prinzip,** aber: Option]		Erwerb mit USt; kein Vorsteuerabzug; kein Grenzausgleich [U-Prinzip]		
1.2 Normalfall **Steuerfrei in D** mit Vorsteuerabzug		Innergemeinsch. Erwerb ⇒ Erwerb-St. (Id.-Nr.) **[B-Prinzip]**	Einfuhr ⇒ EUSt **[B-Prinzip]**			USt-Erstattung in D; Nachversteuerung (Zoll) **[B-Prinzip]**
2 **Sonderfälle bei privaten Endabnehmern**						
2.1 **Steuerpflichtig in D (vgl. 1.1)** Lieferschwelle von UN in D nicht überschritten; keine Option					**U-Prinzip**	
2.2 **Nicht steuerbar in D** Lieferschwelle von UN in D nicht überschritten; Option					**B-Prinzip**	
2.3 **Nicht steuerbar in D** Lieferschwelle überschritten					**B-Prinzip**	
2.4 Steuerbare, **steuerfreie** Lieferung neuer Fahrzeuge in D					Innergemeinsch. Erwerb ⇒ Erwerb-St. (Id.-Nr.) **B-Prinzip**	

Vgl. hierzu Anmerkungen auf der folgenden Seite.

B-Land = Bestimmungsland

B-Prinzip = Bestimmungslandprinzip (Besteuerung richtet sich nach B-Land)

D = Deutschland

EUSt = Einfuhrumsatzsteuer

Id.-Nr. = USt-Identifikationsnummer

U-Land = Ursprungsland

UN = Unternehmer

U-Prinzip = Ursprungslandprinzip (Besteuerung richtet sich nach U-Land)

Zu 1.1: Kleinunternehmer in der EU ist von D aus definiert mit einer Erwerbsgrenze von 12.500 € (§ 1a Abs. 3 Nr. 2 UStG). Privatperson in EU-Land steht für den nicht kommerziellen innergemeinschaftlichen Reiseverkehr.

Zu 2.2 und 2.3: Der Ort der Leistung liegt im Bestimmungsland (siehe § 3c UStG). Die Lieferung ist daher nicht steuerbar.

Zu 2.4: Der private Erwerber (!) muss die Erwerb-Steuer im B-Land anmelden und abführen: eine USt-Pflicht für Privatpersonen. Definition „neu": Nicht mehr als 6.000 km Fahrleistung; erste Nutzung liegt nicht mehr als sechs Monate zurück. Grund: befürchtete Steuerausfälle; leichte Kontrolle der USt bei Zulassung im B-Land.

Problem Kontrollmechanismus: Da es keine Ausfuhrnachweise mehr in die EU gibt, tauschen die EU-Staaten Daten über diejenigen Unternehmer aus, die innergemeinschaftliche Leistungen erbringen.

Weitere Problemfälle: Unternehmer in D erwirbt USt-frei in EU-Land, hinterzieht USt durch Weiterverkauf an Privat in D ohne USt; Verbraucher in D treten gegenüber Unternehmer in anderem EU-Land als Unternehmer auf, kaufen USt-frei ein.

Letzter Fall analog aus Sicht des Fiskus in D: Verbraucher in EG-Land kauft (mit falscher Id-Nr.) bei Unternehmer in D: erhebliches Haftungsrisiko des Unternehmers in D.

Von EU selbst geschaffenes Problem, da kein wirklicher Binnenmarkt vorliegt, wenn grenzüberschreitende Leistungen steuerbefreit werden statt über die USt-Spaltung (Vorsteuerabzug) eine Sicherheit einzubauen.

Amtshilfe-VO der EU Nr. 218/92 v. 27.1.1992 i. V. m. Amtshilfe-Richtlinie v. 19.12.1977, 77/799/EWG:

1. Stufe: Austausch von Informationen über Id.-Nr. und innergemeinschaftliche Erwerbe;

2. Stufe: Austausch über Veräußerer und Gesamtwert aller innergemeinschaftlichen Leistungen.

Unternehmer muss vierteljährlich eine „Zusammenfassende Meldung" beim Bundesamt für Finanzen – Außenstelle Saarlouis – abgeben (Ausfuhren, nicht sonstige Leistung u. a.).

Lösung zu Aufgabe Seite 224:

Sektgebinde als Werbegeschenk	a)	b)
Rechnungsbetrag brutto	46,40	47,00
Vorsteuer (16 %)	– 6,40	0
Beschaffungskosten	40,00	47,00
Abzugsfähige Betriebsausgabe	40,00	0
Minderung Gewinnsteuern (60 %)	24,00	0
Belastung unter Steuerberücksichtigung	16,00	47,00

Lösung zu Aufgabe Seite 230:

	Falsch*	Zutreffend	Möglich
Umsatzsteuerliches Entgelt	20.000,00	18.620,69	----
16 % USt	3.200,00	2.979,31	---[1]
Rechnungsbetrag	23.200,00	21.600,00	23.200,00
Inzahlungnahme	6.000,00	4.400,00	6.000,00
Restzahlung	17.200,00	17.200,00	17.200,00

[1] Andernfalls sind 3.200,00 € abzuführen.

7.3.3 Steuerbefreiungen und Vergütungen

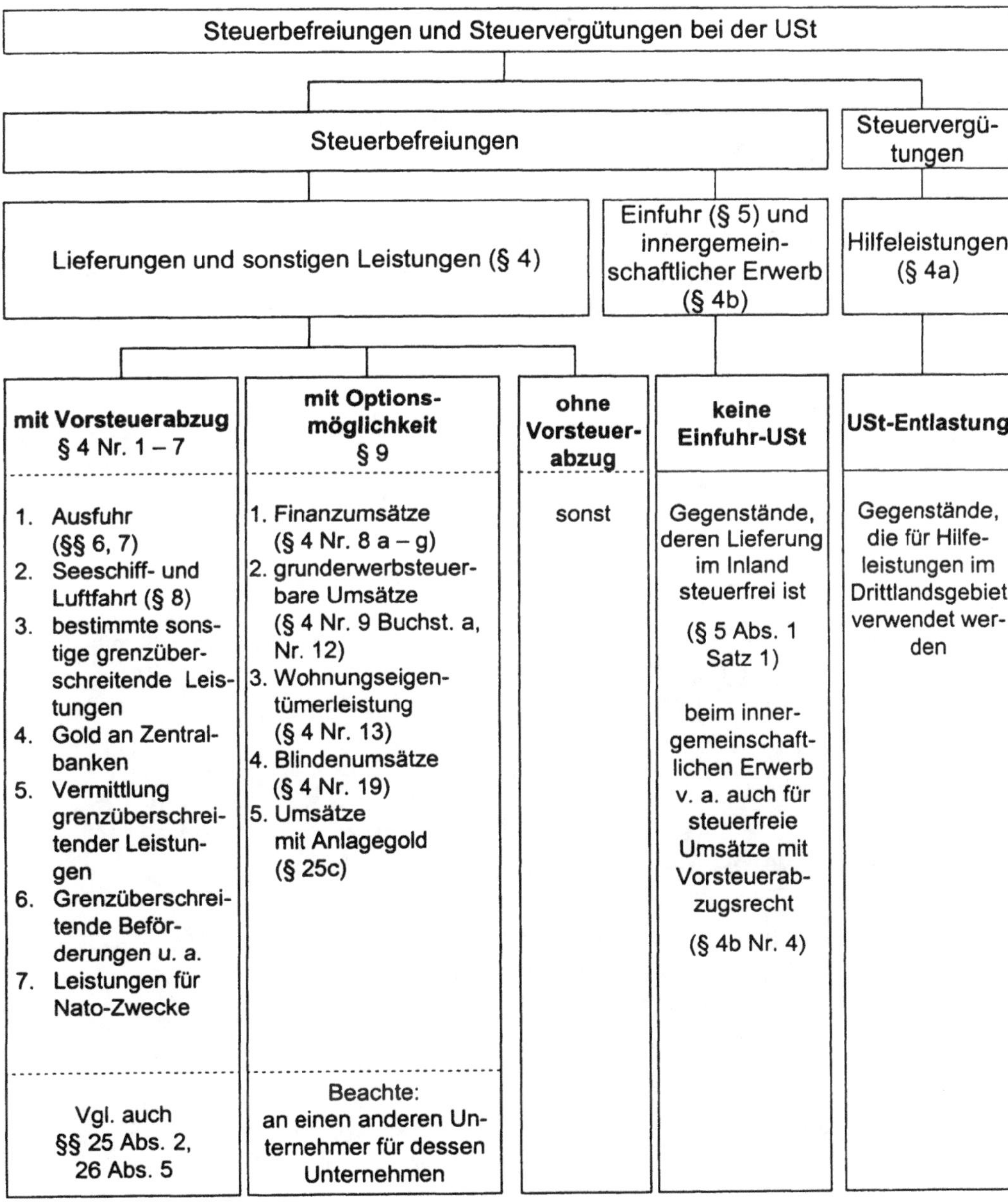

Beachten Sie, dass nicht alle Details hier aufgeführt werden können. So ist z. B. bei den grunderwerbsteuerbaren Umsätzen die Einschränkung nach § 9 Abs. 2 UStG zu beachten, wonach die Option nur möglich ist, wenn der Leistungsempfänger das Grundstück für Umsätze mit Vorsteuerabzug verwendet.

7.4 Bemessungsgrundlagen

§§ 10, 11, ferner § 25 Abs. 3; § 25a Abs. 3 und 4 UStG

Auf Seite 231 werden den steuerbaren Umsätzen nach § 1 UStG ihre jeweiligen Bemessungsgrundlagen zugeordnet.

Erleichterungen gelten nach § 25a UStG besonders für Gebrauchtwarenhändler (Differenzbesteuerung). Sie haben bei Einkauf von Nicht-Unternehmern grundsätzlich die Möglichkeit, die Differenz zwischen Verkaufs- und Einkaufspreis als Bemessungsgrundlage zu erklären.

Hinweis:

- Beachten Sie die Besonderheiten bei einer Geschäftsveräußerung an einen anderen Unternehmer für dessen Unternehmen nach § 1 Abs. 1a UStG (früher: Geschäftsveräußerung im Ganzen).

Fragen:

- Wie werden die USt-Zahlungen abgewickelt, wenn eine Leistung im Dezember erbracht und die betreffende Rechnung Anfang Januar mit Skontoabzug beglichen wird?
- Ein Steuerberater berechnet Honorar und Reisekosten. Handelt es sich um USt-Bemessungsgrundlagen?

Aufgaben:

- Zum verdeckten Preisnachlass:
  Ein Kfz-Händler verkauft einen Neuwagen an einen Nicht-Unternehmer und nimmt von diesem gleichzeitig einen Gebrauchtwagen in Zahlung. Der Neuwagen wird üblicherweise für 20.000 € + 16 % USt verkauft. Man einigt sich auf Barzahlung in Höhe von 17.200 € und Inzahlungnahme mit 6.000 €. Allerdings ist der gemeine Wert des Gebrauchtwagens nur 4.400 €. Welchen USt-Betrag muss der Kfz-Händler abführen, wenn er die Rechnung zutreffend ausstellt? (Vgl. mit Lösung auf S. 228).
- Beachten Sie die Besonderheiten bei einer Geschäftsveräußerung im Ganzen.
- Was ist der Sinn der Mindestbemessungsgrundlage?

Literatur: *Rose, G.* (2002), S. 108 – 125, *Dziadkowski / Walden* (1996), S. 189 – 205, *Schneeloch* (2003), S. 431 – 436. Vgl. Abschn. 149 – 159 UStR.

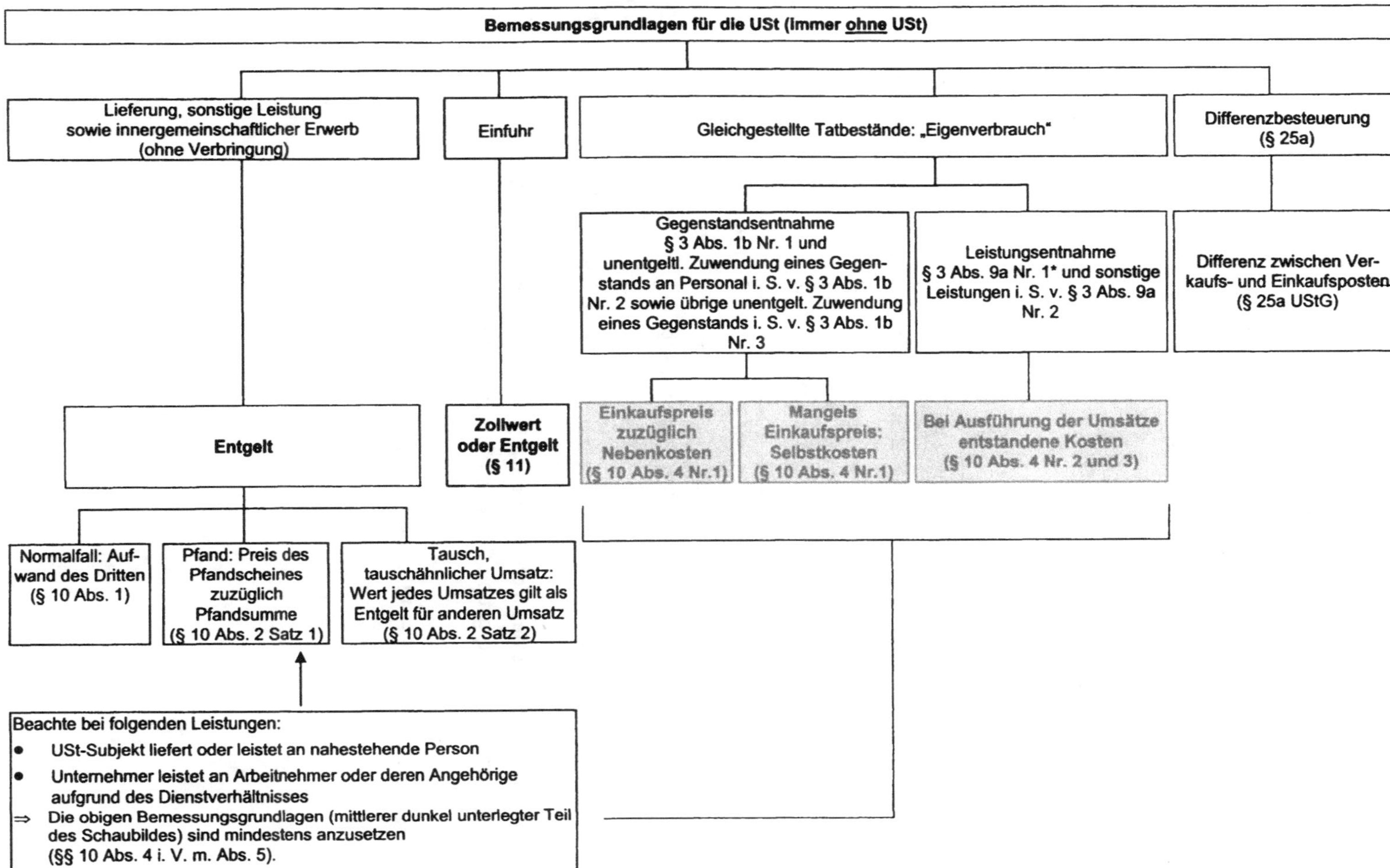

* Nichtsteuerbarkeit der KfZ-Nutzung, da VSt – Abzug nach § 15 Abs. 1 Buchst. b UStG eingeschränkt. (Siehe § 3 Abs. 9a S. 2 UStG)

Die Frage der Bemessungsgrundlagen hat auch eine zeitliche Komponente, auf die im Folgenden bezüglich der Entgelte eingegangen wird:

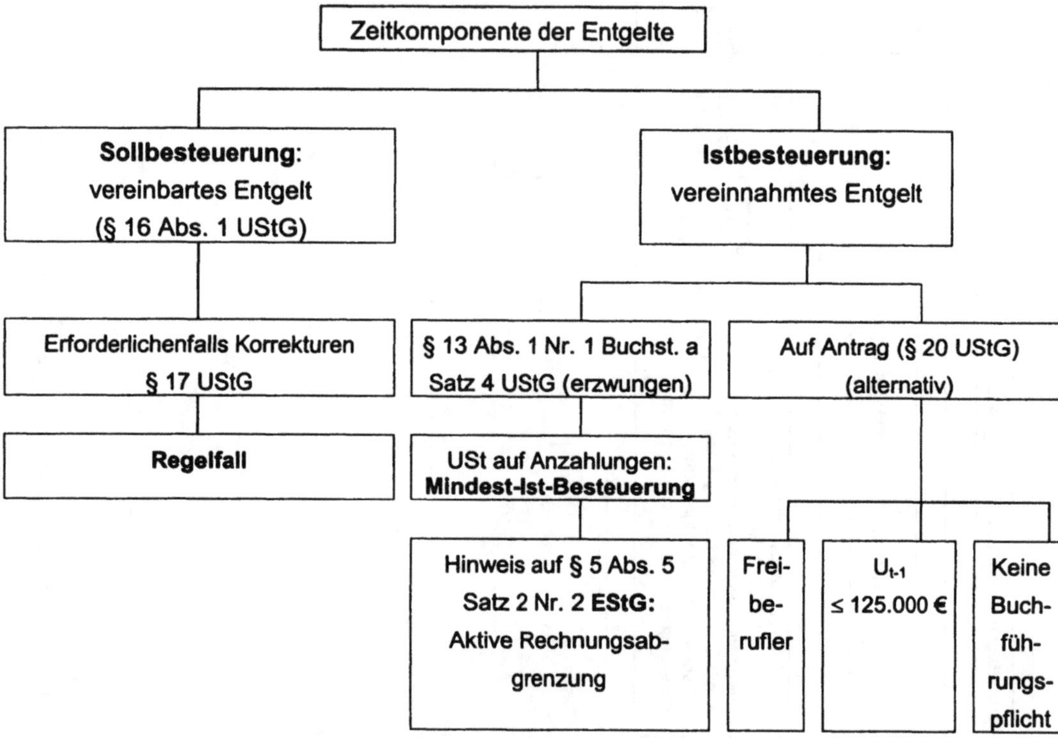

U_{t-1} ist der Gesamtumsatz des Vorjahres nach § 19 Abs. 3 UStG. Für Unternehmer im Beitrittsgebiet (ehemalige DDR) gilt bis 2004 eine Umsatzgrenze von 500.000 €.

Vgl. insgesamt: Abschn. 177 – 182, 254 UStR.

7.5 Steuersätze

§ 12 UStG

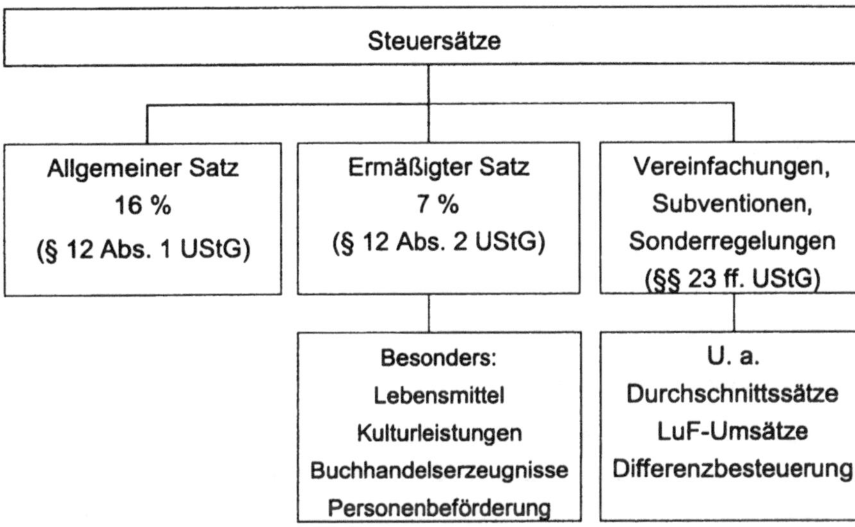

Hinweis:

- Bei der Umstellung auf das Allphasen-Netto-System 1968 betrug der allgemeine Steuersatz 10 %, der ermäßigte Satz 5 %.
- Trotz dieser Steigerungen der Steuersätze um 60 % bzw. 40 % wird weiter über Erhöhungen der USt diskutiert. Vgl. dazu die gescheiterten Bemühungen der Regierungskoalition, den ermäßigten Satz für Schnittblumen sowie für Lebensmittelabfälle u. a. mit dem sog. „Steuervergünstigungsabbaugesetz" im Jahre 2003 abzuschaffen, wobei jedoch „Hunde- und Katzenfutter, in Aufmachungen für den Einzelverkauf" begünstigt bleiben sollte – wohl um die vielen Wähler mit Haustieren nicht zu ärgern.

7.6 Vorsteuerabzug

§ 15 UStG

Auf Seite 235 sind insbesondere die Voraussetzungen, die kumulativ für den Vorsteuerabzug erfüllt sein müssen,

a) im Regelfall,

b) im Falle von Kleinbetragsrechnungen

zusammengestellt. Dazu werden die Beziehungen zum Anspruch auf Rechnungserteilung nach § 14 UStG aufgezeigt.

Beachten Sie im Übrigen als Besonderheiten:

Durchschnittssätze für die Vorsteuerberechnung nach § 70 UStDV (Anlage zu den §§ 69 und 70 UStDV): bestimmte Handwerks-, Einzelhandels-, freiberufliche und andere Unternehmen

Beachten Sie die auf der Seite 235 skizzierten Zusammenhänge zwischen Vorsteuerabzug und Umsätzen!

Fragen:

- Ein Unternehmer benutzt während einer betrieblichen Reise ein Taxi und erhält eine Quittung über 25 €. Darauf ist ein Stempel „Umsatzsteuer 7 %" angebracht. Kann Vorsteuer abgezogen werden, ggf. wie viel?
- Eine Leistung wird im Oktober erbracht, die Rechnung wird im Dezember erteilt, die Bezahlung erfolgt im Februar. Wann erfolgt der Vorsteuerabzug?
- Welche Verfahren zur Behandlung der Vorsteuer kommen für den Fall in Betracht, dass sowohl steuerpflichtige als auch steuerfreie Umsätze vorliegen?
- Aufgrund welcher Überlegungen entscheidet sich der Unternehmer zweckmäßigerweise zwischen den Alternativen?

Literatur: *Rose, G.* (2002), S. 127 – 143; *Dziadkowski / Walden* (1996), S. 219 – 237; *Tipke / Lang* (2002), S. 630 – 650; *Schult* (1983), S. 257 – 260; *Schneeloch* (2003), S. 438 – 443. Vgl. Abschn. 183 – 190, 191 – 195, 202 – 210 UStR.

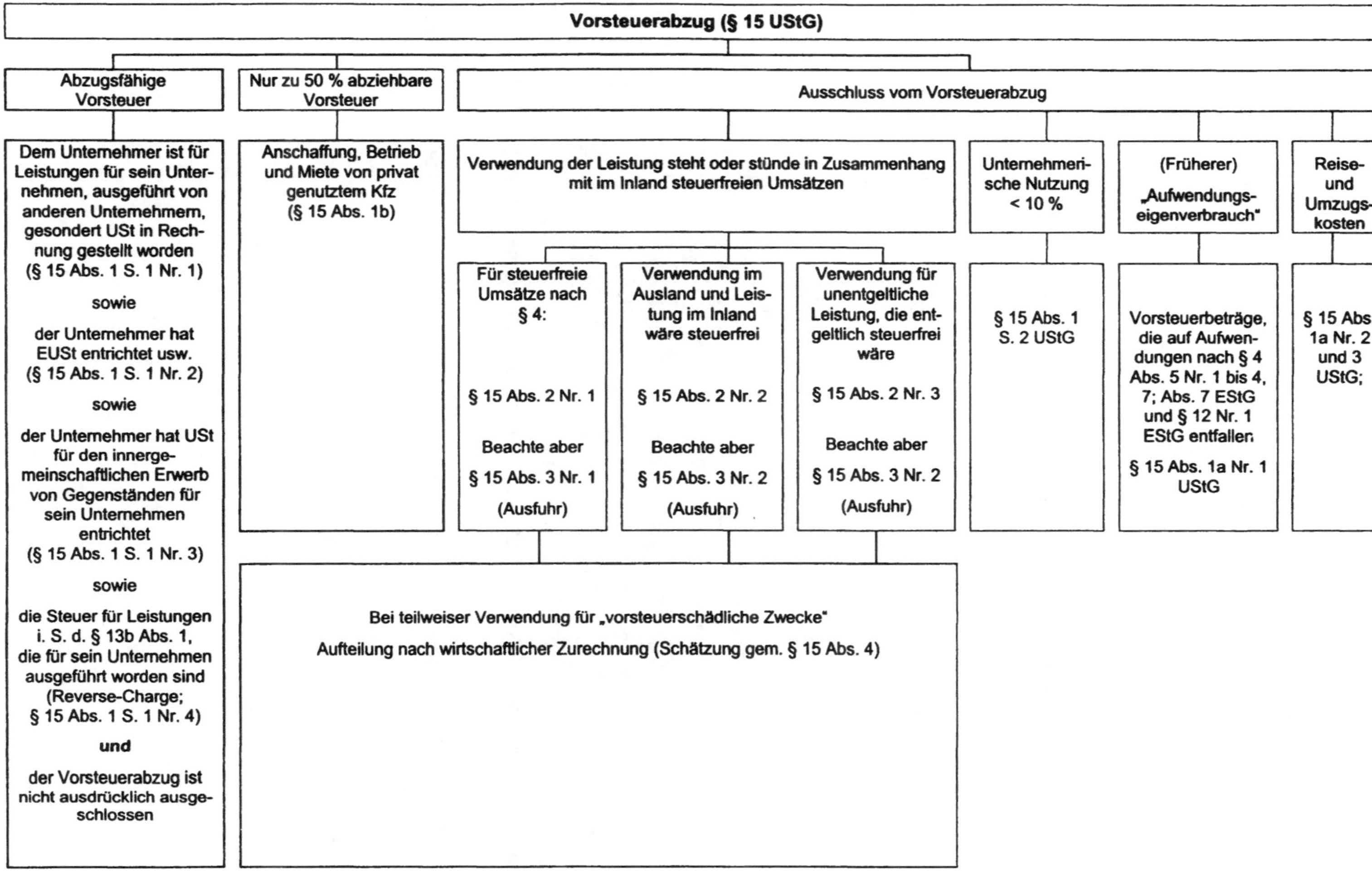
Vorsteuerabzug (§ 15 UStG)
Abzugsfähige Vorsteuer
Nur zu 50 % abziehbare Vorsteuer
Ausschluss vom Vorsteuerabzug
Dem Unternehmer ist für Leistungen für sein Unternehmen, ausgeführt von anderen Unternehmern, gesondert USt in Rechnung gestellt worden (§ 15 Abs. 1 S. 1 Nr. 1)
sowie
der Unternehmer hat EUSt entrichtet usw. (§ 15 Abs. 1 S. 1 Nr. 2)
sowie
der Unternehmer hat USt für den innergemeinschaftlichen Erwerb von Gegenständen für sein Unternehmen entrichtet (§ 15 Abs. 1 S. 1 Nr. 3)
sowie
die Steuer für Leistungen i. S. d. § 13b Abs. 1, die für sein Unternehmen ausgeführt worden sind (Reverse-Charge; § 15 Abs. 1 S. 1 Nr. 4)
und
der Vorsteuerabzug ist nicht ausdrücklich ausgeschlossen
Anschaffung, Betrieb und Miete von privat genutztem Kfz (§ 15 Abs. 1b)
Verwendung der Leistung steht oder stünde in Zusammenhang mit im Inland steuerfreien Umsätzen
Für steuerfreie Umsätze nach § 4:
§ 15 Abs. 2 Nr. 1
Beachte aber
§ 15 Abs. 3 Nr. 1
(Ausfuhr)
Verwendung im Ausland und Leistung im Inland wäre steuerfrei
§ 15 Abs. 2 Nr. 2
Beachte aber
§ 15 Abs. 3 Nr. 2
(Ausfuhr)
Verwendung für unentgeltliche Leistung, die entgeltlich steuerfrei wäre
§ 15 Abs. 2 Nr. 3
Beachte aber
§ 15 Abs. 3 Nr. 2
(Ausfuhr)
Unternehmerische Nutzung < 10 %
§ 15 Abs. 1 S. 2 UStG
(Früherer) „Aufwendungseigenverbrauch"
Vorsteuerbeträge, die auf Aufwendungen nach § 4 Abs. 5 Nr. 1 bis 4, 7; Abs. 7 EStG und § 12 Nr. 1 EStG entfallen;
§ 15 Abs. 1a Nr. 1 UStG
Reise- und Umzugskosten
§ 15 Abs. 1a Nr. 2 und 3 UStG;
Bei teilweiser Verwendung für „vorsteuerschädliche Zwecke"
Aufteilung nach wirtschaftlicher Zurechnung (Schätzung gem. § 15 Abs. 4)

§ 14 Abs. 2 UStG betrifft den Fall, dass der Unternehmer zum Ausweis von USt berechtigt ist, die Steuer jedoch zu hoch (zu niedrig, vgl. R 189 Abs. 7 UStR) ausgewiesen hat.

§ 14 Abs. 3 UStG betrifft dagegen den Fall, dass der Rechnungsaussteller nicht berechtigt ist, USt auszuweisen.

Auf Seite 237 werden die Konsequenzen eines unzutreffenden oder unberechtigten Steuerausweises für

a) die USt-Schuld des Rechnungsausstellers

b) die Vorsteuerabzugsberechtigung des Leistungsempfängers

am Beispiel eines vermeintlichen bzw. vorgeblichen umsatzsteuerlichen Entgelts von 1.000,00 € zusammengestellt.

Vgl. hierzu die zum Vorsteuerabzug genannten Voraussetzungen sowie § 14 Abs. 2 und 3 UStG.

Fragen:

- Ein Student verkauft seinen Kombi-PKW für 10.000 € an einen Gemüsehändler und erfüllt diesem den Wunsch, die Rechnung über 8.620,69 € + (16 % USt =) 1.379,31 € auszustellen. Kann der Student dadurch einen Nachteil erleiden?
- Welchen Sinn hat die Regelung, dass eine Rechnungserteilung mit USt-Ausweis bei fehlendem Umsatz zu einer USt-Schuld des Rechnungsausstellers führt?
- In welcher Höhe kann wohl ein Rechnungsempfänger Vorsteuer abziehen, wenn diese mit 28 % beziffert und berechnet ist?

Literatur: *Tipke / Lang* (2002), S. 650 – 652; *Dziadkowski* / Walden (1996), S. 219 – 237.

Zu Feinheiten, etwa zu den Berichtigungsmöglichkeiten, vgl. die Spezialliteratur, z. B. *Zeuner* (2003), Anm. 32 – 43.

Vgl. insbesondere auch Abschn. 189, 190 UStR.

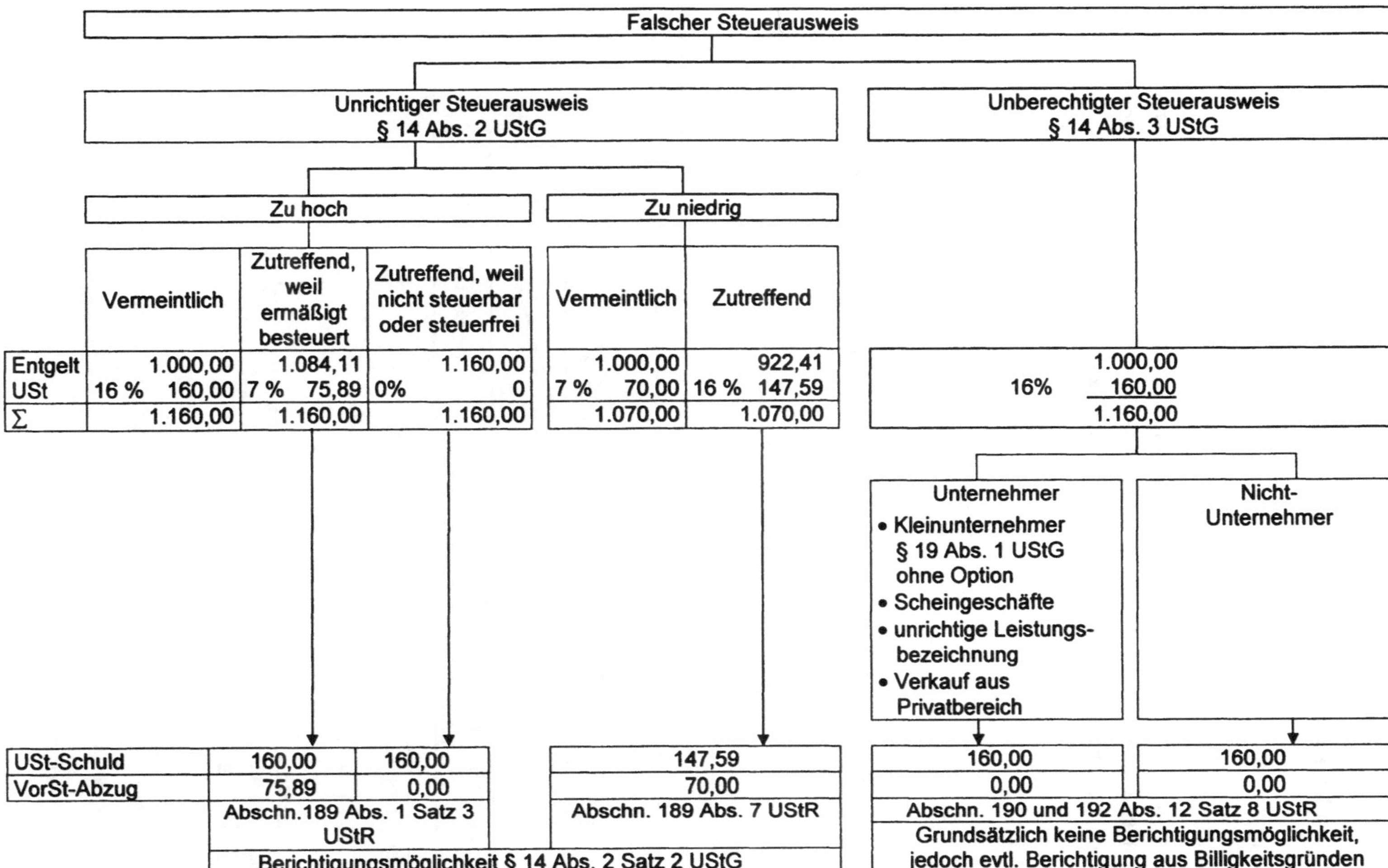
Falscher Steuerausweis
Unrichtiger Steuerausweis § 14 Abs. 2 UStG
Unberechtigter Steuerausweis § 14 Abs. 3 UStG
Zu hoch
Zu niedrig
Vermeintlich
Zutreffend, weil ermäßigt besteuert
Zutreffend, weil nicht steuerbar oder steuerfrei
Vermeintlich
Zutreffend
Entgelt
USt
Σ
1.000,00
16 % 160,00
1.160,00
1.084,11
7 % 75,89
1.160,00
1.160,00
0% 0
1.160,00
1.000,00
7 % 70,00
1.070,00
922,41
16 % 147,59
1.070,00
1.000,00
16% 160,00
1.160,00
Unternehmer
• Kleinunternehmer § 19 Abs. 1 UStG ohne Option
• Scheingeschäfte
• unrichtige Leistungsbezeichnung
• Verkauf aus Privatbereich
Nicht-Unternehmer
USt-Schuld
VorSt-Abzug
160,00
75,89
160,00
0,00
Abschn.189 Abs. 1 Satz 3 UStR
147,59
70,00
Abschn. 189 Abs. 7 UStR
Berichtigungsmöglichkeit § 14 Abs. 2 Satz 2 UStG
160,00
0,00
160,00
0,00
Abschn. 190 und 192 Abs. 12 Satz 8 UStR
Grundsätzlich keine Berichtigungsmöglichkeit, jedoch evtl. Berichtigung aus Billigkeitsgründen

7.7 Kleinunternehmerbesteuerung

§ 19 UStG

Für die in § 19 UStG angesprochenen Kleinunternehmer gilt eine Sonderregelung. Der Kleinunternehmer nach § 19 Abs. 1 UStG muss keine USt in Rechnung stellen und an das Finanzamt entrichten. Im Gegenzug steht ihm auch kein Vorsteuerabzug zu.

Frage:

- Aufgrund welcher Überlegungen trifft ein Kleinunternehmer zweckmäßigerweise die Entscheidung über sein Optionsrecht nach § 19 Abs. 2 UStG?

Literatur: *Rose, G.* (2002), S. 178 – 179; *Dziadkowski / Walden* (1996), S. 267 – 268. Vgl. Abschn. 246 – 251 UStR.

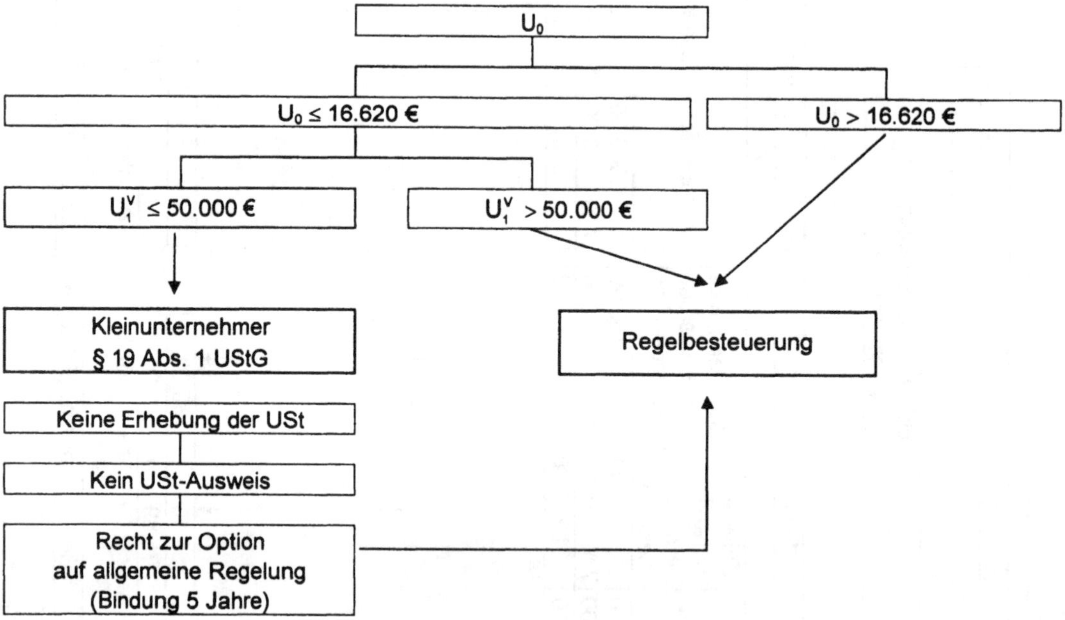

U = Umsatz gem. § 19 Abs. 1 Satz 2 UStG zuzüglich der darauf entfallenden USt

U_0 = ... im Vorjahr

U_1^V = ... voraussichtlich im laufenden Jahr

7.8 Besteuerungsverfahren

§ 18 UStG

Der Unternehmer muss Steuererklärungen abgeben, in denen er die Steuer selbst berechnet. Es handelt sich um eine „Steueranmeldung", die nach § 168 AO die Wirkung einer Steuerfestsetzung unter Vorbehalt der Nachprüfung hat (vgl. dazu § 164 AO). Im Regelfall sind monatlich Voranmeldungen abzugeben und Vorauszahlungen zu leisten:

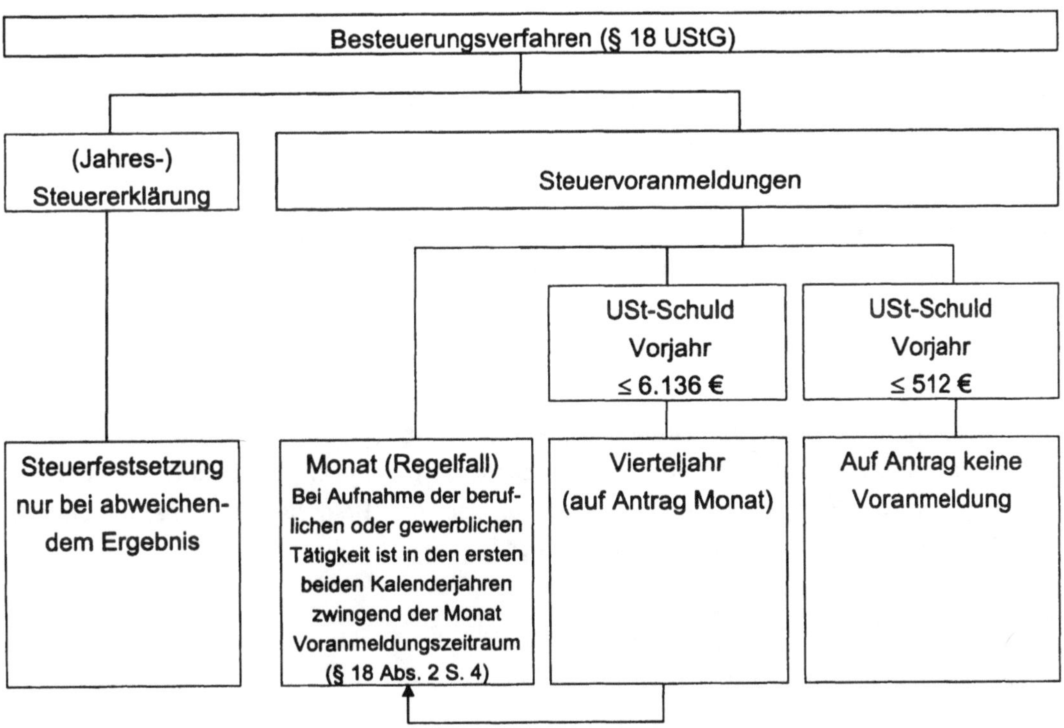

Literatur: *Rose, G.* (2002), S. 155 – 161; *Dziadkowski / Walden* (1996), S. 263 – 264. Vgl. Abschn. 225 – 228 UStR.

8 Substanzbesteuerung

8.1 Substanzbesteuerung in Deutschland

Nach dem Wegfall der Vermögensteuer und der Gewerbekapitalsteuer verbleiben als Substanzsteuern die **Grundsteuer** und die **Erbschaft- und Schenkungsteuer** (künftig nur noch als ErbSt gekennzeichnet). Die Grundsteuer ist eine Jahressteuer. Dagegen greift die ErbSt lediglich fallweise bei unentgeltlichen Vermögensübergängen von einem Subjekt auf ein anderes; sie kann aus diesem Grunde auch als eine Ersatz-Einkommensteuer angesehen werden.

Die Ermittlung der Bemessungsgrundlagen erfolgt im Wesentlichen nach den Vorschriften des Bewertungsgesetzes. Es kennt die auf S. 243 dargestellten Bewertungsmaßstäbe.

Einheitswerte, welche früher auch für das land- und forstwirtschaftliche Vermögen und für das Betriebsvermögen festgestellt wurden, werden nach dem Wegfall der VSt und der GewKapSt nur noch für den **Grundbesitz** und nur für Zwecke der Grundsteuer festgestellt (§§ 19 – 30, 68 – 94 BewG).

Für Zwecke der ErbSt werden Grundbesitz-**Bedarfswerte** (§§ 138 – 150 BewG) gesondert festgestellt. Zur Bedarfsbewertung des Grundbesitzes vgl. die Übersicht auf S. 246. Die Bewertung der sonstigen Vermögensgegenstände, insb. des Betriebsvermögens, für Zwecke der ErbSt zeigen die Übersichten auf S. 245 – 247.

Fragen:

- Welche Konzeption wurde (ursprünglich) mit dem Ansatz des Teilwerts verfolgt? Wodurch entsteht die Problematik dieses Konzepts?
- Was will das Stuttgarter Verfahren erreichen? Machen Sie sich mit den Grundzügen vertraut.

Literatur: *Tipke / Lang* (2002), S. 495 – 514; *Rose* (1997), S. 81 – 86, *Schneeloch* (2003), S. 347 – 383. Vgl. auch ErbStR 2003.

8.2 Problematik einer Vermögensteuer

Auf Seite 242 wird zunächst auf den grundlegenden Unterschied zwischen Gewinnsteuern und Substanzsteuern am Beispiel der ESt bzw. der (mittlerweile abgeschafften) VSt hingewiesen. Dann werden einige in der Literatur diskutierte Argumente zur Rechtfertigung der VSt skizziert. Angesichts der immer wieder aufflammenden politischen Diskussion ist festzuhalten, dass es neben einer (umfassenden) ESt und einer USt keine Rechtfertigung für eine VSt gibt.

Fragen:

- Beachten Sie hierzu die Diskussion in der Literatur!
- Ist es sinnvoll, die VSt als USt auf das Sparen zu verstehen?
- Erscheint Ihnen die Konzeption einer Sollertragsteuer haltbar? Lesen Sie hierzu die Beschlüsse des BVerfG zur Vermögen- und Erbschaftsteuer vom 22.6.1995 (BStBl II, S. 655).
- Was versteht das BVerfG unter „Halbteilungsgrenze"?
- Nur für welchen Fall hält *Schneider* eine VSt für gerechtfertigt?

Literatur: *Schneider* (1994), S. 239 – 248, *Tipke / Lang* (2002), S. 515 – 517.

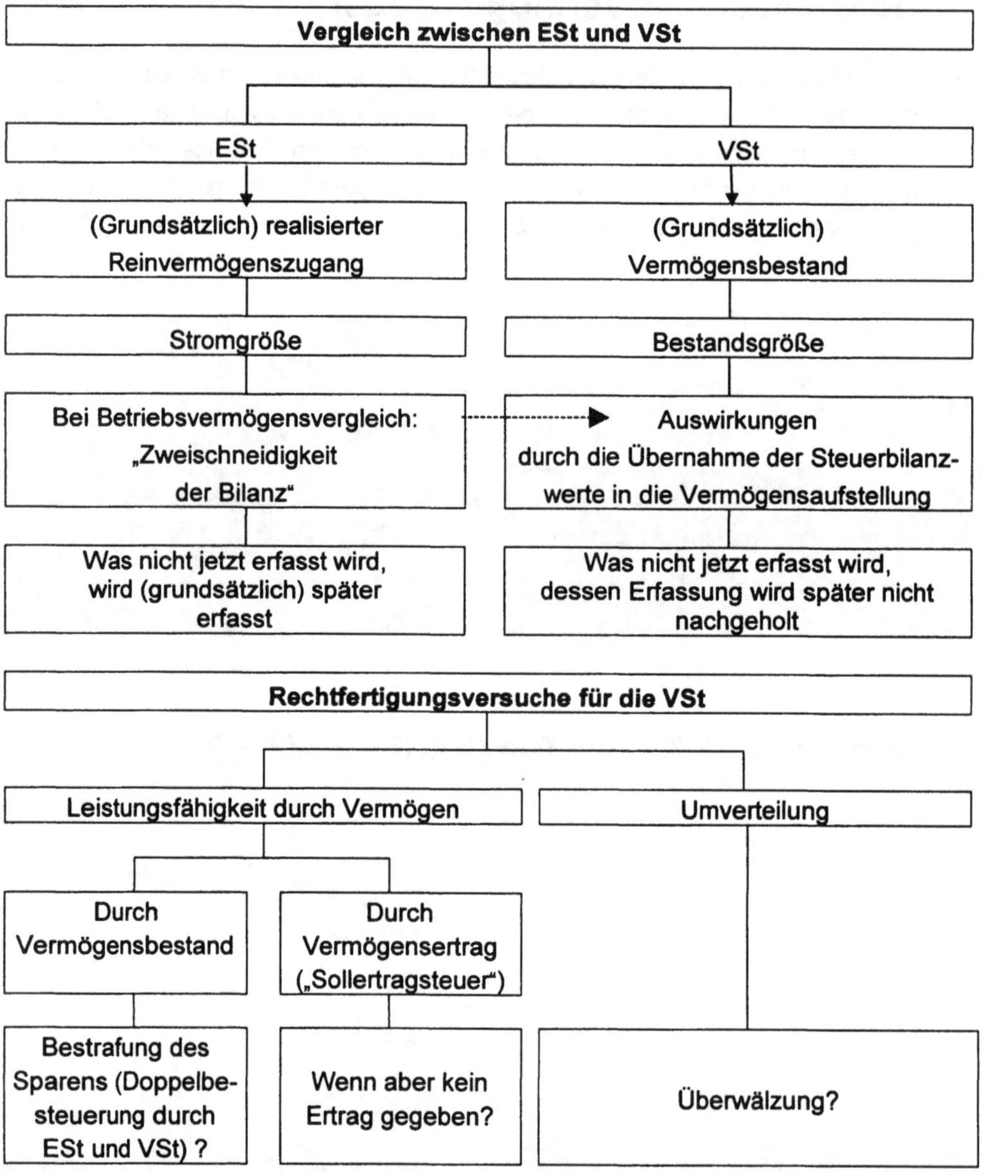

Vgl. hierzu u. a. *Bareis* (1996a); *Wagner / Hör* (1996).

8.3 Substanzsteuerliche Werte

Die Darstellung auf der folgenden Seite beschreibt die – im Bewertungsgesetz geregelten – grundsätzlich in Betracht kommenden Wertmaßstäbe für die Substanzbewertung.

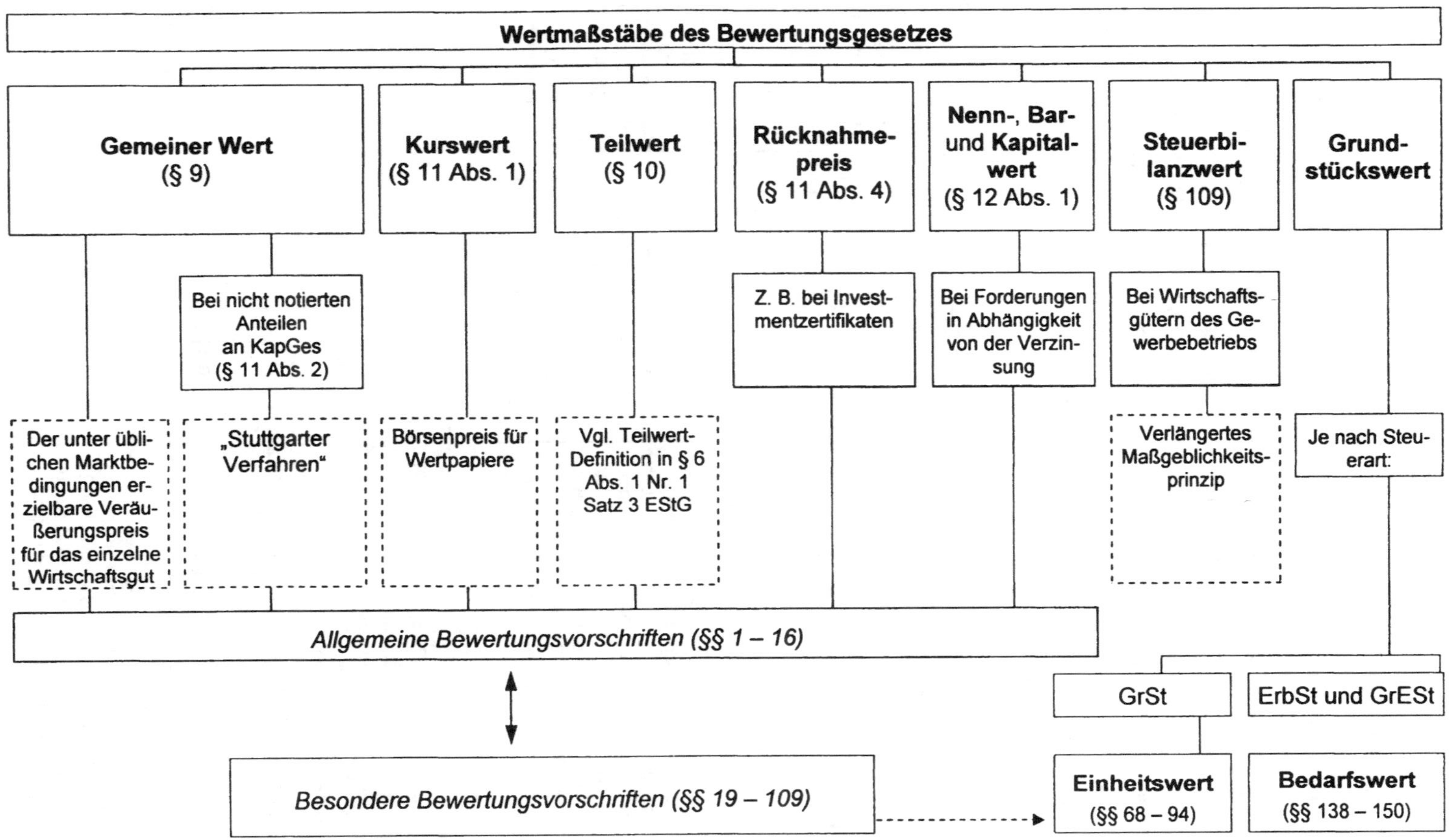

Die Paragraphenangaben beziehen sich auf das Bewertungsgesetz.

8.4 Die Erbschaft- und Schenkungsteuer

8.4.1 Steuerobjekte

Die ErbSt ist eine Personensteuer. Sie erfasst die jeweilige Bereicherung beim Erben bzw. Beschenkten (**Erbanfallsteuer**) und besteuert den Vermögenszugang beim Erben bzw. Beschenkten nach einem doppelt progressiven Tarif. Die Steuersätze steigen sowohl mit der Höhe der Bemessungsgrundlage als auch mit abnehmendem Verwandtschaftsgrad. Im Gegensatz hierzu wird bei einer **Erbnachlasssteuer** (USA, Großbritannien) das Vermögen des Erblassers als Ganzes der Besteuerung unterworfen. Alle Paragraphenangaben beziehen sich auf das Erbschaftsteuergesetz.

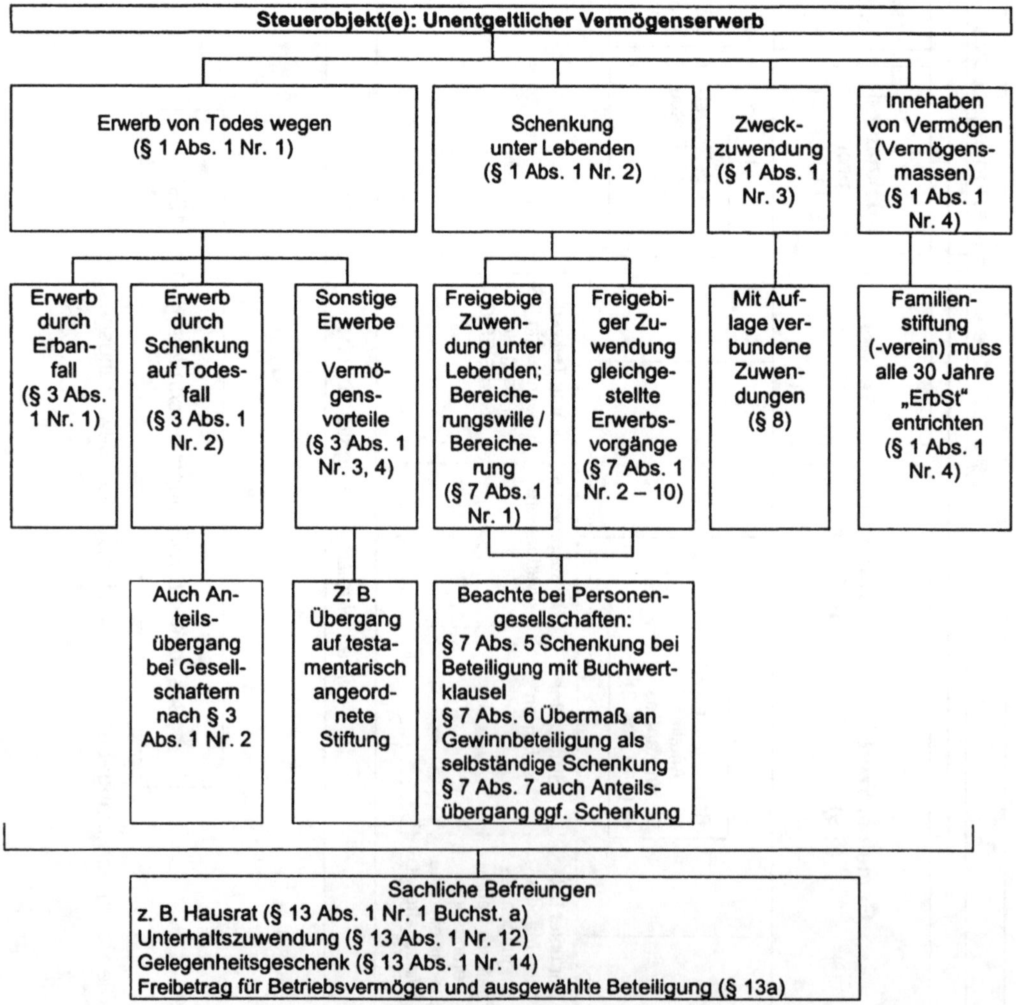

Aufgabe:
Diskutieren Sie die Rechtfertigung einer Erbschaftsteuer.

8.4.2 Erbschaftsteuerliche Wertermittlung

8.4.2.1 Bewertung des Privatvermögens ohne Grundbesitz

Vgl. R 35, 95 – 100 ErbStR

Art des Vermögens	Bewertungsgrundsatz
Wertpapiere, Aktien und Anteile sowie Investmentzertifikate	Bewertung nach BewG analog der Vermögenspositionen im Betriebsvermögen (siehe unten)
Kapitalforderungen und Schulden	Nennwert bzw. Gegenwartswert
Bundesschatzbriefe, Finanzierungsschätze und Sparbriefe	Nennwert bzw. aktueller Rückzahlungswert
Zero-Bonds	Kurswert bzw. am Kurswert (gleichwertiger Papiere) orientierte Bewertung bei nicht-notierten Zero-Bonds
Einlage des typisch stillen Gesellschafters	Nennwert und Berücksichtigung des Durchschnittsertrags der Einlage
Sachleistungen (Ansprüche und Verpflichtungen) sowie Sachvermächtnisse	Gemeiner Wert des Gegenstands bzw. Steuerwert des Vermächtnisgegenstandes
Erfindungen und Urheberrechte	Gemeiner Wert
Übrige körperliche Vermögensgegenstände (z. B. von Kunstgegenständen und Sammlungen)	Gemeiner Wert
Bodenschätze	Ertragsteuerliche Werte (vgl. § 12 Abs. 4 ErbStG)

8.4.2.2 Bedarfsbewertung des Grundbesitzes nach BewG

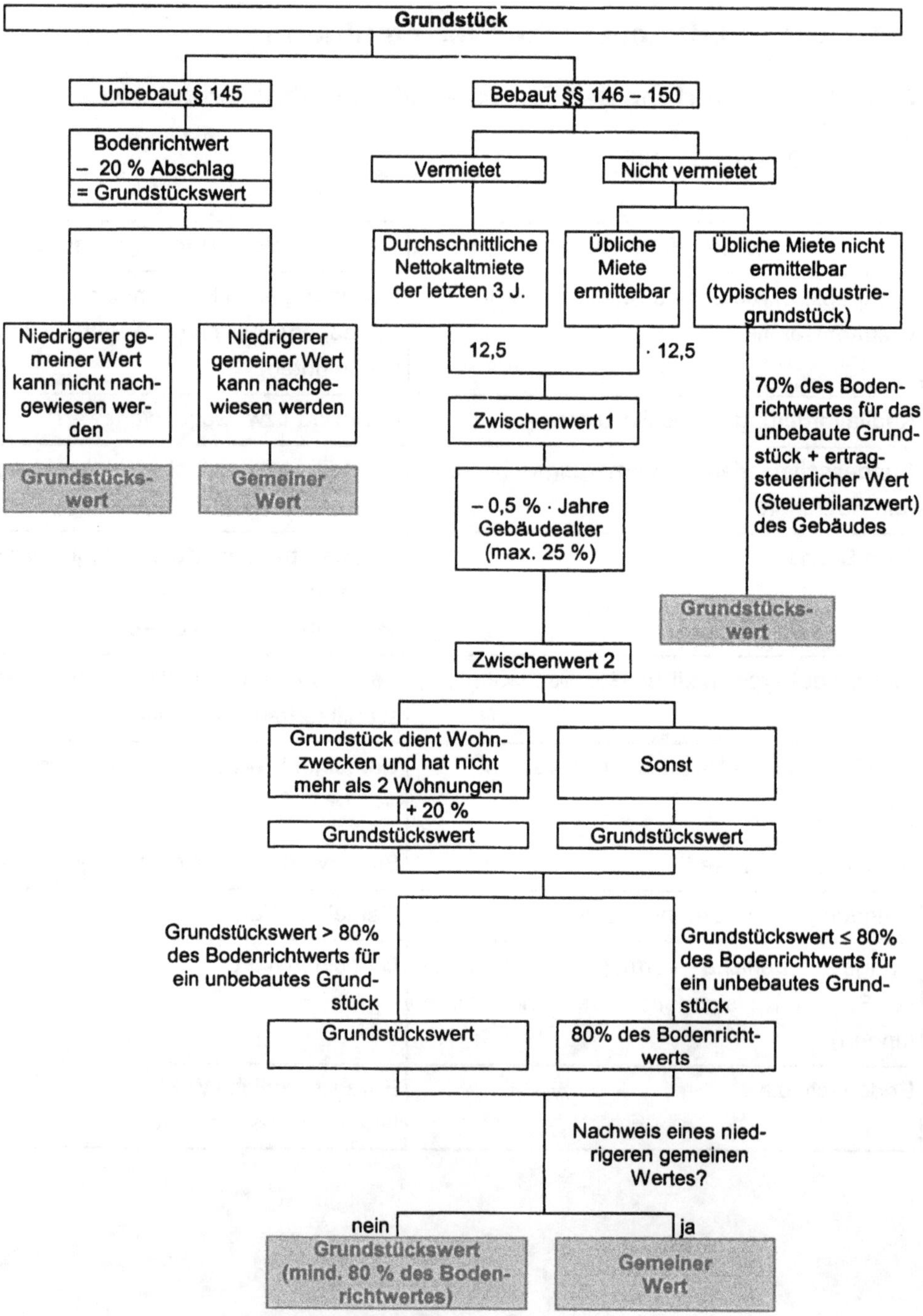

8.4.2.3 Bewertung des Betriebsvermögens

Vgl. R 39, 114 – 123 ErbStR

Art des Betriebsvermögens	Bewertung	§§
Grundsatz		
Alle nicht unten aufgeführten Wirtschaftsgüter und sonstigen aktiven Ansätze und passiven Ansätze	**Steuerbilanzwert** (verlängerte Maßgeblichkeit)	§ 12 Abs. 5 ErbStG i. V. m. § 109 Abs. 1 BewG
Ausnahmen		
Betriebsgrundstücke i. S. d. § 99 Abs. 1 Nr. 1 BewG („wie Grundvermögen")	**Grundstückswert** (Bedarfsbewertung)	§ 12 Abs. 3 ErbStG i. V. m. § 138 Abs. 3 BewG
Beteiligungen an Personengesellschaften	**Anteil** am Betriebsvermögen	§ 12 Abs. 5 ErbStG i. V. m. § 97 Abs. 1a BewG
Notierte Wertpapiere und notierte Zero-Bonds	**Kurswert**	§ 12 Abs. 5 ErbStG i. V. m. § 11 Abs. 1 BewG
Investmentzertifikate und Anteile an offenen Immobilienfonds	**Rücknahmepreis**	§ 12 Abs. 2 ErbStG i. V. m. § 11 Abs. 4 BewG
Nicht-notierte Anteile an Kapitalgesellschaften	**Gemeiner Wert** (**Stuttgarter Verfahren**); für Betriebsgrundstücke **Bedarfswert**	§ 12 Abs. 2 ErbStG i. V. m. § 11 Abs. 2 BewG
Ausländisches Sachvermögen	**Gemeiner Wert**	§ 12 Abs. 6 ErbStG i. V. m. § 31 BewG

8.4.3 Erbschaftsteuerliche Freibeträge

Regelung	**Freibeträge**	**Bewertungs-abschläge**
Persönliche Freibeträge lt. StKl. (§ 16 Abs. 1 I Nr. 1 Ehegatte I Nr. 2 Kinder I Nr. 3 Eltern und Enkel II Verwandte III „übrige"	 307.000 205.000 51.200 10.300 5.200	
Versorgungsfreibeträge Ehegatte § 17 Abs. 1 Kinder § 17 Abs. 2 (gestaffelt nach Alter)	 256.000 10.300 bis 52.000	
Sachliche Steuerbefreiungen lt. StKl. (§ 13) Z. B. Hausrat und bestimmte bewegliche körperliche Gegenstände StKl. I übrige StKl.	 41.000 (+10.300) 10.300	
Betriebsvermögen (grds. StKl. I; § 19a Abs. 4)	256.000	40 % § 13a Abs. 2

8.4.4 Steuerklassen und Steuersätze

Tarifstufen § 19 Abs. 1 Wert des stpfl. Erwerbs bis einschließlich €	StKl. I %	StKl. II %	StKl. III %
52.000	7	12	17
256.000	11	17	23
512.000	15	22	29
5.113.000	19	27	35
12.783.000	23	32	41
25.565.000	27	37	47
> 25.565.000	30	40	50
bei Erwerb von BV, LuF-Vermögen, Anteilen an KapGes	grds. StKl.I ←	(Entlastungsbetrag nach § 19a Abs. 4)	

- Was bedeutet „verlängerte Maßgeblichkeit"?
- Diskutieren Sie den Sinn der erbschaftsteuerlichen Begünstigungen für Betriebsvermögen und die Argumentation des BVerfG hierzu.
- Was regelt § 14 ErbStG?
- Nennen Sie Beispiele für persönliche und sachliche Freibeträge.
- Welche Besonderheit weist der Erbschaftsteuertarif auf?

8.4.5 Graphische Darstellung des Tarifs der Erbschaftsteuer

Vgl. zu den folgenden Graphiken *Bareis / Elser* (1997); dort auch Vergleich mit der Rechtslage vor 1996.

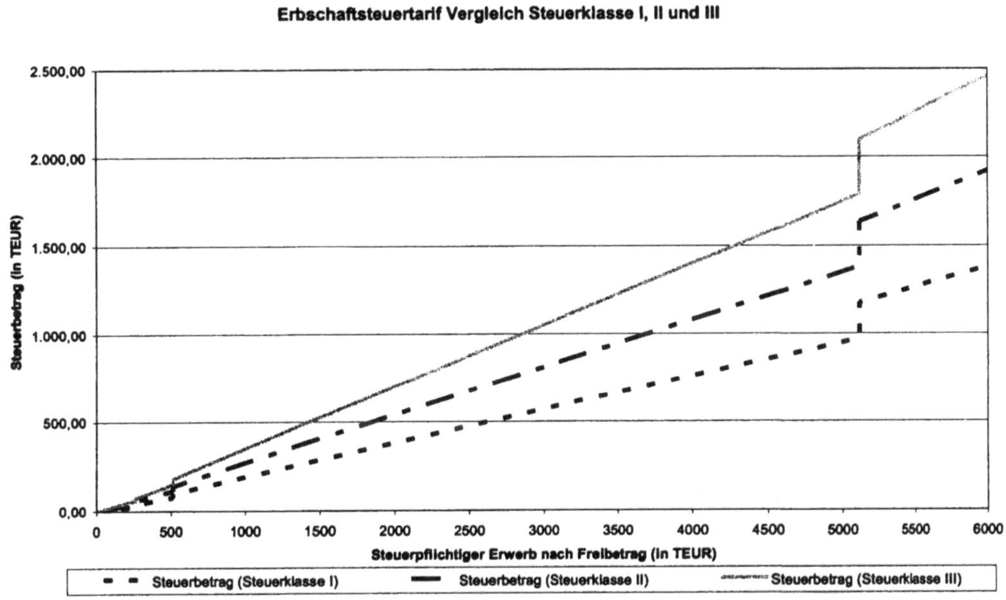

Die Verlängerung der jeweiligen Steuerbetragsfunktionen geht jeweils durch den Nullpunkt des Koordinatensystems. Daraus ergeben sich an den Übergängen der Tarifstufen (Steuersätze) Sprungstellen. Diese könnten zu Grenzsteuersätzen über 100 % führen, weshalb in § 19 Abs. 3 ErbStG eine Milderungsregelung enthalten ist, welche in der obigen Graphik nicht berücksichtigt ist.

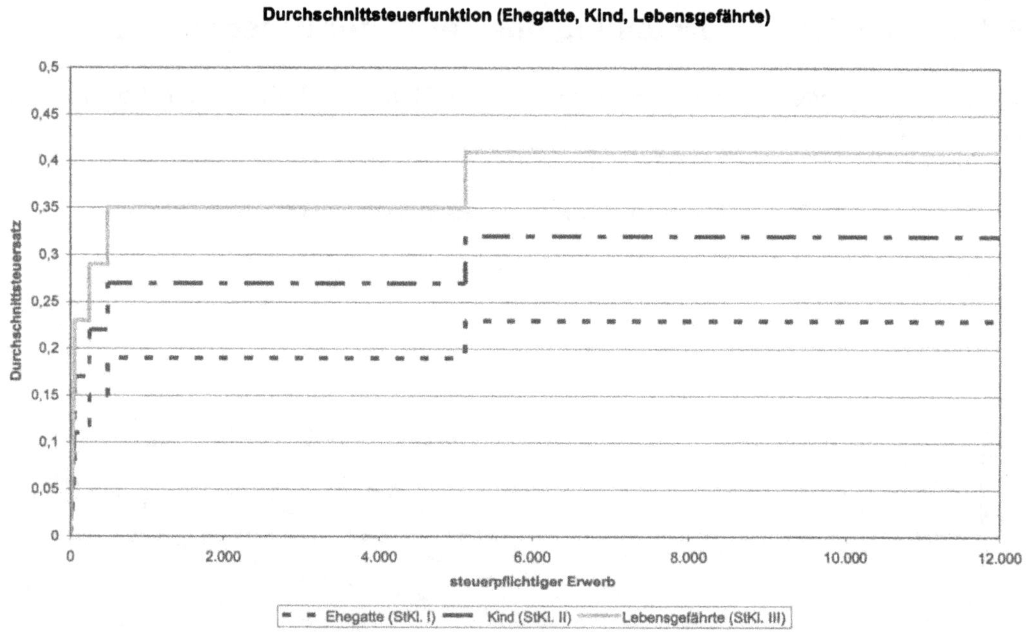

§ 19 Abs. 3 ErbStG ist in der obigen Graphik vernachlässigt.

8.5 Die Grundsteuer

Charakter	Gemeinde-Realsteuer (keine Personensteuer); „Sollertragsteuer"	
Steuersubjekte § 10 GrStG	Steuerschuldner ist derjenige, „... dem der Steuergegenstand bei der Feststellung des Einheitswerts zugerechnet ist".	
Steuerobjekte § 2 GrStG	Grundbesitz i. S. d. BewG Betriebe der LuF und Grundstücke (auch wenn diese als Untereinheiten im Bereich des Betriebsvermögens den Charakter von Betriebsgrundstücken haben)	
Bemessungsgrundlage § 13 Abs. 1 GrStG	Einheitswert des Steuergegenstandes (der zu Beginn des Kalenderjahres maßgeblich ist; § 9 Abs. 1 GrStG)	
Steuermesszahlen §§ 14, 15 GrStG	Betriebe der LuF	6,0 ‰
	Grundstücke im allgemeinen	3,5 ‰
	Einfamilienhäuser für die ersten 38.346,89 € für den Rest	 2,6 ‰, 3,5 ‰
	Zweifamilienhäuser	3,1 ‰
Steuermessbetrag	Bemessungsgrundlage · Steuermesszahl	
Grundsteuer	Steuermessbetrag · Gemeinde-Hebesatz	
Ertragsteuerliche Behandlung der GrSt	Betriebsausgabe bzw. Werbungskosten (sofern das Grundstück erwerbswirtschaftlich genutzt wird)	

Literatur: *Rose* (1997), S. 88 – 93.

9 Weitere Steuerarten

Eine Auswahl weiterer Steuerarten wird hier nur kurz skizziert. Dies erscheint vertretbar, weil diese Steuerarten entweder nicht so stark ins Gewicht fallen oder aber nur relativ selten (dann jedoch u. U. in erheblichem Ausmaß) auftreten.

Kirchensteuer

Charakter:	Zuschlagsteuer zur ESt (LSt), u. U. auch zur Grundsteuer lt. Landeskirchenrecht
Bemessungsgrundlage:	ESt (LSt), ggf. auch Einkommen
Steuersatz:	8 oder 9 % je nach Bistum oder Landeskirche; z. T. max. 3 oder 3,5 % des zu versteuernden Einkommens (Kappung)

Kirchensteuer und Einkommensteuer sind interdependent, da die ESt (im Wesentlichen) die Bemessungsgrundlage der KiSt bildet, die KiSt aber als Sonderausgabe bei der ESt-Bemessungsgrundlage abzugsfähig ist (siehe auch Seite 103). Um die kombinierte Wirkung von ESt und KiSt zu ermitteln, sind zunächst die möglichen Formen des Zusammenhangs zwischen ESt und KiSt zu bestimmen:

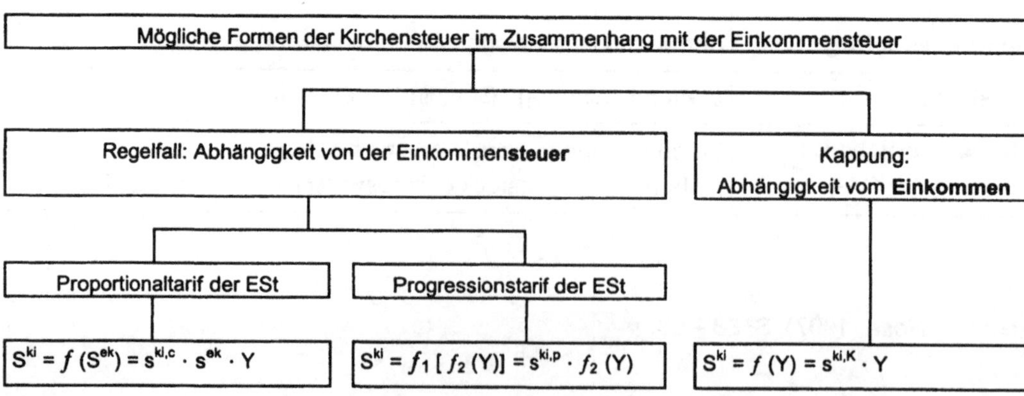

Dabei ist „f" der Hinweis auf einen Funktionszusammenhang, c als Hochzahl stellt einen Proportionalitätsfaktor dar, p als Hochzahl kennzeichnet die Progressionsabhängigkeit, K die Kappung.

Wie bei der Gewerbeertragsteuer wird angestrebt, die Kirchensteuer in Abhängigkeit vom Einkommen **vor** Kirchensteuer (Y) darzustellen.

Einkommen nach Kirchensteuer (Y^{-}):

$Y^{-} = Y - S^{ki}$ bzw. $Y = Y^{-} + S^{ki}$.

Ohne Kirchensteuer ergibt sich nur ESt, allerdings auf das Einkommen vor KiSt, das in der Regel um einen Freibetrag (FB) gemindert wird:

[1] $S^{ek} = s^{ek} \cdot (Y - FB)$

Mit Kirchensteuer ergibt sich innerhalb der Proportionalzone:

[2] $S^{e} = s^{ek} \cdot (1 + s^{ki}) \cdot (Y - FB) / (1 + s^{ki} \cdot s^{ek})$

s^{ek}	s^{ki}	Differenz $S^{e} - S^{ek}$, bezogen auf Y – FB		Steuersatz-Vergleich %
		dezimal	% rd.	$s^{ek} \cdot s^{ki}$
0,2	0,08	0,01259843	**1,3**	**1,6**
0,2	0,1	0,01568627	**1,6**	**2,0**
0,5	0,08	0,01923077	**1,9**	**4,0**
0,5	0,1	0,02380952	**2,4**	**5,0**

Wie die letzte Spalte zeigt, weicht die Effektivbelastung durch die KiSt erheblich von der einfachen Multiplikation von Einkommen- und Kirchensteuersatz ab; die Abweichung steigt mit steigenden Sätzen aufgrund der Wirkung des Abzugs der KiSt von der Bemessungsgrundlage sowohl der ESt wie der KiSt selbst.

Bei direkt progressivem Tarif muss ein durchschnittlicher ESt-Satz abgeschätzt bzw. der ESt-Differenzsteuersatz bestimmt werden, dann kann die kombinierte Wirkung von ESt und KiSt nach der obigen Formel [2] abgeschätzt werden, evtl. hilft ein Probierverfahren.

Zum Zusammenhang mit dem HEV

§ 51a EStG regelt, dass das Halbeinkünfteverfahren sowie die Gewerbesteueranrechnung auf die Einkommensteuer bei der Ermittlung der Bemessungsgrundlage der Zuschlagsteuern keine Anwendung finden. Nach § 3 SolZG gilt eine wiederum abweichende Regelung. Der oben ermittelte kombinierte Steuersatz kann daher nur dann uneingeschränkt verwendet werden, wenn im Einkommen weder Gewinnausschüttungen von Kapitalgesellschaften noch gewerbliche Einkünfte enthalten sind. Sonst muss beim Halbeinkünfteverfahren für Zwecke der Kirchensteuer eine gesonderte Ermittlung der Einkommensteuer erfolgen.

	Grunderwerbsteuer	**Kraftfahrzeugsteuer**	**Versicherungssteuer**	**Mineralölsteuer**
Charakter	Spezielle Umsatzsteuer	Spezielle Substanzsteuer	Spezielle Umsatzsteuer	Verbrauchsteuer
Steuersubjekt	Erwerber und Verkäufer	Der Halter	Versicherungsnehmer	Hersteller oder auf nachgelagerten Handelsstufen
Steuerobjekt	Insbesondere: Grundstückskaufvertrag	Insbesondere: Halten eines Kraftfahrzeugs oder Anhängers	Versicherungsleistung; Zahlung eines Versicherungsentgelts	(Im Prinzip nur) Verbrauch von Mineralöl als Kraft- oder Heizstoff
Bemessungsgrundlage	Wert der Gegenleistung (hilfsweise erbschaftsteuerliche Bedarfsbewertung)	PKW: Hubraum; sonst: höchstzulässiges Gesamtgewicht	Versicherungsentgelt	Verbrauch in Mengeneinheiten; z. B. x l unverbleites Benzin
Steuertarif	3,5 %	Z. B. PKW: bestimmter Euro-Betrag je angefangene 100 ccm Hubraum und Differenzierung nach Schadstoffklassen	16 % (mit Abweichungen bei bestimmten Versicherungsarten)	Fester Euro-Betrag je Mengeneinheit; z. B. unverbleites Benzin: 654,50 € / 1.000 l

10 Ausgewählte Abschnitte des Steuerverfahrensrechts und des Steuerstrafrechts

10.1 Steuerfestsetzung

§§ 155 – 157 (– 168) AO

Das Veranlagungsverfahren wird nach Beendigung der Sachaufklärung, die sich insbesondere auf die Steuererklärung stützt, mit der Steuerfestsetzung abgeschlossen, die sich als Steuerbescheid manifestiert.

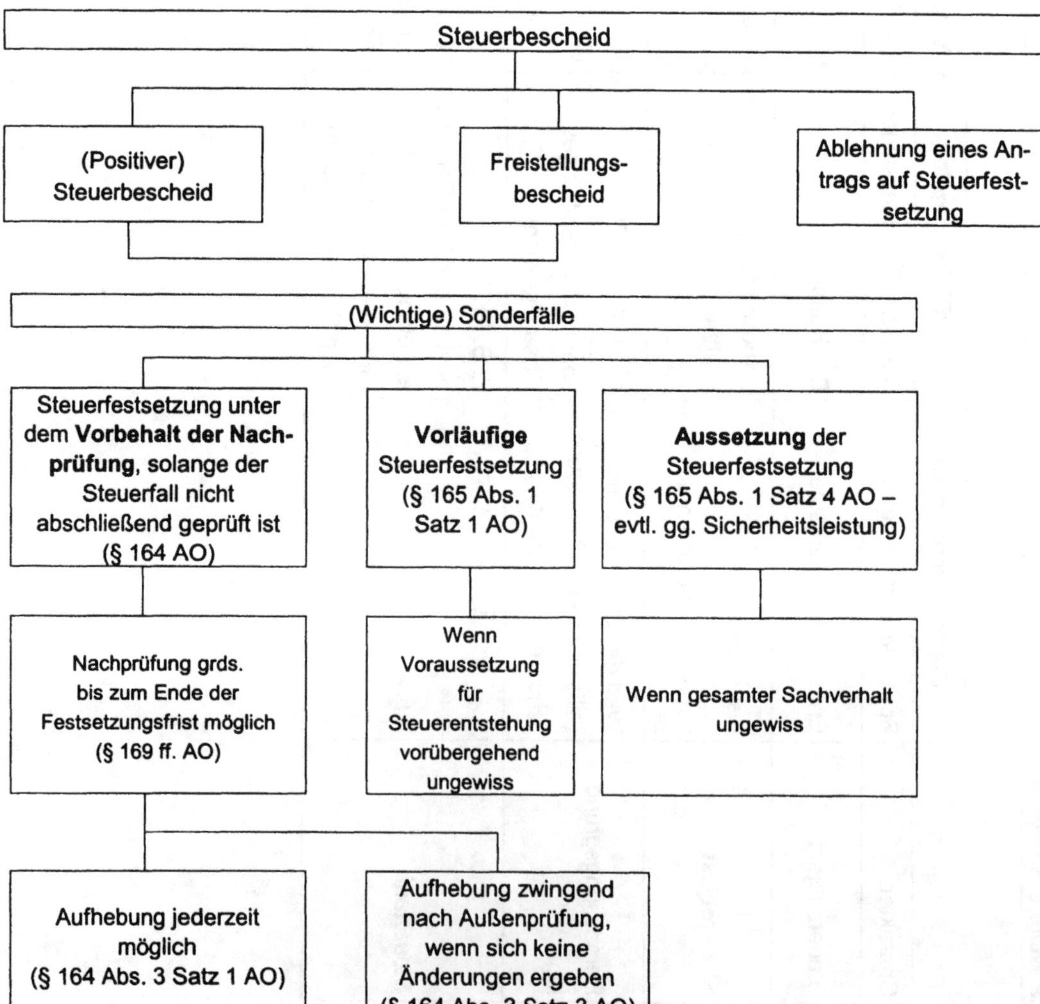

Größenklassen	Abgrenzungsmerkmale gem. § 3 BpO ab 1.1.2001 (BStBl I 2000, S. 1194) in € z. B. für Fertigungsbetriebe:	Durchschnittl. Prüfungsabstände lt. Bundesfinanzministerium (2000)
Großbetriebe	Umsatz > 6.800.000 oder Gewinn > 415.000	4,3 Jahre
Mittelbetriebe	Umsatz > 835.000 oder Gewinn > 91.000	11,1 Jahre
Kleinbetriebe	Umsatz > 265.000 oder Gewinn > 50.000	Nicht bekannt
Kleinstbetriebe	Umsatz < 265.000 oder Gewinn < 50.000	Nicht bekannt

Literatur: *Tipke / Lang* (2002), S. 760 – 765; *Rose* (1995), S. 61 – 63, 53 – 60.

Auf Seite 258 geht es um die Bestandskraft von Steuerbescheiden. Es werden wesentliche Punkte zusammengestellt zu den Fragen, unter welchen Umständen und wie lange Steuerbescheide aufgehoben oder geändert werden können.

Fragen:
- Nennen Sie Beispiele für offenbare Unrichtigkeiten! Was kann über diese Regelung insbesondere nicht korrigiert werden?
- Wenn eine Tatsache bekannt wird, die zu einer höheren Besteuerung führt, können dann auch rechtliche Beurteilungsfehler korrigiert werden (Gesamtaufrollung)?

Aufgabe:
- Stellen Sie fest, wann die Veranlagung zur ESt 2003 in folgendem Fall endgültig unanfechtbar wird (Vgl. mit Lösung auf S. 265):
  - 10.05.2005: Einreichen der Steuererklärung
  - 01.09.2005: Steuerbescheid unter dem Vorbehalt der Nachprüfung
  - 30.09.2009: Beginn der Außenprüfung u. a. für 2003
  - 20.02.2010: Geänderter Steuerbescheid aufgrund Außenprüfung – enthält offenbare Unrichtigkeit

Literatur: *Tipke / Lang* (2002), S. 828 – 844; *Rose* (1995), S. 70 – 82.

Festsetzungsfrist (§§ 169 – 171 AO)

Fristbeginn	Grundsätzlich: Ablauf Kalenderjahr (KJ) der Steuerentstehung (t)
Anlaufhemmung	Bei Steuer mit Steuererklärungspflicht Fristbeginn Ablauf KJ der Steuererklärungseinreichung; maximal t + 3
Frist	Nicht verkürzte Steuer: Zölle, VerbrauchSt 1 J.; sonstige Steuern 4 J. Verkürzte Steuer: Leichtfertige Steuerverkürzung 5 J.; Steuerhinterziehung 10 J.
Ablaufhemmung	Insbesondere a) Offenbare Unrichtigkeit (jeder mechanische Fehler) → 1 J. ab Bekanntgabe des Steuerbescheids b) Beginn einer Außenprüfung → bis Unanfechtbarwerden der aufgrund Außenprüfung zu erlassenden Steuerbescheide c) Vorläufige Steuerfestsetzung und Aussetzung der Steuerfestsetzung → 1 bzw. 2 J. ab Kenntnis von Beseitigung der Ungewissheit d) Einfluß eines Grundlagenbescheids → 2 J. ab dessen Bekanntgabe

Festsetzungsverlängerung (§§ 172 – 175 AO)

Steuerbescheide können während der Festsetzungsfrist aufgehoben oder geändert werden (insbesondere:)

- Steuerbescheid unter dem Vorbehalt der Nachprüfung
- Vorläufiger Bescheid nach Beseitigung der Ungewissheit
- Nachträgliches Bekannt werden (bei Finanzbehörde) von neuen Tatsachen oder Beweismitteln (§ 173 Abs. 1 AO)
  - Soweit diese zu höherer Steuer führen
  - Soweit diese zu niedrigerer Steuer führen; wenn keine grobe Fahrlässigkeit des Steuerpflichtigen
- Widerstreitende Steuerfestsetzungen bei unterschiedlicher Behandlung gleicher Sachverhalte
- Erlass oder Änderung eines Grundlagenbescheids;
  z. B. einheitliche und gesonderte Gewinnfeststellung bei MU → ESt-Bescheid des einzelnen Mitunternehmers
  z. B. Anerkennung als Schwerbeschädigte(r).
- Eintreten eines Ereignisses mit Wirkung für die Vergangenheit, z. B. Aufhebung, Anfechtung, Wandlung

Fälligkeit

- I. a. lt. Einzelsteuergesetz, z. B. § 36 Abs. 4 EStG:
  1 Monat ab Bekanntgabe des Steuerbescheids
  hilfsweise: mit Entstehung des Anspruchs,
  ggf. nicht vor Bekanntgabe der Steuerfestsetzung (§ 220 AO)
- Hinausschieben der Fälligkeit
  - Stundung — Erhebliche Härte bei Einziehung *und* Anspruch erscheint nicht gefährdet — ½ % pro Monat (ab Stundung); § 234 AO
  - Aussetzung der Vollziehung (§ 361 AO) — Gewichtige Zweifel an Rechtmäßigkeit *oder* unbillige Härte bei Vollziehung (und Rechtsbehelf nicht von vornherein aussichtslos) — ½ % pro Monat nur, wenn Rechtsbehelf ohne Erfolg; § 237 AO
  - Zahlungsaufschub (§ 223 AO) — Bei Zöllen und Verbrauchsteuern lt. Einzel-Gesetzen

Verzinsung (§§ 233 – 239 AO)

Vollverzinsung für Steuernachzahlungen und -erstattungen mit Karenzzeit von 15 Monaten; § 233a AO

½ % pro Monat (ab Stundung); § 234 AO

½ % pro Monat nur, wenn Rechtsbehelf ohne Erfolg; § 237 AO

Ferner: Hinterziehung (½ % pro abgelaufenem Monat); § 235 AO sowie Prozesszinsen auf Erstattungsbetrag (½ % pro Monat); § 236 AO

Schonfrist 5 Tage, jedoch nicht bei Zahlungsmitteln (Scheck, Bargeld: § 240 Abs. 3 AO i. V. m. § 224 Abs. 2 Nr. 1 AO) → Säumniszuschlag (§ 240 AO)

1 % pro angefangener Monat

Verspätungszuschlag (§ 152 AO)
Bei verspäteter Abgabe einer Steuererklärung
Zuschlag
≤ [Min (0,1·S; 25.000 €)

Erlöschen fälliger Ansprüche

- Zahlung
- Aufrechnung
- Billigkeitserlass (§ 227 AO) — Fortführung gewerblicher bzw. beruflicher Tätigkeit ernsthaft gefährdet
- Zahlungsverjährung (Vgl. Seite 260)

10.2 Steuererhebungsverfahren

10.2.1 Fälligkeit und Erlöschen des Steuerzahlungsanspruchs

Auf der vorangehenden Seite werden Zusammenhänge zwischen Fälligkeit (einschließlich Möglichkeiten zu deren Hinausschieben) und Erlöschen von Steuerzahlungsansprüchen unter Einbeziehung von Zinsen und Säumniszuschlägen dargestellt.

Frage:
An welchen Stellen werden beträchtliche Ermessensspielräume der Finanzverwaltung sichtbar?

Literatur: *Tipke / Lang* (2002), S. 808 – 821; *Rose* (1995), S. 85 – 101.

10.2.2 Zahlungsverjährung

§§ 228 – 232 AO

Seite 261 zeigt den sachlichen und zeitlichen Zusammenhang zwischen Fälligkeit und (Zahlungs-)Verjährung bei einem Steuerzahlungsanspruch.

Bearbeitungshinweisende Fragen:
- Beachten Sie den Unterschied zwischen Festsetzungsverjährung und Zahlungsverjährung!
- Was bedeutet der Pfeil zwischen „Unterbrechung“ und „Fristbeginn“?

Literatur: *Tipke / Lang* (2002), S. 815 – 817; *Rose* (1995), S. 91 – 92.

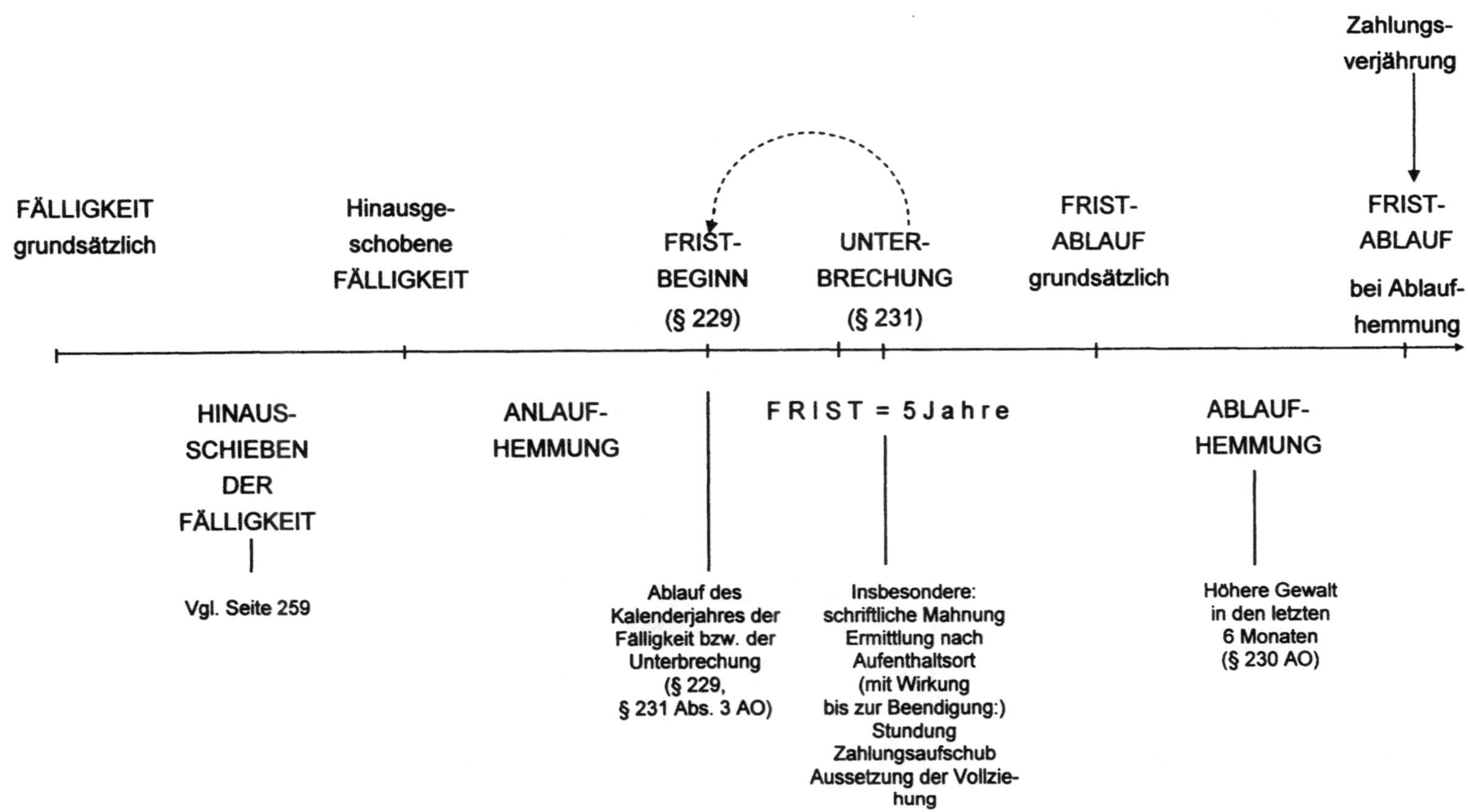
Zahlungs-
verjährung
FÄLLIGKEIT
grundsätzlich
Hinausge-
schobene
FÄLLIGKEIT
FRIST-
BEGINN
(§ 229)
UNTER-
BRECHUNG
(§ 231)
FRIST-
ABLAUF
grundsätzlich
FRIST-
ABLAUF
bei Ablauf-
hemmung
HINAUS-
SCHIEBEN
DER
FÄLLIGKEIT
Vgl. Seite 259
ANLAUF-
HEMMUNG
Ablauf des
Kalenderjahres der
Fälligkeit bzw. der
Unterbrechung
(§ 229,
§ 231 Abs. 3 AO)
F R I S T = 5 J a h r e
Insbesondere:
schriftliche Mahnung
Ermittlung nach
Aufenthaltsort
(mit Wirkung
bis zur Beendigung:)
Stundung
Zahlungsaufschub
Aussetzung der Vollzie-
hung
ABLAUF-
HEMMUNG
Höhere Gewalt
in den letzten
6 Monaten
(§ 230 AO)

10.3 Rechtsschutz

Hier sind die Rechtsbehelfe in Steuersachen zusammengestellt [vgl. auch die Übersichten bei *Rose* (1995), S. 108, und *Tipke / Lang* (2002), S. 847 – 849].

Nicht aufgenommen ist der Rechtsschutz in Verfassungs- (einschl. des Vorlageverfahrens nach Art. 100 I GG) und Europasachen; vgl. hierzu *Tipke / Lang* (2002), S. 905 – 911.

Fragen:

- Ein Steuerpflichtiger hat einen Steuerbescheid über 10.000 € erhalten. Er sieht Argumente, nach denen die Steuerschuld nur 9.000 € betragen würde. Andererseits hält er es auch für möglich, dass das Finanzamt bei einer Neuaufrollung zu dem Ergebnis 12.000 € kommt. Muss er, wenn er Einspruch einlegt, mit einer solchen Verböserung rechnen? (Vgl. § 367 Abs. 2, § 362 AO, aber auch § 173 Abs. 1 Nr. 1 AO.)
- Wann ist eine Sprungklage für den Steuerpflichtigen zweckmäßig, wann ist mit der Zustimmung des Finanzamts zu rechnen?
- Wann kommt frühestens eine Untätigkeitsklage in Betracht?
- Um welche gerichtlichen Rechtsbehelfe kann die Übersicht noch ergänzt werden?
- Worauf will die in der Praxis gebräuchliche Behauptung aufmerksam machen: „Außerordentliche Rechtsbehelfe sind form-, frist-, kosten- und zwecklos"?

Literatur: *Tipke / Lang* (2002), S. 845 – 911; *Rose* (1995), S. 108 – 123.

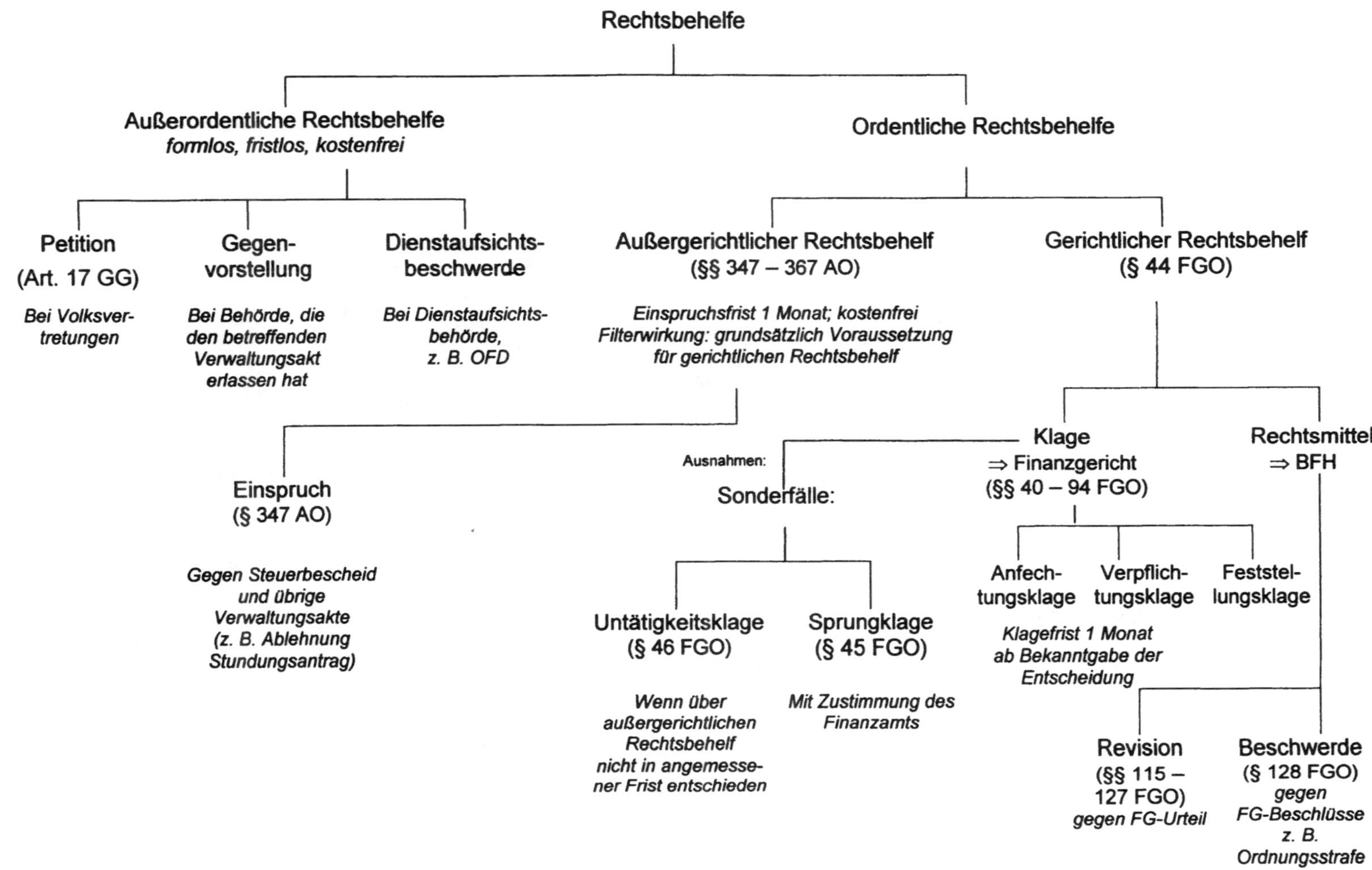
Rechtsbehelfe
Außerordentliche Rechtsbehelfe
formlos, fristlos, kostenfrei
Ordentliche Rechtsbehelfe
Petition
(Art. 17 GG)
Bei Volksvertretungen
Gegenvorstellung
Bei Behörde, die den betreffenden Verwaltungsakt erlassen hat
Dienstaufsichtsbeschwerde
Bei Dienstaufsichtsbehörde, z. B. OFD
Außergerichtlicher Rechtsbehelf
(§§ 347 – 367 AO)
Einspruchsfrist 1 Monat; kostenfrei
Filterwirkung: grundsätzlich Voraussetzung für gerichtlichen Rechtsbehelf
Gerichtlicher Rechtsbehelf
(§ 44 FGO)
Einspruch
(§ 347 AO)
Gegen Steuerbescheid und übrige Verwaltungsakte (z. B. Ablehnung Stundungsantrag)
Ausnahmen:
Sonderfälle:
Untätigkeitsklage
(§ 46 FGO)
Wenn über außergerichtlichen Rechtsbehelf nicht in angemessener Frist entschieden
Sprungklage
(§ 45 FGO)
Mit Zustimmung des Finanzamts
Klage
⇒ Finanzgericht
(§§ 40 – 94 FGO)
Anfechtungsklage
Verpflichtungsklage
Feststellungsklage
Klagefrist 1 Monat ab Bekanntgabe der Entscheidung
Rechtsmittel
⇒ BFH
Revision
(§§ 115 – 127 FGO)
gegen FG-Urteil
Beschwerde
(§ 128 FGO)
gegen FG-Beschlüsse z. B. Ordnungsstrafe

Abfolge der Rechtsbehelfe

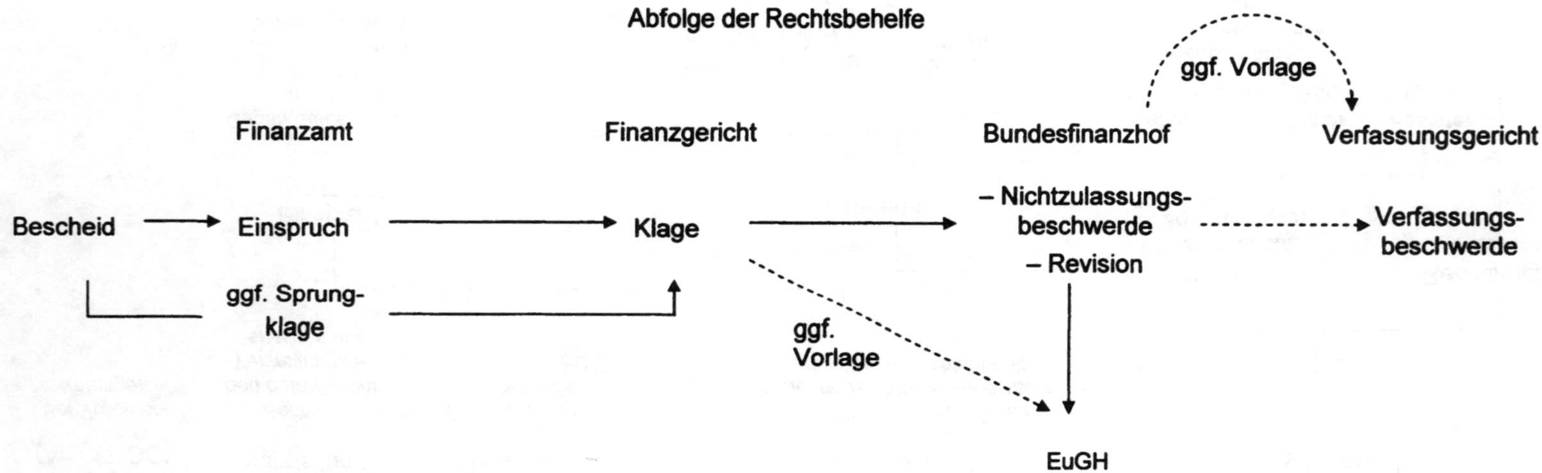

Lösung zu Aufgabe Seite 257:

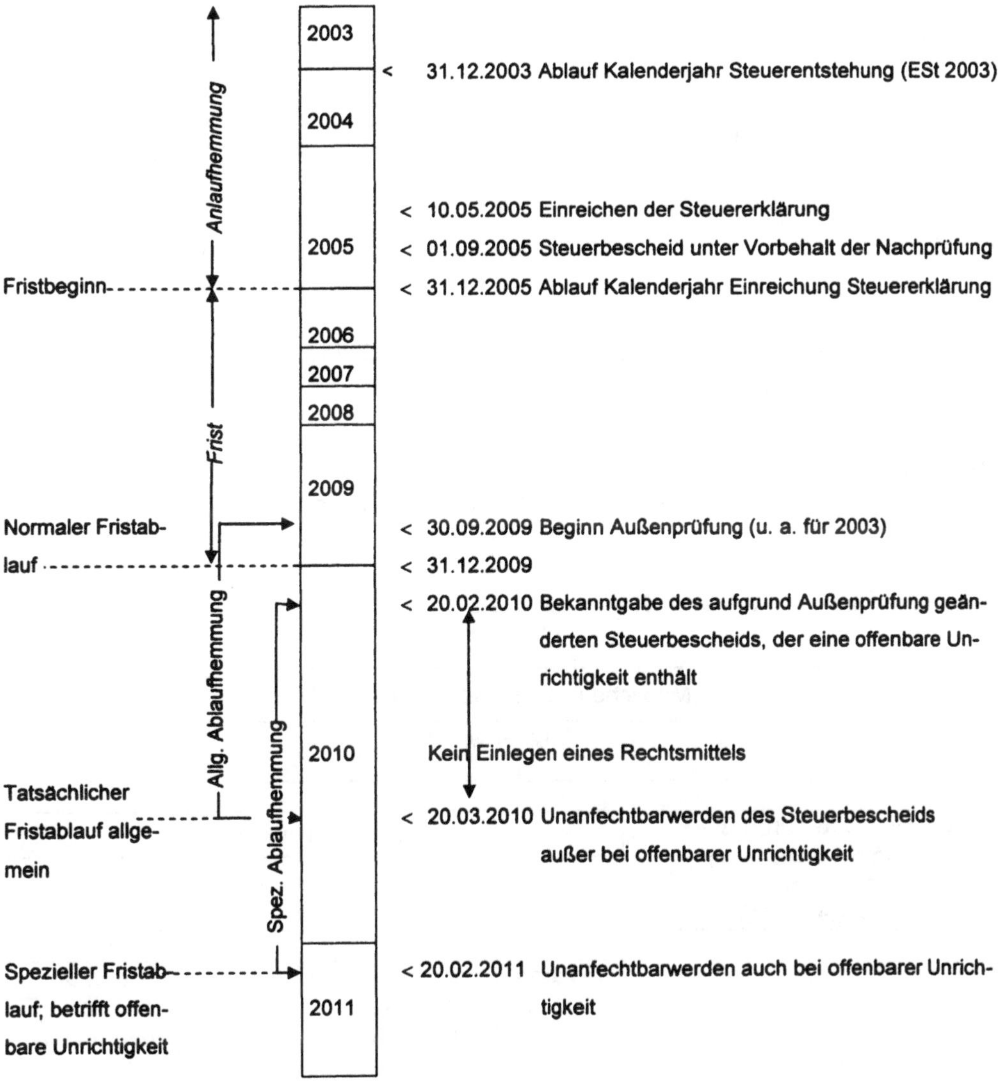

Auf Seite 267 sind Anlässe für Revisionsverfahren beim BFH zusammengestellt.

§§ 115 – 127 FGO

Fragen:
- Wo ist die Revision einzulegen? Was muss in der Revisionsschrift enthalten sein bzw. ist in welcher Zeit nachzureichen?
- Was kommt als Verfahrensmangel in Betracht?

Literatur: *Tipke / Lang* (2002), S. 895 – 900; *Rose* (1995), S. 117 – 118.

Der BFH ist Rechts-, nicht Tatsacheninstanz. Daher wird er insbesondere dann Sachen an das Finanzgericht zurückverweisen, wenn weitere Ermittlungen erforderlich sind.

Zur folgenden Übersicht vgl. auch *Tipke / Lang* (2002), S. 900.

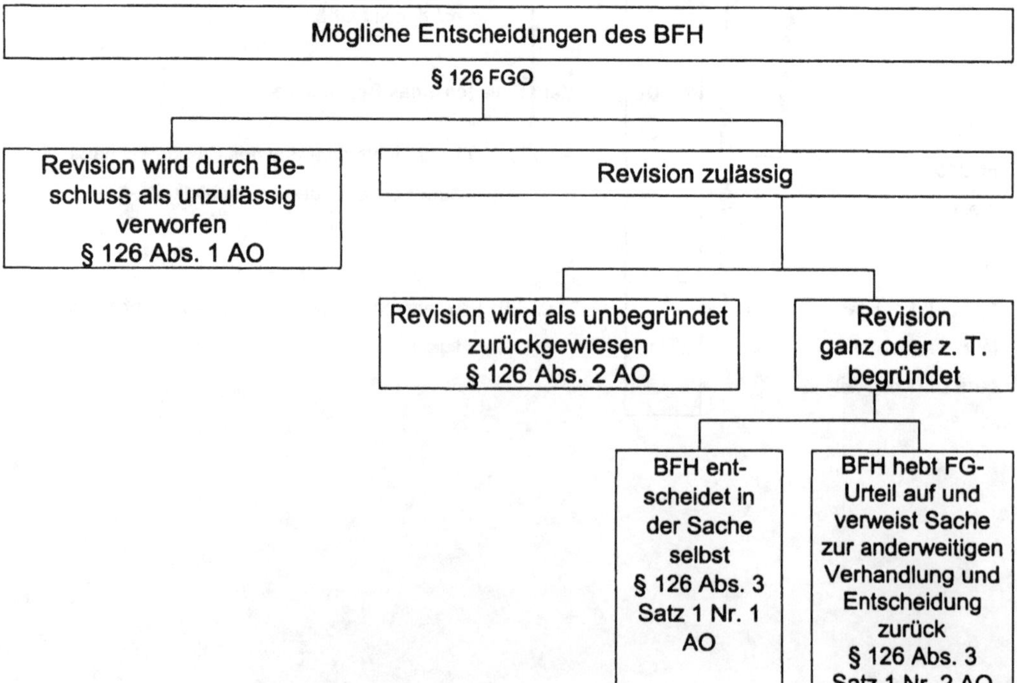

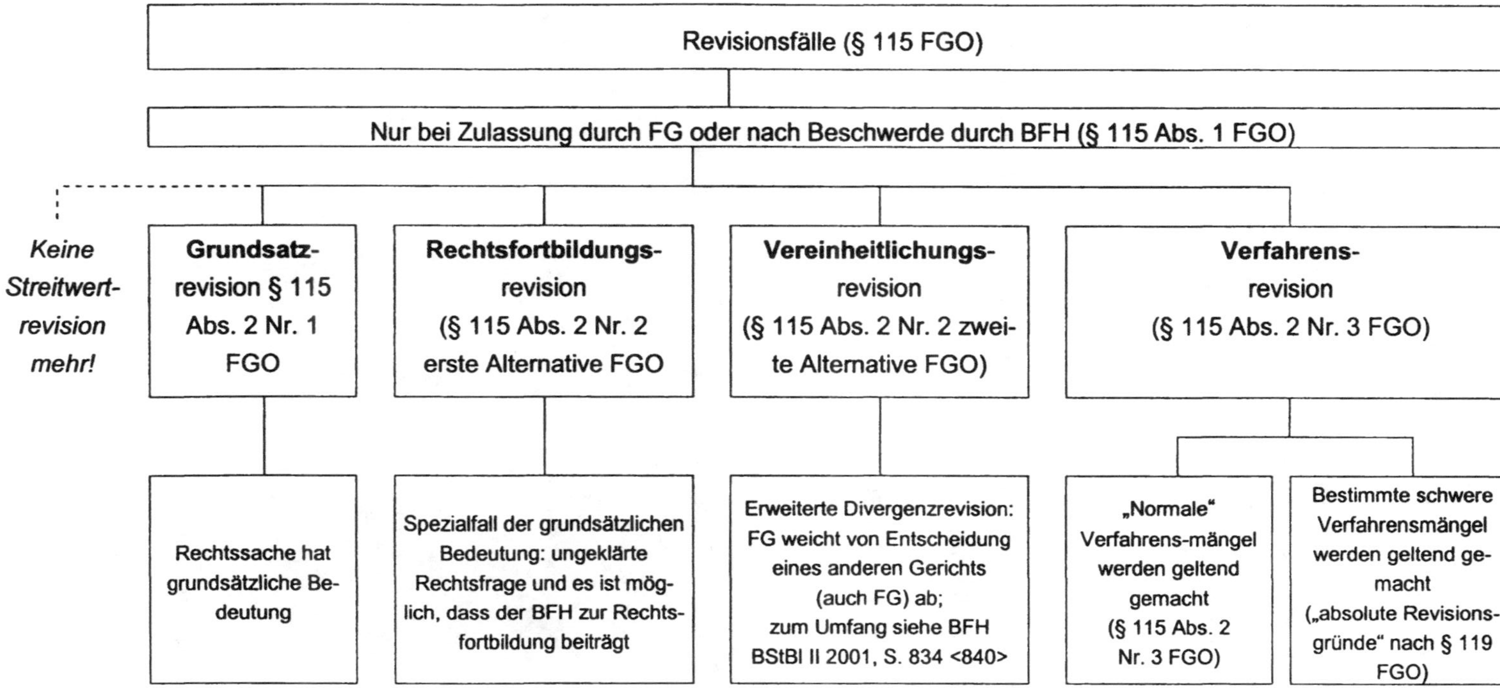
Revisionsfälle (§ 115 FGO)
Nur bei Zulassung durch FG oder nach Beschwerde durch BFH (§ 115 Abs. 1 FGO)
Keine Streitwert-revision mehr!
Grundsatz-revision § 115 Abs. 2 Nr. 1 FGO
Rechtsfortbildungs-revision (§ 115 Abs. 2 Nr. 2 erste Alternative FGO
Vereinheitlichungs-revision (§ 115 Abs. 2 Nr. 2 zweite Alternative FGO)
Verfahrens-revision (§ 115 Abs. 2 Nr. 3 FGO)
Rechtssache hat grundsätzliche Bedeutung
Spezialfall der grundsätzlichen Bedeutung: ungeklärte Rechtsfrage und es ist möglich, dass der BFH zur Rechtsfortbildung beiträgt
Erweiterte Divergenzrevision: FG weicht von Entscheidung eines anderen Gerichts (auch FG) ab; zum Umfang siehe BFH BStBl II 2001, S. 834 <840>
„Normale" Verfahrens-mängel werden geltend gemacht (§ 115 Abs. 2 Nr. 3 FGO)
Bestimmte schwere Verfahrensmängel werden geltend gemacht („absolute Revisionsgründe" nach § 119 FGO)

10.4 Zuwiderhandlungen gegen Steuergesetze

Seite 269 bringt diejenigen steuerlichen Gestaltungen in eine Übersicht, auf die man sich nicht einlassen sollte. Sie sind nicht vollständig aufgeführt; zu ihnen gehören auch bestimmte Zuwiderhandlungen gegen Bestimmungen in Einzelsteuergesetzen (vgl. z. B. § 23 Rennwett- und Lotterie-Gesetz). Die AO definiert als **Steuerstraftaten (Zollstraftaten)** in § 369 Abs. 1:

1. Taten, die nach den Steuergesetzen strafbar sind,
2. Bannbruch,
3. Wertzeichenfälschung und deren Vorbereitung, soweit die Tat Steuerzeichen* betrifft,
4. Begünstigung einer Person, die eine Tat nach den Nummern 1 bis 3 begangen hat.

(* Steuerzeichen gibt es z. B. nach dem TabStG.)

Fragen:

- Besteht Steuerverkürzung darin, Steuerbemessungsgrundlagen nicht vollständig zu erklären oder Steuerschulden nicht voll zu bezahlen?
- Kann man als Angestellter, Steuerberater usw. wegen Hinterziehung von Steuern Dritter belangt werden?
- Was muss ein Steuerberater tun, wenn er Verstöße seines Mandanten gegen Steuergesetze feststellt?
- Inwieweit erscheint die Institution der Selbstanzeige bemerkenswert?
- Bis zu welchem Zeitpunkt ist Selbstanzeige möglich?
- In den vergangenen Jahren wurden vermehrt Hausdurchsuchungen bei Banken durchgeführt. Wie lässt sich § 30a AO unter dem Gesichtspunkt der gleichmäßigen Erhebung der Steuern auf Zinseinkünfte rechtfertigen (siehe hierzu BFH-Urteil vom 21.03.2002 VII B 152/01; BStBl II 2002, S. 495).

Literatur: *Tipke / Lang* (2002), S. 940 – 951.

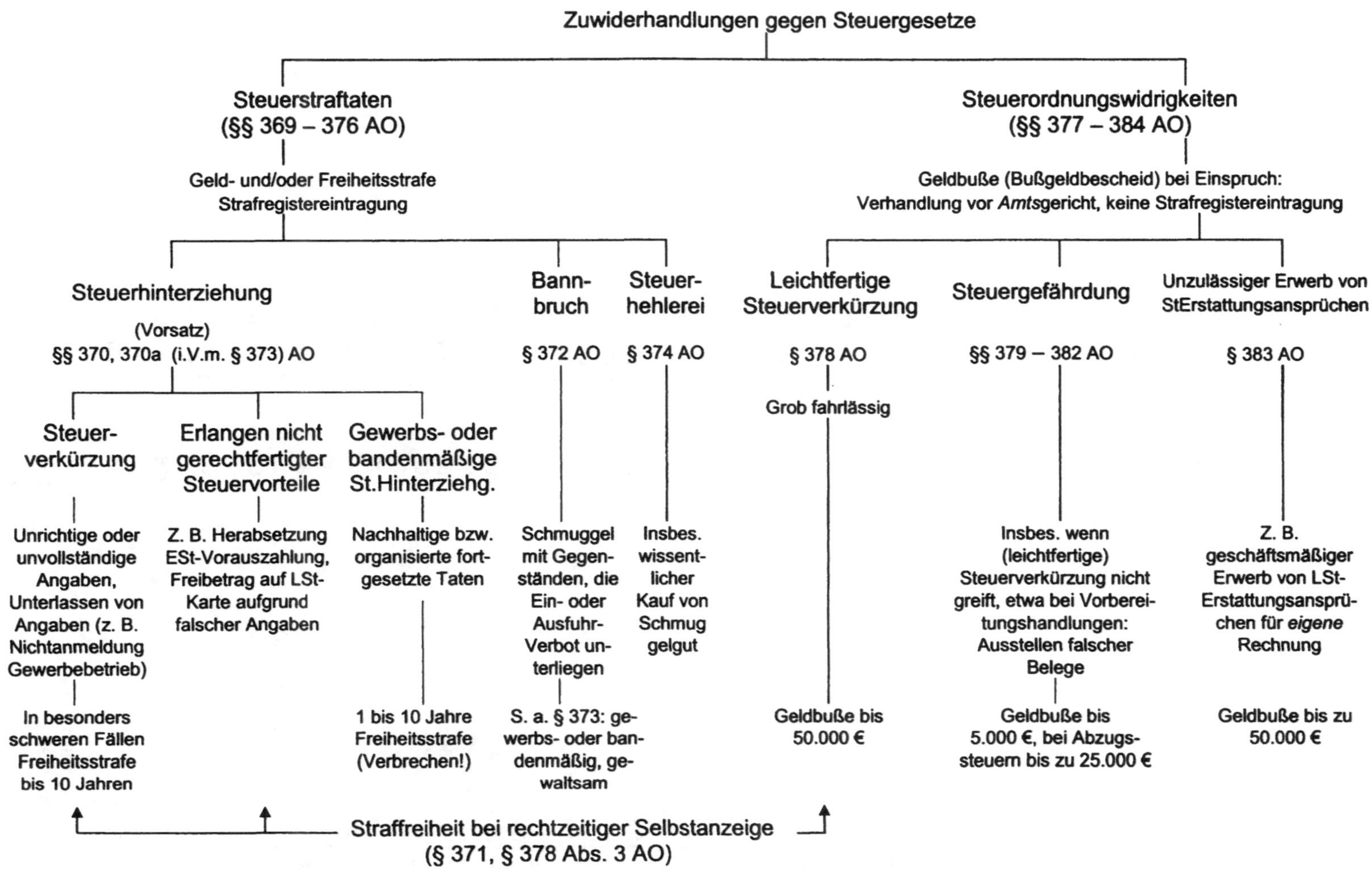
Zuwiderhandlungen gegen Steuergesetze
Steuerstraftaten (§§ 369 – 376 AO)
Geld- und/oder Freiheitsstrafe Strafregistereintragung
Steuerordnungswidrigkeiten (§§ 377 – 384 AO)
Geldbuße (Bußgeldbescheid) bei Einspruch: Verhandlung vor *Amts*gericht, keine Strafregistereintragung
Steuerhinterziehung
(Vorsatz) §§ 370, 370a (i.V.m. § 373) AO
Steuer-verkürzung
Unrichtige oder unvollständige Angaben, Unterlassen von Angaben (z. B. Nichtanmeldung Gewerbebetrieb)
In besonders schweren Fällen Freiheitsstrafe bis 10 Jahren
Erlangen nicht gerechtfertigter Steuervorteile
Z. B. Herabsetzung ESt-Vorauszahlung, Freibetrag auf LSt-Karte aufgrund falscher Angaben
Gewerbs- oder bandenmäßige St.Hinterziehg.
Nachhaltige bzw. organisierte fort-gesetzte Taten
1 bis 10 Jahre Freiheitsstrafe (Verbrechen!)
Bann-bruch
§ 372 AO
Schmuggel mit Gegen-ständen, die Ein- oder Ausfuhr-Verbot un-terliegen
S. a. § 373: ge-werbs- oder ban-denmäßig, ge-waltsam
Steuer-hehlerei
§ 374 AO
Insbes. wissent-licher Kauf von Schmug gelgut
Leichtfertige Steuerverkürzung
§ 378 AO
Grob fahrlässig
Geldbuße bis 50.000 €
Steuergefährdung
§§ 379 – 382 AO
Insbes. wenn (leichtfertige) Steuerverkürzung nicht greift, etwa bei Vorberei-tungshandlungen: Ausstellen falscher Belege
Geldbuße bis 5.000 €, bei Abzugs-steuern bis zu 25.000 €
Unzulässiger Erwerb von StErstattungsansprüchen
§ 383 AO
Z. B. geschäftsmäßiger Erwerb von LSt-Erstattungsansprü-chen für *eigene* Rechnung
Geldbuße bis zu 50.000 €
Straffreiheit bei rechtzeitiger Selbstanzeige (§ 371, § 378 Abs. 3 AO)

Paragraphenverzeichnis

Paragraphenverzeichnis

Paragraphenverzeichnis

Paragraphenverzeichnis

Paragraphenverzeichnis

Paragraphenverzeichnis

Paragraphenverzeichnis

Paragraphenverzeichnis

Paragraphenverzeichnis

Richtlinienverzeichnis

Richtlinienverzeichnis

Richtlinienverzeichnis

Stichwortverzeichnis

www.ingramcontent.com/pod-product-compliance
Lightning Source LLC
LaVergne TN
LVHW060626300926
849162LV00008B/1725